厚德博學
經濟匡時

匡时 经济学系列

金融数据处理和分析

——基于SAS软件

沈根祥 编著

上海财经大学出版社

图书在版编目(CIP)数据

金融数据处理和分析：基于SAS软件/沈根祥编著.—上海：上海财经大学出版社，2022.3
(匡时·经济学系列)
ISBN 978-7-5642-3894-0/F·3894

Ⅰ.①金… Ⅱ.①沈… Ⅲ.①金融-数据处理-教材 Ⅳ.①F830.41

中国版本图书馆CIP数据核字(2021)第220811号

责任编辑 林佳依
封面设计 张克瑶
版式设计 朱静怡

金融数据处理和分析——基于SAS软件

著 作 者：沈根祥 编著
出版发行：上海财经大学出版社有限公司
地　　址：上海市中山北一路369号(邮编200083)
网　　址：http://www.sufep.com
经　　销：全国新华书店
印刷装订：上海市崇明县裕安印刷厂
开　　本：787mm×1092mm 1/16
印　　张：27.25
字　　数：549千字
版　　次：2022年3月第1版
印　　次：2022年3月第1次印刷
印　　数：0001—3000
定　　价：69.00元

前　言

SAS(Statistical Analysis System)是数据处理和分析领域重要的商业软件，在金融、医药卫生等领域有着广泛应用，具有举足轻重的地位。SAS 的新一代分析平台 SAS Viya 更是将大数据分析、人工智能、机器学习以及数据可视化等功能融为一体，并支持第三方语言(如 Python、R 等)，成为数据处理和分析的利器。

有关 SAS 及其应用的书籍已有很多，但介绍 SAS 在金融数据分析中应用的较少。本书在介绍基本原理和编程语言的基础上，重点讲解 SAS 在金融时间序列数据处理和分析上的应用。数据处理部分以 DATA 步为主要编程语言，结合 PROC 步对数据导入、数据过滤和筛选、数据清洗和编辑、数据查询等进行详细讲解，并对金融时间序列数据的特殊处理方法进行讲解，包括日期时间变量的处理、按不同日期时间区间单位对日期时间进行平移、抽样频率转换、滚动窗口统计量计算、H－P 滤波、分数差分等。数据分析部分以 PROC 步为主要编程语言，对一元和多元、平稳和非平稳、一阶矩和二阶矩的金融时间序列数据建模方法进行讲解，包括 ARIMA 模型、GARCH 模型、VAR 模型、VECM 模型、多元 GARCH 模型(BEKK、CCC 和 DCC)、线性高斯状态空间模型的卡尔曼滤波和平滑等。

本书对 SAS/IML 矩阵编程语言进行部分讲解，除矩阵运算和操作、SAS 数据集和矩阵的相互转换、非线性优化等内容外，还包括 R 软件函数调用、SAS 数据集和 R 数据框的相互转换等内容。

本书包含大量例题和习题，书中所用数据、习题解答和课程视频可在本书网页 https://econ.sufe.edu.cn/jiliangruanjian/list.htm“出版教材”条目下获取；也可通过如下路径获取：上海财经大学(https://www.sufe.edu.cn)→经济学院(https://econ.sufe.edu.cn)→研究生培养→精品课程→计量软件在金融中的应用→出版教材。

本书的写作和出版受到上海财经大学研究生院重点课程项目和上海财经大学经济学院上海高峰Ⅱ类学科人才培养项目资助，笔者对此表示诚挚的谢意！

沈根祥

上海

2022 年 1 月

目 录

第1章 SAS简介

1.1 SAS的产生和发展

1966年美国农业部急需一种统计分析程序对海量数据进行分析，美国国家卫生研究院（NIH）资助组建由北卡罗来纳州立大学（NCSU）牵头的八所大学联合会来研发需要的统计分析系统（Statistical Analysis System），北卡罗来纳州立大学的 James Goodnight 博士和 John Barr 博士作为研发项目负责人，统计学系的雇员 Jane Helwig 和研究生 John Sall 随后加入。1976年，Goodnight、Barr、Helwig 和 Sall 离开北卡罗来纳州立大学成立 SAS 公司，并举办了第一届 SAS 用户大会。

SAS（https://www.sas.com）以提供 The Power to Know® 为宗旨，为涉及数据分析的领域提供全面的数据分析技术和严谨的解决方案，充分体现出优秀商业软件的鲜明特征。在四十多年的发展历程中，SAS 与时俱进，根据 IT 的发展趋势和动向及时更新代码，对原有的分析工具和算法进行改进，增添新功能。目前 SAS 是全球商业分析软件和服务的领导者，是商业智能和数据分析行业最大的独立供应商。经过四十多年的发展，SAS 语言已成为数据分析领域事实上的标准。美国联邦药品和食品管理局（FDA）规定，新药临床试验结果的统计分析只能用 SAS 进行，其他软件的分析结果不被承认。掌握 SAS 语言已成为包括量化金融在内的很多数据分析行业选择人才的重要参考，通过认证考试（http://www.sascertificate.com）获得 SAS 认证证书为越来越多的 SAS 学习者所追求。

2008年推出9.2版本后，SAS 版本更新速度加快，每次更新都有新的分析工具添加和性能的提升、增强。2017年12月推出 SAS 9.4M5，经2018年2月、5月、6月、7月、10月5次修订后，11月推出 SAS 9.4M6。同时，SAS 在2016年创新性地推出 SAS 云分析服务 CAS（Cloud Analysis Services）平台 SAS Viya（https://www.sas.com/en_us/software/viya.html），提供运行在云端的数据管理和分析环境，可直接对存储在云端的商业数据进行分析处理，并支持 Java、Pathon、R 和 Lua 等语言对 CAS 服务的直接访问。SAS Viya 以大数据、人工智能、机器学习以及数据可视化为向导，既提供所需的专业功能，又提供支持这些功能所需的高性能、可扩展性和开放性，从而利用人工智能和机器学习的优势，结合传统分析方法有效处理大数据，并在可视化的环境和方法下得以实现。截至 2020 年底，SAS Viya 4.0 是最新版本。为便于世界范围内的推广和应用，SAS 提供多种语言版本，8.0 以上的 SAS 都有中文版。

1.2 SAS 环境

这里的 SAS 环境是指人机交互界面。SAS 环境包括数据管理、数据分析和数据呈现等界面。SAS 提供三种环境以满足不同用户需要，分别是 Base SAS、SAS Enterprise Guide（SAS/EG）和 SAS Studio。Base SAS 通过单独安装 SAS Foundation 软件，提供视窗管理系统 DMS（Display Management System）下的图形和视窗界面，适合单机和个人使用。SAS/EG 是比 Base SAS 更高级的 SAS 企业客户端，基于客户端/服务器构架，以项目工程方式管理资源，客户端用户可以采用鼠标拖拽的方式进行可视化编程。SAS/EG 既可基于本地安装的 Base SAS 环境运行，又可连接到远程的 SAS 环境执行代码。SAS/EG 更适合团队形式的企业客户。SAS Studio 是基于浏览器的客户端界面，在本地不安装 SAS 的情况下通过 SAS 互联网基础设施平台在远程服务器运行客户端提交的代码，将运行结果返回并显示在 SAS Studio 浏览器窗口，客户可以本地零安装进行 SAS 编程和调试，实现上网就能编程的移动编程。SAS Studio 也可以调用本地 Base SAS 进行运行。

1.2.1 免费的大学版和云端科研版

SAS 通过发放许可（Licence）授予用户安装和使用权，许可以 SID（Security Identifier）文件的形式获取，用于软件的安装和更新，SAS 按模块收取年费。考虑到商业版本较为昂贵，SAS 为大学生和科研人员提供了免费版本。SAS University Edition 是 SAS 为大学生免费提供的虚拟机版本，可从 SAS 官网 https://www.sas.com/zh_cn/software/university-edition.html 下载安装，需事先在本地安装虚拟机软件（VMware Player 7 以上版本或者 Oracle Virtual Box 4.3.16 以上版本）。SAS On Demand for Academics（SODA）是 SAS 为学术研究免费提供的在线应用服务环境，为注册用户提供编写和运行 SAS 代码的 SAS Studio 界面，所有程序和代码都可以存在云端，也可下载保存，每个注册账号有 5 120MB 的存储空间。SODA 与 SAS 软件同步更新，数据处理、统计分析模块齐全，到 http://odamid.oda.sas.com 注册（Register for an Account）后即可登录使用，其反应速度取决于网速。SODA-SAS Studio 界面的介绍和使用中需要注意的问题可参阅巫银良所著《SAS 技术内幕：从程序员到数据科学家》一书。

本书采用中文版本的 Base SAS 界面进行讲解。

1.2.2　SAS 模块

SAS 软件的各种功能通过不同的模块实现(又称 SAS 产品),各种模块之间既有联系又相对独立。截至目前,SAS 共有 33 个核心分析模块。Base SAS 是不可缺少的基本模块,其他模块可以单独运行,SAS 的使用是按模块授权的,只有授权的模块才可以使用。在程序编辑窗口提交程序 proc setinit; run;并运行,信息窗口出现当前使用的 SAS 软件被授权许可的模块及其有效期限。各个模块的详细信息和使用方法可通过 SAS 主界面上菜单:"帮助→使用该窗口→目录→SAS 产品"查看。除 Base SAS 外,本书使用的模块包括 SAS/ETS(计量经济学模块)、SAS/Stat(统计分析模块)、SAS/Graph(图形模块)、SAS/IML(交互式矩阵编程语言)模块等。

1.3　Base SAS 界面

安装成功后,在开始菜单 SAS 目录下点击图标"SAS 9.4[中文(简体)]"启动 SAS,进入 Base SAS 视窗界面(见图 1-1)。

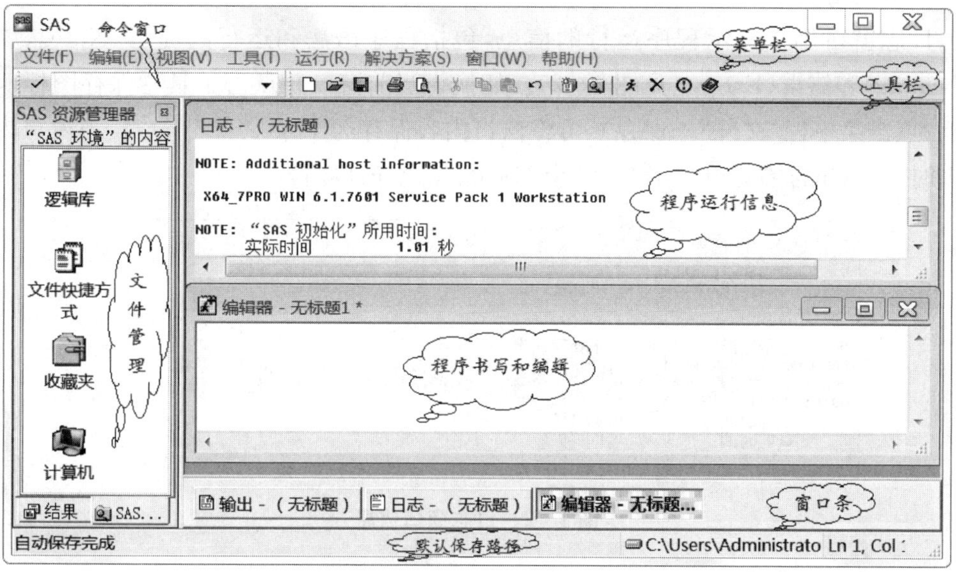

图 1-1　Base SAS 视窗界面

Base SAS 视窗界面由窗口和菜单栏组成。

1.3.1　窗口

SAS 界面的主要窗口有 5 个,分别是 SAS 资源管理器(Explorer)窗口、日志

(Log)窗口、程序编辑器(Editor)窗口、输出窗口(Output)和结果窗口(Results)。启动后默认显示的为资源管理器窗口、日志窗口、程序编辑器窗口。鼠标闪动的窗口为当前窗口，菜单栏和工具栏的各种功能对当前窗口操作起作用。SAS 启动后的当前窗口为编辑器窗口，鼠标点击可将窗口设为当前窗口。窗口条中显示各窗口的条形图标，点击窗口图标实现不同窗口的(当前窗口)切换，也可以用功能键切换：F5——编辑窗口、F6——日志窗口、F7——输出窗口。当前窗口的窗口条显示为凹陷。

主界面最下方的条形窗口为默认保存路径，是指当前窗口的内容保存的目录在硬盘上的位置，左上方前面有“√”标志的条形窗口为命令窗口(Command Slot)，鼠标点击窗口键入简单的命令，回车后执行。

1. SAS 资源管理器窗口

SAS 资源管理器窗口是文件管理窗口，包括 SAS 数据文件、SAS 程序文件和电脑上的其他文件。SAS 数据文件存放在抽屉图标显示的逻辑库中，“文件快捷方式”实现对常用 SAS 程序文件(.sas)的快速访问。“我的电脑”“收藏夹”的操作与 Windows 下操作相同，可以查看、新建、删除电脑上的文件夹和文件。收藏夹内有“我的桌面”和“我的文档”两个文件夹。SAS 对文件的管理形成一个“SAS 环境”，使用户在 SAS 界面即可实现所有文件操作。

2. 日志窗口

日志窗口用于显示程序运行的信息，包括程序语法和运行的提示(Note)、警告(Warning)和错误(Error)(见图 1-2)。切换为当前窗口并点击工具栏保存图标 (或者点击菜单栏“文件”→保存)，可将窗口内容保存为 Log 文件(.txt)。当窗口内容较多时，可按鼠标右键→“编辑”→“全部清除”清空窗口内容。

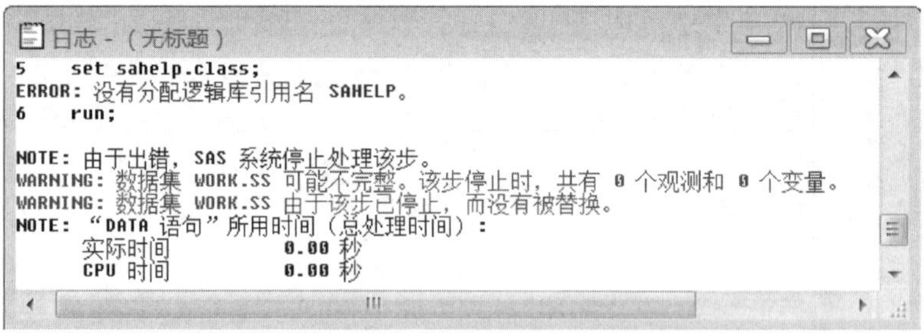

图 1-2　日志窗口信息

3. 程序编辑器窗口

程序编辑器窗口是用于程序代码的书写和编辑的文本编辑器，操作与记事本、Word 等类似，通过回车换行。新建立程序文件时窗口标题为“编辑器-无标题”，点击工具栏保存图标(或者点击菜单栏“文件”→保存)将程序保存为 SAS 程序文件(.sas)，窗口标题显示为文件名。编辑窗口默认不显示行号，默认字体为 Courier New，大小为 13 号字。点击菜单栏“工具”→“选项”→“增强型编辑器”，在“常规”中通过勾选确定是否显示行号，在“外观”中选择字体和大小。编辑程序时，界面最下方的条形栏右边显示当前鼠标所在的行(Ln)和列(Col)。可以同时打开多个编辑窗口，在不同窗口之间切换以实现多个程序代码之间的操作，如复制/粘贴等。点击工具栏上的运行按钮提交(Submit)并运行程序，如果只提交程序的一部分运行，则先选中该部分后点击运行按钮即可。程序的提交和运行可以通过按功能键 F3 实现，也可通过菜单栏→“运行”→“提交”实现。需要注意的是，必须在英文输入方式下书写和编辑程序，如需要输入中文字符，输入完毕后要切换为英文输入状态。

4. 输出窗口

输出窗口显示 SAS 过程运行的结果。SAS 运行结果有两种显示方式，分别为列表(List)方式和 HTML 方式。例如，运行数据集打印过程 Proc print data=sashelp.class; run;之后，两种输出结果的部分截图见图 1-3。

Obs	Name	Sex	Age	Height	Weight
1	阿尔弗雷德	男	14	69.0	112.5
2	爱丽丝	女	13	56.5	84.0
3	芭芭拉	女	13	65.3	98.0
4	凯露	女	14	62.8	102.5
5	亨利	男	14	63.5	102.5
6	詹姆斯	男	12	57.3	83.0
7	简	女	12	59.8	84.5
8	雅妮特	女	15	62.5	112.5
9	杰弗瑞	男	13	62.5	84.0

Obs	Name	Sex	Age	Height	Weight
1	阿尔弗雷德	男	14	69.0	112.5
2	爱丽丝	女	13	56.5	84.0
3	芭芭拉	女	13	65.3	98.0
4	凯露	女	14	62.8	102.5
5	亨利	男	14	63.5	102.5

图 1-3　SAS 结果的 List 和 HTML 输出

输出窗口以 List 方式给出运行结果(见图 1-3 左图)，结果查看器以 HTML 方式给出运行结果(见图 1-3 右图)。输出窗口的内容可以保存为 List 文件(.list)，结果查看器中的内容则可以保存为 Web 文档、网页、HTML 或者文本文件。运行多个过程时，输出窗口会顺次给出各个程序的运行结果，为避免混乱，可在运行下一个过程之前清空窗口内容。

5. 结果窗口

结果窗口以树的形式组织罗列 SAS 过程运行结果名称，每个过程运行结果形成树的“一支”，下面的“分支”为各种输出结果，包括 List 方式和 HTML 方式结果，点击 List(HTML)形式的结果名称，在输出窗口(结果显示查看器中)显示对应的结果内容。结果窗口保存的内容还包括过程运行产生的其他结果，例如图形，点击后会在照片查看器中显示，并可复制。

以 HTML 显示会降低过程运行的速度。可以通过菜单栏→“工具”→“选项”→“参数选择”→“结果”，通过勾选“创建列表”和/或“创建 HTML”确定以何种方式输出结果。

所有窗口都可以缩放、最小化和关闭，日志、编辑器和输出窗口可以任意移动和叠放，以方便程序编辑、调试和运行结果查看。点击菜单栏“视图”下拉菜单的选项，可以打开已经关闭的窗口。在当前窗口点击鼠标右键，点击编辑，可以实现窗口文本内容的复制、粘贴、删除、查找/替换等操作。同编辑窗口一样，可以通过菜单栏“工具”→“选项”改变当前窗口的默认显示方式。

1.3.2　菜单栏

菜单栏以菜单形式提供对当前窗口的各种操作，不同窗口具有不同的菜单栏菜单。例如编辑窗口的菜单栏中比其他窗口多了“运行”菜单。以下以编辑窗口对应的菜单为例进行功能说明。

1. 文件

文件包含的子菜单有“新建程序”“打开程序”“保存”“另存为”“页面设置”“打印”等。“发送邮件”功能可以将窗口内的程序通过邮件发送。“最近使用的文件”会列出最近操作过的 5 个(默认)SAS 程序文件。“导入数据”和“导出数据”用来实现 SAS 数据集和外部数据的导入和导出，其功能和操作将在第 2 章详细说明。

2. 编辑

编辑是对编辑器窗口内的文本进行操作，与 Microsoft Word® 等文本编辑器对应的菜单功能类似。

3. 视图

视图通过菜单打开窗口，实现当前窗口切换。

4. 工具

工具一共分三块。

第一块中的一个常用功能是“ODS 图形编辑器/ODS 图形设计器”。图形设计器用来设计和建立图形，图形编辑器对建立的图形进行编辑，也可以建立新的图形(类似于画笔和 Word 中的)。ODS 是输出交付系统(Output Delivery System)的缩写。ODS 图形设计器能够生成多种统计图形，包括散点图、直方图、盒型图、等高线图、时间序列图形、矩阵图、面板图以及等高线图等。图形编辑器对已有的图形进行编辑。图形分析是 SAS 可视化统计分析的特色，功能十分强大。

第二块中有“新建逻辑库”和“新建文件快捷方式”两个功能。逻辑库建立功能将在第 2 章中详细说明。“新建文件快捷方式”可以建立已有 SAS 程序文件的快捷方式以方便操作，点击菜单后在“名称”栏输入快捷文件名称(可以和源文件名字不同)、“方法”栏输入源文件的存放方式，Disk 是指本地计算机硬盘中的文件，点击“文件”栏“浏览”按钮即可查找源文件。URL 和 FTP 则指文件为网络资源或者远程文件，需要在“方法信息”框中给出链接地址和远程主机的有关信息。

第三块中的“定制”和“选项”可对 Base SAS 视窗界面进行设置。点击“定制”弹出“定制工具”对话框，点击“工具栏”可以在“常规”条目下通过勾选来设定工具栏上图标的大小，以及是否在工具栏显示屏幕提示，在“工具栏”条目下通过勾选来设定在工具栏上显示工具栏或/和命令栏(狭长的命令窗口)。点击“选项”，在弹出的子菜单中显示对当前窗口设置的子菜单。例如(增强型)程序编辑窗口的设置除前文述及的字体和字体大小设定外,还可以通过点击“增强型编辑器功能键”子菜单重新设定程序编辑中用到的快捷键。

5. 解决方案

解决方案中的“分析”子菜单提供很多数据分析功能,常用的有“企业数据挖掘”和“时间序列查看器”。“交互式数据分析(Insight)”功能在 9.4 以上版本不再提供。其他子菜单多为程序开发等高级功能。

6. 窗口

第一块功能为调整窗口的摆放方式和大小,可以水平平铺、垂直平铺,也可层叠。

第二块功能可实现已打开窗口的当前窗口切换,前面有凹陷“√”的为当前窗口。

7. 帮助

帮助提供在线帮助和网络链接。SAS 的在线帮助很有层次,很细致,也很浩繁。

第一块中的“使用该窗口”和“SAS 帮助和文档”提供 SAS 入门和详细的产品使用说明,窗口内的“搜索”“目录”“索引”便于有针对性的快速查询。“目录”下的“产品”文件夹以树型列出各个 SAS 模块的详细使用说明,包括对应的统计学和计量经济学背景知识。

第二块的“软件入门”包含基础内容,帮助读者入门,“学习 SAS 程序”帮助读者学习 SAS 程序编写,同时提供各种培训和网络帮助链接,点击窗口的“确定”,生成包含练习编程数据集的多个逻辑库。“SAS 网站”提供学习资源链接,通过“客户支持中心”可登录 SAS 社区(https://communities.sas.com),注册后可发帖求助,回答别人求助等,社区内有 SAS 的开发人员对疑难问题进行解答。

第三块功能“关于 SAS 系统”提供当前 SAS 的版本信息和操作系统平台信息。在信息窗口和输出窗口点击鼠标右键,弹出和菜单栏一样的竖排菜单,以方便操作。

8. 工具栏

工具栏以图标方式显示各种功能快捷键,通过点击快捷键可更方便地实现常用的功能,例如打开/保存、复制/粘贴、打印、查找、撤销等。不同窗口对应的工具栏图标不同。常用快捷键包括“新建逻辑库”  、“SAS 资源管理器”(浏览器)  、“帮助”  以及专门用于程序编辑窗口的“提交” 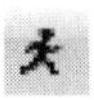 、“中断”  和“全部清除”  。“中断”  用于程序运行出现死循环而不能结束时的强行终止。

习题

1. 通过 SAS 界面中菜单栏“帮助”→“SAS 网站”→“客户支持中心”注册 SAS 个人账户(SAS Profile)。登录(Sign In)SAS 客户支持中心(SAS Customer Support)页面,点击“Connect”进入 SAS

社区(Communities)或博客(Blogs)。熟悉 SAS 客户支持系统,寻找自己感兴趣的社区和博客。点击“Communities”→“ Find a Community”选择一个社区进入(例如 SAS Programming),“Pick your Board & Ask a Question”提出一个问题。或者在该社区条目下选择一个小组(Board)进入(例如 SAS Programming),通过“New Message”提出问题。

2. 什么是 SAS 的当前窗口? 如何实现当前窗口切换? 在多次操作中,如果某个 SAS 窗口不见了,如何调出该窗口?

3. SAS 资源管理器中的“文件快捷方式”有什么功能? 建立一个 SAS 程序文件的快捷方式。

4. 工具栏中的很多功能与菜单栏中的菜单功能相同。找出菜单栏菜单功能中没有的工具栏功能。

5. 在 SAS 资源管理器中通过“收藏夹”→“我的桌面”,对 Windows 桌面的文件进行操作(复制、粘贴、打开等); 通过“计算机”→“本地磁盘(D:)”在磁盘 D:根目录下建立目录“mydata”。

第 2 章　SAS 数据集

数据集是数据的载体，理解 SAS 数据集结构及其管理方式，创建、编辑 SAS 数据集，是数据处理和分析的前提。

2.1　SAS 数据集结构

SAS 数据集是具有特定结构的数据文件，只有 SAS 数据集才能被 SAS 分析过程调用进行统计分析，其他类型和格式的数据集（外部数据）不能直接用于 SAS 的统计分析。SAS 数据集属于关系型数据集，是由行和列形成的二维表状数据集，SAS 数据集又称为表（Table），行称为观测（Observation），列称为变量（Variable）（见图 2－1）。与其他软件将行称为记录（Record），列称为字段（Field）相比，SAS 数据集的行列称谓更具有统计分析的含义。SAS 数据集包含两部分内容——描述部分和数据部分。描述部分是数据集的元数据（Metadata），主要包括数据集属性信息，如数据集名称、文件编码、创建日期、观测数、变量数以及每一变量的属性（Attribe）（名称、类型、长度、标签、输入/输出格式）。数据部分是表格中的数据行部分。SAS9.1 以上版本中，在足够存储空间的条件下，SAS 数据集可以允许 $2^{63}-1\approx 9.2\times 10^{18}$ 条观测，变量个数依赖操作系统和内存空间，Windows 下 SAS 数据集的变量可以多达 400 万以上。① SAS 数

变量

观测	Name	Sex	Age	Height	Weight
1	阿尔弗雷德	男	14	69	112.5
2	爱丽丝	女	13	56.5	84
3	芭芭拉	女	13	65.3	98
4	凯露	女	14	62.8	102.5
5	亨利	男	14	63.5	102.5
6	詹姆斯	男	12	57.3	83
7	简	女	12	59.8	84.5
8	雅妮特	女	15	62.5	112.5
9	杰弗瑞	男	13	62.5	84
10	约翰	男	12	59	99.5

图 2－1　SAS 数据集

① 巫银良.SAS 技术内幕：从程序员到数据科学家[M].北京：清华大学出版社，2018.

据集分为 SAS 数据文件和 SAS 视图(View),SAS 视图是虚拟的 SAS 数据集,不存放数据,只存放找到数据的路径和方法(查询),本书主要介绍和使用 SAS 数据文件。程序 2-1 为 SAS 过程 proc contents,结果查看器输出运行结果中 SAS 数据集描述信息(见图 2-2)。

程序 2-1
```
proc contents data = sashelp.class;
run;
```

数据集名	SASHELP.CLASS	观测	19
成员类型	DATA	变量	5
引擎	V9	索引	0
创建时间	2017-09-07 11:40:41	观测长度	40
上次修改时间	2017-09-07 11:40:41	删除的观测	0
保护		已压缩	NO
数据集类型		已排序	NO
标签	学生数据		
数据表示法	WINDOWS_64		
编码	euc-cn Simplified Chinese (EUC)		

按字母排序的变量和属性列表				
#	变量	类型	长度	标签
3	Age	数值	8	年龄
4	Height	数值	8	身高 (英寸)
1	Name	字符	12	姓名
2	Sex	字符	4	性别
5	Weight	数值	8	体重 (磅)

图 2-2　SAS 数据集描述信息

2.2　SAS 数据集文件

SAS 数据集文件是 SAS 数据集的表现形式,以 SAS 特有的格式包含数据集的数据值和描述信息,SAS 通过数据集文件实现对数据集的操作。

2.2.1　文件命名

SAS 数据集存储在逻辑库中,文件命名采用两级(Two Level)命名方式,一级名字为所在逻辑库的名字,二级名字为数据集名,两级名字之间用“.”分隔,例如 sashelp.class 表示存储在逻辑库 sashelp 中名字为 class 的数据集文件。work 为数据集文件的默认逻辑库,在没有一级文件名的情况下,SAS 默认该文件的逻辑库为 work。

SAS 文件名的命名规则为:(1) 最大长度为 32 个字符;(2) 必须以字母或下划线开头;(3) 可以是字母、数字和下划线的任意组合;(4) 字母不区分大小写,以大写存储。

规则表明,SAS 数据集文件名中不能包含汉字。

2.2.2　文件名缩略列示

SAS 程序对数据集进行操作时,常涉及数据集文件列示(Lists),当需要列示的文件名具有规律时，可采用缩略列示方法，分为编号范围（Numbered Range）列示法和文件名前缀（Name Prefix）列示法。文件名为名字编号时采用编号范围缩略法。例如

```
score1 score2 score3 score4 score5
```

可缩略列示为

```
score1-score5
```

文件名前面部分相同时采用前缀列示法，名字共同部分加冒号。例如

```
abc abc1 abcr abcx
```

可缩略列示为

```
abc:
```

2.3　SAS 数据集的组织——逻辑库

SAS 数据集的文件按 SAS 逻辑库（Library）进行组织，只有逻辑库中的 SAS 数据文件才可以被 SAS 过程直接调用。逻辑库以黄色双抽屉图标显示在 SAS 资源管理器窗口，点击进入可以看到已经建立的“当前逻辑库”，每个黄色单抽屉图标表示一个逻辑库，下方为逻辑库名，点击图标可以看到逻辑库中存放的数据集文件和其他文件，数据集文件的图标是右下角有红色圆球的网状表格。

SAS 逻辑库是 Windows 操作系统下硬盘上目录（文件夹）在 Base/SAS 界面的一个映射，相当于一个快捷符号，其中的文件实体（Physical Item）存储在对应的硬盘文件夹内。

2.3.1　逻辑库的创建

如图 2-3 所示，建立逻辑库之前需要在硬盘存在对应的物理目录（文件夹）。有四种方式建立逻辑库：（1）菜单栏→“工具”→“新建逻辑库”。（2）工具栏→。（3）浏览器窗口→“逻辑库”→“当前逻辑库”，鼠标右键→“新建”，在弹出的“新建逻辑库”对话框“逻辑库”栏中输入“名称”，“引擎”选择默认，勾选“启动时启用”，“逻辑库信息”栏中输入（或者通过浏览找到）“路径”。不勾选“启动时启用”，关闭 SAS 后建立的逻辑库映射关系被删除，下次启动 SAS 需重新建立。

（4）编辑器窗口输入语句 libname data "d:\soft"；并提交运行，即可创建逻辑库 data。

图 2-3　逻辑库和物理目录对应关系

SAS 数据集文件名采用两级命名方式，第一级为所在的逻辑库名。为避免层级过多，SAS 逻辑库只有一级，不允许在逻辑库内建立子逻辑库。

SAS 逻辑库分为永久逻辑库（Permanent Library）和临时逻辑库（Temporary Library）。名字为 work 的逻辑库为临时逻辑库，SAS 启动时自动生成。SAS 关闭时，临时逻辑库内存放的文件将自动删除，释放磁盘空间。除 work 之外的逻辑库均为永久逻辑库。

在 SAS 主界面左上角命令窗口中输入 lib，回车，可以查看当前逻辑库信息，其中的"主机路径名"是逻辑库对应的 Windows 下目录路径。

2.3.2　逻辑库的合并

libname 语句可以把两个逻辑库合并（Concatenate），语句格式为

```
libname lib (lib1 lib2);
```

lib1 和 lib2 为两个已有的逻辑库。例如

```
libname mydata1 'd:\course1';
libname mydata2 'e:\course2';
libnmae mydata (mydata1 mydata2);
```

也可直接将两个物理目录合并定义为一个逻辑库，例如

```
libname mydata1 ('d:\course1''e:\course2');
```

由逻辑库合并或者物理目录合并形成的逻辑库，其中的 SAS 数据集文件寻找规则为：无论对数据集进行输出还是输入操作，SAS 首先从合并的第一个逻辑库或者物理目录寻找文件，如果找到，则进行操作，不管其余逻辑库或者目录中是否存在同名文件。因此，可以在一个逻辑库或者物理目录下新建与其他逻辑库或者目录下同名的数据集文件。

2.3.3　逻辑库的删除

有两种方法删除逻辑库：（1）鼠标右键逻辑库图标→"删除"；（2）编辑器窗口输

入语句 libname data;并提交运行,逻辑库 data 被删除。

用户不能删除 SAS 系统自动建立的逻辑库,例如 Sashelp、Sasuser 等。用 list 选项可以查看已有逻辑库的属性。例如提交语句 libname sashelp list;后,会在日志窗口显示如下信息

```
NOTE: 逻辑库引用名 = WORK
      范围 = Kernel
      引擎 = V9
     Access = TEMP
      物理名 = C:\Users\ADMINI～1\AppData\Local\Temp\SAS Temporary
     Files\_TD3832_MS-20180228OOXR_
     文件名 = C:\Users\ADMINI～1\AppData\Local\Temp\SAS Temporary Files\_
TD3832_MS-20180228OOXR_
     所有者名 = BUILTIN\Administrators
     文件大小 = 4KB
     文件大小(字节) = 4096
```

其中包括逻辑库名、引擎、存取方式(TEMP)和物理地址等信息。采用_ALL_变量可以查看所有已建逻辑库的属性信息,即

```
libname _all_ list;
```

2.4　SAS 数据集变量

SAS 数据集的结构由变量确定,变量是数据容器(Container),其取值形成观测。变量由其属性确定。变量属性包括变量名(Name)、类型(Type)、宽度(Length)、输入格式(Informat)、输出格式(Format)和标签(Label)。

2.4.1　变量属性

1. 变量名

命名规则与数据集文件名命名规则相同。变量名在创建时给出,可修改。

变量名列示可采用缩略方法。数据集文件名缩略列示中的编号列示和前缀列示方法同样适用于变量名列示。变量名还有其他 6 种缩略列示方法,格式和功能见表 2-1。

表 2-1　　数据集变量名的其他缩略列示方法

缩略	X--A	X_NUMERIC_A	X_CHARACTER_A	_NUMERIC_	_CHARACTER_	_ALL_
功能	X 到 A 的变量	X 到 A 的数值型变量	X 到 A 的字符型变量	所有数值型变量	所有字符型变量	所有变量

2. 类型

SAS 数据类型分为字符型(Character)和数值型(Numeric)两大类,SAS 数据集变量按其存放的数据类型分为字符型变量和数值型变量,日期型和时间型变量是具有特殊输入/输出格式的数值型变量。变量类型在创建时确定,可修改。

3. 宽度

变量能够存放数据的最大宽度,以字节表示。字符型变量宽度上限为 200 字节,数值型变量宽度上限为 8 字节。汉字为字符,一个汉字的宽度为 2 字节。变量宽度在创建时确定,可修改。

4. 输入/输出格式

输入格式向 SAS 说明以何种方式读取输入数据值。输出格式向 SAS 说明以何种方式输出(显示或者写出)SAS 数据。例如,当读取一个文本数据 65903180 时,输入格式 $8.告诉 SAS 将其作为字符(例如电话号码)读入,而输入格式 8.则告诉 SAS 将其作为数值读入。当输出一个 SAS 日期数据 21623(距离 1960 年 1 月 1 日的天数)时,输出格式 yymmdd10.的输出结果为 2019-03-15,而输出格式 date9.的输出结果为 15MAR2019。输入/输出格式的一般形式为

<$>格式名<w>.<d>

符号"<>"表示可选部分,不是格式内容。字符型变量和数值型变量的输入/输出格式以是否带有 $区别,有(无)则为字符(数值)型变量输入/输出格式。格式名是 SAS 系统规定的各种输入/输出格式名称,w 用来规定输入/输出的宽度,以字节计算,输入格式中 w 过小则无法完整读入原始数据而进行截取,输出格式中 w 过小无法保证完全显示或者写出变量的数据,此时系统寻找其他格式输出(如 Best 格式),仍然不行则以 * 显示输出内容或者对变量值进行截取。SAS 的输入/输出格式十分庞杂,一些对常用输入/输出格式进行说明,其他输入/输出格式的详细说明可到"帮助"→"SAS 产品"→"Base SAS"→"SAS® 9.4 Formats and Informats: Reference"中查看。

(1) 字符型变量常用输入/输出格式

1) 输入格式 $w.和 $CHAR<w>.

$w.为标准字符变量输入格式,w 代表字符宽度,规定 SAS 读取字符变量值的前 w 个字节字符。不指定输入格式的情况下,字符变量缺省输入格式是 $8.。如果读入

的字符前面有空格(头部空格),则实施截取(Trim Leading Blanks),不读入头部空格。$CHARw.功能与 $w.类似,区别在于:① w 可以缺省,缺省值为 8,即 $CHAR.是有效的输入格式,等价于 $CHAR8.,而 $w.中的 w.不能缺少。② 不对读入的字符进行头部空格截取,头部空格作为字符的一部分读入。输入格式 $w.和 $ChARw.不截取尾部空格。

2) 输出格式 $w.、$CHAR<w>.和 $UPCASEw.

$w.为标准的字符输出格式。w 代表字符宽度,规定 SAS 输出字符变量值的前 w 个字节字符,如果变量值有尾部空格,则实施截取(Trim Tailing Blanks),不输出尾部空格。$w.不指定输出格式的情况下,字符变量缺省输出格式是 $8.。

$CHAR<w>.功能与 $w.类似,区别在于:① w 可以缺省,缺省值为 8,即 $CHAR.是有效的输出格式,等价于 $CHAR8.,而 $w.中的 w 不能缺少。② 不对输出的字符进行尾部空格截取,尾部空格作为字符的一部分输出。输出格式 $w.和 $ChARw.不截取头部空格。

$UPCASEw.功能与 $w.类似,区别在于将输出字符中的小写字符转换为大写输出。

(2) 数值型变量常用输入/输出格式

1) 输入格式 w.<d>、COMMA<w>.<d>和 PERCENTw.d

w.<d> 为标准的数字数值输入格式,表示让 SAS 将读入内容按数值数据读入 w 字节,数值中包括的正负号和小数点都按一个字节计算,输入数据宽度大于 w 字节时实施尾部截断。d 的作用:如果读入数据为浮点表示的小数,则不起作用;如果是正数,则除以 10^d读入(见表 2-2)。

表 2-2　　输入格式示例 1

原始数据	输入格式	读入数据
230	6.1	23
−230		−23
2.34567	6.1	2.3456
−2.34567	6.1	−2.345
.345E1	6.1	3.45

COMMA<w>.<d>为读入表示金额的外部数值数据而设置的格式,功能与 w.<d>类似,但能自动去除数值中包含的逗号、空格、美元符号和横线符号,还可以把用括号括起来的数值读成负值。如果数值用百分数表示,就去掉百分号后以小数形式读入。w 的缺省值是 1。DOLLARw.d 是其别名(另一种写法)(见表 2-3)。

表 2－3　　输入格式示例 2

原始数据	输入格式	读入数据
$1,2345,6789	Comma12.2	1234567.89
$1234,5678.9	Comma12.2	12345678.9
($1,2345,6789)	Comma12.2	－123456.78

需要注意的是最后一个原始数据在 comma12.2 输入格式下 SAS 的读取结果：在将包括括号、$符号和逗号在内的原始数据读入时，从左至右到 8 时字符个数已达到 12 位，最后一位 9 不能被读入。由此看出 w 规定的变量宽度是对读入的原始数据宽度的限制，而不是读入后 SAS 内部的数据宽度。

PERCENT<w>.<d>把用百分数表示的外部数值数据转换为分数读入。w 的缺省值是 6。

2）输出格式 BEST<w>.、w.<d>、COMMA<w>.<d>、DOLLAR<w>.<d>

BEST<w>.为缺省的数字数值型数据输出格式。w 的缺省值是 12，最大值是 32。这个格式的作用是将数值在规定的宽度下用最精确有效的方式输出（见表 2－4）。

表 2－4　　输出格式示例 3

SAS 数据	输出格式	输出数据
1257000	Best6.	1.26E6
1257000	Best3.	1E6

w.<d>为常用的数字数值型数据输出格式，规定 SAS 将输出的数值按 w 总宽度、d 位小数输出。当设定宽度不合适时，自动转为 BESTw.格式输出（见表 2－5）。

表 2－5　　输出格式示例 4

SAS 数据	输出格式	输出数据
123.4567	7.3	123.457
1234.567	7.3	1234.57

COMMA<w>.<d>和 DOLLAR<w>.<d>将数值整数部分自右往左每三位用逗号分隔并以 d 位小数输出，输出总宽度不超过 w 个字节，w 的缺省值是 6。DOLLARw.d 与 COMMAw.d 类似，只是在输出数值前添加美元符号 $（见表 2－6）。

表 2-6　　输出格式示例 5

SAS 数据	输出格式	输出数据
123456.7	Comma12.2	123,456.70
−123456.7	Comma12.2	123,456.70
123456.7	Dollar12.2	$123,456.70
−123456.7	Dollar12.2	$−123,456.70

(3) 日期、时间型变量常用输入/输出格式

日期数据和时间数据为数值型数据，SAS 以当前日期到 1960 年 1 月 1 日的天数存储日期，以当前时间到 0 时 0 分 0 秒(午夜)的秒数存储时间。日期变量和时间变量为数值型变量，通过特有的输入格式识别各种格式的日期和时间数据，以特有的输出格式规定 SAS 内部数据输出时的日期格式和时间格式。

(4) 日期型变量常用输入/输出格式

1) 输入格式 ANYDTDTE<w>.、DATE<w>.、DDMMYY<w>.、MMDDYY<w>.

ANYDTDTE<w>.为“万能”日期读入格式，能识别多种日期、日期时间格式的数据，提取数据中的日期部分读入。w 的缺省值为 9(表 2-7)。

表 2-7　　输入格式示例 6

原始数据	输入格式	读入数据
01JAN12	ANYDTDTE8.	18993
01012012	ANYDTDTE8.	18993
01/01/12	ANYDTDTE8.	14987
14:30	ANYDTDTE8.	0
20120101	ANYDTDTE8.	18993

01/01/12、010112 被 ANYDTDTE8.识别为 2001 年 1 月 12 日(14 987 天)，而 01012012 则被识别为 2012 年 1 月 1 日(18 993 天)。因此，“万能”输入格式并非万能，需要其他更为细致的输入格式。

注： 用 ANYDTDTEw.输入格式读取形如 01/01/12 和 010112 的数据时，不同的 SAS 系统默认的读取方式不一样。美国英文(en_US)SAS 默认按月/日/年(MDY)读取，中国内地中文(zh_CN)SAS 默认按年/月/日(YMD)读取。因此，会出现同一 DATA 步程序在不同 SAS 系统下运行结果不一致的情形。

DATE<w>.读入前两位为日(dd)、中间三位为英文月份(mmm)的缩略语(英文的前三个字母)后面为年份(yy 或者 yyyy)的日期数据。w 的缺省值为 7(见表 2-8)。

表 2-8　　输入格式示例 7

原始数据	输入格式	读入数据
16mar12	DATE11.	19068
16 mar 12	DATE11.	19068
16-mar-2012	DATE11.	19068

DDMMYY<w>.识别格式为“日日月月年年”(ddmmyy)或者“日日月月年年年年”(ddmmyyyy)、带连接符的日期数据，转换为数值读入。连接符可以是-、空格、.或者/。w 的缺省值是 6(见表 2-9)。

表 2-9　　输入格式示例 8

原始数据	输入格式	读入数据
160312	DDMMYY10.	19068
16/03/12	DDMMYY10.	19068
16-03-2012	DDMMYY10.	19068
16 03 2012	DDMMYY10.	19068

MMDDYY<w>.识别格式为“月月日日年年”(mmddyy)或者“月月日日年年年年”(mmddyyyy)、带连接符的日期数据，转换为数值读入。连接符可以是-、空格、.或者/。w 的缺省值是 6(见表 2-10)。

表 2-10　　输入格式示例 9

原始数据	输入格式	读入数据
031612	DDMMYY10.	19068
03/16/12	DDMMYY10.	19068
03-16-12	DDMMYY10.	19068
03162012	DDMMYY10.	19068

2) 输出格式 DATE<w>.、DDMMYY<w>.、MMDDYY<w>.和 DDMMYY<w>.

DATE<w>.将 SAS 内部日期数据以“日日月月月年年”或者“日日月月月年年年年”格式输出，中间可以有分隔符，w 的缺省值为 7，不同的 w 值对应不同完整程度的日期输出(见表 2-11)。

表 2－11　**输出格式示例 10**

SAS 数据	输出格式	输出数据
19431	Date5.	14MAR
19431	Date6.	14MAR
19431	Date7.	14MAR13
19431	Date8.	14MAR13
19431	Date9.	14MAR2013

DDMMYY<w>.、MMDDYY<w>.和 YYMMDD<w>.分别将 SAS 内部日期数据以“日日月月年年”“月月日日年年”和“年年月月日日”格式输出，w 的缺省值为 8(见表 2－12)。

表 2－12　**输出格式示例 11**

SAS 数据	输出格式	输出数据
19431	DDMMYY4.	1403
19431	DDMMYY6.	140313
19431	DDMMYY8.	14/03/13
19431	MMDDYY10.	03/14/2013
19431	YYMMDD10.	2013－03－14

5. 时间型变量常用输入/输出格式

(1) 输入格式 ANYDTTME<w>.、TIME<w>.和 HHMMSS<w>.

ANYDTTME<w>.为“万能”时间读入格式，能识别多种日期时间、时间格式的数据，提取时间部分读入。w 的缺省值为 8(见表 2－13)。

表 2－13　**输入格式示例 12**

原始数据	输入格式	读入数据
01JAN12	ANYDTTME10.	0
01012012	ANYDTTME10.	0
14:30:08.5	ANYDTTME10.	52208.5
14:30:08.5	ANYDTTME.	52208

外部时间中“.”前面识别为秒，后面识别为分秒。

TIME<w>.识别格式为“时时分分秒秒<.$s_1 s_2 \ldots s_n$>”和“时时:分分:秒秒<..$s_1 s_2 \ldots s_n$>”的外部时间数据，计算距离 0 时 0 分 0 秒的秒数读入，w 的缺省值为 8。其中分隔符:也可以是.。s_1表示 0.1 秒，……，s_n表示 $1/10^n$秒(见表 2－14)。

表 2-14 **输入格式示例 13**

原 始 数 据	输 入 格 式	读 入 数 据
12.56	TIME10.	46560(12:56:00)
120:120	TIME10.	439200(122:00:00)
1:30pm	TIME10.	48600(13:13:00)
14:30:08.5	TIME10.	52208.5

HHMMSS<w>.识别格式为“时时分分秒秒”和“时时:分分:秒秒”的外部时间数据，计算其距离 0 时 0 分 0 秒的秒数读入 SAS，w 的缺省值为 8。识别规则为(不算分隔符)：如果是 6 位数，从左到右识别时时分分秒秒；如果是不足 6 位、奇数位的时间数值，首先在第一位数前添加一个 0，然后在最后一位数后添加 0 直到 6 位数，例如 123 识别为 012300，即 01:23:00；如果是不足 6 位、偶数位的时间数值，就在最后一位数后添加 0 直到 6 位(见表 2-15)。

表 2-15 **输入格式示例 14**

原 始 数 据	输 入 格 式	读 入 数 据
1	HHMMSS.	3600(01:00:00)
23	HHMMSS.	82800(23:00:00)
12:45:44	HHMMSS.	45944(12:45:44)

HHMMSS<w>不能识别带分秒的时间数据。

(2) 输出格式 TIME<w>.<d>和 HHMM<w>.<d>.

TIME<w>.<d>将 SAS 内部时间数值输出为“时时:分分:秒秒<.分秒分秒>”格式的时间，w 的缺省值为 8(见表 2-16)。

表 2-16 **输出格式示例 15**

原 始 数 据	输 出 格 式	输 出 数 据
59083	TIME.	16:24:43

HHMM<w>.<d>将 SAS 内部时间数值输出为“时时:分分.ss”格式的时间，s 表示分数分钟，d 的取值范围为 0～19，w 的缺省值为 5(见表 2-17)。

表 2-17 **输出格式示例 16**

原 始 数 据	输 出 格 式	输 出 数 据
46796	HHMM8.2	12:59.93
46796	HHMM.	13:00

6. 标签

对变量的描述，可以在显示、打印和报表输出中作为变量名的替代。变量标签最长为 256 个字符，不受变量名命名规则的限制，可以是汉字。打开 SAS 数据集后，通过菜单栏“视图”→“列标签/列名”勾选确定显示列名（默认）还是列标签，没有定义列标签时，统一显示为列名。

在逻辑库中双击打开显示 SAS 数据集，双击变量名弹出列属性（Column Attributes）对话框，可以查看和修改变量属性（见图 2－4）。

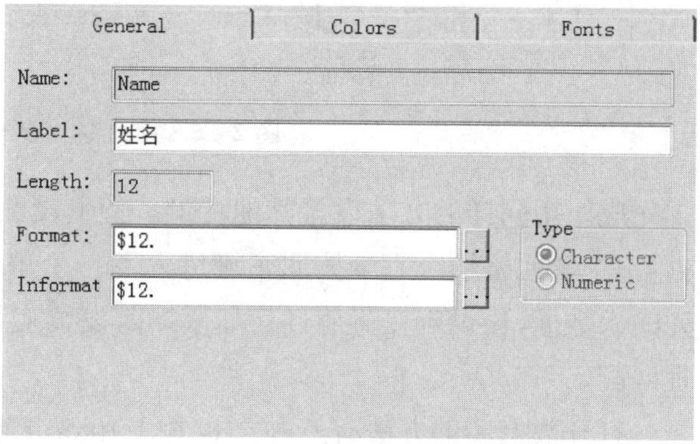

图 2－4　变量属性

2.4.2　变量缺失值

变量在当前观测没有存储数据，该观测对应的变量值为缺失值。数值型变量的缺失值显示为一个“.”（a Single Dot）；字符型变量的缺失值显示为一个空格（a Blank Space）。

2.5　SAS 数据集的创建

有多种方法创建 SAS 数据集，这里主要介绍两种方法：（1）用命令 vt 产生新数据集，编辑已存在数据集；（2）用 import 菜单将外部标准源数据导入形成 SAS 数据集。在第 3 章 DATA 步编程内容中，讲解采用 DATA 步程序读取外部文件数据或者程序中内嵌数据生成 SAS 数据集。

2.5.1　用命令 vt 产生新数据集

用于小型数据集的创建和编辑。在 SAS 启动后界面的右上角横条状（Slot）命令窗口中输入 vt new＝文件名，回车（Enter），产生新空白表格（也可以通过菜单“工具”→“表格编辑器”弹出空白表格），编辑后保存生成 SAS 数据集。例如，命令 vt new＝sashelp.sgx 将在数据库 sashelp 中创建数据集（表）sgx（见图 2－5）。

在空白表格变量 A 上点击鼠标右键，弹出变量属性（Column Attributes …）设置框，对变量名（Name）、标签（Label）、长度（Length）、类型（Type）、输出格式（Format）、输入格式（Informat）进行设置。设置完成后，点击 Apply 关闭对话框，第一个变量设

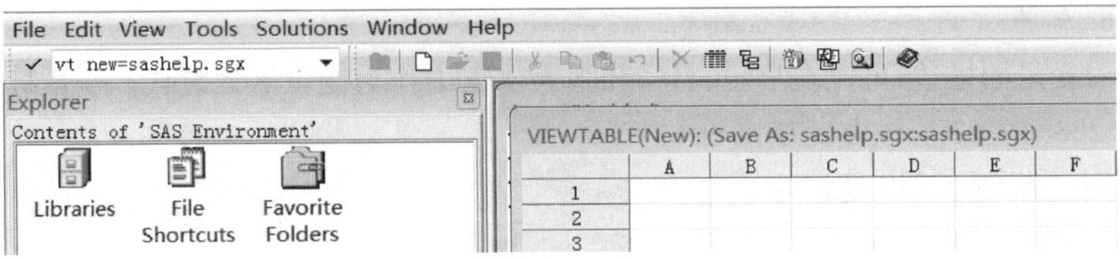

图 2-5　用命令 vt 新建数据集

置完成。用同样的方法设置其他变量。变量设置完成后，可以在每个单元格中输入数据，一个单元格输入完毕按回车键进入下一个单元格，类似 Excel 表格操作。也可以先输入数据，再设定变量属性。如果提前设置变量属性，输入的数值就必须与变量属性匹配。

打开数据集的方法有三种：① 在 Explorer 窗口直接点击文件名；② 在命令窗口键入命令“vt 文件名”；③ SAS 主窗口菜单“工具”→“表编辑器”，进入界面后在工具栏“文件”→“打开”。数据集打开后为浏览模式(Browse Mode)，如果要进行编辑，就需要进入编辑模式：在数据集界面菜单中“编辑”→“编辑模式”。或者数据表格内点击鼠标右键，弹出菜单中选 Edit mode。

以下操作不同于 Excel：

(1) 在表格底部添加新行：表格菜单 Edit→Add Row(或者在表格部分点右键弹出菜单选择 Add Row)，弹出只有一行的表供输入数据。若要取消，Edit→Cancel Row Edits。加入新行重复以上步骤。输入完毕，Edit→Commit New Row，将新行添加到数据集中。

(2) 删除行：点击要删除的行，Edit→Delete Row。

除上述功能外，vt 还可以：① 用已有的数据集创建相同结构的新数据集——打开空白数据集，点菜单 File→Like，选择数据集；② 以现有数据集为基础，创建新数据集——打开空白数据集，点菜单 File→Include，选择数据集，打开后进行修改。

2.5.2　导入外部标准源数据

将外部数据(集或者表格)导入转换为 SAS 数据集文件，是最为常用的数据集创建方法，既可以用程序的方法实现，又可以用交互方式的菜单实现。这里介绍用菜单导入外部数据的方法，第 5 章介绍程序导入方法。

SAS 中 Import Wizard 用于外部数据导入，从主菜单“导入数据”可以进入(见图 2-6)。

导入界面，根据要导入的外部数据类型勾选。Standard data source 选项表明外部数据集为标准数据，即数据类型选择框中给出数据集类型。最为常用的数据类型是 Excel 数据文件(Microsoft Excel Workbook)、数据库数据[dBASE File(*.dbf)]文

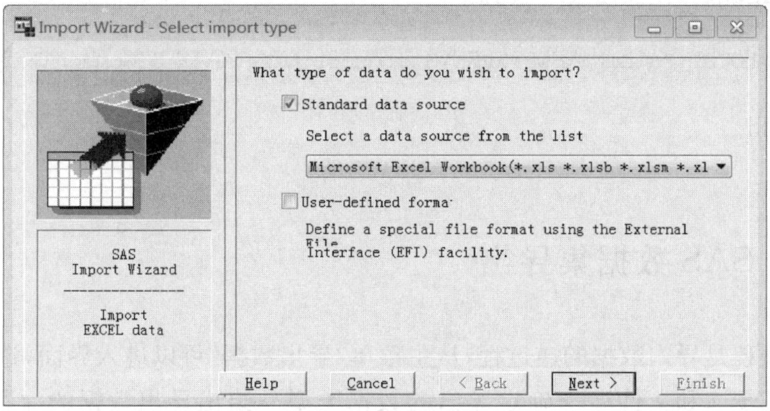

图 2-6　外部数据导入界面

件、以逗号分隔的数据文件[Comma seperated values(*.csv)]、以空格或 Tab 为分隔符的文本文件[Table Delimited File(.txt)]，也包括其他软件如 Stata、SPSS 等格式的数据。如果外部数据集不是这种格式，或者用户不想采用标准数据源方式导入数据，就可以勾选 User-defined format 采用外部数据交互(EFI：External File Interface Facility)，用自定义格式导入数据。这里以 Excel 数据为例进行说明。Excel 具有不同版本，如早期版本的 Excel4 spreadsheet、Excel5 或者 95 workbook，还有 spreadsheet 和 workbook 的区别。如果导入发生错误，可将文件用 Excel2010 或更高版本打开，再另存为"Excel 工作簿"。然后，在 Select a data source from the list 中选择 Microsoft Excel Workbook 即可。找到要导入的 Excel 文件，点击 next，选择导入后存入的库 Library，输入要创建的 SAS 数据集名字 Member:，点击 Finish，完成导入，Log 窗口给出导入是否成功的信息。如果不成功，就会给出错误原因。其他类型数据的导入类似。如果继续点击 next，则将后台运行的 SAS 程序(PRCO IMPORT)保存为程序文件，执行该程序可以完成和菜单操作一样的导入任务，便于学习编程。

除 Excel 文件外，逗号分隔的文件(.CSV)常作为外部文件导入。CSV 格式文件不是 Excel 表格，但可以通过 Office Excel 打开和保存，其他格式的文件用 Excel 打开后可以保存为 CSV 文件。

注： SAS 导入 Excel 文件失败，日志窗口显示：Error:连接，没有注册类，最可能的原因是 SAS 是 64 位而 Office 是 32 位。解决方法：从 Microsoft 官方网站下载安装软件 Access Data base Engine_x64.exe(可百度搜索)至某一目录(例如"B:\")，然后 Win+R 启动运行窗口，在窗口中键入

```
"B:\AccessDatabaseEngine_x64.exe"/pasive
```

(路径要用双引号引起来)后点击确定运行安装。安装完成后 Win+R 启动运行窗口，

键入 regedit 确定，在注册表中找到

```
HKEY_LOCAL_MACHINE\SOFTWARE\Microsoft\Office\14.0\Common\FilesPaths
```

删除 mso.dll。

2.6　SAS 数据集导出

操作过程是导入数据的逆过程，从主菜单“导出数据”可以进入界面，选择 SAS 数据集所在逻辑库和文件名→确定导出的数据类型→给出导出数据的保存目录和文件名。

在数据导入导出中，Excel 文件和 CSV 格式文件可以起到桥梁的作用。可以将其他类型的数据用 Excel 打开，并保存为 Excel 文件或者 CSV 文件然后导入 SAS(见图 2－7)。

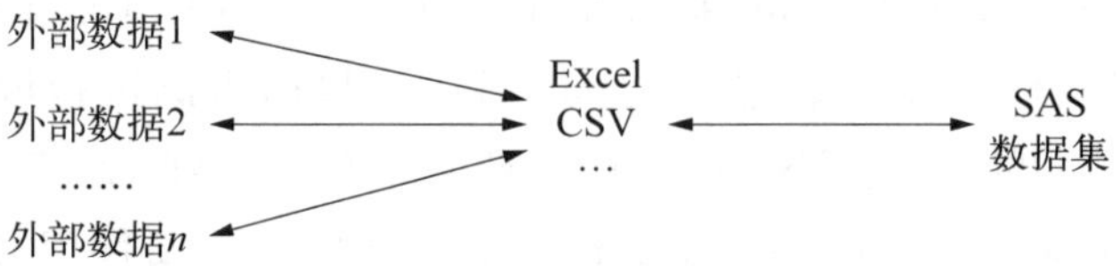

图 2－7　数据导入和导出

SAS 语言对数据集的管理方式极大地方便了数据访问，使数据分析过程不必太多考虑数据存储格式和存储位置。

习题

1. 用 Proc contents 过程查看数据集 sasuser.airports 的描述信息。写出所有者名、文件路径和变量 city 的标签。

2. 启动 SAS 后通过 lib 命令查看临时逻辑库 work 对应的物理目录路径。关闭 SAS 后还能找到 work 对应的物理目录吗？为什么？再次启动 SAS，查看 work 对应的物理目录，和上次一样吗？为什么？

3. 建立逻辑库 sasdata，对应的物理目录为 D:\Lecture\SAS\mydata。为什么 SAS 不允许在逻辑库内建立子逻辑库？

4. 在逻辑库中选择一个数据集，点击鼠标右键，弹出菜单中选择“重命名”，在对话框中输入汉字“文件”，点击确定，会提示什么信息？为什么？可以给数据集设置标签吗？

5. “万能”日期输入格式 ANYDTDTE.将外部数据 02/03/12 读作什么？用什么输入格式才能分别读作 2012 年 2 月 3 日、2012 年 3 月 2 日？有将其读为 2002 年 12 月 3 日的输入格式吗？

6. 用什么样的输入格式才能将会计金额形式的外部数据($7.8)读为－7.8？

7. 将 sashelp.class 输出为 Excel 4 表格(Microsoft Excel 4 Spreadsheet),class.xls,然后用“导入数据”将其导入为 SAS 数据集,在“select a data source from the list”下拉菜单中选择“Microsoft Excel Workbook”,将会出现什么问题?如何解决?如果在给出导入的 SAS 数据集名字时输入“123”,会出现什么问题?为什么?

第 3 章　DATA 步编程和数据处理：基础

程序是 SAS 语言的主要内容，是数据处理和分析的主要手段。数据步（DATA Step）和过程步（PRPC Step）是构成 SAS 程序的两种基本程序步。数据步整理（Manipulate）数据，过程步分析数据并生成输出结果。过程步的功能还包括 SAS 文件管理。

3.1　SAS 程序

SAS 程序是按一定秩序排列的 SAS 语句（Statements）形成的文本，执行后完成特定的任务。SAS 语句由 SAS 单词（Words）组成，SAS 单词也称为 SAS 标记（Token），是能被 SAS 识别的最小语言单位。SAS 关键词和 SAS 名字是常用的 SAS 单词。

3.1.1　SAS 语句

SAS 语句是由 SAS 关键词、SAS 名字、SAS 表达式组成的文本段，以分号;结尾。它要求 SAS 执行一个操作或给 SAS 系统提供信息。关键词相当于语句的"动词"，告诉 SAS 要执行的操作，除个别语句（如赋值语句、累加语句、空语句和注释语句）外，SAS 语句以关键词开始。例如，语句 data tt;中 data 是关键词，告诉 SAS 要生成一个新的数据集。SAS 名字相当于语句的"宾语"，可理解为关键词的作用对象。例如，语句 data tt 中的 tt 是 SAS 名字，告诉 SAS 生成数据集的名字为 work.tt。常用的 SAS 名字包括数据集名、变量名、过程名和输入/输出格式名等。

SAS 语句的书写需遵循如下规则：

（1）一个 SAS 语句可以跨行编写，多个 SAS 语句可以在同一行编写，以分号;作为语句结束标记和语句间的分隔。

（2）语句中的关键词大多以空格分隔。

（3）SAS 语句中的 SAS 关键词和 SAS 名字不区分大小写。

（4）SAS 语句中的 SAS 关键词和 SAS 名字只能是英文，要在英文输入状态下输入。尤其需要注意的是语句结束标志分号;，中文输入状态下的分号"；"不能被 SAS 识别，运行时提示语法错误，是国内 SAS 使用者容易犯的错误。

图 3－1 给出 DATA 步程序和 PROC 步程序中的语句及其成分。其中过程步中的 PROC 和 Print 都是关键词。在强化编辑器窗口中，关键词以蓝色显示。

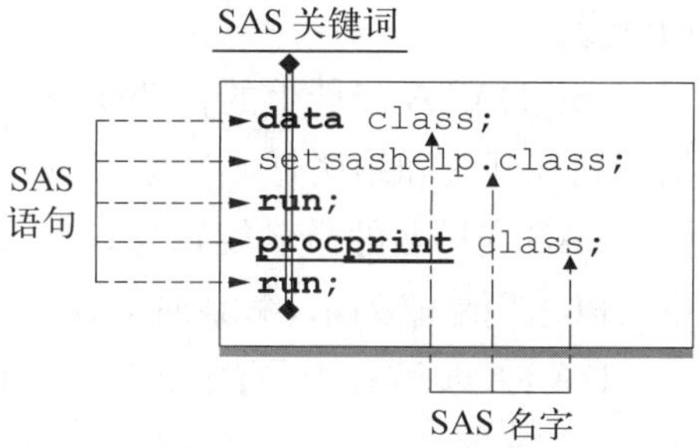

图 3－1　SAS 语句构成

3.1.2　SAS 表达式

运算符将运算对象连接起来形成表达式，正确的表达式经运算和取值后得出有效的结果。SAS 运算分为字符运算、数值运算、比较运算和逻辑运算，运算对象分为常量、变量和函数。

1. SAS 常量

SAS 常量(Constant)也称为 SAS 常数，是固定的 SAS 值，分为字符常量、数值常量和日期-时间常量。字符常量是引号引起来的字符串(String)，如' Tom '' 806 '等，字符常量包含的字符区分大小写。也可以用双引号("")来界定字符串。当单引号(双引号)是字符串的一部分时，需用双引号(单引号)来界定，例如"It's a pity"。数值型常量是一个数字，由正负号、数字和小数点构成，如 1、－2、33.5。SAS 中纯小数书写时可省略整数部分的 0，如－0.07 可写为－.07。当数值较大时，可采用科学计数法，如 0.5E－2 表示 0.5×10^{-2}等。

日期常量用在引号引起来的日期后面添加字母“d”表示，如' 03JAN2019 ' d。由于时间格式繁多，为避免混淆，时间常量中时间格式只能是“日日月月月年年”或者“日日月月月年年年年”，即前一位或者两位数字表示日、中间三位英文大写字母表示月，以及最后两位或者四位数字表示年。例如“03/05/2018”d 是错误的表示方式，没有输入格式作为引导，SAS 不知道如何读取其中的日子、月份和年份。时间常量的表示方式是在引号引起来的时间后面添加字母“t”，如“09:27:25.23”t。日期时间常量的表示方式类似，将日期时间用引号引起来后添加字母“dt”，如' 03JAN19 09:27:25.23 ' dt。日期和时间之间要用空格隔开。

2. SAS 变量

变量是 SAS 程序中创建的数据容器(Container)。变量由其属性确定，包括变量名、类型、宽度、输入/输出格式和标签等。DATA 步中的变量可分为 6 类：

(1) 数据集变量，即用 set 语句打开的 SAS 数据集中的数据集变量。

(2) 用 set 语句打开 SAS 数据集时定义的临时变量，如 end＝v1、in＝v2 定义临时变量 v1 和 v2。

(3) 用赋值语句定义的变量。

(4) 用 input 语句读入外部数据定义的变量。

(5) 用 SAS 关键词定义的变量，如关键词 length、attrib、format/informat 等定义

的变量。

(6) DATA 步产生的自动变量(Automatic Variables)。很多自动变量的变量名用下划线开头和结尾,如_N_、_Error_,用户定义变量时尽量避免这种形式的变量名。

SAS 变量名的命名规则与 SAS 数据集和数据集变量的命名规则相同,变量引用中可以采用缩略列示,缩略列示方式与 SAS 数据集变量相同(见章节 2.2)。

DATA 步编程中,有定义的变量(可理解为赋过值)才能被引用。

```
程序 3-1
程序段 1
data test;
x=y+1;
run;
程序段 2
data test;
x=y+1;
y=0;
run;
程序段 3
data test;
y=0;
x=y+1;
run;
```

程序段 1 和 2 都引用了没有定义的变量 y。引用没有定义的变量时,程序运行后日志窗口并不出现错误提示,而是给出信息(NOTE)。程序段 1 运行后给出的第一个 NOTE"变量 y 未被初始化"表示 y 没有定义,第二个 NOTE"缺失值生成是对缺失值操作的结果"表示 y 的值缺失导致参与的操作 x=y+1 结果(x 值)为缺失。程序段 2 运行后没有"变量 y 未被初始化"的 NOTE,在程序执行之前的编译阶段,y 已经存在,但语句 y=0;还没有执行,y 没有赋值,为缺失值,因此仍然会给出第二个 NOTE。

3. SAS 函数

函数是 SAS 编程语言的重要组件,可接受参数、执行计算或其他操作并返回函数值,函数值是数值型或者字符型,可用于赋值语句和表达式。SAS 函数由函数名和参数组成,参数可以是常量、变量和表达式,参数之间用逗号隔开。SAS 函数的一般形式为

```
函数名(参数 1<,参数 2,…,参数 n>)
```

如果参数为变量列表,则需要前置 of,变量列表可以采用缩略列示法。以求和函

数 sum()为例，sum(x1，x2，x3)与 sum(of x1 x2 x3)同等效果，sum(x，of y1－y3，of z2－z6)与 sum(x，of y1－y3 z2－z6)同等效果。SAS9.4M5 中的函数多达几百个，种类繁多，功能齐全，很多运算可通过函数实现。

本节介绍一些常用函数，其他函数可以通过菜单“帮助”→“SAS 产品”→“Base SAS”→“SAS ®9.4 Functions and Call Routines：Reference”查看，内容包括函数格式、功能说明和例子等。

(1) 数学函数和算术函数

数学函数包括常用的初等函数(幂、指数、对数、三角和反三角)和其他数学函数如 gamma 函数、贝塞尔函数等，对数函数有自然对数函数 log(x)、10 为底的对数函数 $\log_{10}(x)$和 2 为底的对数函数 $\log_2(x)$。算术函数包括算术运算函数(如和函数、平均值函数等)和其他数值运算函数(如取整数函数、求余函数等)，表 3－1 给出了常用的算术运算函数。例如 round(1 234.567，1)和 int(35.4)的函数值分别为 1 235 和 35。

表 3－1　　给出常用的算术运算函数

函　　数	说　　明
Sum(a<，b，…，c>)	对参数 a、b、… ，c 求和
Mean(x1<，x2，…，xn>)	对参数 x1、x2、…、xn 求均值
Round(a<，d>)	对参数 a 按参数 d 进行舍入
Int(c)	对参数 c 取整数部分

(2) 字符函数

字符函数主要用于字符的操作，包括截取、替换、查询以及字符串属性(如长度)等。表 3－2 给出常用的字符函数，其中的 str1、str2、…、strn 表示字符参数，n1、n2 表示数值参数。例如 substr(' SAS 课'，4，2)、scan(' My dear '，1)和 cat(' a '，' man ')的函数值分别为字符'课'' My '和' aman '。

表 3－2　　常用字符函数

函　　数	说　　明
Length(str1)	计算 str1 的长度
Left(str1)	将 str1 头部空格移至尾部(左对齐)
Trim(str1)	删除 str1 尾部空格，空字符的返回值为空格
Index(str1，str2)	计算 str2 在 str1 中的位置，没有 str2 则取值 0
Substr(str1，n1<，n2>)	从 str1 的第 n1 个字符截取 n2 个字符，截至尾部则省略 n2
Scan(str1，n1<，str2>)	截取 str1 中第 n1 个单词(word)，str2 为单词分隔符，默认空格
Cat(str1，str2，…，strn)	将字符串 str1 到 strn 首尾连接，连接时不删除各字符串的头尾空格

(3) 时间-日期函数

时间-日期函数用来获取日期和时间信息，计算给定日期中的日子、月份、年份、星期和给定时间中的时、分、秒和分秒。表 3-3 列举了一些常用日期函数，其中 y 和 t 分别表示日期和时间参数，可以是变量、常量或者表达式。例如 day('12mar2019'd)、week('1may2019'd)和 minute('9:52:21't)的函数值分别为 12、3 和 52。

表 3-3　　常用日期-时间函数

函　　数	说　　明
Date()	获取系统当前日期，没有自变量
Day(y)	获取日期 y 中的日子
Weekday(y)	获取日期 y 中日子是星期几(7 对应星期日)
Time()	获取系统当前时间，没有自变量
Hour(t)	获取时间 t 中的小时
Minute(t)	获取时间 t 中的分钟
Yrdif(a,b<,base>)	按 base 标准计算两个日期 a 和 b 间隔的年数

(4) 概率统计函数

概率统计函数在统计分析和计量经济学分析中起着重要作用。Base SAS © 9.4 提供了丰富的概率函数。

1) 概率分布函数

随机变量 ξ 的概率分布函数定义为 $F_{\xi}(x)=P(\xi \leqslant x)$。假设检验中，检验统计量的值计算出来后，根据其概率分布(精确分布或者渐近分布)用概率分布函数计算检验的 p 值(p-value)。Base SAS © 9.4 中有两种概率分布函数，分别为具体函数和通用函数。

具体概率函数的函数名由前缀“PROB”加分布名称构成(泊松分布除外)，例如 PROBNORM(x)为正态分布的分布函数，PROBCHI(x,n)为 χ^2 分布的分布函数，n 为自由度参数，PROBNORM(1.96)的函数值为 0.975。表 3-4 给出具体概率函数，其中 x、y 表示实数参数，n1、n2 为正整数，nc 为非中心参数，r、a、b 为分布参数，参数可以是变量、常量或者表达式。

表 3-4　　具体概率函数

函　　数	说　　明	参数值范围
PROBBETA(x,a,b)	贝塔分布函数	
PROBBNML(x,n1,n2)	二项分布函数	

续表

函　　数	说　　明	参数值范围
PROBBNRM(x,y,r)	二元正态分布函数	
PROBCHI(x,n1<,nc>)	χ^2 分布函数	
PROBF(x,n1,n2<,nc>)	F 分布函数	
PROBGAM(x,a)	伽马分布函数	
PROBNORM(x)	标准正态分布函数	
PROBNEGB(x,n1,n2)	负二项分布函数	
PROBT(x,<,nc>)	t 分布函数	
POISSON(n1,n2)	泊松分布函数	

通用概率函数用 CDF 作为统一的函数名，通过参数确定分布类型，不同分布类型对应不同的分布参数，一般形式为

```
CDF('分布名称',x<,参数 1,参数 2,…,参数 k>)
```

例如：CDF('NORMAL',1.96)的函数值为 0.975，与 PROBNORM(1.96)的函数值相同。通用概率函数包含的概率分布类型更多，除了表 3-4 给出的分布类型外，还有贝努里（BERNOULLI）、柯西（CAUCHY）、指数（EXPONENTIAL）、拉普拉斯（LAPLACE）、逻辑（LOGSTIC）、对数正态（LOGNORMAL）、混合正态（NORMALMIX）、帕累托（PARETO）、特威迪（TWEEDIE）、均匀（UNIFORM）、沃尔德（逆高斯）（WALD）、威布尔（WEIBULL）分布等。

2）分位数函数

分位数（Quantile）函数是分布函数的逆函数，自变量为概率值 x，函数值为 $F^{-1}(x)=inf\{y:y\geqslant x\}$。同概率分布函数一样，有两种分位数函数，分别为具体函数和通用函数。具体函数给出了 6 种概率分布的分位数函数，例如 PROBIT()是标准正态分布的分位数函数。这里仅对通用分位数函数进行介绍，其一般形式如下

```
Quantile('分布名称',<x,参数 1,参数 2,…,参数 k>)
```

其中'分布名称'的种类和用法同通用概率分布函数，x 为概率值，参数 1～参数 k 为分布函数中的参数。例如 Quantile('NORMAL',0.975)、Quantile('t',0.975,5)和 Quantile('t',0.975,25)的值分别为 1.959 9、2.570 6 和 1.988 2，表明 t 分布比正态分布有更厚的尾部。

3）概率密度函数

概率密度函数（Probability Density Function）只有通用函数，用于计算不同分布

的概率密度函数值。一般形式为

```
PDF('分布名称',x<,参数 1,参数 2,...,参数 k>)
```

适用的分布类型和有关参数设定与 CDF 函数相同。离散型随机变量的概率密度函数是指其概率函数。

除概率分布函数和概率密度函数外,Base SAS © 9.4 还提供了生存函数(一般形式)SDF()、对数分布函数(一般形式)LOGCDF()、对数密度函数(一般形式)LOGPDF()和对数生存函数(一般形式)LOGSDF(),用于计算生存函数、分布函数对数、密度函数对数、生存函数的对数,十分方便。

4) 统计函数

统计函数用来计算一组数值的描述统计量,例如均值函数 mean()、最大值函数 max()、最小值函数 min()、非缺失数据个数函数 N()、缺失数据个数函数 Nmissing()以及求和函数 sum()等。表 3-5 给出其他一些常用的描述统计量函数,其中 x_1, x_2, …, x_n 为数值型数据, $\bar{x}=n^{-1}\sum_{i=1}^{n}x_i$。

表 3-5　　常用描述统计量函数

函　　数	说　明	计　算　公　式
VAR(x1,x2,... xn)	方差函数	$s^2=(n-1)^{-1}\sum_{i=1}^{n}(x_i-\bar{x})^2$
STD(x1,x2,... xn)	标准差	s
STDERR(of x1—xn)	均值标准差	$s/\sqrt{n}$
RANGE(of x1—xn)	极差	$\max(x_1, x_2, \cdots, x_n)-\min(x_1, x_2, \cdots, x_n)$
CSS(x1,x2,... xn)	校正平方和	$\sum_{i=1}^{n}(x_i-\bar{x})^2=(n-1)s^2$
USS(x1,x2,... xn)	未校正平方和	$\sum_{i=1}^{n}x_i^2$
SKEWNESS(of x1—xn)	偏度	$\frac{n}{(n-1)(n-2)}\frac{\sum_{i=1}^{n}(x_i-\bar{x})^3}{s^3}$
KURTOSIS(of x1—xn)	峰度	$\frac{n(n+1)}{(n-1)(n-2)(n-3)}\frac{\sum_{i=1}^{n}(x_i-\bar{x})^4}{s^4}-\frac{3(n-1)^2}{(n-2)(n-3)}$ ①

① 从定义看出,函数 Kurtosis( )计算的实际上是超额峰度(Excess Kurtosis),即实际峰度超过正态分布峰度(3)的部分。

需要注意，统计函数计算时是按非缺失值自变量计算的。例如 sum(4,9,3,8,.)=24，mean(4,9,3,8,.)=6。

5）随机数函数

随机数(Random Number)函数从给定分布中产生随机数，随机数可看作从分布中抽取的简单随机样本（独立同分布样本）。随机数函数也称为随机数发生器(Generator)，分为具体随机数函数和一般随机数函数。具体随机数函数的函数名以 RAN 为前缀，后面是分布函数名的简称或者缩写，例如 RANNOR 为正态分布随机函数的函数名。不同的随机函数具有不同的参数值。表 3－6 列出常用具体随机函数，其中 s 为产生随机数需要的种子(Seed)，取 1～($2^{31}-1$)范围内正整数，如果取值为负，则以系统日期中的日子(Day)作为种子。

表 3－6　随机数函数

函　　数	说　　明	参数值范围
RANNOR(s)	正态分布随机数函数	标准正态分布
RANBIN(s,n1,p)	二项分布随机数函数	$n1>0, 0<p<1$
RANCAU(s)	柯西分布随机数函数	
RANEXP(s)	指数分布随机数函数	分布函数参数 $\lambda=1$
RANGAM(s,a)	伽马分布随机函数	$a>0$
RANPOI(s,n1)	泊松分布随机函数	$n1\geqslant 0$
RANUNI(s)	均匀分布随机函数	(0,1)上均匀分布

一般随机函数的函数名为 RAND，通过第一个参数'分布名称'确定随机数抽样的概率分布类型，通过其他参数确定概率分布函数。例如 RAND('BETA',s,a,b)和 RAND('F',s,n1,n2)是参数为 a、b 的贝塔分布和参数为 n1、n2 的 F 分布的随机数函数。一般随机数函数的形式为

```
RAND('分布名称',s<,参数 1,参数 2,...,参数 k>)
```

其中分布函数名共有 29 个，除了常见的正态分布(NORMAL)、t 分布(T)、χ^2 分布(CHISQUARE)之外，还有戈珀兹分布(GOMPERTZ)、龚贝尔分布(GUMBEL)、尔朗分布(ERLANG)和极值分布(EXTRVALUE)等重要的分布。用一般随机函数能够从更多种类的分布中生成随机数。生成随机数对 Monte Carlo 模拟和贝叶斯分析都很重要，除随机函数外，例程(Routine)调用也能产生随机数，参考章节 3.1.3 例程调用。

4. SAS 运算和运算符

SAS 运算包括算术运算、比较运算、逻辑运算与字符运算。运算通过运算符体

现，运算符将运算对象连接形成表达式。

（1）算术运算符

算术运算是最为常用的运算，除乘方运算符可能与其他软件有区别外，运算符都采用相同的符号（见表 3-7）。X^{-y}表示为 x＊＊（－y）。

表 3-7　　算术运算符

符　号	＋	—	＊	/	＊＊
含　义	加	减	乘	除	乘方

（2）比较运算符

表 3-8 为常见的比较运算符，也可以用～＝、＝＜和＝＞作为不等于、小于等于和大于等于的运算符。比较运算的结果为逻辑结果，用数值 1 表示真，0 表示假。比较运算的对象须是同一类数据。如果比较的对象中一个是数值，另一个是字符，则比较时要么报错，要么系统将字符转换为数值后进行比较，并在 log 窗口给出一个信息提示：字符变量××被转换为数值。

表 3-8　　比较运算符

操作符	LT	GT	EQ	LE	GE	NE
符　号	＜	＞	＝	＜＝	＞＝	ˆ＝
含　义	小于	大于	等于	小于等于	大于等于	不等于

字符串比较从左到右逐个按 ACCII 码排列顺序进行比较，如' GARY '＞' JONES，C.'的比较结果为 0（假），而' gary '＞' GARY '的结果为 1（真）。两个不等长度的字符串比较时，在短字符串后面添加空格进行比较，空格的 ASCII 码值是 32。缺失值比任何字符都小。

SAS 支持把变量写在中间，前后都是运算符的比较运算表达式写法，如 7＜＝x＜＝10、' Johan '＜name＜＝' John '等。

1）Max 和 Min

Max 用来对两个量进行大小比较并取大。例如 Max(1,3)的结果为 3。也可以对变量大小进行比较，比较的内容是变量当前值，如果 x＞y，则 Max(x，y)为 x 的当前值。Min 比较两个量的大小并取小，使用方法和 Max 相同。

可以用符号＜＞和＞＜代替 Max 和 Min。但在 where 语句和 where 表达式中＜＞等同于 NE（不等于），而不是 Max。

2）集合比较运算符 in

集合运算符 in 是 SAS 特有的比较运算符，用于一个值（常数值或者变量值）是否在给出的值列表中。列表中给出的值必须是常数、缺失值或者遍历器（数组情形），用

逗号隔开，当列表中的值是连续的正整数时，可以用 M：N 形式的缩略列示法。例如语句

```
if x in (1,2,3,4,6);
if x in (1:4,6);
if name in ('Alice','Jack','Tom');
if 3 in (0.4,5,7,10);
```

中都是 in 的正确用法。

in 前置逻辑运算符 not 可以取反，实现比较中的排除操作。例如语句

```
if x not in ('A','B');
```

的比较结果当 x 取值不是字符'A'或者'B'时为真。

3）不等长字符比较修饰符

在字符比较中，如果参与比较的两个字符串（变量或者常量）长度不相等，在运算符后添加：，可以将长的字符从左到右截取到和短字符相同长度后再进行比较。例如

```
if name = :'S';
```

将变量 name 当前取值的首字母和字符'S'比较，而

```
if stkcd = :'600';
```

将股票代码的前 3 位和字符'600'比较。修饰符：也可加在其他比较运算符后面，例如语句

```
if lastname> = :'Joh';
```

中的比较运算也是对 lastname 的前 3 个字母进行的。

比较运算的结果是数值，可以用在赋值语句中，如

```
c = 5 * (x<y) + 12 * (x> = y);
```

(3) 逻辑运算符

逻辑运算符如表 3-9 所示。

表 3-9　逻辑运算符

操作符	AND	OR	NOT
符　号	&	|	^
含　义	和	或	非

SAS 程序中 0 和缺失值被识别为假，非 0 值和非缺失数值都被识别为真，单个数值变量或者常量可以参与逻辑运算。例如

```
if 0 then delete; /* 不会执行 delete 语句 */
if 1 or (a< = b); /* 条件总是满足 */
```

(4) 字符运算符||

字符运算符||将前后的两个字符串连接成一个字符串。例如'I''m'||'a'||'student'的运算结果为字符串'I'm a student'。注意由于空格是字符串的一部分，因此连接时予以保留。||是唯一的字符运算符，其他字符操作通过字符函数实现。函数 cat()也可以实现字符连接。

除了以上的运算符外，括号也是常用的运算符，其功能是改变各种运算的优先次序。SAS 将函数作为运算符(Operator)。大多数情况下常量的函数还是常量，而变量的函数仍然是变量，因此表达式中的函数也可归为常量和变量。

5. where 表达式

where 表达式出现在 where 语句中或者数据集选项 where=()中，用于 DATA 步或者 PROC 步中 SAS 选择数据集观测时的条件设定。where 表达式中除可使用通用比较运算符外，还有其专有的运算符和表达方式，设定条件时更为灵活。

(1) between and

在比较运算中设定取值范围，范围的边界既可以是常量，又可以是包含变量的表达式。例如

```
where taxes between salary * 0.30 and salary * 0.50;
```

between-and 运算符前置 not 可实现取反。例如语句

```
where date not between '01JAN2013'd and '01JAN2015'd;
```

将变量 date 值在'01JAN2013'd 和'01JAN2015'd 之间的观测排除在外。

(2) like

用于字符比较运算。在 like 后面的字符串常量中添加通配符(Wildcard)可以实现更为灵活的字符匹配比较。下划线_通配符表示一位任意字符，百分号%通配符则表示任意位任意字符。如果 name 变量有 5 个观测值，分别为

```
'Diana''Dinae''Dianna''Dianthus'和'Dyan',
```

在语句 where name like …; 中采用不同的通配符得出符合匹配条件的观测(名字)为

```
通配符:    'D_an'    'D_an_'           'D_an__'    'D_an%'
名  字:    'Dyan'    'Diana'、Diane    'Dianna'    全部
```

like 运算符前置 not 实现取反，例如

```
where name not like 'D_an_';
```

的匹配结果是' Dianna '' Dianthus '和' Dyan '。

如果字符和通配符相同，可用/和关键词 escape 避免通配。例如

```
where name like 'a/_b' escape '/';
```

匹配时不把字符中的_作为通配符，如果 name 有' axb '和' a_b '两个值，则匹配结果为 ' a_b '，而语句

```
where name like 'a_b';
```

的匹配结果是' axb '和' a_b '。

(3) = *

进行"听起来像是"(Sound Like)的字符比较。例如

```
where name = * 'Smith';
```

会将 name 取值为' Schmitt '' Smith '' Smithson '' Smitt '' Smythe '的观测挑选出来。运算符 not= * 进行"听起来不像是"的字符比较。

运算符= * 和 not= * 只适用于英语，不适用其他语种。

(4) ? (contains)

? 或者 contains 运算符用于判断一个字符串中是否包含另一个字符串。例如

```
where name ? "罗";
```

当两个对象都是字符变量时，对变量的当前值进行比较。例如

```
where name1 ? name2;
```

运算符? 和 contains 都能通过前置 not 取反。例如语句

```
where company not contain 'Bay';
```

(5) is missing(null)

is missing 和 is null 以当前取值是否为缺失值进行比较运算，如果当前取值为(非)缺失值，则比较结果为真(假)。例如

```
where stkcd is missing;
```

missing 和 null 都可以前置 not 取反。例如

```
where salary is not missing;
```

(6) same and

same and 运算符用于给前面已经出现过的 where 语句添加比较条件。一般形式如下

```
where 表达式 1;
语句 1;
...
语句 n;
where same and 表达式 2;
```

语句 1 和语句 n 之间(包括语句 1 和语句 2)不再有 where 语句。当需要对参与程序操作的观测值施加更多条件时,不需要重复输入以前的 where 语句,采用 same and 添加即可。same and 运算符常用在 Proc 步中,例如程序 3-1

```
程序 3-1
proc reg data=sashelp.class;
model weight=age height;
where age>11;
run;
where same and sex='男';
run;
```

1) Max 和 Min

where 表达式中不支持运算符><,运算符<>则等价于 NE。常将 Max 和 Min 的运算表达式用括号括住以增加程序可读性。例如

```
where x=(a max b);
```

2) where 表达式的逻辑运算

可以用逻辑运算符 and、not 和 or 将 where 表达式连接,形成更复杂和更为灵活的 where 表达式。一个表达式包含多个逻辑运算符时,运算的优先级为 not→and→or。添加括号可以改变运算次序且可读性强。例如

```
where skill not eq 'java' or years not eq 4;
```

等价于

```
where (skill not eq 'java') or (year not eq 4);
```

3.1.3 例程调用语句

例程是例行程序(Routine)的简称,也称子程序,类似于函数,但不返回任何值,也

不能用于赋值语句和表达式的运算，只能通过 call 语句调用。通过调用例程来定义变量并给变量赋值，很多函数有相对应的功能类似的例程，但例程比函数功能更为强大。例如生成标准正态分布随机数的随机数函数和例程具有相同的名字 RANNORM，但使用方法不同。例如语句

```
x = RANNOR(2346);
```

和语句

```
call RANNOR(2346,x);
```

都生成一个标准正态分布随机数，但例程对随机数流的控制更强，可以完全重复生成同一个随机数序列。在 SAS 帮助系统中，例程和函数是放在一起的，找到函数的帮助即可找到例程的帮助。

3.1.4　空语句

空语句是只包含语句结束标志;的语句。在 DATA 步中空语句和 datalines 语句配合使用，用来表示程序中内嵌数据行的结束。如果数据行的开始语句用 datalines4，此时的空语句就要用四个语句结束标志，即;;;;。

3.1.5　注释语句和程序注释

为了对程序代码进行注释而增强可读性，SAS 语言设立了注释语句。根据注释方式不同，注释语句有两种形式。

1. 块注释

语句以/*开始，以*/结束，注释内容可包含;以及任何长度的文本，也可以跨行。

2. 行注释

语句以*开始，以;结束。行注释语句以;结束，容易和所注释的执行语句混淆，故一般情况下建议使用块注释语句。例如

```
程序 3-2
data sasuser.test1;
input stkcd $ date yymmdd10. clp 6.2; /* 股票代码、交易日期和收盘价 */
/* cards 以下为数据行 */
datalines;
600837 2019/03/13 6.28
600837 2019/03/14 6.30
; /* null statement */
run;
```

3.1.6 语句作用范围

SAS 语句按作用范围分为 DATA 步语句、PROC 步语句和全局语句。DATA(PROC)步语句是只在 DATA(PROC)步程序中有效的语句，全局语句则在所有程序中有效。例如 input 语句为 DATA 步语句，而空语句和注释语句为全局语句。

SAS 程序边界：SAS 程序按步划分，一个步是一个完整的程序段，用边界来界定，SAS 按步边界进行独立编译和执行。DATA 步程序的开始边界是 DATA 语句，结束边界为下一个 DATA 步或者 PROC 步的开始，如果没有后续的 DATA 步或者 PROC 步，以语句 run;作为结束边界。没有结束边界的 DATA 步将不被执行。DATA 步的一般语法格式及其边界如图 3-2 所示。

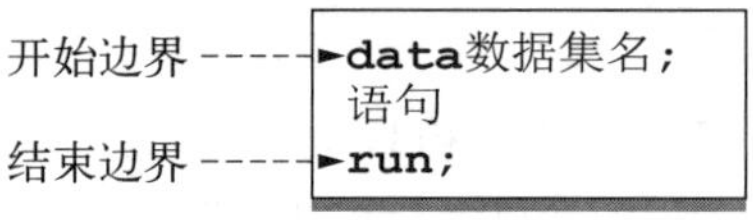

图 3-2 DATA 步边界

3.2 DATA 步原理

DATA 步用来进行数据的加工处理，生成需要的数据集。既可以在不读入数据的情况下用赋值语句定义变量生成 SAS 数据集，又可以通过读入已有数据编辑生成 SAS 数据集。读入的数据既可以是 SAS 数据集，又可以是外部数据。

3.2.1 DATA 步的几个重要概念

1. 程序数据向量 PDV——数据处理“车间”

程序数据向量(Program Data Vector)是 SAS 为 DATA 步数据处理开辟的内存区域，DATA 步的数据处理都在 PDV 中进行。每个 DATA 步都有自己的 PDV 用以存放步中的变量及其取值，包括自动变量、SAS 数据集变量和新定义的变量。

2. 输入缓冲区 IB——数据预处理“车间”

输入缓冲区(Input Buffer)是 SAS 为 DATA 步读入外部数据开辟的内存区域，用于外部数据的“预处理”。外部数据需要通过输入格式设定等操作的预处理才能被 SAS“认识”，经预处理后的数据才能从 IB 读入 PDV 进行处理。如果 DATA 步读入的数据来自 SAS 数据集，则 SAS 将数据集观测中的数据直接复制到 PDV 中，不需要输入 IB。

3. DATA 步的内置循环

DATA 步处理数据以观测为单位，采用逐条观测处理的方式。从 DATA 语句开头到结束边界的所有语句都只对当前观测(PDV 中的观测)进行操作，当前观测处理完毕后对下一条观测重复同样的操作，直到所有观测处理完毕。DATA 步处理方式是一种循环流程，这种循环是 DATA 自动执行的，是内置循环。自动变量_N_对循环次数进行计数，自动变量_Error_记录当前观测被处理时是否发生错误，取值 1(0)表示(不)发生错误。

4. 输出、输入数据集

输出数据集是指用 DATA 步生成的数据集，数据集名位于 DATA 语句中关键词 DATA 之后；输入数据集是指用 set 语句打开并从中读取观测到 PDV 中的 SAS 数据集，数据集名位于 set 关键词之后。输出和输入数据集名都采用两级文件名。

5. DATA 步的编译和执行

同大多数编程语言一样，SAS 程序的执行分为编译和执行两个阶段，DATA 步程序也是先编译后执行。

(1) DATA 步的编译

检查程序语法，并为程序执行准备环境。DATA 步编译阶段完成的工作如下：

1) 语法检查和变量标识。扫描 DATA 步每一行语句的每个单词，执行语法检查，检查是否有语法错误。编译器也会标识 DATA 步中每个变量的名称、类型和长度信息，判断是否需要为后续变量引用进行数据类型转换。

2) 建立 PDV，为 DATA 步每个变量分配 PDV 单元，变量的值为缺失值。变量包括输入数据集中允许的变量、input 语句定义的变量、赋值语句定义的变量、自动变量以及其他语句定义的变量。

3) 建立输入缓冲区。当在 DATA 步中扫描到 input 语句时，为外部数据的输入建立输入缓冲区。

4) 生成输出数据集描述信息。给每个要生成的 SAS 数据集创建描述信息(元数据)，包括数据集属性和变量属性信息。

如果在编译阶段发现语法错误(Syntax Error)，SAS 就尝试按自己的理解纠正错误。如果能够纠正，就进入运行阶段，并在信息窗口发出警告(Warning)对所做纠正进行说明。如果无法纠正错误，则 DATA 步不进入执行阶段，并在信息窗口发出信息，提示语法错误。

(2) DATA 步的执行

通过编译的 DATA 步进入执行阶段。SAS 按如下步骤执行程序：

1) SAS 从 DATA 语句(开始边界)开始，顺次执行步中的各个语句。给 PDV 中变量赋值。首先为自动变量_N_赋值 1，_ERROR_赋值 0。如果有 set 语句打开的输入数据集，则将输入数据集中指定的观测值(默认第一个观测)读入 PDV，赋值给对应的数据集变量。如果有 input 语句，则将外部数据首先读入输入缓冲区进行整理，然后读入 PDV 赋值给对应的变量。遇到赋值语句或者例程调用(call)，则进行有关的计算并将计算结果赋值给变量。

2) 如果出现错误，就停止 DATA 步执行，_ERROR_变量赋值 1，信息窗口首先在发生执行错误语句的下面给出错误信息(ERROR:)，然后在 DATA 步程序的后面给出提示："NOTE:由于出错,SAS 系统停止处理该步"。由此看出,自动变量_ERROR_记录的是是否发生执行错误而不是语法错误。

3）遇到步结束边界,输出 PDV 中各变量值到输出数据集中,在输出数据集中生成一条观测,完成 DATA 步一次内置循环。这种输出操作不需要执行特定的语句,自动执行,称为隐含输出(Implicit Output)。

4）返回 DATA 语句,开始下一次内置循环。此时 PDV 中的变量中,自动变量_N_的值增加 1,输入数据集变量的值保持上次循环取值直到被本次循环中的新值覆盖,而赋值语句、input 语句等定义的变量值则初始化为缺失值,直到本次循环被赋予新值。

注意：没有结束边界的 DATA 步不被执行。即使编译阶段发现语法错误而不被执行,DATA 步也会生成输出数据集,输出数据集中有 0 个观测。

6. 声明语句与执行语句

声明(Declarative)语句在编译环节起作用,向 SAS 提供必要的信息。DATA 步开始边界的 DATA 语句、设置输入数据集观测过滤条件 where 语句、标明其下面为数据行的 datalines 语句以及改变变量输入/输出格式的 informat/format 语句等,是声明语句。执行(Executable)语句在执行环节起作用,在 DATA 步每次内置循环中产生一些动作。读入外部数据的 input 语句、条件成立执行后续语句的 if 语句、打开 SAS 集读取观测的 set 语句以及停止当前 DATA 步执行的 stop 语句等,是执行语句。DATA 步语句按声明和执行的分类可参考"帮助"→"SAS 产品"→"Base SAS→SAS®9.4 DATA step statements: Reference"→"About DATA step statements→DATA step statements"。

下面给出 DATA 步运行的三种情形,使读者更为清晰地理解 DATA 步运行机制。

3.2.2　DATA 步三种流程

1. 定义变量生成数据集

定义变量生成数据集的 DATA 步较为简单。以程序 3-3 为例说明 DATA 步的数据处理流程。

```
程序 3-3
data test1;
x=0;
y=x+1;
put _all_;
run;
```

(1) 编辑阶段

1）创建 PDV,内置变量_N_、_ERROR_、x 和 y,并取缺失值;

2）生成输出数据集描述信息：数据集名 work.test1、变量 x、y 属性等。

（2）执行阶段

1）给 PDV 中自动变量赋值：_N_＝1、_ERROR_＝0，此时 PDV 中 x 和 y 取缺失值；

2）执行语句 x＝0，给 PDV 中 x 赋值 0，此时 y 取缺失值；

3）执行语句 y＝x＋1，先计算 x＋1，然后赋值 y，y＝2；

4）遇到 DATA 步结束边界 run；语句，将当前 PDV 中变量值输出到数据集 work.test1，形成一条观测，DATA 步结束。

语句 put _all_；将当前 PDV 内容输出到信息窗口，据此观察各个执行环节 PDV 内变量取值的变化。

```
x = 0 y = 1 _ERROR_ = 0 _N_ = 1
NOTE: 数据集 WORK.TEST1 有 1 个观测和 2 个变量。
NOTE: "DATA 语句"所用时间(总处理时间):
      实际时间          0.54 秒
      CPU 时间          0.01 秒
```

图 3－3 给出了处理流程示意图。

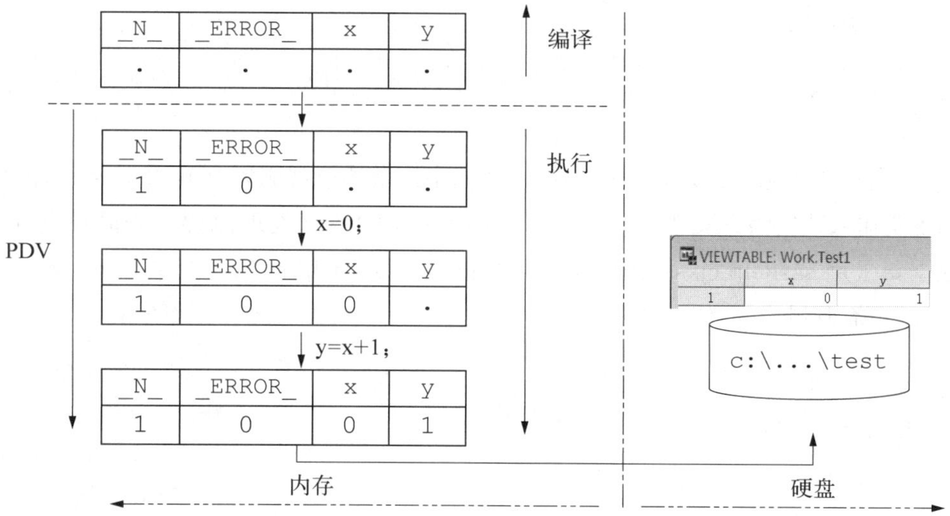

图 3－3　DATA 步处理流程

提交程序段

```
程序 3-4
data test1;
put _all_;
```

```
x = 0;
put _all_;
y = x + 1;
put _all_;
run;
```

运行后在信息窗口显示如下信息

```
x = . y = . _ERROR_ = 0 _N_ = 1
x = 0 y = . _ERROR_ = 0 _N_ = 1
x = 0 y = 1 _ERROR_ = 0 _N_ = 1
```

DATA 内置循环一次，循环次数计数器_N_=1。

2. *以输入数据集为基础生成数据集*

读入已有 SAS 数据集并进行编辑是最为常用的数据集生成方法。由于 SAS 数据的数据格式为 SAS 系统所熟悉，因此读入操作相对简单。通过 set 语句读入输入数据集观测，程序的一般语法格式为

```
data name1;
 set name2;
 语句
run;
```

set 语句的功能是打开数据集 name2 并从中逐条读取观测到 PDV 中。以程序 3-5 为例说明输入数据为 SAS 数据集情形下 DATA 步的数据处理流程。为简单起见，输入数据集采用 sashelp.class 编辑后得到的数据集 sashelp.s，包含变量 name、sex、age 和 h，有 5 条观测。

```
程序 3-5
data class1;
set sashelp.s;
h1 = h * .025;
;
run;
```

（1）编译阶段

1）创建 PDV，内置变量_N_、_ERROR_、name、sex、age、h 和 h1，变量值缺失；

2）为 set 语句建立输入数据指针，在执行阶段引导 SAS 读取数据指针指定的观测；

3）生成输出数据集描述信息：数据集名 sashelp.class1 及其变量属性等。

（2）执行阶段

1）给 PDV 中自动变量赋值：_N_=1、ERROR=0，set 语句的数据指针指向输入数据集 sashelp.s 的第一条观测，SAS 将第一条观测值读入 PDV 赋值给对应的变量 name、sex、age 和 h，此时 h1 取缺失值；

2）进行运算 h＊0.025，将运算结果赋值为 h1；

3）执行一条空语句（不做任何操作）；

4）遇到 DATA 步结束边界 run；语句，将当前 PDV 中变量值输出到数据集 sashelp.class1 形成第一条观测；

5）返回 DATA 语句开始下一轮内置循环，此时 PDV 中的变量取值情况为：_N_ 值增加 1，赋值语句定义的变量 h1 的值置为缺失，数据集变量 name、sex、age 和 h 的值保留；

6）数据指针指向 sashelp.s 的第二条观测，SAS 将第二条观测值读入 PDV 覆盖对应变量 name、sex、age 和 h 的值，此时 h1 取缺失值；

7）运算 h＊0.025，将运算结果赋值为 h1；

8）遇到 run 语句，将当前 PDV 中变量值输出到数据集 sashelp.class1 形成第二条观测；

9）重复以上内置循环。当处理完 sashelp.s 第 5 条观测后，返回 DATA 步开头进行下一次（第 6 次）内置循环，数据指针到达输入数据集底部发现文件底部标志（End-of-file Indicator）已没有可以输入的观测，DATA 步内置循环结束，输出数据集 sashelp.class1 生成。

图 3-4 是 DATA 执行阶段处理流程示意图。

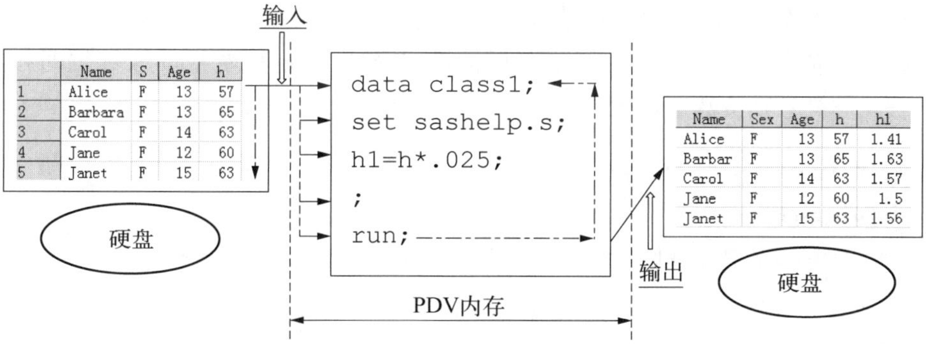

图 3-4　DATA 步执行处理流程

需要注意的是：

第一，DATA 步是逐条处理观测的：一次读入一条输入数据集观测，该观测经历数据步所有语句的作用和操作，输出后形成一条输出数据集的观测。

第二，set 语句的数据指针在默认情况下是按观测号顺序读取观测，但可以用选项改变读取顺序。一个 DATA 步可以有多个 set 语句，每个 set 语句都有自己的数据指针。即使一个 set 语句打开多个输入数据集时，也只有一个数据指针。任何一个 set 语句的数据指针指向其打开文件（可以是多个）的文件底部时，DATA 步结束执行。

第三，DATA 步语句对读入 PDV 内的数据按其在步中的顺序依次起作用，但可以用控制语句改变语句执行流程。

第四，用 SAS 输入数据集生成新数据时，DATA 步有输入和输出两个环节实现硬盘文件和内存 PDV 的数据传输。在对观测进行操作和筛选的 SAS 语句和数据集选项中，有些是在输入环节起作用，而另一些是在输出环节起作用的。例如输入数据集选项在输入环节起作用，对输入数据集读入 PDV 的观测和变量进行筛选（如 where=、keep=等）或者操作（rename=）；而输出数据集选项则在输出环节起作用，对 PDV 写入输出数据集的观测和变量进行筛选。

第五，自动变量_N_的值是 DATA 步内置循环的次数，不是输入数据集读入 PDV 的观测个数，后者与 set 语句有关。

第六，自动变量_N_的最后一个取值是 6 而不是 5。可以通过在 set 语句前添加语句 put _all_观察_N_的值。

3. 读入外部数据生成数据集

DATA 步用 input 语句将外部数据读入，经处理后生成 SAS 数据集。外部数据不是 SAS 数据集格式，读取时需要用输入格式进行引导，在读入 PDV 被 DATA 步语句操作之前，需要先读入缓冲区进行预处理。外部数据分为外部文件数据和程序内嵌数据行（也称流式数据行），程序内嵌数据是程序中位于 DATA 步中数据行形成的数据块，以语句 datalines;和空语句;作为开始边界和结束边界。input 语句定义变量，规定各变量读取内嵌数据行的方式和格式，由 datalines;语句引导将内嵌数据行读入输入缓冲区，经预处理后送入 PDV 进行 DATA 步内置循环。下面以程序 3-6 为例说明 DATA 步流程，input 语句中变量名后面的 $符号，规定该变量读取数据时按字符读入，没有 $符号则按数值读入。

```
程序 3-6
data score;
input name $ score1 score2;
Total = score1 + score2;
datalines;
Zhangsan 87   75
Lisi 90 64
;
run;
```

DATA 步流程如下：

（1）编译阶段

1）如图 3－5 所示，创建输入缓冲区 IB 和 PDV，在 PDV 内置变量_N_、_ERROR_、name、Sore1、Score2 和 Total，变量取缺失值，为 input 建立数据指针（Pointer）。

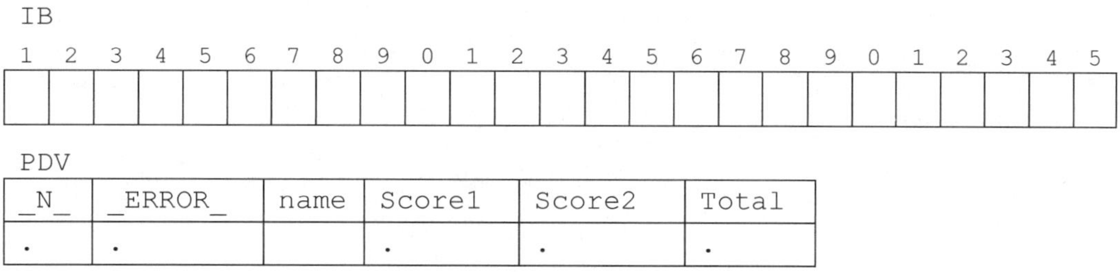

图 3－5　输入缓冲区和 PDV

2）生成输出数据集描述信息：数据集属性及其变量属性等。

（2）执行阶段

1）给 PDV 中自动变量赋值：_N_＝1、ERROR＝0；input 语句数据指针（↑）指向 IB 开始位置，按行依次读取数据，同一行内按分隔符（默认为空格）分隔数据。首先读入 datalines 语句下面的第一行数据，数据指针指向 IB 开始位置，并从左至右移动，依次读取数据直至行尾。完成第一行读取后将数据写入 PDV 依次赋值给 input 语句中定义的变量（见图 3－6）。

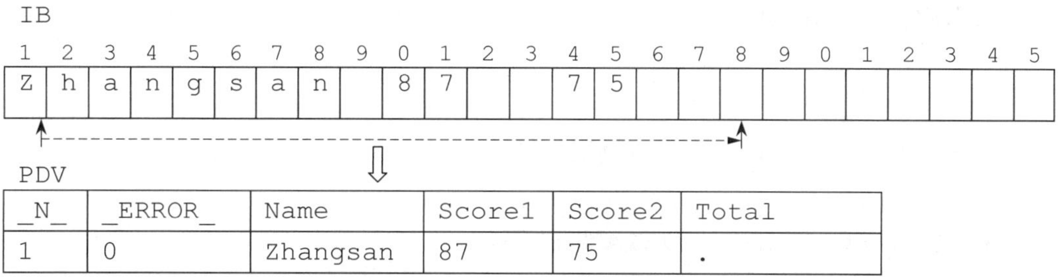

图 3－6　从输入缓冲区到 PDV

2）PDV 中变量经历 DATA 步的各个语句，完成第一轮内置循环：首先计算 score1＋score2 并赋值给 Total，然后遇到结束边界 run 语句将当前 PDV 中各变量值输出形成数据集 score 的第一条观测。

3）返回到 DATA 开头，input 语句定义的变量的值重置为缺失值。读取第二行数据到 IB 并赋值给 PDV 变量，开始第二轮内置循环。

4）第三次循环开始后，发现已没有输入数据行，DATA 步结束循环。

可以在程序的不同地方添加 put _all_语句，观测 PDV 中变量在不同阶段的取值，见程序 3－7。

```
程序 3-7
data score;
input name $ score1 score2;
Total = score1 + score2;
datalines;
Zhangsan 87   75
Lisi 90 64
;
run;
```

信息窗口显示如下信息

```
name =    score1 = . score2 = . Total = . _ERROR_ = 0 _N_ = 1
name = Zhangsan score1 = 87 score2 = 75 Total = 162 _ERROR_ = 0 _N_ = 1
name =    score1 = . score2 = . Total = . _ERROR_ = 0 _N_ = 2
name = Lisi score1 = 90 score2 = 64 Total = 154 _ERROR_ = 0 _N_ = 2
name =    score1 = . score2 = . Total = . _ERROR_ = 0 _N_ = 3
```

最后一行中_N_=3 表明执行阶段第④步的执行：首先执行第一个 put 语句，此时的_N_为 2，input 读取不到数据行，DATA 步结束，第二个 put 语句未执行，data 进行了第三次内置循环，此时_N_=3。

3.3 DATA 步——数据操作

3.3.1 DATA 语句——DATA 步的开始

data 语句是 DATA 步的开始边界，为创建的输出数据集命名。当 DATA 步用于创建视图（View）或者经编译的 DATA 步程序时，data 语句为创建的视图或者 DATA 步程序命名。

为创建 SAS 数据集命名，语句格式为

```
data <name1 <name2 ... namen>>;
```

name1、…、namen 为输出数据集名称，当一次生成多个数据集时，数据集名之间用空格隔开。如果不给出任何 SAS 数据集名，系统将生成的数据集命名为 data1、data2…如果用自动变量_data_作为数据集名，则等价于不给出数据集名。不生成数据，语句格式为

```
data _null_;
```

语句只运行 DATA 步中的语句而不生成数据集，DATA 步的目的是完成其他的操作而不是生成数据集。

为创建 SAS 视图命名，语句格式为

```
data name/view = name;
```

选项/view＝表明生成的是视图而不是数据集。创建一段编译的 DATA 步程序，语句格式为

```
data 数据集名/pgm = 程序名;
```

选项/pgm＝表明 DATA 步被作为程序编译和保存，并不执行。运行语句

```
data pgm = 程序名;
```

执行保存的 DATA 步程序。

3.3.2 SET 语句——SAS 数据集观测的读取

set 语句每执行一次，SAS 将输入数据集的一条观测读入 PDV。DATA 步编译时为 set 语句设定数据指针(Pointer)，set 语句将数据指针指向的观测读入 PDV。如果没有限制，set 语句就从输入数据集中按观测序号顺序读入观测：当前 set 语句执行完后，该 set 语句下一次执行将数据指针按观测号下移到下一个观测读取，读遍输入数据集所有观测后数据指针到达文件底部遇到文件结束标志(End-of-file Indicator)，DATA 步结束运行。

一个 set 语句可以读取多个数据集观测，DATA 步从第一个数据集读取观测，按数据集次序依次读取其他数据观测，在读完一个数据集观测之后和读取下一个数据集第一条观测之前，PDV 中数据集变量值初始化为缺失。在读取所有输入数据集最后一条观测后，到达最后一个数据集文件结束标志，DATA 结束运行。

一个 DATA 步中可以有多个 set 语句。不同 set 语句的数据指针独立工作，互不影响。只要有一个 set 语句数据指针到达文件结束标志，DATA 步就结束运行。

可以通过语句选项控制 set 语句读取观测的顺序和方式。set 语句的一般格式为

```
set <name1 <name2 ... namen> <选项>;
```

其中 name1、…、namen 为数据集名，可以采用缩略列示方法。如果没有数据集名，就默认为刚生成的数据集。

程序 3－8 有一个 set 语句，语句 put_all_;将 DATA 步中的全部变量取值显示在信息窗口

```
程序 3-8
data class;
set sashelp.class;
put _all_;
run;
```

注意程序 3-9

```
程序 3-9
data class;
set sashelp.class;
set sashelp.class;
run;
```

中是两个独立的 set 语句，有各自数据指针，不是同一个 set 语句执行两次，第二个 set 语句读取的观测与第一个一样，并不是第一个 set 语句读取观测的下一个观测。

set 语句有如下选项：

(1) curobs=vname

产生一个临时变量，其取值为输入数据集中当前读入 PDV 中观测(Current Observation)的观测号，vname 为变量名，由编程者给出。该临时变量只存在于所在 DATA 步，并且不输出到输出数据集，但可以用在编程语句。例如程序 3-10

```
程序 3-10: set 语句顺序读取观测
data class;
set sashelp.class curobs = gc;
p = gc;
run;
```

中赋值语句 p=gc;中用到临时变量 gc，输出数据集 class 中包含 p。

(2) end=vname

产生一个临时变量，用于标识当前读入 PDV 的观测是否输入数据集的最后一条观测。vname 是变量的名字，由编程者给出，当前读入观测是最后一条时取值 1，否则取值 0。该临时变量只在所在 DATA 步存在，并且不输出到输出数据集，但可以用在编程语句。程序 3-11 输出数据集 sashelp.class 的最后一条观测到 class 中

```
程序 3-11: set 语句顺序读取观测
data class;
set sashelp.class end = gc;
```

```
if gc then output;
run;
```

其中 if-then 为有条件执行语句，ouput 的功能是将 PDV 中变量值输出。

(3) indsname=vname

产生一个临时变量，其取值为读入 PDV 的观测属于的数据集名字(包括逻辑库名)。vname 是变量的名字，由编程者给出。该临时变量只在所在 DATA 步存在，并且不输出到输出数据集，但可以用在编程语句。关键词 indsname 是 in data set name 的缩略。程序 3-12 生成三个数据集 sashelp.code、work.date 和 sasuser.clp，分别是股票代码、交易日期和收盘价，用 set 语句以及选项 indsname=生成数据集 work.price，包含变量 stkcd、date 和 clp。

```
程序 3-12
data sashelp.stkcd;
input stkcd $;
datalines;
600013
;
run;
data date;
input date ymmdd8.;
datalines;
20030310
;
run;
data sasuser.clp;
input  clp;
datalines;
5.23
;
run;
data price;
set sashelp.stkcd date sasuser.clp indsname = dsn;
name = dsn;
run;
```

点击打开数据集，通过变量 name 的取值查看变量 dsn 的取值。

（4）nobs＝vname

产生一个临时变量，取值等于输入数据集观测个数，存在多个输入数据集时，取值等于所有输入数据集观测个数总和。vname 为变量名，由编程者给出，该变量只存在于所在 DATA 步，不输出到输出数据集。

（5）point＝var

只读取观测序号等于变量 var 值的观测。var 是事先定义的变量。point＝选项将 set 语句读取观测的方式控制为随机读取，而不再是默认情况下顺序读取，set 语句数据指针不会碰到文件结束标志，导致 DATA 步死循环，因此需要结合 stop 语句使用。程序 3－13 输出一条观测，所有变量的值为缺失值。

```
程序 3-13
data ss;
set sashelp.class end = j point = j;
output;
stop;
run;
```

因为在没有到达最后一条观测时 j 的值为 0，point＝选项发生错误，output 语句将编译阶段 PDV 中的值输出为一条观测。程序 3－14 输出 sashelp.class 第一条观测，

```
程序 3-14
data ss;
set sashelp.class end = j;
set sashelp.class point = j;
output;
stop;
run;
```

因为第二个 set 语句执行时发生错误，没有观测读入 PDV 中，所以 output 语句输出的仍然是第一个 set 语句读入的观测值。

point＝选项不能和顺序读取下的语句（如 by 语句、where 语句）或者 where 数据集选项一同使用。

3.3.3　数据集观测操作

对观测进行筛选形成的新的变量和修改观测值是常见的数据集观测操作，前者也称为取子集（Subsetting），后者也称为观测编辑。

1. 取子集

从已有数据集中筛选(Filtering)观测形成新的数据集，是数据整理中常遇到的操作，可以通过取子集 if 语句(If Statement Subsetting)、where 语句和数据集选项来完成。

(1) 取子集 if 语句

取子集 if 语句分为 if 和 if-delete。if 语句的格式为

```
if 表达式;
```

该语句为可执行语句，其功能是：如果表达式为真(取值 1)，就执行后续语句，到达 DATA 步结束边界时，PDV 中变量当前值输出形成输出数据集的一条观测；如果表达式为假(取值 0 或者缺失值)，就不执行后续语句，返回 DATA 步的开头进行新一次内置循环，由于没有达到 DATA 步结束边界，PDV 中变量当前值不被输出。取子集 if 语句的客观效果是满足条件的观测被挑选出来(输出)形成新的数据集。程序 3 - 15挑选 sashelp.class 中的男性观测形成数据集 work.s，同时生成新的变量 h。

```
程序 3 - 15
data s;
set sashelp.class;
if sex ='男';
h = height * 0.025;
run;
```

可采用 if-delete 语句进行观测筛选。if-delete 语句的格式为

```
if 表达式 then delete;
```

if-then-delete 语句为可执行语句，其功能是：如果表达式为假(取值 0 或缺失值)，就执行后续语句，到达 DATA 步结束边界时，PDV 中变量当前值输出形成输出数据集的一条观测；如果表达式为真(取值 1)，就不执行后续语句，返回 DATA 步的开头进行新一次内置循环，由于没有达到 DATA 步结束边界，PDV 中变量当前值不被输出。程序 3 - 16 挑选年龄小于 14 岁的男生形成数据集 work.s。

```
程序 3 - 16
data s;
set sashelp.class;
if sex ='女' and age> = 14 then delete;
h = height * 0.025;
run;
```

(2) 取子集 where 语句

采用 where 语句也可以实现观测筛选,语句格式为

```
where 表达式;
```

语句功能是将输入数据集中(不)符合条件的观测(不)读入 PDV,条件由表达式值确定,表达式值为真(取值 1)表明条件成立,为假(取值 0 或者缺失值)表明条件不成立。程序 3-17 与程序 3-15 具有相同效果。

```
程序 3-17
data s;
set sashelp.class;
where sex='男';
h=height*0.025;
run;
```

where 语句为声明性语句,在 DATA 步编译阶段发挥作用,因此表达式中只能包含输入数据集中的变量。程序 3-18 中 where 表达式包含非数据集变量_n_而出现语法错误

```
程序 3-18
data s;
set sashelp.class;
where _n_>=3;
run;
```

提交运行后信息窗口出现提示:ERROR:变量 _n_ 不在文件“SASHELP.CLASS”中。

程序 3-19 用 height 定义新变量 h,然后在 where 语句中用 h 形成表达式 h=10,以此对读入 PDV 的观测进行筛选

```
程序 3-19
data h;
set sashelp.class;
h=height*0.25;
where h=10;
run;
```

提交运行后信息窗口出现提示:ERROR:变量 h 不在文件“SASHELP.CLASS”中。

与取子集 if 语句相比,where 语句的有两个优势:一是在编译阶段起作用,不满足条

件的观测不读入 PDV，运行效率高；二是有其特有的表达式运算符，表达式的书写很灵活，表现力强，细节可参考"SAS 表达式"中的"where 表达式"。程序 3－20 将数据集 sashelp.baseball 中名字包含字符'Bon'的队员观测挑出生成数据集 work.bon。

```
程序 3－20
data bon;
set sashelp.baseball;
where name ?'Bon';
run;
```

2. 数据集选项——观测控制

数据集选项(Data Set Options)对 SAS 数据集实施观测和变量筛选或者其他操作。数据集选项的一般格式为

数据集名(选项);

输入数据集选项和输出数据集选项的作用环节不相同，输入数据集选项对输入 PDV 的数据实施筛选和操作，而输出数据集选项则对 PDV 输出到输出数据集的数据实施筛选和操作。数据集选项不仅可以用在 DATA 步，而且可以用在 PROC 步。这里讨论 DATA 步对观测筛选的数据集选项。

(1) 输入数据集观测范围选择——firstobs＝n 和 obs＝m

选项 firstobs＝m 和 obs＝n 通过观测号选择观测范围，m、n 为正整数。firstobs＝m 选择输入数据集从第 m 个观测开始读入 PDV。obs＝n 选择输入数据集第 n 个(包括第 n 个)之前的观测读入 PDV。两个选项只可用于输入数据集，可以单独使用，也可以一起使用，按观测号范围选择读入 PDV 的观测。程序 3－21 选择第 3 条到第 15 条观测之间、名字包含字符'Bon'的观测生成数据集 work.bon_3_15。

```
程序 3－21
data bon;
set sashelp.baseball(firstobs = 3 obs = 15);
where name contains 'Bon';
run;
```

(2) 有条件选择观测——where＝(表达式)

数据集选项 where＝(表达式)称为 where 数据集选项，通过条件选择观测，表达式成立(取值 1)的观测被选择，表达式不成立(取值 0 或者缺失值)的观测不被选择。用于输入数据集的 where＝选项在 DATA 步每次内置循环开始时起作用，对读入 PDV 的观测进行选择，用于输出数据集的 where＝选择在 DATA 步每次内置循环结

束前起作用，对 PDV 读出到输出数据集的观测进行选择。where 数据集选项可以和 where 语句一起使用，SAS 忽略 where 语句对带 where 选项数据集的作用。where 数据集选项中的表达式可以使用 where 表达式运算符。程序 3－22 挑选 name（名字）首字母为'B'、Team（所属球队）名字首字母为'M'且 nhits（击中次数）大于 60 的球员的观测生成数据集 work.c1。

```
程序 3-22
data c1(where = (Team = :'M' and nhits>60));
set sashelp.baseball(where = (name like 'B%'));
run;
```

（3）观测的数据集标记——in＝变量名

当采用 set、merge 等语句对多个 SAS 数据集进行操作时，往往需要知道处理的观测来自哪个数据集。数据集选项 in＝vname 生成 DATA 步中的一个临时变量 vname（vname 由编程者给出），对 PDV 中的观测是否来自该数据集进行标记，取值 1（0）表示（不）来自该数据集。in＝数据集选项只适用于输入数据集。in＝定义的临时变量只存在于所在 DATA 步，不输出到输出数据集，但可用于 DATA 步编程。程序 3－23 首先生成数据集 work.A 和 work.B，然后将数据集叠放形成新数据集 work.c，新数据集包含变量 a 和 b，标识其观测是否来自数据集 A 或者 B。

```
程序 3-23
data A;
input shoole $ grade $ class $ name $;
datalines;
光明 初三 2 程辉
鲁迅 初二 3 刘晗
;
data B;
input shoole $ grade $ class $ name $;
datalines;
存志 初一 1 沈梦
复兴 初二 4 张倩
;
run;
data c;
set a(in = h) b(in = j);
a = h;b = j;
run;
```

3. 修改观测值

用赋值语句可以对指定的观测进行修改。程序 3-24 将 sex 值为'男'的观测值修改为'M'。

```
程序 3-24
data class;
set sashelp.class;
if sex='男' then sex='M';
run;
```

4. 输出节点控制——output 语句

默认情况下 DATA 步内置循环在遇到结束边界时输出 PDV 中变量值到输出数据集。一些情况下需要立即输出 PDV 中变量的值而不等 DATA 步结束边界处自动输出。output 语句的功能是将 PDV 中变量的当前值输出，称为显性输出(Explicit Output)。一般格式为

```
output <dsname>;
```

dsname 是输出数据集名字，是可选项，缺省情况下 output 的输出数据集为 data 语句中给出的数据集。DATA 步中包含 output 语句时，内置循环的隐性输出功能被屏蔽(Overrided)，遇到结束边界不再自动输出。程序 3-25 将 sashelp.class 的第 5 条观测输出生成数据集 work.obs_5。

```
程序 3-25
data class;
x=5;
set sashelp.class point=x;
output;
stop;
run;
```

如果没有 output 语句，DATA 步在遇到结束边界 run 语句之前执行 stop 语句而结束运行，PDV 中数据不被输出。如果没有 stop 语句，DATA 步数据指针始终停留在第 5 条观测，不能到达文件结束标志而形成死循环。

VIEWTABLE: Work.Test1

	city	year1	year2	year3
1	上海	2017	2018	2019

图 3-7　数据集 Work.Test1

output 语句可以用输入数据集的一条观测形成输出数据集的多条观测。程序 3-26 用数据集 Work.Test1(见图 3-7)生成数据集 Work.

Test(见图 3-8)。

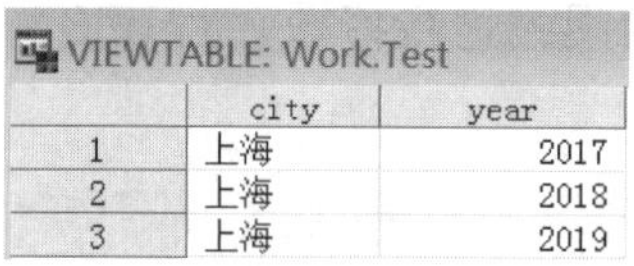

VIEWTABLE: Work.Test

	city	year
1	上海	2017
2	上海	2018
3	上海	2019

图 3-8　数据集 Work.Test

```
程序 3-26
data test;
set test1;
year = year1;output;
year = year2;output;
year = year3;output;
keep city year;
run;
```

3.3.4　数据集变量操作

数据集变量的操作包括变量筛选、变量属性修改,以及 DATA 步内置循环中 PDV 变量值控制。

1. 变量筛选

变量筛选是从输入数据集中挑选变量形成新的数据集,是最为常用的数据整理操作。变量筛选既可以用语句实现,又可以用数据集选项实现。

(1) keep 语句和 drop 语句

keep(drop)语句选择 DATA 步的 PDV 中哪些变量(不)输出到输出数据集。keep 语句和 drop 语句都是可执行语句,可放置在 DATA 步中的任何地方。其一般格式为

```
keep 变量名列表;  drop 变量名列表;
```

其中变量名列表可以采用变量名缩略列示法。程序 3-27 用 sashelp.class 中的变量 name、sex、height 生成新数据集 work.c,两个程序段具有相同功能。

```
程序 3-27
data c;
 set sashelp.class;
 keep name sex height;
run;
```

```
data c;
 set sashelp.class;
 drop age weight;
run;
```

keep 语句和 drop 语句是在 PDV 数据读入输出数据集的环节起作用。

(2) 数据集选项 keep=和 drop=

变量筛选也可以通过数据集选项 keep=和 drop=来实现。一般格式为

keep = 变量名列表 和 drop = 变量名列表

keep=(drop=)作用于输入数据集时，只有变量名列表中列出的变量(不)在 PDV 分配单元并在 DATA 步内置循环中(不)被处理。keep=(drop=)作用于输出数据集时，只有变量名列表中的变量才(不)输出为输出数据集的一个变量，但所有变量都参与了 DATA 步内置循环的处理。变量名列表可以是 SAS 允许的任何方式，包括缩略列示。程序 3-28 与程序 3-27 具有相同的结果。

```
程序 3-28
data c(keep = name sex height);
 set sashelp.class;
run;
data c;
 set sashelp.class(drop = age weight);
run;
```

程序 3-29 运行时因 PDV 中没有变量 height，height 以及赋值语句得出的新变量 h 取缺失值，并在信息窗口提示“变量 height 未初始化”。注意，程序 3-29 没有语法错误(Syntax Error)。

```
程序 3-29
data c;
 set sashelp.class(drop = height);
 h = height * .025;
run;
```

keep(drop)语句与 keep=(drop=)数据集选项的区别主要体现在：① keep(drop)语句只对输出数据集起作用，并不对输入数据集读入 PDV 中的变量进行筛选，输入数据集所有变量都进入 DATA 步内置循环，而 keep=(drop=)数据集选项既可

以作用于输出数据集，又可以作用于输入数据集；② keep=(drop=)对变量的筛选更为灵活，例如当有多个输出数据集时，keep(drop)语句不得不对所有输出数据集都筛选(去掉)相同的变量，而数据集选项 keep=(drop=)对每个数据集可以筛选不同的变量。

2. 变量属性修改

变量是 SAS 数据集的最基本元素，变量属性包括名字(Name)、类型(Type)、输入-输出格式(Informat-format)、宽度(Length)和标签(Label)。对变量属性进行设定和修改是数据处理常见操作。

(1) 变量改名——rename

变量改名分为语句和数据集选项两种方式，其作用节点和用途不相同。

1) 变量改名——rename 语句

rename 语句的一般格式为

```
rename 原名 1 = 新名 1 原名 2 = 新名 2 ... 原名 n = 新名 n;
```

将 PDV 写入输出数据集中的变量进行改名。rename 语句是声明性语句，在编译阶段起作用。程序 3－30 将 sashelp.class 中变量 height 改名为 h、weight 改名为 w，生成数据集 work.nc。

```
程序 3 - 30
data nc;
set sashelp.class;
rename height = h weight = w;
run;
```

rename 只对输出数据集变量起作用，不改变 DATA 步 PDV 中的变量名。

rename 和 keep 语句出现在同一 DATA 步时，SAS 先编译 keep 语句，后编译 rename 语句，要避免 rename 语句修改 keep 语句中没有包含的变量。运行程序 3－31

```
程序 3 - 31
data null;
set sashelp.class;
rename height = h;
keep name age sex;
run;
```

后信息窗口发出警告(Warning)："从未引用过 keep、drop 或 rename 列表中的变量 height。"drop 语句和 rename 语句具有类似的协调关系。

2）变量改名——数据集选项 rename=

数据集选项 rename=的一般格式为

```
rename = (原名 1 = 新名 1 原名 2 = 新名 2 ... 原名 n = 新名 n)
```

rename=选项作用于输入数据集时，将输入数据集变量改名后读入 PDV，经历 DATA 步内置循环；作用于输出数据集时与 rename 语句一样，将 PDV 写入输出数据集中的变量进行改名，PDV 中变量不受影响。

当同一 DATA 步内有多个 set 语句时，rename=选项用于 set 语句的输入数据集避免读入 PDV 同名变量时先读入的变量值被后读入的变量值覆盖。程序 3－32 用 sashelp.class 生成新数据集 work.dc，新数据集有变量 name 和 name1 取值相同、age 和 age1 取值相同。

```
程序 3－32
data dc;
set sashelp.class(rename = (name = name1));
set sashelp.class(rename = (age = age1));
run;
```

第一个 set 语句将 sashelp.class 的观测读入 PDV 时，将变量 name 改名为 name1；第二个 set 语句将 sashelp.class 的观测读入 PDV 时，变量 name 的值不会覆盖 name1 的值。输出数据集有两个变量 name 和 name1。变量 age 和 age1 的生成机理类似。其他变量没有改名，第二个 set 语句读入的观测值覆盖第一个 set 语句读入的同名变量观测值。

rename 语句、rename=数据集选项与 keep(drop)语句以及 keep=(drop=)数据集选项也存在协调性问题。运行程序 3－33

```
程序 3－33
data dc;
set sashelp.class(rename = (sex = xb));
keep sex;
run;
```

会出现类似运行程序 3－31 时信息窗口的警告信息。

（2）变量数据类型转换

根据存放的数据类型，SAS 数据集变量分为字符型变量和数值型变量。运算和操作中要求数据匹配，需要对数据集中变量原来的数据类型进行转换。例如，如果变量 stkcd(股票代码)为字符变量，用 where 语句挑选特定股票(600258 和 600743)观测

值的语句

```
where stkcd in (600258 600743);
```

中的比较运算中，字符变量 stkcd 的类型与括号的数值常量不匹配，需要对 stkcd 进行类型转换。

1）字符转数值

有些情况下，SAS 会对数据类型不匹配的变量自动进行转换，然后再进行有关操作。如果自动转换不可行，则可以用 input()函数进行转换。

① 自动转换

有些情形下，SAS 尝试将字符变量（或者字符常量）转换为数值变量（或者数值常量），转换成功时会在信息窗口给出提示信息，转换不成功则在信息窗口给出错误提示信息，并将 PDV 中自动变量_ERROR_的值置为 1。自动转换的情形包括：

a. 将字符常量或者字符变量赋值给数值型变量；

b. 算数运算中使用字符变量；

c. 在比较运算中将字符变量和数值常量或者数值变量进行比较（仅限于 if 语句，where 语句和数据集选项 where=的表达式中不进行自动转换）；

d. 在应该为数值型变量（或者常数）的函数自变量位置引用字符变量（或者字符常数）。

程序 3－34 将字符变量 x 赋值给数值变量 y，SAS 对 x 实施自动类型转换。

```
程序 3-34
data dc;
y=1;
x='2';
y=x;
run;
```

但如果定义变量 x 的语句是 x='a';，则自动转换失败，并导致 y 取缺失值。

② 用函数 input()转换

一般格式为

```
input(源数据,输入格式)
```

功能是按指定的输入格式读取字符型源数据。输入格式决定了函数的返回值的数值类型：输入格式为数值型（字符型），则 input 以数值型（字符型）格式读取字符型源数据，函数返回值为数值型（字符型）数据。将输入格式设定为数值型，字符型源数据就被转换为数值型数据。源数据必须是字符型数据，可以是变量、常数或者表达式。

程序3-35中第一个DATA步生成数据集work.w时，将每小时工资rate设置为字符变量，第二个DATA步计算应付工资pay时，SAS对变量rate实施自动类型转换，第三个DATA步采用input函数将rate转换为数值变量。

```
程序3-35
data w;
input name $ rate $ hours;
cards;
Jack 10 88
Simon 8 200
Edward 40 208
;
data pay1;
set w;
pay = rate * hours;
data pay2;
set w;
pay = input(rate,2.) * hours;
run;
```

2）数值转字符

同字符转数值类似，数值转字符也分自动转换和函数转换。

① 自动转换

自动转换的情形包括：

a. 将数值常量或者变量赋值给字符型变量；

b. 字符运算中使用数值变量或者常数；

c. 在比较运算中将数值变量和字符（或者字符变量）进行比较（仅限于if语句，where语句和数据集选项where=的表达式中不进行自动转换）；

d. 在应该为字符型变量（或者常数）的函数自变量位置引用数值变量（或者数值常数）。

② 用函数put()转换

函数一般格式为

```
put(源数据,输出格式)
```

功能是按输出格式将源数据转换为字符。源数据可以是任何类型的数据，可以是常数也可以是变量。put函数总是返回字符数据。函数中的输出格式类型必须与源数据的类型一致。如果源数据为数值型(字符型),则函数中的输出格式也必须是数值型(字符型)。数值型(字符型)输出格式得出的返回值是右(左)对齐的。使用 put 函数时,对未设定长度的目标变量,其长度与格式规定的宽度一致。

程序 3-36 中第一个 DATA 步生成数据集 work.p 时,将 code(区号)设置为数值型变量,第二个 DATA 步将 code 用左右圆括号括住后和 number(号码)连接,SAS 将 code 自动转换为字符变量,第三个 DATA 步采用 put 函数将 code 转换为字符变量后进行字符连接。

```
程序 3-36
data p;
input code number $;
cards;
303 393-0956
919 770-8292
301 449-5239
;
data phone;
set phone;
phone='('||code||')'||number;
run;
data phone;
set phone;
phone='('||put(code,3.)||')'||number;
run;
```

(3) 输入-输出格式设置

输入-输出格式是数据集变量的重要属性,informat 和 format 语句可以设置变量的输入-输出格式。informat 和 format 语句都是声明性语句。

1) 输入格式设置——informat 语句

DATA 步中的 informat 语句对 input 语句定义的数据集变量输入格式进行设定。也可以在 input 语句中直接定义变量的输入格式。informat 语句的一般形式为

```
informat 变量名列表 <输入格式>;
```

如果没有输入格式选项,就取消以前定义的输入格式。语句格式为

```
informat default = 输入格式;
```

用于定义所在 DATA 步中变量的临时缺省输入格式。程序 3－37 将 input 语句中变量 name 的输入格式定义为 $char4.，即宽度为 4 的字符变量。

```
程序 3-37
data a;
informat x1 - x5 3.1 name $ char4.;
input x1 - x5 name;
datalines;
11 22 33 44 100 John
;
run;
```

DATA 步中 informat 语句对输入 SAS 数据集变量不起作用。

2）输出格式设定——format 语句

format 语句对变量的输出格式进行设定，包括 SAS 数据集变量输出格式重设。语句格式为

```
format 变量名列表 <输出格式>;
```

如果没有输出格式选项，就取消以前定义的输出格式。语句

```
format default = 输出格式;
```

规定所在 DATA 步变量的临时缺省输出格式。程序 3－38 用赋值语句定义变量 w、x、y 和 z，用 format 语句定义变量输出格式、数值变量临时缺省输出格式和字符变量临时缺省输出格式。

```
程序 3-38
data d;
format w $ 3. y 10.3 default = 8.2 default = $8.;
w = 'good morning.';
x = 'good morning.';
y = 12.1;
z = 12.1;
put w/x/y/z;
run;
```

put 语句执行后（符号“/”的功能是分行显示）在 log 窗口显示结果为

```
goo
good mor
12.100
122.10
```

而打开数据集后显示(见图 3－9)

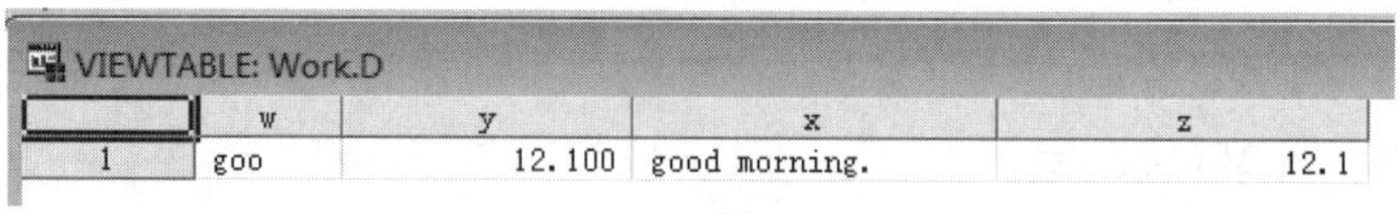

VIEWTABLE: Work.D

	w	y	x	z
1	goo	12.100	good morning.	12.1

图 3－9　数据集 Work.D

两种输出结果不一样。原因在于 put 是 DATA 步内的输出命令，default＝8.2 和 default＝ $8.对没有定义输出格式的变量 x 和 z 发挥作用，而打开数据集是 DATA 步外的输出，临时默认输出格式不起作用。

用 length 语句和 label 语句可以设定变量的宽度和标签，详情可以参考 SAS 帮助。

(4) 取值保留——retain 语句

在 DATA 步执行阶段，新的一次内置循环开始时，赋值语句和 input 语句定义的变量在 PDV 中的值重新初始化为缺失，本次循环不能采用上次循环的变量值。程序 3－39 在 DATA 步中用函数 max()定义变量 maxh，用于计算 sashelp.class 中学生的最高身高。

```
程序 3－39
data hightest;
set sashelp.class;
maxh = max(maxh,height);
run;
```

运行结果显示 maxh 的变量值与变量 height 的值相等。编译后的第一次内置循环 PDV 中 maxh 的值为缺失值，与第一条观测 height 值取最大后等于 height 值。第二轮内置循环开始时，maxh 的值初始化为缺失，与第二条 height 值取最大后仍然等于 height 值，…。

retain 语句将赋值语句和 input 语句定义的变量的值在新一轮内置循环开始时得以保留。retain 语句为声明性语句，格式为

```
retain <变量名列表>;
```

如果没有变量名列表，retain 语句默认对所有赋值语句和 input 语句定义的变量起作用。程序 3－40 中语句 retain 保留 maxh 上次循环值。

```
程序 3 - 40
data hightest;
set sashelp.class;
retain maxh;
maxh = max(maxh, height);
run;
```

retain 语句的另外一个功能是给_N_和_ERROR_以外的变量赋初始值，即在第一次内置循环开始时将变量的值由编译阶段的缺失值设置为初始值。语句格式为

```
retain 变量名 1 初始值 1 <变量名 2 初始值 2 ...>;
```

变量名可以是多个变量名列表，初始值的列表值与之匹配。程序 3 - 41 为 sashelp.class 中变量 age 赋初值 100。

```
程序 3 - 41
data cz;
put _all_;
set sashelp.class;
retain age 100;
run;
```

从 put 语句输出到信息窗口的信息可以看出，在 set 语句执行之前，age 的取值已经是 100，而其他数据集变量的值为缺失值。

(5) 变量值累加——累加语句

SAS 的累加语句采用更加紧凑的形式，一般格式为

```
累加变量 + 累加值
```

累加变量定义一个累加器(Accumulator)变量，每次循环将累加值累加到累加变量上，累加器变量是数值型变量，累加值是一个表达式，表达式可以是数值型的，也可以是可转换为数值型的字符型表达式。SAS 自动给累加变量赋初始值 0，并在每次 DATA 步内置循环开始时保留上次循环的值，相当于执行了语句 retain 累加变量 0;。累加语句是可执行语句。程序 3 - 42 的累加变量 ta 计算了 sashelp.class 中学生的年龄平方和。

```
程序 3 - 42
data ta;
set sashelp.class;
```

```
ta + age ** 2;
run;
```

如果累加变量的初值不是 0，就需要用 retain 语句给累加变量赋初值。

DATA 步中的累加计算也可以采用 x=x+△[或者 x=sum(x, △)]的赋值语句形式，关键是给累加变量 x 赋初值。程序 3-43 与程序 3-42 有相同的结果。

```
程序 3-43
data ta;
set sashelp.class;
retain ta 0;
ta = ta + age ** 2;
run;
```

但如果没有 retain 语句给变量 ta 赋初值，则 ta 的初始值为编译阶段的缺失值，导致运行结果观测值都是缺失值。

累加语句和求和函数 sum()有两点不同：① 用 sum()函数定义的累加变量不具有自动保留功能，要实现累加需要用 retain 语句；② 更为重要的是，sum()是统计函数，只对自变量中的非缺失值进行计算，而累加语句是表达式，SAS 将运算结果为缺失值的表达式作为 0 处理。

（6）变量次序调整

变量在 SAS 数据集中的次序在数据集创建时确定，例如将 Excel 文件导入为 SAS 数据集时保留了原表格中变量的次序，用 input 语句读入外部数据生成的数据集中变量按在 input 语句中出现的顺序排列。用 retain 语句可以重新安排数据集中变量的次序。程序 3-44 对 sashelp.class 中变量次序进行重排。

```
程序 3-44
data cp;
retain weight height sex;
set sashelp.class;
run;
```

需要注意的是，retain 语句一定要在 set 语句之前，先编译 retain 语句确定语句中变量在 PDV 中的位置，后编译 set 语句确定其余变量在 PDV 中的位置。将 retain 语句放在 set 语句之后起不到重排变量次序的作用。

也可以用多个 set 语句结合 drop=数据集选项实现变量次序重排，如程序 3-45

```
程序 3-45
data cp1;
```

```
set sashelp.class(drop = name sex);
set sashelp.class;
run;
```

3.4　DATA 步——执行流程控制

默认情况下，DATA 步每次内置循环按语句的自然顺序自上而下执行，这种执行方式称为顺序处理。顺序处理与分支控制和循环控制形成 DATA 步执行流程控制的三种主要方式。

3.4.1　分支控制

分支控制语句通过判断条件是否成立确定后续语句执行的顺序。DATA 步的分支控制语句分为 IF-THEN 语句、IF-THEN-ELSE 语句和 SELECT-WHEN 语句。

1. IF-THEN 语句

IF-THEN 语句为单分支控制语句，一般格式为

```
If 表达式 then 语句;
```

当表达式的值为非零、非缺失时，执行 then 后面的语句，为零或者缺失值不执行。程序 3-46 将性别为男的观测输出生成新数据集 work.m。

```
程序 3-46
data m;
set sashelp.class;
if sex = '男' then output;
h = height * .025;
run;
```

尽管程序 3-46 中的分支控制语句与程序 3-15 中取子集 IF 语句具有同样的效果，但执行顺序并不一样。IF-THEN 语句不影响后续语句的执行，不管 sex='男'的比较结果如何，h=h*.025 都会执行，而取子集 IF 语句中的条件不成立的话，后续语句不被执行。IF-THEN 语句为可执行语句。

```
程序 3-47
data cp1;
if 0 then set sashelp.class(drop = name sex);
```

```
set sashelp.class;
run;
```

程序 3-47 的第一个 set 语句并没有执行，在编译阶段只给 age、weight 和 height 按先后次序在 PDV 中开辟内存单元，结合第二个 set 语句的执行对数据集变量次序进行重排，与程序 3-45 具有同样的效果。

2. IF-THEN-ELSE 语句

IF-THEN-ELSE 语句为双分支控制语句，一般格式为

```
If 表达式 then 语句 1;
else 语句 2;
```

表达式为真(非零值、非缺失值)执行语句 1，否则执行语句 2。IF-THEN-ELSE 语句具有两个分支，表达式为真或者假执行不同的语句，而 IF-TEHN 语句为单分支语句，表达式为假不执行任何语句。程序 3-48 将数据集 sashelp.class 按性别拆分为两个数据集。

```
程序 3-48
data m f;
set sashelp.class;
if sex='男' then output m;
else output f;
run;
```

IF-THEN 语句和 IF-THEN-ELSE 语句可以嵌套。程序 3-49 根据学生体重的范围定义变量 WtGrade。

```
程序 3-49
data wg;
set sashelp.class;
if weight<90 then WtGrade='Light';
else if weight<110 then WtGrade='Middle';
else WtGrade='Heavy';
run;
```

嵌套时要注意不同的 IF-THEN 和 ELSE 的对应关系。

要注意，delete 语句的功能决定了 IF-THEN-DELETE 语句在 if 条件成立时返回 DATA 步开头，进行下一次循环，实现 DATA 步“短路”。

3. DO-END 语句组与分支控制

分支控制语句中，THEN 和 ELSE 后面只能出现一条语句，功能受到限制。DATA 步采用 DO-END 语句将多条语句封装为 DO-END 语句组(DO-END group)。DO-END 语句组放在 THEN 或者 ELSE 关键词之后作为一个整体，使分支流程可以执行一组语句，拓展了流程控制的功能。语句格式为

```
DO;
语句 1
⋮
语句 n
EDN;
```

语句组以 DO;为开始边界、END;为结束边界。程序 3 - 50 生成体重分类变量 WtGrade 的同时，用体重和身高数据生成体型变量 Figure。

```
程序 3 - 50
data F;
set sashelp.class;
if weight<90 then
do;
WtGrade = 'Light';
if height>60 then figure = 'Slim';
else figure = 'Moderate';
end;
else if weight<110 then WtGrade = 'Middle';
else
do;
WtGrade = 'Heavy';
if height<60 then figure = 'Fat';
else figure = 'Moderate';
end;
run;
```

4. SELECT-WHEN 语句

SELECT-WHEN 为多分支控制语句，可以实现多条件下的分支控制。一般格式为

```
select <表达式>;
When (表达式 1 <,表达式 2> <,…>) 语句 1;
```

```
<When (表达式 1 <,表达式 2> <,…>) 语句 2;>
<…>
<Otherwise 语句;>
End;
```

如果 select 语句中有表达式,则将表达式的值与 when 语句中表达式的值进行比较:首先与第一个 when 语句中的第一个表达式的值比较,如果二者相等,就执行语句 1 并跳出 select-when 分支,否则与第二个表达式比较,……,如果与第一个 when 语句中所有表达式的值都不相等,就与第二个 when 语句中表达式的值进行比较,……,只要与某个 when 表达式中某个表达式的值相等,就执行该 when 语句中的语句并跳出分支,如果与所有 when 语句的所有表达式的值都不相等且分支中包含 otherwise 语句,就执行 otherwise 语句中的语句并跳出分支,如果没有 otherwise 语句,就停止 DATA 步的执行,并发出错误信息。程序 3-51 模拟抛一枚骰子的结果,骰子的六个面分别标注数字 1、2……6,并且出现的概率均为 1/6。随机数生成函数 rand('UNIFORM')生成(0,1)上均匀分布的随机数,ceil(x)为取整函数,函数值是大于等于 x 的整数。

```
程序 3-51
data _null_;
x=ceil(rand('UNIFORM')*6);
select(x);
when(1) put '1';
when(2) put '2';
when(3) put '3';
when(4) put '4';
when(5) put '5';
when(6) put '6';
otherwise put '*';
end;
run;
```

如果 select 语句中没有表达式,分支语句的执行就依赖 when 语句中表达式是否为真。when 语句中表达式的设置可以更加灵活。程序 3-52 模拟抛掷两枚骰子的可能结果。

```
程序 3-52
data _null_;
x=ceil(rand('UNIFORM')*6);
```

```
y = ceil(rand('UNIFORM') * 6);
select;
when(x< = 3 and y< = 3) put '(小,小)';
when(x< = 3 and y>3) put '(小,大)';
when(x>3 and y< = 3) put '(大,小)';
when(x>3 and y>3) put '(大,大)';
end;
run;
```

3.4.2 循环控制

当一种操作重复进行时，需要循环语句来实现。DATA 步中的循环语句都是以 DO 语句开始、END 语句结束，因此又称 DO-EDN 循环，简称 DO 循环。要注意 DO-END 循环和 DATA 步内置循环的区别和联系。

1. 指定次数循环

定义指标变量(Index-variable)并通过变量取值的变化控制循环。一般格式为

```
Do 指标变量 = 初值 To 终值 <by 步长>;
SAS 语句;
End;
```

指标变量从初值开始取值，每次循环开始时判断指标变量是否越出终值规定的范围，没有越出则开始循环。每次循环执行 DO 语句和 END 语句中间的语句(称为循环体)，END 为循环体下边界，循环体语句执行完之后指标变量按 by 语句给定的步长增加，如果没有 by 关键词则步长默认为 1，并判断指标变量新的取值是否越出终值规定的范围，确定是否进行新一轮循环。当指标变量取值越出终值规定的范围，循环结束，DATA 步继续执行 END 语句的后续句。指标变量作为新定义变量输出到输出数据集，可用 drop 语句去掉。

程序 3 - 53 用 DO 循环语句生成 10 个标准正态分布样本值，每次循环随机数生成函数 rannorm()产生一个标准正态分布随机数赋值给变量 x。

```
程序 3 - 53
data rnor;
do i = 1 to 10;
x = rannorm(123);
end;
run;
```

数据集 work.rnor 中有两个变量 i 和 x，但只有一条观测，况且 i 的值是 11 而不是 10。从 DATA 语句到 RUN 语句的 DATA 步内置循环只运行了一次，在这一次内置循环中 DO 循环运行了 10 次，每次 DO 循环都在碰到循环体下边界 end 语句时返回到循环体开始，并没有运行 end 下面的 run 语句，因此 PDV 中的变量值没有输出。当第十次循环完成后，指标变量 i 的值变为 11，越出了终值规定的范围，跳出循环体运行 run 语句并输出 PDV 中变量的值。因此数据集中 i 的值是 11，x 的值是第十次 DO 循环得到的随机数(见图 3－10)。

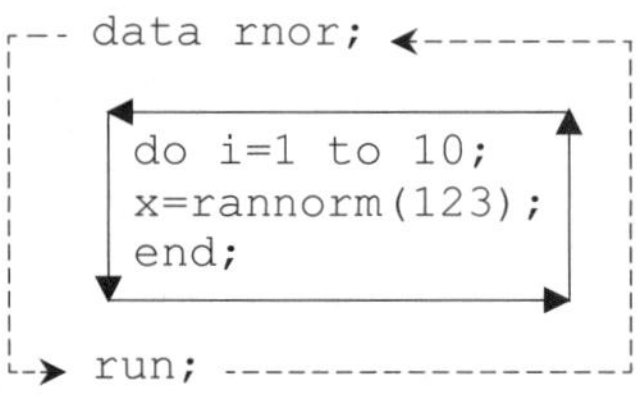

图 3－10　DO 循环和内置循环的关系

循环体内增加 output 语句可将 DO 循环中产生的随机数及时输出。运行程序 3－54 能得到期望的结果。

程序 3－54

```
data rnor;
do i = 1 to 10;
x = rannorm(12345);
output;
end;
drop i;
run;
```

DO 循环中指标变量的初值、终值和步长都可以是表达式。程序 3－55 首先生成三家银行存款利率和存款年数数据集 rate，然后计算每年存入 5 000 美元最终的本利和。

程序 3－55

```
data cdrate;
input bankname $ rate years;
datalines;
HSBC 0.0817   3
BARKLY 0.0814 5
CityBank 0.0806 1
;
data compare;
set cdrate;
investment = 5000;
```

```
do i = 1 to years;
investment + investment * rate;
end;
run;
```

2. 指定内容循环

可以将指标变量的取值列出，每次 DO 循环指标变量取一个值直到取遍所有值结束循环。具体格式为

```
Do 指标变量 = 取值列表;
SAS 语句;
End;
```

取值列表中各个取值之间用逗号间隔。程序 3 - 56 中第一个 DATA 步生成数据集 work.birth，第二个 DATA 步从中挑选特殊日期的观测值。

```
程序 3 - 56
data birth;
do i = '01JAN1988'd to '01sep2019'd;
birthday = i;
output;
end;
data spebirth;
set birth;
do i = '03APR1999'd,'25MAR2004'd,'12JUN2010'd;
if birthday = I then output;
end;
run;
```

3. 指定条件循环——Do Until 和 Do While

除了通过指标变量对循环语句的执行进行控制之外，还可以通过设置条件进行循环控制。指定条件循环分为 Do-Until 循环和 Do-While 循环，语句格式为

```
Do Until(表达式);
SAS 语句;
End;
```

和

```
Do Whilel(表达式);
SAS 语句;
End;
```

Do Untile 在表达式不成立(为 0 或者缺失)时执行 DO-END 循环体中的语句,直至表达式成立。Do While 语句在表达式成立(表达式值不为 0 也不为缺失值)时重复执行 DO-END 循环体中的语句。程序 3 - 57 计算年利率 0.05、每年存款 2 000 元,本利和达到 50 000 元需要多少年。

```
程序 3 - 57
data capital;
do until(capital> = 50000);
capital + 2000;
capital + capital * .05;
year + 1;
end;
run;
```

Do While 在每次循环开始时验证条件,而 Do Until 在每次循环结束时验证条件。使用 Do Until 时,不管表达式是否成立,循环至少执行一次,而 Do While 则未必。

指定次数循环和指定条件循环可以一起使用。程序 3 - 58 计算年利率 0.05、每年存款 5 000 元且存款在 10 年以内本利和达到 50 000 元需要多少年。

```
程序 3 - 58
data invest;
do i = 1 to 10 while(capital<50000);
capital + 5000;
capital + capital * .05;
year + 1;
end;
run;
```

运行结果表明,在 i=9(8 年末)时本利和已经超过 50 000 元。

DO 循环程序段(循环体)可以作为 DO-END 语句块出现在分支语句中,包括 if-then 分支语句和 select-where 分支语句。

4. DO 循环的“短路”和“跳出”——Continue 语句和 Leave 语句

Continue 语句用于 DO 循环中,终止当次循环,返回 DO 循环开头,开始下一次循环，实现循环"短路"。程序 3－59 用 input 语句将内嵌数据读入变量 name、idno 和 status，当 status 为' PT '(Part Time)时不执行后续的 input 命令，对应数据行不读入。

```
程序 3－59
data new_emp;
do i = 1 to 5;
input name $ idno status $;
if status = 'PT' then continue;
input benefits $10.;
output;
end;
datalines;
Jones 9011 PT
Thomas 876 PT
Richards 1002 FT
Eye/Dental
Kelly 85111 PT
Smith 433 FT
HMO
;
run;
```

程序 3－59 中 DATA 步内置循环 1 次，DO 循环 5 次，在 status 取值' PT '的循环中，Continue 的后续语句不被执行。

DO 循环中 Leave 语句使 DATA 步结束 DO 循环继续执行后续语句，实现 DO 循环的"跳出"。常用于基于条件的分支语句。程序 3－60 按每年 50 美元计算津贴，津贴总和超过 500 美元不再增加。

```
程序 3－60
data week;
input name $ start_yr 4. status $;
bonus = 0;
do year =  start_yr to 1991;
if bonus ge 500 then leave;
bonus + 50;
end;
```

```
datalines;
赵璐  1990 PT
李刚 1976 PT
程昱 1991 FT
范海华 1975 FT
欧阳德生 1990 FT
;
run;
```

注：Leave 语句也用于 SELECT-WHEN 语句组，跳出当前的多分支语句组。

3.4.3 特殊流程控制

除了分支控制和循环控制外，DATA 还有一些特殊的流程控制语句，包括跳转语句 GOTO 和 LINK，以及 DATA 步终止语句 STOP 和 ABORT。

1. 跳转语句 GOTO-标号

跳转语句将 DATA 步语句执行顺序引向标号标识的语句，常用在由条件控制的分支语句中，具体格式为

```
GOTO 标号;
```

GOTO 语句必须和标号语句配合使用，标号语句定义一个符号，为 GOTO 语句指定跳转的目标语句。标号语句以标号:的形式放置在目标语句之前，与目标语句用空格分隔。

```
标号: 目标语句;
```

GOTO 语句与标号语句必须处于同一DATA 步中。程序 3-61 用 input 语句将内嵌数据行数据读入变量 x，并对不同范围的 x 值进行求和。

```
程序 3-61
data a;
input x@@;
if 1<=x<=5 then goto ok;
put x;count+1;
ok:sum+x;
datalines;
1 2 7 2 12 32 11
;
run;
```

行指针控制符@@要求 input 语句下一次读取数据时不换行。标号语句为 OK:,语句跳转的结果是当 x>5 时 put 语句和累加语句 count+1 被跳过,而累加语句 sum+x 则是对 x 的所有取值进行了累加。

2. 跳转语句 Link-Return

Link 语句与 Return 语句配合使用,使 DATA 步跳转到目标语句,执行目标语句及其后续语句直到 return 语句,return 语句使执行流程返回到 Link 语句的后续语句。程序 3-62 中有三处 link 语句,跳转到执行目标语句,将 test 取'E'的值替换为'F',然后遇到 return 语句返回 link 语句的后续语句。

```
程序 3-62
data test;
input id test1 $ test2 $ test3 $;
test = test1;link recode;
test1 = test;
test = test2;link recode;
test2 = test;
test = test3;link recode;
test3 = test;
recode:if test ='E' then test ='F';
return;
datalines;
1 A B E
2 E F C
3 C D A
4 A B A
5 B E E
;
run;
```

注: GOTO 语句也可以和 return 语句组合使用,但 return 语句使 SAS 返回到 DATA 步开头开始新的一次循环,而不是返回到 GOTO 语句的后续语句。程序 3-63 中的累加语句没有对 x>5 的值进行累加。

```
程序 3-63
data a;
input x@@;
```

```
if 1<=x<=5 then goto ok;
put x;count+1;
return;
ok:sum+x;
datalines;
1 2 7 2 12 32 11
;
run;
```

3. DATA 步的终止——STOP 语句和 ABORT 语句

STOP 语句结束所在 DATA 步的执行。程序 3-64 从数据集 sashelp.class 中随机(有放回)抽取 5 个观测。

```
程序 3-64
data class_5;
do i=1 to 5;
s=ranuni(123456)*19;
set sashelp.class point=s;
output;
end;
stop;
run;
```

STOP 语句避免了 set 语句中 point=选项导致的死循环。

DATA 步中的 Abort 语句与 Stop 语句具有相同的功能,区别在于 Abort 执行后会使自动变量_ERROR_的值设置为 1,并在信息窗口发布错误提示信息。

3.5 SAS 数据集排序

SAS 数据集的排序需要用到过程步 Proc sort。排序数据集在 DATA 步打开后产生的临时变量能极大方便观测操作,况且数据集的匹配合并中要求合并数据集提前排序,这里提前对 Proc sort 进行介绍。

3.5.1 排序过程——Proc sort

Proc sort(排序过程)的一般格式为

```
proc sort data = 数据集 <out = 数据集>;
by <descending> 变量 1 变量 2 …;
run;
```

功能是对 data=给出的数据集按 by 语句中的变量进行升序或降序排序，排序后的数据集存为 out=指定的数据集，如果没有给出 out=选项，排序后的数据集覆盖原数据集。程序 3-65 按 sex 对数据集 sashelp.class 进行降序(Decending)排序，排序后的数据集为 work.class。

```
程序 3-65
proc sort data = sashelp.class out = class;
by descending sex;
run;
```

3.5.2　DATA 步中的排序数据集

要理解排序给 DATA 步处理数据带来的灵活性和便利性，需要首先理解 by 变量、by 值和 by 组的概念。

by 变量是指排序所依据的关键变量(Key Variable)，即过程步 Proc sort 中位于 by 之后的变量。by 值是指 by 变量的取值。by 组是指具有相同 by 值的观测形成的组。例如，数据集 class 按 sex 排序后，sex 为 by 变量，'男'和'女'为 by 值，男性观测和女性观测形成两个 by 组。

DATA 步中用 set 语句打开排序数据集并用 by 语句激活排序后，会产生两个临时变量 first.var 和 last.var 来标识 by 组，var 为 by 变量名。每个 by 组中第(最后)一个观测对应的 first.var(last.var)值为 1，其余观测对应的值为 0。变量 first.var 和 last.var 仅存在于所在 DATA 步内，并不输出到输出数据集，但可用于编程语句。程序3-66首先生成 3 只股票一周交易的数据集 work.test，然后用 Proc sort 按 stkcd(股票代码)排序，最后在 DATA 步内用 set 语句打开数据集并用 by 语句激活排序，并用赋值语句将 first.stkcd 和 last.stkcd 的值赋值给变量 f 和 l。

```
程序 3-66
data test;
   input stkcd $ date yymmdd8. clp 6.2 @@;
   format date yymmddn8.;
   datalines;
      600013 20030310 5.23   600013 20030311 5.25
      600013 20030312 5.20   600013 20030313 5.40
```

```
        600013 20030314 5.10    600059 20030310 7.23
        600059 20030311 7.25    600059 20030312 7.20
        600059 20030313 7.40    600059 20030314 7.10
        600582 20030310 12.23 600582 20030311 12.25
        600582 20030312 12.20 600582 20030313 12.40
        600582 20030314 12.10
    ;
run;
proc sort;
   by stkcd;
run;
   data test1;
   set test;
   by stkcd;
   f = first.stkcd; l = last.stkcd;
   run;
```

数据集 test1 中的变量 f 和 l 标识出三个 by 组，见图 3-11。

stkcd	date	clp	f	l
600013	20030310	5.23	1	0
600013	20030311	5.25	0	0
600013	20030312	5.2	0	0
600013	20030313	5.4	0	0
600013	20030314	5.1	0	1
600059	20030310	7.23	1	0
600059	20030311	7.25	0	0
600059	20030312	7.2	0	0
600059	20030313	7.4	0	0
600059	20030314	7.1	0	1
600582	20030310	12.23	1	0
600582	20030311	12.25	0	0
600582	20030312	12.2	0	0
600582	20030313	12.4	0	0
600582	20030314	12.1	0	1

by组1 by值600013

by组2 by值600059

by组3 by值600582

图 3-11　排序数据集的 by 组标识

排序数据集的 by 组标识变量能给数据处理带来方便。程序 3-67 计算 sashelp.class 数据集中男女生体重总和(tw)和身高总和(th)并输出。

```
程序 3-67
proc sort data = sashelp.class;
by sex;
data c;
```

```
set sashelp.class;
by sex;
if first.sex then
do;
tw = 0;th = 0;
end;
tw + weight;th + height;
if last.sex then output;
keep sex tw th;
run;
```

当 first.var 与 last.var 均取值为 1 时，表明 by 组只有一条观测。据此可以判断数据集内是否有相同的观测。

3.6　SAS 数据集合并

数据集的拆分和合并是常见的数据整理操作。数据集的拆分通过 3.3 节观测取子集和变量筛选来实现。本节主要对数据集的合并进行介绍，分为数据集的上下串接合并和左右并接合并。

3.6.1　数据集串接合并

数据集的串接是将两个或多个数据集的观测(行)上下"摞起来"的一种合并方式，用 set 语句实现，如图 3 - 12 所示。

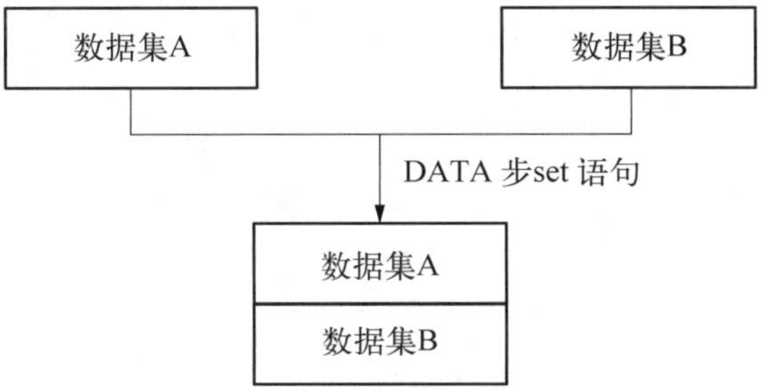

图 3 - 12　数据集串接合并示意图

串接合并分为非匹配合并和匹配合并。

1. 非匹配合并

非匹配合并(Concatenating)按 set 语句中数据集出现的顺序，将后面的数据集观

测续接在前面数据集观测下面，是一种按观测序号摆放观测的合并方法。set 语句的格式为

```
DATA 数据集;
  SET 数据集名列表;
RUN;
```

数据集名列表可采用缩略列示法。采用 SET 语句串接数据集分为两个阶段：

(1) 编译阶段，SET 语句读入所有数据集描述部分，在 PDV 中安置所有变量，数据集变量按语句中数据集的次序排列；

(2) 执行阶段，DATA 步每次内置循环中，SET 语句依次读入各个输入数据集的观测。首先读入第一个数据集的各条记录，读取一条新的记录时，PDV 中的数据集变量保留上次循环值。遇到第一个数据集的文件结束标志(End-of-file Indicator)时，SAS 先将 PDV 中变量的值初始化为缺失，SAS 开始读取第二个数据集的观测，直到读取完所有数据集观测为止。

程序 3-68 先生成数据集 A 和 B，然后串接合并成数据集 C。

```
程序 3-68
data A(drop=i);
year=1991;
output;
do i=1 to 4;
year+1;
output;
end;
data B(drop=i);
year=1992;
output;
do i=1 to 4;
year+1;
output;
end;
data C;
set A B;
run;
```

此时 A 和 B 具有相同的变量 year，B 变量 year 的观测值直接在 A 中观测值下

面。程序 3－69 将 A 和 B 中的变量 year 分别改名为 year1 和 year2，生成数据集 D 和 F，然后串接合并成 E。

程序 3－69

```
data D;
set A;
rename year = year1;
data E;
set B;
rename year = year2;
run;
data F;
set D E;
run;
```

D 和 E 中具有不同的变量 year1 和 year2，读取 D 的观测时 PDV 中 year2 值为缺失值，读取 E 的观测时 PDV 中 year1 为缺失值，合并结果见图 3－13。

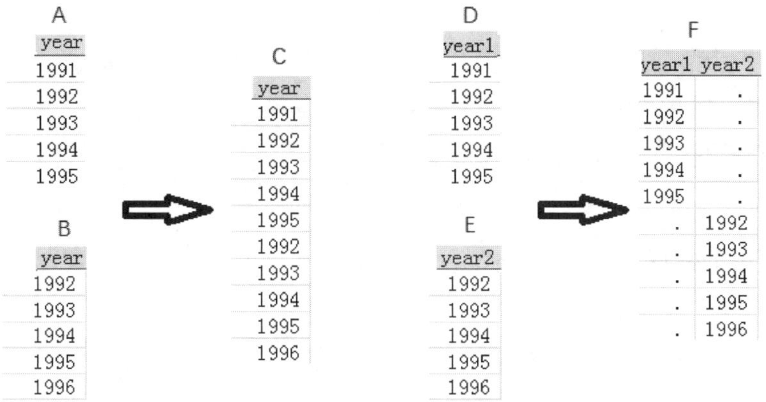

图 3－13　串接合并数据集

2. 匹配合并

匹配合并也称为穿插（Interleaving）合并，是将多个数据集观测按 by 变量（Key Variable）值进行匹配的合并方式。匹配合并的数据集需要有同名变量，并按同名变量排序。同名变量必须是相同数据类型。语句格式为

```
DATA 数据集;
   SET 数据集名列表;
   BY 变量 1 变量 2 … ;
RUN;
```

生成数据集中的观测按 by 值排序，同一 by 组的观测按其数据集在 set 语句中的顺序排列。DATA 步流程为：

（1）编译阶段

第一步：SET 语句读入所有数据集描述部分，在 PDV 中安置所有变量，数据集变量按语句中数据集的次序排列；

第二步：为每个 by 变量创建临时变量 First.nvar 和 Last.nvar。

（2）执行阶段

第一步：比较 set 语句中所有数据集的第一个观测值，确定哪个数据集 by 组首先输出到生成的数据集中，并读取 by 组所有观测。如果 by 组出现在多个数据集，则按数据集在 set 语句中的顺序读取所有 by 组观测。当开始读取新的数据集或者新的 by 组时，PDV 中变量值初始化为缺失值。

第二步：比较所有数据集的下一条观测确定下一个读取的 by 组，并读取 by 组所有观测。依此操作直到读取完所有数据集的所有观测。

程序 3－70 将数据集 Animal 和 Plant 进行匹配合并，两个数据集都有变量 common 并按此变量排序。

```
程序3－70
data comb;
set animal plant;
by common;
run;
```

合并前后的数据集见图 3－14。

Animal

common	animal
a	Ant
a	dog
b	Bird
c	Cat

Plant

common	plant
a	Apple
b	Banana
c	coconut
f	Elggplan

Comb

common	animal	plant
a	Ant	
a	dog	
a		Apple
b	Bird	
b		Banana
c	Cat	
c		coconut
f		Elggplan

图 3－14　合并前后的数据集

比较两个数据集第一条观测时确定读入 common 值（by 值）为' a '的 by 组，先读入 Animal 中观测（两条），然后读入 Plant 中的观测（一条）。以此读取全部观测，实现穿插合并。

3.6.2 数据集并接合并

数据集并接(Merge)合并将多个数据集的变量(列)横向合并成新的数据集，通过 DATA 步的 merge 语句实现。示意图见图 3－15。

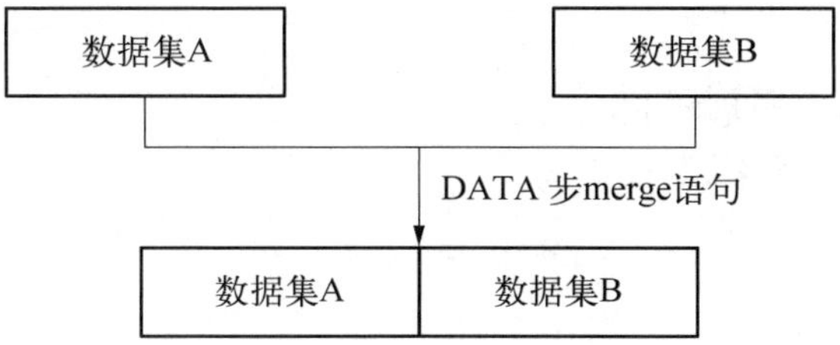

图 3－15　数据集并接合并示意图

并接合并分为非匹配合并和匹配合并。

1. 非匹配合并

非匹配合并也称为一对一合并(One-to-one Merging)，语句格式为

```
DATA 数据集;
   MERGE 数据集名列表;
RUN;
```

DATA 步流程为：

(1) 编译阶段

merge 语句读入所有数据集描述部分，在 PDV 中安置所有变量，数据集变量按语句中数据集的次序排列。

(2) 执行阶段

SAS 顺次读取每个数据集的第一条观测。若两个数据集中有同名变量，后读入的变量值覆盖先前读入的变量值。同名变量的数值类型必须相同，长度以第一次遇到的变量为准。合并生成的数据集观测个数与 merge 语句中观测个数最多的数据集相等。读取到观测个数少的数据集文件结束标志后，PDV 中对应的变量值取缺失值。

数据集 gdp 和 cpi 分别是美国 1947 年 3 月到 2010 年 9 月的名义国内生产总值和消费价格指数数据，两个数据集都包含变量 date，gdp 中变量 date 是每个季度第一个月份的 1 日，cpi 中的变量 date 是每个季度最后一个月的 1 日。程序 3－71 将两个数据集非匹配并接合并为 gdp_cpi。

```
程序 3 - 71
data gdp_cpi;
merge gdp cpi;
run;
```

后读入的 cpi 中 date 变量值覆盖先读入的 gdp 中 date 变量值。

2. 匹配合并

用 merge 语句匹配合并多个数据集时，数据集需要有同名变量，且按该变量排序，同名变量必须是相同数据类型。命令一般形式

```
DATA 数据集;
   MERGE 数据集名列表;
   BY 变量 1 变量 2 ... ;
RUN;
```

SAS 的处理步骤为：

(1) 编译阶段

merge 语句读入所有数据集描述部分，将所有变量置于 PDV。若不同的数据集中有同名变量，则长度以第一次遇到的变量为准；为每个 by 变量创建临时变量 First.vname 和 Last.vname。

(2) 执行阶段

检查每个数据集的第一个 by 组以确定首先读取哪个 by 组，然后读入每个数据集中该 by 组的第一条观测，按数据集名列表顺序读取。如果数据集在该 by 组中没有观测，则其变量在 PDV 中取缺失值。读取完第一条观测并执行完其他 DATA 语句后，SAS 将 PDV 中变量值输出到新生成数据集并开始下一次循环，此时所有数据集变量值在 PDV 中的值保留。以此操作读取该 by 组全部观测后将 PDV 中数据集变量值初始化为缺失。依次读取下一个 by 组，直至读取完所有数据集观测。

程序 3-72 以匹配方式并接合并数据集 animal 和 plant。

```
程序 3-72
proc sort data = course.animal;
by common;
proc sort data = course.plant;
by common;
run;
data ap;
merge course.animal course.plant;
by common;
run;
```

生成数据集 ap 如图 3-16 所示。

Animal

common	animal
a	Ant
a	dog
b	Bird
c	Cat

merge

Plant

common	plant
a	Apple
b	Banana
c	coconut
f	Elggplan

Ap

common	animal	plant
a	Ant	Apple
a	dog	Apple
b	Bird	Banana
c	Cat	coconut
f		Elggplan

图 3-16　匹配已连接合并前后数据集

读取第一个 by 组第一条观测后，变量 plant 在 PDV 中的值'Apple'得以保留，第二次循环 animal 读取值'dog'时，plant 值仍然为'Apple'。读取 by 值为'f'的 by 组时，Animal 中变量 animal 没有观测值，PDV 中取缺失值。

3.6.3　用多个 set 语句合并

DATA 步中的多个 set 语句在同一个内置循环中将独立打开各自的数据集，并且具有各自的记录指针。用多个 set 语句及其指针控制等选项，可以更为灵活地合并数据集。

1. 一对一合并

采用多个 set 语句可以实现数据集的非匹配并接合并。程序 3-73 将数据集 gdp 和 cpi 进行并接合并。

```
程序 3-73
data gdp_cpi_1;
set course.gdp;
set course.cpi;
run;
```

与程序 3-71 合并结果比较，会发现多个 set 语句合并和非匹配 merge 语句合并的区别。只要有一个 set 语句读取到其数据集的文件结束标志，DATA 就结束循环，形成的数据集观测个数等于合并数据集中观测最少的数据集。

2. 一对多合并

采用条件语句控制观测读取，可以实现数据集观测一对多合并。数据集 c_Num 有一个变量 No，表示学生的班级编号。程序 3-74 将变量 No 的第一个观测值与 sashelp.class 中的所有观测进行合并。

```
程序 3-74
data c_Num(drop = i);
do i = 1 to 7;
no = i;
output;
end;
data class_num;
if _n_ = 1 then set c_num;
set sashelp.class;
run;
```

第二个 DATA 步中，第一个 set 语句只读取了 c_num 的第一条观测，且在每次 DATA 步内置循环中保留了该值，实现了与 sashelp.class 每个观测的匹配。

3. 多对多合并

采用数据集指针控制选项 point＝选项和 if 语句，可以实现一个数据集的子集观测和另一个数据集观测的匹配并接。程序 3-75 将 sashelp.class 中 name 以'罗'开头的观测与 c_num 中 no 变量的第七、八和十个观测匹配，并接两个数据集。

```
程序 3-75
data class_num1;
set sashelp.class;
if name = :'罗';
set c_num point = _n_;
run;
```

解读：if 语句条件不满足时，后面的语句不再执行，DATA 步“短路”！ 在前 6 次循环中第二个 set 语句均未执行，第七、八次循环执行，直到第十八次循环前均未执行，第十八次执行，第十九次未被执行。但是第七次循环后_n_＞7，第二个 set 语句选项 point＝_n_指向的观测序号已超出 c_mum 观测序号范围，数据指针没有移动，指向 c_mum 第七条记录。

将 if 语句的位置下移后会得出不同结果(见习题 23)，据此体会 if 语句的功能。

习题

1. 表达式 3＋'2'、3||'2'正确吗？可行吗？表达式 3＋'a'正确吗？可行吗？'2018/05/03'd 是正确的日期常量表达吗？'3Feb19'd 是正确的日期常量表达吗？SA 将其中的'19'识别为世纪还是

年份？

2. 如果 DATA 步中出现赋值语句 y=sim(x);，信息窗口会出现什么错误提示？SAS 将 sim(x) 识别为一个变量还是函数？为什么？

3. 通过查阅帮助，详细说明函数 logistic()、fact()、substr()=、exist()和 Yrdif()的功能和使用方法。

4. 将 SAS 数据集 sashelp.class 中 name 以'罗'开头的观测挑选出来，if 语句如何写？if name='罗';可以吗？where 语句如何写？还有其他方法吗？语句 where name not like '%德';选出的是哪些观测？

5. 什么是空语句？空语句能作为 DATA 步的结束边界吗？

6. DATA 步中的自动变量_Error_和_N_的初次赋值(_Error_=0，_N_=1)是在编译阶段还是在执行阶段？你能编程序验证吗？

7. 什么是 DATA 步中的声明性语句和执行性语句？举出三个声明性语句。

8. 指出 DATA 步程序

```
Data test;
set sashelp.class(keep = name sex);
h = height * 0.025;
run;
```

中存在的错误并进行修改。指出 DATA 步程序

```
Data test;
set sashelp.class;
h = height * 0.025;
where h<10;
run;
```

中存在的错误并进行修改。

9. 程序

```
data s;
if sex = '男';
set sashelp.class;
h = height * 0.025;
run;
```

存在语法错误吗？将取子集 if 语句置于 set 语句之前和之后得到的结果有什么区别？为什么？

10. 如何用 input 函数将字符' 03APR2019 '转换为日期常量？能将' 03APR2019 ' d 转为日期常量吗？如何将' 03APR2019 ' d 转换为字符常量？

11. 写出 DATA 步程序，用数据集 work.test 生成数据集 work.test1。

12. 在程序不同位置添加语句 put _all_可以查看程序执行不同阶段 PDV 中变量取值的变化。运行程序

```
data test;
put _all_;
set sashelp.class;
put _all_;
run;
```

查看信息窗口的内容，解释：

(1) 每条观测都出现两次，两次的内容有什么不同？

(2) 为什么最后一条观测的第二次显示中，_N_的值是 20？DATA 步内置循环是 20 次吗？如果是 20 次，为什么只有 19 条记录输出？你能据此判断在从本次循环到下次循环的过程中，_N_的值是在哪个环节增加的吗？如果将程序改为

```
data test;
put _all_;
set sashelp.class;
_n_ = 3;
put _all_;
run;
```

怎么解释信息窗口看到的_N_值的变化？

13. 提交并运行程序

```
data _null_;
set sashelp.class;
rename height = h;
keep name age sex;
run;
```

信息窗口为什么没有出现运行程序 3－31 的警告(Warning)信息？

14. 用 output 语句在数据集 sashelp.class 第一条观测前添加一条空白记录。用 output 语句和 if-then-语句在第五条观测后添加一条空白记录(提示：可使用自动变量_n_或者 set 语句选项 curobs=)。

15. 文件 sashelp.class 中有 19 条观测，对应一个班级中 19 位学生的信息，其中变量 age 表示学生年龄。针对每位学生，计算班级中年龄大于该生的学生人数。提示：采用 do-end 循环语句、output 语句、rename=()数据集选项以及带 point=选项和 nobs=选项的 set 语句等。

16. 用 output 语句和 DO 循环语句在数据集 sashelp.class 第五条观测前添加一条空白记录生成数据集 work.c_5。为什么 work.c_5 中变量 i 的值从第七条记录开始为缺失值？

17. 为理解 stop 语句和 set 语句 point=选项，运行程序

```
data x;
do i = 1 to 25;
set sashelp.class point = i;
output;
```

```
end;
stop;
run;
```

(1) 如果不带 stop 语句将会如何？

(2) 为什么数据集 x 的第十九到第二十五条观测完全相同？

18. 运行程序

```
data x1;
n = 23;
set sashelp.class point = n;
stop;
run;
```

为什么数据集 x1 中没有观测？如果在 set 语句后，stop 语句前添加 output 语句会得出什么不同结果？为什么？

19. 执行程序

```
data test;
if 0 then
do;
set sashelp.class(drop = name sex);
retain sex name;
end;
set sashelp.class;
run;
```

(1) test 数据集与 sashelp.class 有什么区别？

(2) 程序中的 do-end 程序块中的语句执行了吗？这些语句的作用是什么？

(3) 为什么需要第二个 set 语句？

20. 对程序 3-66 进行修改，在数据集 work.test 中每只股票的最后一条观测后和下一只股票第一条观测前添加一条空白记录。

21. 将数据集 rate 和 GDP、cpi 合并，要求：

(1) 从 cpi 中抽取 3/6/9/12 月份的观测作为季度观测值；

(2) 从 rate 中抽取每个月份最后一个交易日数据作为月份交易数据，再从月份数据中抽取 3/6/9/12 月份的观测作为季度观测值；

(3) 实施合并。

22. 将 Animal 和 Plant 进行非匹配并接合并(Merge)，将结果与程序 3-70 的合并结果比较，据此说明两种并接合并的区别。

23. 将数据集 c_Num 变量 No 的最后一个观测值和 sashelp.class 的所有观测匹配合并。

24. 将程序 3－75 中的 if 语句的位置改变为

```
data class_num2;
set sashelp.class;
set c_num point = _n_;
if name = :'罗';
run;
```

会得出什么结果？为什么？

第 4 章　DATA 步编程和数据处理：进阶

在第 3 章的基础上，本章介绍 DATA 步数据处理的更多功能，包括 DATA 步读取外部数据，将 DATA 步数据读出为外部文件、数组、数据查询、数据集维护，DATA 步之间的数据传递，DATA 步程序调试等。

4.1　用 DATA 步读取外部数据

本节介绍用 DATA 步读入内嵌流式数据（In-stream Data）和平面文件（Flat File）形式的外部数据。内嵌流式数据是指内嵌在 DATA 步程序代码中的数据。平面文件是指数据行之间没有特定结构的数据文件，是相对关系型数据库文件而言。常见的平面数据文件包括纯文本文件（Plain Text File）和二进制文件（Binary File）。外部数据文件还包括单机文件（PC-file）和数据库管理系统（DBMS：Data Base Management System）数据文件。单机文件是指其他软件生成的具有特定结构的数据文件，可通过数据导入（Import）界面读入 SAS，详情参见章节 2.3。DBMS 数据文件数据需要借助 SAS/ACCESS 产品用 libname 语句设置后读取，详情可参考 SAS 帮助。

本节首先对内嵌流式数据的读取进行介绍。

4.1.1　读取内嵌流式数据

内嵌流式数据是内嵌于 DATA 步程序之内的数据，以行为单位，称为数据行（Data Line），也称为记录（Record）。

1. *数据行边界*

内嵌数据行不是 SAS 语句，需要边界界定。DATA 步用语句 datalines 作为开始边界、空语句作为结束边界界定内嵌数据。图 4-1 给出了 DATA 步中内嵌数据及其边界。

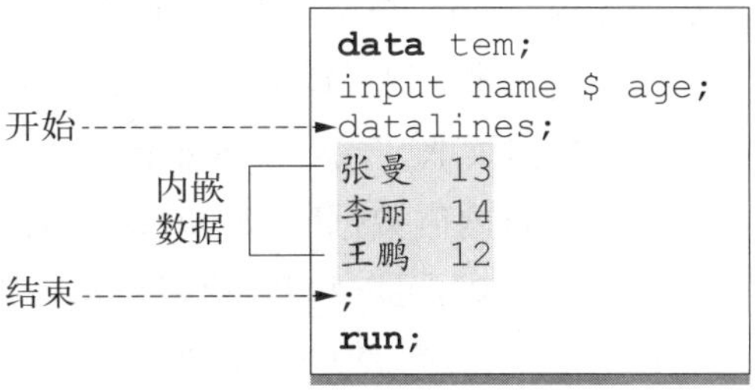

图 4-1　内嵌数据及其边界

如果内嵌数据包含分号;，为避免和语句结束标志分号混淆，需要以 datalines4 语句为开始边界，;;;;为结束边界。datalines、datalines4 和;、;;;;都是声明语句，在编译环节起作用。程序 4－1 将数据行的第一个值读给数值变量 name，将第一个空格后的 50 个字节数据(包括空格)读给字符变量 citation。第三行数据包含分号，需要用 datalines4 和;;;;作为开始和结束边界。

```
程序 4-1
data test;
input number citation $50.;
datalines4;
1  KIRK, 1988
2  LIN ET AL., 1995; BRADY, 1993
3  BERG, 1990; ROA, 1994; WILLIAMS, 1992
;;;;
run;
```

SAS 早期版本中曾用 cards 语句和 cards4 语句作为内嵌数据行的开始边界(早期的数据经常写在卡片上)，尽管仍有效，但现在已不常用。

需要注意，DATA 步中的内嵌数据部分必须放在所有程序的后面，即内嵌数据结束边界后面除了 DATA 步结束边界 run 语句之外不能再有其他语句，因此，包含内嵌数据的 DATA 步可以不带 run 语句，以数据结束边界作为 DATA 步结束边界。

2. 将数据读给变量——input 语句

input 语句设定变量并将 DATA 步内嵌流式数据读给这些变量。一般格式为

```
input var1 <$> <options> var2 <$> <options> ... ;
```

var1、var2……为变量名，如果变量后面紧接符号 $，就设定为字符型变量，否则设定为数值型变量。options 为选项，用于设定读取数据的方式，包括输入格式、指针控制等。不同的数据输入方式具有不同的选项。例如图 4－1 的程序中，name 被定义为字符变量，age 被定义为数值变量；程序 4－1 中 number 被定义为数值变量，而 citation 则被定义为字符变量。需要注意 citation 被定义为字符变量采用的是输入格式选项 $50.，name 被定义为字符变量采用了 $选项，$不是输入格式。

在编译阶段，SAS 在 PDV 中放置 input 语句定义的变量，初始值为缺失。

(1) 数据读取方式——变量值确定

读取一行内嵌数据时，input 语句需要确定语句中每个变量读取的列范围。根据变量确定的方式，可以将数据行读取方式分为四种：

1) (变量名)列表方式(List)

列表方式输入分为简单列表方式(Simple List)和带格式修饰符的列表方式

(Modified List)。

① 简单列表方式

input 语句后紧跟变量名列表，变量名之间用空格隔开，如果是字符变量，就在变量名后一个空格后加 $。适合具有分隔符分隔的数据行，分隔符将要读入的数据行中数据自然分开，并按变量名列表中的顺序依次将数据读给对应的变量。默认分隔符为空格。程序 4－2 中的 input 语句采用列表方式确定变量的值。

```
程序 4 - 2
data sgxm;
input name $ age;
dataline;
Peterson  21
Morgan    17
;
run;
```

采用列表方式输入的数据需要满足如下条件：

(a) 数据值之间至少有一个空格隔开；

(b) 用小数点表示缺失值；

(c) 数据必须是字符或者数值数据。

② 修饰列表方式

简单列表方式在一些情况下不能正确读取数据，需要借助格式修饰符(Format Modifier)强化读取功能。共有三个格式修饰符，:、& 和～，下面分别介绍它们的功能。

a. :

当数据行的列不能对齐，并且用输入格式也不能正确读取数据时，为 input 语句提供额外的读取引导。这里仅对:在 input 语句读取字符变量数据时的功能进行介绍。程序 4－3 用 input 语句列表方式读取内嵌数据行，各数据行上 name 变量值没有对齐。

```
程序 4 - 3
data t1;
input name $ sex $ age;
datalines;
张向阳 男 13
李葱 女  15
欧阳德生  男 14
慕容司马容若 女 15
;
```

字符变量 name 没有设定宽度，宽度取默认值 8，读取时最多读入 8 个字符，第四行数据的 name 值读取时进行了截断，读取结果为'慕容司马'。如果通过输入格式 $12.设定 name 变量值的读取宽度为 12，则 input 按格式化输入方式读取 name 变量值，分隔符不再起作用，name 读取每行数据时均按 12 位读取，导致读取错误。程序 4－4 将 name 的宽度设为 12，打开数据集 work.t2 可以查看读取结果。

```
程序 4-4
data t2;
input name $12. sex $ age;
datalines;
张向阳 男 13
李葱 女   15
欧阳德生   男 14
慕容司马容若 女 15
;
```

格式修饰符：位于字符变量名之后，规定变量值从数据行的非空格列开始读取，遇到以下情况之一结束读取：

(a) 下一个空格列；

(b) 达到变量预先设定的宽度（如没有设定，默认为 8）；

(c) 数据行结束。

格式修饰符：位于数值变量名之后，规定变量值从数据行的非空格列开始读取，遇到以下情况之一结束读取：

(a) 下一个空格列；

(b) 数据行结束。

需要注意的是，：修饰符的作用之一是让 input 语句从数据行的非空格列开始读取，没有：修饰符时，input 语句按各种输入方式规定的方式读取数据。

程序 4－5 采用输入格式规定变量宽度和格式修饰符相结合，正确读取变量值。

```
程序 4-5
data t3;
input name : $12. sex $ age;
datalines;
张向阳 男 13
李葱 女   15
欧阳德生   男 14
```

```
慕容司马容若 女 15
;
```

b. &

当空格作为数据分隔符时，引导 input 语句正确读取含有空格的字符。此时要求分隔符为连续两个空格。程序 4 - 6 中内嵌流式数据行中姓名名和姓用空格分开，专业名称数据也需要用空格分开，组合使用:、& 和输入格式才能正确读取。注意，不同变量取值之间用双空格分隔。

```
程序 4 - 6
data tutor;
input name & : $14. major & : $19.;
datalines;
Gorge Zou  financial economics
Peter Phillips  statistical physics
Zongyi Zhu  math
;
```

c. ～

将引号作为字符的一部分读取。引号常用来作为字符常数的边界标识，数据中内嵌引号时，修饰符～引导 input 语句将引号作为数据读取。～只在 infile 语句中与 DSD 选项一起使用。参见"更多读取控制——infile 语句"。

2) 列方式(Colum)

input 语句中变量名及选项后紧跟读入列的起始列号，以此确定读入变量的数据范围。这种输入方式适合列对齐的外部数据。当外部数据没有分隔符进行分隔时，只能采用列方式输入。程序 4 - 7 中 input 语句采用列方式确定变量值读取范围，每个汉字为两个字节。

```
程序 4 - 7
data p;
input name $ 1 - 4  age 5 - 6 province $ 7 - 10 code 11 - 13;
datalines;
张三 12 河南 624
李四 16 湖北 128
王五 34 广州 267
张三 12 河南 624
李四 16 湖北 128
```

```
王五 34 广州 267
;
```

但如果名字中有多于两个汉字、省份名中有多于两个汉字的记录，不是列对齐，又没有分隔符，则不能采用列输入方式。

列方式输入的内嵌数据需要满足如下条件：

(a) 列对齐：变量读取值在每个数据行的相同列；

(b) 标准数据：标准数值格式和字符格式。

列方式输入可以实现：

(a) 按任意顺序读取内嵌数据行上的不同列，某一部分数据可以被重复读取；

(b) 空格可以作为字符数据的一部分而不是分隔符进行读取；

(c) 不需要空格等分隔符对数据进行分隔。

语句 input code1 ＄12—17 code2 ＄1—4;实现了对数据行不同列的任意顺序读取，语句 input name ＄10—18 firstname 13—17;则实现了数据行某部分的重复读取。

3) 格式化方式(Formatted)

列表和列输入方式只对变量读取数据的列范围予以界定。格式化方式用输入格式规定变量读取数据的方式，使变量值读取更为灵活。使用方式为：input 语句中变量后紧接输入格式。通过输入格式设定，还可以读取非标准的外部数据，例如压缩十进制格式(Packed Decimal)、包含特殊字符(例如逗号)的数据行等。程序 4-8 中 input 语句采用输入格式 $char8.读取从第一列起的 8 位字符赋值给变量 name，采用 comma6.输入格式将包含逗号的数值型数据正确地读给变量 income，由于读取完 name 的值后，数据指针紧接着读取(包括空格在内)后面的数据，因此需要配合格式修饰符:和输入格式 comma6.才能正确读取。

```
程序 4-8
data sgxm;
input name $char8. income : comma6.;
datalines;
Peterson  21,000
Morgan    17,132
;
run;
```

变量分组、格式分组和修饰符 n＊

格式化输入方式中可以使用变量分组和格式分组，以及 n＊修饰符来简化输入格式书写。分组的方法是用括号将变量名和输入格式括起来。例如语句

```
input (score1 - score4)(4. 4. 4. 4.);
```

将变量 score1、score2、…、score4 作为一组，并用缩略方式列示变量名，将四个相同的输入格式 4.作为一组，规定四个变量的输入格式。由于四个变量具有相同的输入格式，因此可以更简略地写为

```
input (score1 - score4)(4.);
```

如果同一组变量中有一部分变量的输入格式相同，则可以采用 n * 修饰符。例如语句

```
input (name score1 - score5)( $10. 5 * 4.);
```

将 name 的输入格式设为 $10.，将变量 score1 到 score5 的输入格式设为 4.，n * 的作用是将其后面的输出格式重复 n 次。

注：

(a) 缺失值读取：输入格式确定缺失值的认定。默认情况下，空格读取为字符型数据缺失值，小数点(Dot)读取为数值型数值的缺失值。输入格式 $CHAR.w 把空格作为数据读取，BZ.w 则把空格读取为 0。

(b) 输入格式存储：input 语句中规定的变量输入格式只在读取外部数据时起作用，并不作为变量的属性保存在数据集中。informat 语句和 attribe 语句规定的输入格式作为变量属性永久保存。

(c) 其他输入方式比较：格式化输入方式中，数据指针按输入格式确定的列范围沿数据行移动，一个变量值读取完成后，停留在下一列。列输入方式中的数据指针移动范围由列号确定。在不使用指针控制符的情况下，格式化输入方式和列输入方式都要求内嵌数据列对齐，格式化输入方式和列表输入方式都要求变量名次序和对应的数据行上变量值数据的排列顺序一致。与格式化方式相比，修饰列表方式的最大特点是能够引导 input 语句对列没有对齐的数据进行正确地扫描和读取。

4) (变量)命名方式(Named)

读取内嵌数据行中位于等号后面的数值。如果数据行中包含变量名和等号，等号后面的值就需要采用命名方式输入。语句格式为

```
input var1 = <$> <options> var2 = <$> <options> ... ;
```

var1=用来规定变量名。input 语句中可以混合使用命名方式和其他输入方式，但一旦从某个变量开始采用命名输入方式，则其后的变量必须使用命名输入方式。

```
程序 4-9
data worker;
input id $ sex = $ name = $;
```

```
datalines;
054 sex = 男 name = 张三
069 sex = 女 name = 李英
;
```

程序 4 - 9 中 input 语句读取各变量值采用了不同的输入方式，从第二个变量 sex 开始，全部使用命名方式。

注：命名输入方式中，input 语句中规定的变量名要和数据行等号前的变量名相同。程序 4 - 10 不能正确读取数据行数据，并在信息窗口出现 NOTE: NAME "xb" 未定义等提示信息。

```
程序 4 - 10
data worker;
input id $ sex=  $ name=  $;
datalines;
054 xb = 男 xm = 张三
069 xb = 女 xm = 李英
;
```

5) 多种输入方式的混合使用

在同一 input 语句中，不同的输入方式可以组合使用。程序 4 - 11 组合使用了列表方式(idno、startwght 和 endwght)、格式化方式(name)和列方式(team)。

```
程序 4 - 11
data sgxm;
input idno name $18. team $ 25 - 30 startwght endwght;
datalines;
023 David Shaw          red     189 165
049 Amelia Serrano     yellow 189 165
;
run;
```

(2) 数据读取后指针的位置

input 语句中使用各种输入方式的组合时，了解某个变量值读取完成后数据指针处于什么位置十分重要。列输入方式和格式化输入方式的 input 语句，数据指针读取规定的列后停留在下一列，而以分隔符分隔数据的列表输入方式 input 语句中，数据指针扫描并读取完变量值之后，通过再读入一个空格来表示数据值读入结束，数据指针停留在数值结束列之后两列处。用 input 语句读入如下数据行(见图 4－2)。

```
----+----1----+----2----+----3
REGION1   49670
REGION2   97540
REGION3   86342
```

图 4－2　数据行

采用列表方式输入的 input 语句

```
input region $ sales;
```

在读完第一行数据' REGION1 '之后，数据指针停留在第九列(见图 4－3)。

```
----+----1----+----2----+----3
REGION1   49670
         ↑
```

图 4－3　列表方式读取后的数据指针位置

而采用列方式的 input 语句

```
input region $ 1 - 7 sales 12 - 16;
```

和采用格式化方式的 input 语句

```
input region $7. sales 5.;
```

读取第一行上变量 region 的值' REGION1 '之后，数据值指针停留在第八列(见图 4－4)。

```
----+----1----+----2----+----3
REGION1   49670
        ↑
```

图 4－4　格式化方式读取后的数据指针位置

尽管采用四种输入方式及其组合，可较为灵活地控制 input 语句对数据行的读取，但其灵活性仍旧有限，难以满足一些更为复杂的输入要求。当遇到需要一次读入多行内嵌数据并在多行中有选择读取、数据行上列的读取范围要用相对位置确定等情形时，需要借助指针控制符对数据指针进行控制，才能实现数据的正确读取。

3. 数据读取规则——指针控制

内嵌流式数据是外部数据，要先读入输入缓冲区 IB(Input Buffer)整理后，有选择地读入 PDV(参见本书 3.2 节)。input 语句通过指针控制符选项和其他选项对读取规则和方式进行控制。为了从逻辑上更为清晰地了解 input 语句读取外部数据的规则，本节分四种情形介绍各种数据指针控制符及其使用。

(1) 情形 1：一行数据被读取一次——列指针控制符

这种情形下，每次只有一行内嵌数据读入输入缓冲区，一行数据只被读取一次，只需要用列指针控制符控制同一行内不同列上数据的读取，不需要对数据行进行控制。

列指针控制符分为相对位置控制符和绝对位置控制符。

① 列相对位置控制符：+n、+var 和+(expr)

+n：将指针沿当前数据行从当前列往右移动 n 列。n 为正整数或者 0，如为小数则取整数部分。

+var：将指针从当前列往右移动数值型变量 var 的值确定的列数。var 值需为整数，如为小数则取整数部分。var 值为负时指针往左移动，为 0 时不移动。

+(expr)：由表达式 expr 确定指针沿当前行往右移动的列数。expr 的值需为整数，如为小数则取整数部分。expr 值为负时指针往左移动，为 0 时不移动。程序段

```
m = -1;
input x +m y 2.;
```

第一行语句定义变量 m 的值为−1，第二行 input 将数据行第一单位数据读给变量 x 后，指针左移一列读取变量 y 的值。语句

```
input x +(-1) y 2.;
```

具有相同功效，其中(−1)为表达式。三种控制符中的+均不能省略。程序 4-12 中内嵌数据是上海市温度测量信息，包括区域、日期、时间和温度：

```
程序 4-12
data temps;
input region $4. +1 date mmddyy10. +2 time time5. +1 tempf;
format date yymmdd10. time time8.;
datalines;
杨浦 10/10/2019   8:00 18   16:00   28   24:00   15
松江 10/10/2019   8:00 16   16:00   27   24:00   13
;
```

input 语句首先按输入格式 $4.读取 region 的值，读完后指针停留在第五列，列相对位置控制符+1 将指针移动到第六列，以输入格式 mmddyy10.读取 date 的值。类似理解其余两个列相对位置控制符的作用。

如果 region 采用列表方式读取，即

```
input region $ +1 date mmddyy10. +2 time time5. +1 tempf;
```

则读取完成后数据指针停留在第六列，如果仍然采用+1 移动指针，就会发生读取错误。

② 列绝对位置控制符：@n、@var 和@(expr)

@n：将指针移动到当前行的第 n 列。n 需为整数，如果为小数就取整数部分。如果 n 为 0 或者负整数，则列指针移动到第一列。

@var：将指针移动到当前行的数值型变量 var 的值确定的列。var 的值需为整数，如果为小数就取整数部分。如果 var 的值为 0 或者负整数，则列指针移动到第一列。语句

```
input @10 name $10.;
```

将指针移动到第十列按输入格式 $10.读取 name 的值。

@(expr)：将指针移动到当前行的表达式 expr 的值确定的列。expr 的值需为整数，如果为小数则取整数部分。如果 var 的值为 0 或者负整数，则列指针移动到第一列。语句

```
a = 15;
input @a name $10.;
```

从第十列开始读取 name 的值，语句

```
input @( - a) name $10.;
```

从第一列读取 name 值。而语句

```
input @( - 15) name $10.;
```

为语法错误的语句。程序 4 - 13 按变量提供的列绝对位置进行读取，其中变量 x(第一列)的值为其后城市名第一字符所在列数。采用数值变量 x 的值控制列指针位置，正确读取数据。

```
程序 4 - 13
data city;
input x @x city $9.;
datalines;
8      New York    1 USA 14
5   Cary           1 USA 2274
3 Chicago          1 USA 37
5   Vancouver      2 CANADA 6
9       Milano     4 EUROPE 123
;
```

而程序4-14采用列绝对位置控制符@,将同一数据01/02/19以不同读取方式(输入格式)分别读给变量x、y和z。

```
程序4-14
data d;
input x anydtdte8. @1 y ddmmyy8. @1 z mmddyy8.;
format x y z yymmddd10.;
datalines;
01/02/19
;
```

③ 和列输入方式的比较

列指针控制符和列输入方式都能实现对列读取范围的控制。两者的区别在于:(a) 列控制符给出的是列号,列输入法给出的是列的范围;(b) 列控制符可以用变量和表达式的值确定列号,列输入法不能;(c) 相对列控制符可以给出列的相对位置,列输入方式只能给出列绝对位置范围。

④ 指针移动超出数据行范围

超过行尾:使用列指针控制符导致数据指针超过数据行尾部,则指针移动到下一数据行第一列,并在SAS日志窗口显示如下信息:

NOTE:INPUT 语句到达一行的末尾,SAS 已转到新的一行。

移动到第一列之前:当指针试图移动到第一列之前时,会被限制在第一列。

(2) 情形2:一行数据被读取多次——行固定符@和@@

通常情况下,input语句执行完毕后,下一次input语句执行时会将新的数据行导入输入缓冲区,数据指针移动到新数据行第一列。每条内嵌数据行只被读取一次。

行固定符(Line-hold Specifier)@和@@引导多个input语句或者一个input语句多次执行读取同一行数据。@和@@放在input语句的最后(语句结束符;之前),也称为尾缀(Trailing)。

① 单尾缀@

使input语句执行后,指针保持在当前数据行,位置不变,不导入新的数据行到输入缓冲区,DATA步内下一个input语句仍然从这一数据行读取数据。适用于同一个DATA步多个input语句对同一数据行的读取。

单尾缀@对数据行的保持(Hold)在碰到以下情况时释放:

(a) 一个空input语句,即不带任何选项的input语句

```
input;
```

(b) 一个不带尾缀的input语句;

(c) DATA 步开始新的内置循环。

程序 4-15 的 DATA 步中有 3 个 input 语句，第一个 input 语句使用了单尾缀行控制符@。

```
程序 4-15
data schedule(drop = type);
retain Course Professor;
input type $1. @;
if type ='C' then
input course $ professor $;
else if type ='S' then
do;
input Name $10. Id;
output schedule;
end;
datalines;
C HIST101 Watson
S Williams 0459
S Flores   5423
C MATH202 Sen
S Lee        7085
;
run;
```

程序解读如下：

(a) 读取第一数据行时，第一个 input 语句读入的 type 值为'C'，第一个 if 语句中条件成立，执行第二个 input 语句。第一个 input 语句后面的行控制符@使得第二个 input 语句读入 Course 和 Professor 的值时接上一个 input 语句在同一行读入 HIST101 和 Watson，但由于 output 语句(尽管没有被执行)，DATA 步内置循环的自动输出被屏蔽，第一次内置循环并没有将 PDV 中的值输出到数据集 schedule。

(b) DATA 步第二次内置循环读取第二行数据时，第一个 input 语句读入的 type 值为'S'，第二个 if 语句条件成立，执行 do-end 语句块中的语句，首先执行 input 语句，将 Williams 读给变量 name(由于输入格式是 $10.，读入的值是 10 位，补两位空格)，将 0459 读入变量 id，但 id 输入格式是数值型，读取结果是数据 459。然后执行 output 语句，输出 PDV 中的值到输出数据集 Schedule，形成第一条观测，由于 retain 语句作用于变量 Course 和 Professor，此时 PDV 中两个变量的值保留 DATA 步第一次内置循环的值 HIST101 和 Watson，因此输出数据集的第一条观测，如图 4-5 所示。

	Course	Professor	Name	Id
1	HIST101	Watson	Williams	459

图4-5 数据集的第一条观测

DATA步第三次内置循环读取内嵌数据第三行。第一个input语句读入的type值为'S',执行第三个input语句,将('S'之后)的Flores读给变量name(由于输入格式是$10.,读入的值是10位,补4位空格),将5423读入变量id,此时output语句执行,输出PDV中的值到输出数据集。需要注意的是,尽管本次循环变量Course和Professor没有读取新的值,但retain语句将两个变量在PDV中的值保留为上次内置循环的值HIST101和Watson,因此输出数据集的第二条观测,如图4-6所示。

2	HIST101	Watson	Flores	5423

图4-6 数据集的第二条观测

类似理解第三条观测的形成。

② 双尾缀@@

当前input语句执行完后将指针保留在当前数据行,位置不变,使DATA步下一次内置循环的input语句仍然从这一数据行接着读取数据。DATA步的多次内置循环读取同一行数据形成多条观测时,需要用到这一功能。

双尾缀@@对当前数据行的保持(Hold)在碰到以下情况时释放:

(a) 一个空input语句;

(b) 指针移动超出数据行结尾;

(c) DATA步开始新的内置循环后执行带单尾缀@的input语句。

程序4-16的input语句没有采用行固定符@@,DATA步第一次内置循环将'John'和13读给变量name和age形成数据集test第一条观测,第二次内置循环从第二个数据行读取数据,将'Marc'和22读给name和age形成第二条观测,第三次内置循环试图从新一行数据行读取,但遇到数据结束语句,DATA步结束。数据集test有两条观测。

```
程序4-16
data test;
input name $ age;
datalines;
John 13 Monica 12 Sue 15 Stephen 10
Marc 22 Lily 17
;
run;
```

程序 4－17 在 input 语句中添加行固定符@@，DATA 步第一次内置循环结束后，数据指针固定在第一数据行，第二次内置循环 input 语句接着读取第一行数据，将'Monica'和 12 读给变量 name 和 age 形成第二条观测。按这种读取方式，DATA 进行了 6 次内置循环，test1 有 6 条观测。

```
程序 4－17
data test1;
input name $ age @@;
datalines;
John 13 Monica 12 Sue 15 Stephen 10
Marc 22 Lily 17
;
run;
```

(3) 情形 3：一次读取多行数据——行控制符

当 input 语句需要将多行内嵌数据导入输入缓冲区，并挑选特定的行进行数据读取时，需要用到行控制符。常用于多行内嵌数据形成一条数据集观测。

① 行绝对位置控制符：＃n、＃var 和＃(expr)

n 为正整数；var 为变量，取值需为正整数，如为小数则取整数部分；expr 为表达式，值需为正整数，如为小数则取整数部分。

功能 1：放在 input 语句最后(语句结束符;之前)，使语句执行时导入多行内嵌数据到输入缓冲区，导入行数由 n、var 或者 expr 确定。

功能 2：放在 input 语句中变量之前，使数据指针指向输入缓冲区多行数据中的特定行，行号由 n、var 或者 expr 的值确定。

程序 4－18 中内嵌数据为 3 位职工的信息，每位职工有 4 行信息，依次为姓名、电话、地址 1 和地址 2。第二位职工的电话信息缺失(空行)。要求读入每位职工的前 3 行信息形成数据集。

```
程序 4－18
data worker;
input #1 name $6. #2 phone $8. #3 addre1 $14. #4;
datalines;
张长武
67342163
武川路 111 号
上海市杨浦区
刘四年
```

```
国定路 777 号
上海市杨浦区
赵普
39805517
西藏南路 2975 号
上海市黄浦区
;
```

控制符 # 4 引导 input 语句每次将 4 条数据行导入输入缓冲区，# 1、# 2 和 # 3 将指针分别移动到第一、二、三行读取变量 name、phone 和 address1 的值，第四行数据没有被读取。如果没有 # 4，则 input 语句每次导入 3 行数据到输入缓冲区，DATA 步第二次内置循环导入的 3 行数据中第一行是第一个职工的信息，致使信息读取混乱。

功能 3： 带行绝对位置控制符 # 的 input 语句，每次导入数据缓冲区的行数等于 # 后面最大的数字。

程序 4 - 19 将每位职工的 4 行信息读入，生成数据集 work.worker1。由于 4 行数据全部读取，因此不需要在 input 语句最后添加控制符 # 4。

```
程序 4 - 19
data worker;
input #1 name $6. #2 phone $8. #3 addre1 $14. #4 addre2 $12.;
datalines;
张长武
67342163
武川路 111 号
上海市杨浦区
刘四年

国定路 777 号
上海市杨浦区
赵普
39805517
西藏南路 2975 号
上海市黄浦区
;
```

② 行相对位置控制符：/

功能：使数据指针指向输入缓冲区当前行的下一行。

input 语句每次导入输入缓冲区的数据行数由语句中包含的/个数确定。当需要导入的数据行多于变量读取的行时，可在 input 语句末尾添加符号/。

将程序 4－18 的 input 语句替换为

```
input  name $6. / phone $8. / addre1 $14. /;
```

具有同样效果。将程序 4－19 的 input 语句替换为

```
input  name $6. / phone $8. / addre1 $14. / addre2 $12.;
```

具有同样效果。

（4）情形 4：数据指针定位于指定字符之后——@字符

在 input 语句后添加选项"@字符"，将数据指针定位于指定字符串之后的第一列。其中的"字符"可以是字符常数（字符串）、字符变量，也可以是字符表达式。语句

```
input @1 day 1. @5 weekday $10. @1 @weekday sales 8.2;
```

在数据行的第五列读取 10 位字符给变量 weekday，然后数据指针移动到第一列，从变量 weekday 当前值之后的第一列非空格字符开始读取变量 sales 的值。程序 4－20 从内嵌数据行中读取从业人员的姓名和电话号码。

```
程序 4-20
data phone;
input @'姓名:' name $4. @'电话:' phone $13. ;
datalines;
姓名:张三,所在城市:唐山,职业:开小卖店,电话:(0315)2383908
姓名:李四,所在城市:上海,职业:开打印店,电话:(021)65390012
;
```

采用@字符变量选项，能够更为灵活地读取数据行中特定位置的信息。程序 4－13 生成的数据集 city 中变量 city 有 New York、Cary 等 5 个观测值，程序 4－21 用 input 语句中的@city 选项读取城市后面的区位代码，生成变量 location。

```
程序 4-21
data locat;
   set city;
   input @city location : 2.;
```

```
  datalines;
8        New York      1 USA 14
5   Cary               1 USA 2274
3 Chicago              1 USA 37
5   Vancouver          2 CANADA 6
9        Milano        4 EUROPE 123
;
run;
```

4. 更多读取控制——infile 语句及选项

infile 语句为 input 语句指明外部文件数据出处，常和 input 语句配合使用。input 读取内嵌流式数据时，可以不用 infile 作为引导，但使用 infile 语句及其丰富的选项，可以更灵活地控制数据行读取。infile 语句为 DATA 步语句，引导内嵌数据行时，如果数据行起始边界为 datalines 语句，则其式为

```
infile datalines <option>
```

如果内嵌数据的起始边界为 datalines4 语句，则 infile 语句格式为

```
infile datalines4 <option>
```

程序 4-22 通过 infile 语句引导，读取内嵌数据生成股票交易信息数据集 clp。

```
程序 4-22
data clp;
infile datalines;
input stkcd $ tdate yymmdd10. clp 5.1;
datalines;
600273 2013-06-10 13.1
600273 2013-06-11 13.4
600273 2013-06-12 13.7
600273 2013-06-13 12.7
600273 2013-06-14 12.4
;
run;
```

input 语句采用了列表(stkcd)、格式化(tdate 和 clp)两种输入方式。需要注意，变量 tdate 的输入采用了格式化方式，读取完毕后数据指针位于 tdate 值后的空格位

置上，读取 clp 时首先读到的是空格，要用 5.1 输入格式才能读取完整的收盘价数据，如果用 4.1 作为输入格式，则只能读取整数部分。

infile 语句的选项可以更为灵活地控制数据指针，实现更为复杂的数据读取。

（1）数据行读取范围选项——firstobs＝和 obs＝

选项 firstobs＝和 obs＝分别用来控制 input 语句从外部数据的第几行（第几条记录）开始读取、读取到第几行（第几条记录）结束。具体格式为：

```
firstobs = n1 和 obs = n2
```

n1 和 n2 为表示行号（记录号）的正整数。这两个选项能够实现 input 对外部数据任意中间部分数据行的顺序读取。当外部数据文件的前面一行或几行是表头（Header Record）而不是数据时，firstobs＝n1 选项可以让 input 语句越过表头读取数据行。程序 4－23 在 infile 语句中添加选项 firstobs＝2 从第二行开始读取数据，避免将表头字符读为变量值：

```
程序 4 - 23
data clp1;
infile datalines firstobs = 2;
input stkcd $ tdate yymmdd10. clp 5.1;
datalines;
代　码      交易日期      收盘价
600273  2013 - 06 - 10   13.1
600273  2013 - 06 - 11   13.4
600273  2013 - 06 - 12   13.7
600273  2013 - 06 - 13   12.7
600273  2013 - 06 - 14   12.4
;
```

（2）数据行不够长时的指针控制

—选项 missover、truncover、stopover

当数据行不够长，数据指针到达数据行末尾仍然不能足额读取变量宽度所需要的数据时，默认情况下，input 语句将忽略不够变量宽度的数据，到新一行第一列读取变量值，SAS 在信息窗口输出如下提示信息：

NOTE：input 语句到达一行的末尾，SAS 已转到新的一行。

程序 4－24 中 input 读取的内嵌数据有 3 行，读取后形成的 SAS 数据集有 2 条观测。

程序 4-24

```
data weather;
input temp1-temp5;
datalines;
97.9 98.1 98.3
98.6 99.2 99.1 98.5 97.5
96.2 97.3 98.3 97.6 96.5
;
```

temp1	temp2	temp3	temp4	temp5
97.9	98.1	98.3	98.6	99.2
96.2	97.3	98.3	97.6	96.5

图 4-7　程序 4-24 生成数据集

input 语句读取第一行数据时，只有变量 temp1～temp3 有数据可以读取，读完 temp3 后已到数据行尾部，input 语句从新的一行开头读取变量 temp4 和 temp5 的值，完成 DATA 步第一轮内置循环。第二轮内置循环从新的一行(第三行)读取数据。

(3) missover——置缺失值

在 infile 语句中添加 missover 选项，在当前行没有数据或者没有足够宽度的数据可以赋值给变量时，阻止 input 语句到新的数据行读取数据，并将变量值设置为缺失值。

程序 4-25 中采用 infile 语句为 input 引导内嵌数据并添加选择 missover，读取后形成的 SAS 数据集有 3 条观测。

程序 4-25

```
data weather1;
infile datalines missover;
input temp1-temp5;
datalines;
97.9 98.1 98.3
98.6 99.2 99.1 98.5 97.5
96.2 97.3 98.3 97.6 96.5
;
```

temp1	temp2	temp3	temp4	temp5
97.9	98.1	98.3	.	.
98.6	99.2	99.1	98.5	97.5
96.2	97.3	98.3	97.6	96.5

图 4-8　程序 4-25 生成数据集

(4) truncover——截取

当 input 语句读取的数据宽度不够变量宽度时，选项 truncover 阻止 input 语句到新的数据行读取数据给尚未赋值的变量，并将实际宽度的数据读给变量(截取 truncation)。如果没有任何值可以读取，变量值就取缺失值。

程序 4-26 以默认方式读取内嵌数据行，采用格式输入方式并规定变量 num 的宽度为 81，每一行数据只有 80 字节宽度(SAS 把内嵌流式数据行补齐为 80 倍数字节)。读取第一行时，数据宽度不能满足 num 的宽度要求，input 到第二行读取 22(尽管长度也不到 81)赋值给变量 num，完成第一轮 DATA 步内置循环。第二次内置循环读取第三行发现长度不够，input 语句到第四行读取 4444 赋值给变量 num。第三次内置循环读取第五行发现长度不够，但已是最后一行。数据集 num1 中有 2 条记录。

程序 4-26

```
data num1;
input num $81.;
datalines;
1
22
333
4444
55555
;
```

VIEWTABLE: Work.Num1

	num
1	22
2	4444

图 4-9 程序 4-26 生成数据集

程序 4-27 采用 infile 语句及其选项 truncover，生成 5 条记录。

程序 4-27

```
data num1;
infile datalines truncover;
input num $81.;
datalines;
1
22
333
4444
55555
;
```

num
1
22
333
4444
55555

图 4-10 程序 4-27 生成数据集

如果 infile 中采用选项 missover，则宽度不能足额读取的变量值设置为缺失，生成的数据集中也有 5 条观测，但每条观测的值为缺失值。

（5）stopover——终止读取

当数据指针达到当前数据行尾部，input 语句仍不能给所有变量赋值时，DATA 步终止运行，不生成新数据集，SAS 将变量_Error_赋值为 1。等价于执行 Stop 语句。

（6）数据指针位置变量——line＝lvname 和 col＝cvname

infile 语句中添加选项 line＝lvname，使 DATA 步产生自动变量 lvname，SAS 将 input 数据指针所处行位置（行数）数据赋值给该变量。lvname 是符合规定的 SAS 变量名，由编程者给出。添加选项 col＝cvname 产生自动变量 cvname，其取值是 input 数据指针所处列位置（列数）。选项 line＝和 col＝定义的变量是自动变量，不输出到数据集。

程序 4－28 在 infile 语句中用选项 line＝和 col＝命令两个自动变量 HS 和 LS。为在生成的数据集 test 中看到两个自动变量取值，用赋值语句定义新变量 l 和 c。

```
程序 4 - 28
data test;
 infile datalines line = HS col = LS;
 input name $1 - 15 #2 @3 id;
 l = hs; c = ls;
 datalines;
J. Brooks
  40974
T. R. Ansen
  4032
;
```

DATA 步第一轮内置循环结束时数据指针位于内嵌数据的第二行（#2）和第九列（id 的读取为列表方式，读完第二行后指针位于最后一个数据隔一个空格的位置），查看数据集 test 可以看到，HS 和 LS 第一条观测取值分别为 2 和 9。类似理解 DATA 步的第二次循环及 HS 和 LS 的第二条观测。

（7）规定读取的最大行宽——linesize＝n

选项 linesize＝n 用于规定 input 读取数据行时的最大行宽。n 为正整数，取值范围为 1～32 767。input 语句读取超出最大行宽的数据时，选项 missover、truncover 和 stopover 起作用。程序 4－29 规定最大读取行宽为 10，第四单元数据不被读取。

```
程序 4 - 29
data test;
```

```
infile datalines linesize = 10;
input name $4. @6 sex $2. age 2.;
datalines;
张三 男 18 小三
李四 男 25 小四
;
```

(8) 当前输入数据行的宽度——length＝vname

length＝vname 选项，用于定义自动变量 vname，其取值为 input 语句读取的当前数据行的行宽。vname 为变量名，由编程者给出。该选项定义的变量为自动变量，并不输出到数据集中。该选项和变宽度字符输入格式 $VARYING① 配合使用，能够正确读取宽度不确定的数据行和宽度变化的字符串。

下面文本是某饭店客户留言记录。除了客户评论外，还包含账单金额和就餐日期，账单金额前有符号￥。行宽和客户评论宽度都是变化的，为正确读取客户评论，首先计算每行的行宽，再计算评论结束的列位置(采用 index 函数寻找字符￥的位置)。length＝l 定义的变量 l 为自动变量，为了在数据集中查看取值，定义数据集变量 tl(见图 4－11)。

```
菜太咸！￥58.132015-10-6
上菜太慢，味道还不错。￥89.32016-05-23
服务态度差！￥258.92017-07-13
￥35.82018-09-10
没有小孩子座椅。￥902019-03-19
```

图 4－11　客户评论文本数据

程序 4－30 正确地读取客户评论文本信息，生成数据集 comment。

```
程序 4 - 30
data comment;
infile datalines length = L;
length record $ 1000 comment $ 500;
input record $varying.L @;
TL = L;
```

① $VARYING 是一种字符输入格式，一般形式为 $VARYING<*w*>.vname。*w* 为读取字符的最大宽度，取值范围为 1～32 767，缺省值为 8。vname 为数值型变量(名)，用以确定 input 语句读取的字符宽度。有 *w* 选项时，vname 取值小(大)于 *w*，读取字符宽度等于 vname 取值(*w*)。

```
L1 = index(record,'￥') - 1;
input @1 comment  $varying.L1;
if L1 = 0 then comment = '无客户留言';
datalines;
菜太咸！￥58.132015 - 10 - 6
上菜太慢，味道还不错。￥89.32016 - 05 - 23
服务态度差！￥258.92017 - 07 - 13
￥35.82018 - 09 - 10
没有小孩子座椅。￥902019 - 03 - 19
;
```

第一个 input 语句读取整行数据赋值给变量 record，采用了变宽度输入格式 $varying.l，变量 l 为当前行宽度，语句尾部的行固定符@使下一个 input 语句仍然从当前行读取数据。用 index 函数计算数据行中“￥”的位置(列数)，减去 1 后赋值给变量 l1，作为评论文本的宽度。第二个 input 语句读取评论文本给变量 comment，采用了变宽度输入格式 $varying.l1。

有两点需要注意：第一，只有 input 语句执行时才会给 length=定义的变量赋值；第二，SAS 将内嵌数据行补齐为 80 的倍数，因此查看数据集 comment 发现，变量 l 的值全是 80，并不发生变化，这与读取磁盘上外部数据时不一样。

(9) 读入缓冲区中的数据行——自动变量_infile_

当 DATA 步有 input 语句时，SAS 在编译阶段建立输入缓冲区(Input Buffer)用于读取外部数据时的预处理，定义自动变量_infile_并初始化为空格。在执行阶段，_infile_的值为刚执行的 input 语句从外部数据导入输入缓冲区的数据行。DATA 步开始下一次内置循环时，_infile_的值缺失化为空格。_infile_为自动变量，不输出到 SAS 数据集。

采用_infile_变量和字符截取函数 substr，可以将程序 4 - 30 改写为更简单的程序 4 - 31。

```
程序 4 - 31
data comment;
length comment  $ 100;
input;
L1 = index(_infile_,'￥') - 1;
if L1 = 0 then comment = '没有客户留言';
if L1>0 then comment = substr(_infile_,1,L1);
```

```
datalines;
菜太咸！￥58.132015-10-06
上菜太慢,味道还不错。￥89.32016-05-23
服务态度差！￥258.92017-07-13
￥35.82018-09-10
没有小孩子座椅。￥902019-03-19
;
```

程序中 input 语句没有任何选项，将整个数据行读入数据缓冲区。

(10) 规定数据分隔符——delimiter=字符和 DSD

input 语句以列表方式(List)读取数据时，要求数据之间有分隔符，默认的分隔符为空格。infile 语句中的 delimiter=选项用于规定数据分隔符，既可以将字符串(字符常量)规定为分隔符，又可以将字符变量的当前值规定为分隔符。delimiter=字符串可以规定一个或者多个字符作为分隔符。程序 4-32 用多个字符形成的字符串作为分隔符。

```
程序 4-32
data nums;
infile datalines delimiter='ab';
input X Y Z;
datalines;
1aa2ab3
4b5bab6
7a8b9
;
```

选项 delimiter='ab'将'a''b''aa''bb''ab''ba'都作为分隔符。

外部数据常采用 Tab 键作为分隔符，Tab 键(Windows 系统下)要用十六进制表示为字符'09'x。

DSD(Delimiter-sensitive Data)有三个功能：① 规定逗号为默认分隔符；② 将连续出现的分隔符读为缺失值；③ 如果引号内字符串中包含分隔符，则分隔符作为字符读取，读取时移除引号。程序 4-33 在程序 4-32 的基础上添加选项 DSD，生成的数据集变量 Y 的第一条观测值为缺失，Z 的第二条观测值为缺失。

```
程序 4-33
data nums1;
infile datalines dsd delimiter='ab';
```

```
input X Y Z;
datalines;
1aa2ab3
4b5bab6
7a8b9
;
```

程序 4-34 采用选项 DSD，规定逗号为分隔符，同时将引号内的逗号作为字符读取。请注意 input 语句中修饰符:的作用。

```
程序 4-34
data scores;
infile datalines dsd;
input Name : $9. Score Team   : $25. Div $;
datalines;
Joseph,76,"Red Racers, Washington",AAA
Mitchel,82,"Blue Bunnies, Richmond",AAA
Sue Ellen,74,"Green Gazelles, Atlanta",AA
;
```

4.1.2 读取磁盘或设备文件数据

infile 语句添加文件路径可以读取磁盘上的外部数据，添加设备名可以读取不同种类设备上的外部数据，包括粘贴板数据(Clipboard)、未命名管道数据(Unnamed Pipe)、远程文件数据(FTP 和 URL)、Hadoop 数据、Java 数据甚至磁带数据(Tape)等。

1. 读取磁盘文件

infile 语句通过给出文件路径，引导 input 语句读取磁盘上文件的外部数据。具体格式为

```
infile "path" <options>;
```

双引号内的 path 为外部文件路径。读取 infile 引导的外部文件时，input 语句读取规则与读取内嵌流式数据一样，infile 语句选项的功能也一样。

程序 4-35 将程序 4-26 中的内嵌流式数据作为外部文件 testn.txt 读取，文件存放在 d:盘根目录下的 mydata 子目录(文件夹)内(见图 4-12)。

```
程序 4-35
data num1;
```

```
infile 'd:\mydata\testn.txt';
input num 5.;
run;
```

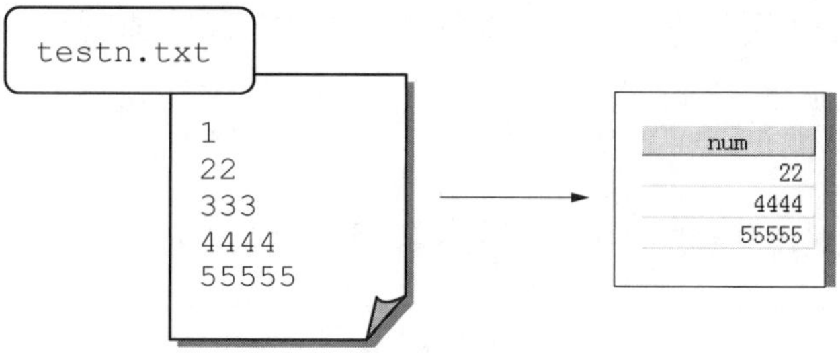

图 4-12　读取磁盘文本文件 testn.txt

所不同的是，input 语句定义变量 num 时宽度为 5 而不是 81，因为磁盘文件数据行的宽度是实际的字符宽度，而内嵌流式数据行则补齐(pad)为 80 的倍数。同程序 4-26 一样，在 infile 语句中添加选项 truncover 就能完整读取数据。

程序 4-36 将程序 4-30 中的内嵌流式数据作为外部文件 comments.txt 读取，文件存放在 d:盘根目录下的 mydata 子目录内。

```
程序 4-36
data comment;
infile "d:\mydata\comments.txt" length = L;
length record $ 1000 comment $ 500;
input record $varying. L @;
TL = L;
L1 = index(record,'¥') - 1;
L2 = L - L1 - 10;
format vdate yymmdd8.;
input @1 comment $varying.l1 bill $varying.l2 vdate yymmdd10.;
if l1 = 0 then comment = '无客户留言';
run;
```

变量 l 的值是实际的行宽字节数，l2 的值是账单金额字符宽度(包括¥)，用变长度字符数据格式 $varying.l2 读取变量 bill 的值，余下部分作为日期读给变量 vdate。

infile 的一些选项只能用于磁盘上外部文件的读取控制，不能用于内嵌流式数据读取控制。例如 LRECL=、PAD 和 END=等。

(1) 规定输入缓冲区的行宽——LRECL=n

SAS 可以规定输入缓冲区的行宽，称为逻辑行宽，默认行宽为 256 字节。当实际行宽较小时,采用默认行宽会占用不必要的内存,而实际数据行宽超出默认行宽会导致读取错误。选项LRECL=n用于规定读取数据的逻辑行宽(Logical Record Length),n为指定的行宽,由编程者给出。规定逻辑行宽后,input语句按规定的行宽范围读取数据,不能足额读取时按有关规则读取,包括选项truncover、missover、stopover等对应的规则。程序4-37将逻辑行宽规定为3,选项truncover起作用。

```
程序4-37
data test;
infile'd:\mydata\testn.txt' lrecl=3 truncover;
input num $3.;
run;
```

通常根据外部数据特征规定足够行宽,既不占用过多内存,又不会发生读取错误。

(2)将数据行补齐——pad

infile添加选项pad后,会在input读取外部数据之前,将磁盘文件每个数据行用空格补齐到LRECL=选项给出的行宽。程序4-38对程序4-35进行修改,在infile语句添加选项里LRECL=5和pad选项,不再发生input不能足额读取当前行而到下一行读取的现象。

```
程序4-38
data num2;
infile'd:\mydata\testn.txt' lrecl=5 pad;
input num 5.;
run;
```

(3)是最后一行数据吗——END=vname

input语句读取数据到文件尾部时,触发文件结束(End-of-file)操作,DATA步试图读取下一条记录未果,执行stop操作结束DATA步执行。infile语句选项END=vname定义变量vname来标记是否已读取到文件尾部。vname为自动变量,在读到文件尾部前取值0,到达尾部时取值1。vname为变量名,由编程者给出。程序4-39中input语句读取分数给变量score,读完数据行后计算60分以上学生的平均分赋值给变量ascore。

```
程序4-39
data ascore;
infile'd:\mydata\score.txt' end=js;
input name $6. score 5.1;
if score>=60 then
```

```
do;
total + score;
n + 1;
end;
if js then ascore = total/n;
run;
```

当 infile 引导 input 语句读取 datalines 或者 datalins4 和空语句；界定的内嵌数据行时，不能使用 end=选项，引导 input 语句读取多个输入数据行时也不能使用 end=选项。需要注意的是，读取外部数据的最后一行数据后，DATA 步仍然重新开始新的内置循环，input 语句越过最后一行数据(Past the End of Input-data-source)试图读取未果，DATA 步结束。如果读完最后一行数据并未尝试读取下一行数据，而是开始读取另一个文件的数据，则 DATA 步不会结束，这会导致死循环。

2. 建立文件标识——filename 语句

infile 语句引导 input 语句读取外部文件数据，需要写出文件路径，增加了语句长度，如果多个 DATA 步对同一外部文件进行多次读取操作，则每次都需要重复写出文件路径。filename 语句给外部文件或者设备指定标识名(Reference)，在需要引导外部文件或者设备的语句 infile、file 和%include 中用标识名指代(Refer to)对应的文件或者设备。filename 可以给多个目标文件和设备指定标识名，便于对多个外部文件或者设备的读写操作。

filename 为全局语句，可以出现在 SAS 程序的任何地方。这里介绍三种形式。

形式 1：

```
filename fileref <device-type> 'external-file'<options>
```

形式 2：

```
filename fileref clear|_all_ clear
```

形式 3：

```
filename fileref list|_all_ list
```

形式 1 建立文件标识，形式 2 删除文件标识(解除文件标识对外部文件的指代)，形式 3 列示文件标识所指代文件的属性。_all_代表当前所建立的所有文件标识。fileref 是编程者给出的文件标识名，是由 1～8 个字符组成的有效的 SAS 名字。device-type 指定存放外部数据的设备名，如 clipboard(剪贴板)、unnamed pipe(未命名管道)、FTP(文件传输协议)、URL(网址)等。' external-file '是外部文件全名，

Windows 系统下是指包含路径在内的文件全名(包括扩展名)。

```
filename mydata 'd:\mydata\score.txt';
```

建立文件标识 mydata，而命令

```
filename mydata list;
```

显示 mydata 的属性，执行后在日志窗口显示信息

```
NOTE: 文件引用名 = MYDATA
          物理名 = d:\mydata\score.txt
```

在 infile 语句用文件标识名代替文件路径，程序 4-37 可以改写为程序 4-40。

```
程序 4-40
filename mydata 'd:\mydata\score.txt';
data test;
infile mydata lrecl = 3 truncover;
input num $3.;
run;
```

当给出的路径不存在(例如目录不存在)或者外部文件不存在时，filename 依旧为其建立文件标识，并不提示错误，只有 DATA 步中对该文件进行读写操作(例如执行 input 语句)时，才在日志窗口给出错误提示：ERROR：物理文件"d:\mydata1\score.txt"不存在。

(1) 为磁盘上外部文件建立文件标识

命令格式为

```
filename fileref 'external-file'
```

这里介绍一些常用的特殊功能及其用法。

① 为多个文件建立一个文件标识

对多个外部文件进行读写操作时，为这些文件建立同一个文件标识能够简化程序编写。此时的命令格式为

```
filename fileref('path1','path2',...,'pathn')
```

path1、…、pathn 为 n 个包含完整路径的文件名。语句

```
filename mydata ('d:\mydata1\score.txt','e:\mydata2\testn.txt');
```

为两个文件建立一个文件标识。执行语句 filename mydata list 之后，日志窗口显示

```
NOTE: 文件引用名 = MYDATA
      物理名 = d:\mydata1\score.txt
      物理名 = e:\mydata2\testn.txt
```

② 为磁盘目录建立文件标识

filename 语句可以为磁盘目录建立文件标识，方便对同一目录下的多个文件进行读取操作。语句格式为

```
filename fileref('dir')
```

dir 是磁盘目录的路径。语句格式为

```
filename mydir 'd:\mydata';
```

建立目录 d:\mydata 的文件标识 mydir。DATA 步对目录中的文件进行读写时，在文件标识后面的圆括号内给出文件名。例如

```
infile mydir(testn.txt);
```

可以为多个目录建立一个文件标识，语句格式为

```
filename fileref('dir1','dir2',...,'dirn')
```

在文件标识后面的圆括号内给出文件名，实现对目录中文件的引用。

把不同目录下的多个外部文件称为串级(Concatenated)外部文件，同一目录或者多个目录称为汇集存储(Aggregate Storage)。一个 DATA 步读写多个文件时，适合为串级文件建立文件标识，当需要读写的文件在一组目录中的某个目录中时，适合为汇集存储目录组建立文件标识。

(2) 为设备建立文件标识

除了本地磁盘外，还可以为其他设备建立文件标识，方便 DATA 步对设备上外部文件的读写进行引导。

① 为剪贴板建立文件标识

Windows 系统中，剪贴板(Clipboard)是内存中的一个区域，是临时数据进行读写的地方。为剪贴板建立文件标识，方便引导 DATA 步对剪贴板进行读写。SAS 软件内部以及 SAS 软件和其他软件的数据共享也可通过剪贴板进行。语句格式为

```
filename fileref clipbrd;
```

语句

```
filename tdata clipbrd;
```

为剪贴板建立文件标识 temdata。如果剪贴板上有数据行

姓 名	微积分	线性代数	概率统计
张 三	80	75	100
李 四	90	100	80

则程序 4 - 41 用 infile 引导 input 语句读取剪贴板上数据。

```
程序 4 - 41
filename tdata clipbrd;
data score;
infile tdata;
input name  $4. calcul 3. algeb 3. prob 3.;
run;
```

② 为未命名管道建立文件标识

未命名管道(Unnamed Pipe)是计算机运行时不同进程之间共享数据的区域。可将管道理解为存放应用程序或命令运行结果的设备。为未命名管道建立文件标识，可以引导 DATA 步读取 Windows 程序或者命令运行产生的数据。语句格式为

```
filename fileref pipe 'command';
```

command 是 Windows 命令或者可执行程序名字。例如，Windows 中 dir 命令用来查询和显示目录内文件名，可采用通配符和选项规定查询的范围和种类。例如命令(在命令提示符下输入并按回车执行)

```
dir d:\mydata\finance * .txt/b
```

查询目录 d:\mydata 下文件名以 finance 开头、后缀为 txt 的文件名，选项/b 限制查询结果只包括文件名而不包括其他信息。语句

```
filename fname pipe 'dir d:\mydata\finance * .txt/b';
```

为 dir 命令执行结果(管道中文件名列表)建立文件标识 fname，通过 fname 可以对查询出的文件名进行读取。这种方法适合对某一目录下某类文件进行操作(见程序 4 - 43)。

③ 为网络文件建立文件标识——URL

URL(Uniform Resource Locator)是互联网资源地址，简称网址。通过网址为网络文件建立文件标识，可以引导 DATA 语句对网络文件进行读写操作。语句格式为

```
filename fileref URL 'website';
```

website 为文件网址，网址需以 http://开头。关键词 URL 也可写成 HTTP。语句

```
filename f url
'http://support.sas.com/publishing/cert/sampdata.txt';
```

为网络文件 sampdata.txt 建立文件标识 f。

除此之外，用 filename 语句建立文件标识的文件和设备还包括 ACTIVMQ、CATALOG（SAS 目录）、EMAIL、FTP、GTERM、HADOOP、JMS（Java Message Service）、SFTP、SOCKET、WebDAV 以及 Zip 等。通过给设备建立文件标识，SAS 能够对不同位置和媒介上的外部文件和数据进行读写操作，极大地方便了 SAS 和其他系统之间的数据交换与传输。

filename 语句中的几乎所有设备名和选项都可以出现在 infile 语句中，其使用方法和功能也一样。通过 filename 事先定义文件标识，不仅能够使语句更有层次感，而且多个 DATA 步读写同一个外部文件（或者目录）时，全局语句 filename 定义的文件标识可以多次被引用。

filename 定义的文件标识只在本次 SAS 运行期间存续，SAS 关闭时删除。filename 和 libname 都是为文件建立指代（Reference），libname 是为 SAS 数据库（Library）建立指代（逻辑库），filename 为外部文件或数据行建立指代（文件标识）。此外，通过选项可使 libname 建立的逻辑库在 SAS 关闭后仍然有效。

3. 读取外部文本文件（数据）——更多可能

（1）读取多个磁盘文件

采用多个 infile 语句引导，input 语句可以读取多个外部文件中的数据。d:\lec1\score1.txt 和 e:\lec2\score2.txt 为学生不同课程的考试成绩。程序 4 - 42 读取两个文件生成 SAS 数据集 work.score（见图 4 - 13）。

name	cal	alg	econ1	econ2
张五丰	80	90	90	75
李翠花	90	95	68	88
王汉民	68	70	70	47

图 4 - 13　读取两个外部文件生成数据集

```
程序 4 - 42
data score;
```

```
infile 'd:\lec1\score1.txt' firstobs = 2;
input name $ cal  alg ;
infile 'e:\lec2\score2.txt' firstobs = 2;
input @7 econ1  econ2 ;
run;
```

第一个 input 语句采用列表输入方式，第二个 input 语句越过姓名从第七列开始读取。DATA 步读取多个外部文件时，在达到最短（数据行最少）文件尾部时结束。这种读取方式在 DATA 步每次内置循环中用多个 input 语句读取每个外部文件的一行数据，相当于将两个外部文件纵向合并生成 SAS 数据集。

通过 DATA 步内同一个 input 语句执行多次（将 input 语句放入 Do 循环），读完一个文件数据行后再读取下一个，将外部文件数据行上下串接后生成 SAS 数据集。此时需要用到 infile 选项 filevar＝vname 和前文介绍过的选项 end＝。

① 当前读取的文件名——infile 选项 filevar＝vname

infile 选项 filevar＝vname 定义变量 vname，其取值是当前打开正在读取的外部文件名，当再次执行 infile 语句（例如 DATA 新循环）时，vname 值改变，infile 语句关闭当前外部文件并打开新的外部文件。使用 filevar＝vname 选项时，要打开的文件名由变量当前值确定，infile 中给出的文件名只是一个占位符（Placeholder），不具有实际意义。选项 filevar＝定义的变量为自动变量，不输出到 SAS 数据集。

外部文件 e:\lec2\score3.txt 与 score1.txt 具有相同的文件结构，程序 4－43 顺序读取 score1.txt 和 score2.txt 中数据行，将两个文件数据行上下串接生成数据集 work.tscore（见图 4－14）。

```
程序 4-43
data tscore;
input fname  $20.;
infile dummy filevar = fname end = wc firstobs = 2;
do while(not wc);
input name $ cal alg ;
output;
end;
datalines;
d:\mydata\score1.txt
d:\mydata\score3.txt
;
```

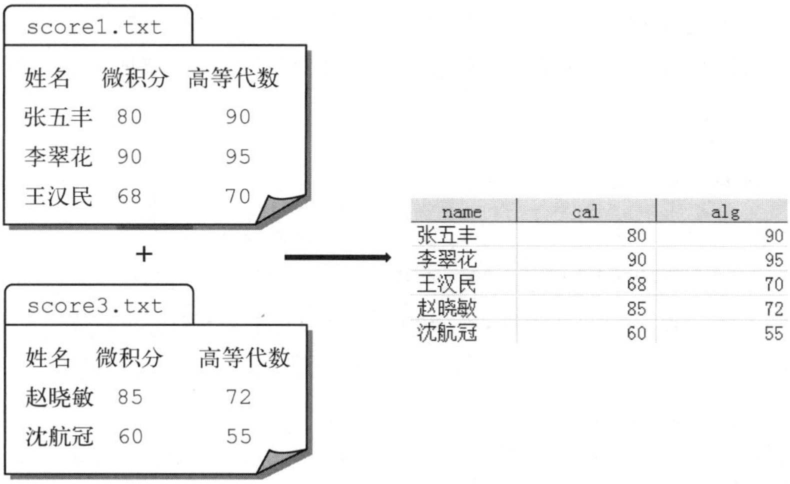

图 4－14　串接外部数据行生成数据集

程序 4－43 采用内嵌流式数据读取和外部文件读取两种方式。内嵌流式数据行读取了文件名，赋值给变量 fname，作为 infile 项 filevar＝中的变量引导 do-循环中的 input 语句读取外部文件。

采用 filename 语句为两个文件设定文件标识，用 infile 语句通过文件标识进行引导具有类似效果。程序 4－44 与程序 4－43 生成同样的数据集。

```
程序 4－44
filename score
       ('d:\mydata\score1.txt','d:\mydata\score3.txt');
data tscore1;
infile score firstobs = 2;
input name $ cal alg ;
run;
```

但由于选项 firstobs＝2 只在读入第一个文件 score1.txt 时起作用，因此读入 score3.txt 时把表头作为数据读入，需要对生成的 SAS 数据集进行编辑，删除不必要的记录。程序 4－39 用一个 infile 语句引导读取两个串接文件，相当于两个文件连续读取，firstobs＝2 只在首次读取时起作用。程序 4－38 每个 DATA 步中的 infile 语句引导不同的文件，每次引导 firstobs＝2 都起作用。

② 读取目录或者压缩文件中的文件——memvar＝vname 选项

infile 引导磁盘目录或者目录类的文件（例如 zip 文件）时，选项 memvar＝vname 定义变量 vname，用于规定目录中当前要打开的文件名，文件名为 vname 的当前值，vname 值变化时，关闭当前文件，打开以 vname 新值为文件名的文件。

目录 e:\lec 中有文件 score1.txt、score2.txt 和 score3.txt，程序 4－45 采用 infile 语句及

选项 memvar=引导 input 语句在一个 DATA 步中顺次读取 score1.txt 和 score3.txt 的所有数据行,生成数据集 work.score13。为避免 DATA 步死循环,需要添加 stop 语句。

```
程序 4 - 45
data score13;
length mname $ 32;
do mname = 'score1.txt', 'score3.txt';
infile 'e:\lec' memvar = mname end = js firstobs = 2;
do while (^js);
input name $ cal alg;
output;
end;
end;
stop;
run;
```

通过将 memname 值设为空格,可顺次打开目录中所有文件(memname 变量值为当前打开的文件名),并在最后一个文件被读取后自动结束 DATA。程序 4 - 46 顺序读取目录 e:\lec 中所有文件,生成数据集 work.score123。

```
程序 4 - 46
data score123;
length memname $ 1024;
memname ='';
infile 'e:\lec' memvar = memname end = wc firstobs = 2;
put memname = ;
do while(^wc);
input name $ cal alg ;
output;
end;
run;
```

通过 put 语句可以在日志窗口看出每次 DATA 步循环时变量 memname 的取值(外部文件名),在最后一次循环中取空格值。注意,此时目录内不能再有子目录。采用这种方法可以生成 SAS 数据集,数据集变量的值为某个目录下的所有文件名。

如果知道外部文件在哪些目录下,但不知道具体目录,可以用 filename 语句为可能的目录设定文件标识，通过文件标识引导文件。infile 语句在指定目录范围内搜寻，将第一次遇到给定名字的文件作为引导文件。score1.txt 可能在目录 d:\mydata 或者 e:\lec 中。程序 4 - 47 用 filename 为两个目录设定文件标识。

```
程序 4 - 47
filename twodir ('d:\mydata','e:\lec');
data score1;
infile towdir(score1.text) firstobs = 2;
input name $ cal alg;
run;
```

③ 读取一类外部文件——pipe 选项和通配符 * 的使用

需要首先获取某一范围(目录组)内这些文件的文件名列表，然后才能进行读写操作。通过 infile 选项 pipe 以及 Windows 命令 dir 可以获取文件名。

course_math.txt、course_economics.txt 和 course_finance.txt 为数学、金融学和经济学三个专业的课程表。我们只知道这些文件名以 course 开头，后缀为.txt，在目录 d:\mydata 内。程序 4 - 48 首先用 infile 语句选项 pipe 获得文件名列表，然后用 input 读取文件名，再将文件名赋值给变量，最后通过 infile 语句选项 filevar＝在 DATA 步循环中读取各个文件数据行，形成数据集文件 work.course。

```
程序 4 - 48
filename flist pipe 'dir d:\mydata\course * .txt/b';
data course;
length lec $ 60;
infile flist truncover length = l;
input majorcourse $60.;
drop majorcourse;
major = substr(majorcourse,8,l - 4 - 7);
lec = 'd:\mydata\'||majorcourse;
infile dummy filevar = lec truncover end = lastrec;
do until (lastrec);
input course $20. roomNo $ day $ time $20.;
output;
end;
run;
```

dir 命令列出的文件路径中使用了通配符 *，代表任意位任意字符。

(2) 读取网络文件

用带 url 选项的 filename 语句为网络文件建立文件标识后，infile 语句引导 input 读取网络文件。程序 4－49 读取网络文件 sampdata.txt，并将 228 行到 248 行输出到 SAS 数据集文件 work.test 中。

```
程序 4-49
filename f url
'http://support.sas.com/publishing/cert/sampdata.txt';
data test;
infile f length=len;
input record $varying200. len;
if _n_>=228 and _n_<=248 then output;
run;
```

4.2 将 DATA 步数据输出到外部文件

用 put 语句可以将 DATA 步（PDV 中）数据输出到外部文件、SAS 信息窗口（SAS Log）或者 SAS 输出窗口（SAS Output Window），输出的内容包括变量值和字符常数。put 语句的选项和功能很多与 input 语句相同或者类似，本节对 put 语句进行简短介绍，更详细的内容可以在 SAS 帮助中 BASE SAS 下的 DATA Step Statements: Reference 下查看 put 语句和 file 语句。

4.2.1 将数据输出到信息窗口

当不指定数据输出的目标设备时，put 语句默认将 DATA 步数据输出到信息窗口。语句格式为

```
put <specifications> <@|@@>;
```

specifications 是输出设定，包括输出内容（What）、输出方式（How）和输出位置（Where）。

1. 输出内容

输出内容可以是变量当前值和字符常量。程序 4－50 将 sashelp.class 数据集中的变量 name 的值输出到信息窗口，并通过在 name 前后两次输出字符常量"'"给 name 的值加上引号。

```
程序 4-50
data _nll_;
```

```
set sashelp.class;
put "," name ",";
run;
```

2. 输出方式

输出方式包括输出样式(Output Style)和输出格式(Format)。输出样式包括列(Column)、列表(List)、格式化(Formatted)和命名(Named)四种,与 input 的四种输入方式(Input Style)类似,不再赘述,可参考章节 4.1。

3. 输出位置

通过指针控制可以定位输出数据在目标页面的位置。put 语句的指针控制包括行指针控制、列指针控制,绝对位置控制和相对位置控制,有关选项的使用方法和功能与 input 语句相同,不再赘述,可参考章节 4.1。

除行列控制符外,put 语句还有页面控制选项_page_和_blankpage_。_page_将记录指针移动到新一页的第一行第一列(输出到新一页上),_blankpage_将记录指针移动到新一页的第一行第一列,即使当前记录指针已经位于新一页的第一行第一列(可实现隔空白页输出)。程序 4 - 51 先对数据集 sashelp.class 按 sex 排序。DATA 步第一个 put 语句在日志窗口 1 至 8 列输出 name 的值,从第十二列开始输出 sex 的值,读取到 sex 取最后一个' F '值后执行第二个 put 语句,将记录指针移动到新的一页。

```
程序 4 - 51
proc sort data = sashelp.class;
by sex;
data _nll_;
set sashelp.class;
by sex;
put name 1 - 8 @12 sex;
if last.sex then put _page_;
run;
```

第二个 put 语句输出设定中没有输出内容,只将记录指针移到新的一页,不输出数据。

4.2.2　将数据读出到外部文件或者其他终端

put 语句可以将输出内容输出到 file 语句引导的外部文件或者其他外部终端。file 语句引导的外部文件可以是文件路径,也可以是 filename 语句事先指定的外部文件或者设备的文件标识(File Reference)。file 语句的格式为

```
file 'path';
```

或者

```
file fileref;
```

path 为目标文件的路径，fileref 为目标文件的文件标识。程序 4－52 将 sashelp.class 数据集中 name 以“罗”开头的记录输出为文本文件 temp.txt，文件路径为 d:\test\temp.txt。

```
程序 4-52
data _null_;
set sashelp.class;
file 'd:\test\temp.txt';
if name =:'罗' then put name $10. @@;
run;
```

由于采用了行控制符@@，DATA 步每次循环输出在同一行(不换行)。

程序 4－53 用 sashelp.class 数据集数据生成文本文件 temp1.txt，其内容为

```
if name in ('罗伯特' '罗纳德' '罗伊斯');
```

文件路径 d:\test\temp1.txt 用 filename 指定为标识 f。

```
程序 4-53
filename f 'd:\test\temp1.txt';
data s;
set sashelp.class end = eof;
file f;
if _n_ = 1 then put ' if name in (' @@;
if name =:'罗' then put "'" name "'" '' @@;
if eof then put ');';
run;
```

程序代码调用——%include 语句

采用程序 4－53 中的方法，借助 DATA 步生成一段程序代码(程序段)并作为文本文件保存(程序封装)，通过语句%include 将程序段调入 DATA 步，可实现特定的功能。语句%include 的格式为

```
%include fname;
```

其功能是将 SAS 程序段引入 SAS 程序中，fname 是存放程序段的外部文本文件(名)，既可以物理路径给出，又可以是文件标识。%include 为全局语句，可缩写为%inc。

利用程序 4-53 生成的外部文件 d:\test\temp1.txt，程序 4-54 将 name 中以“罗”字开头的观测输出，生成数据集 work.luo。

```
程序 4-54
filename f 'd:\test\temp1.txt';
data luo;
set sashelp.class;
 %include f;
run;
```

需要说明的是，%include 不仅可以调用程序代码，而且可以调用数据行，调用的资源除外部文件外，也包括同一个任务(例如同一个 DATA 步)内的程序行或者数据行，以及从键盘键入的程序和数据。

通过 file 语句引导，put 语句可以将 DATA 步数据输出到其他外部设备上。程序 4-55 用 put 语句将数据输出到剪贴板，再用 input 语句从剪贴板读取数据生成数据集 fclp。

```
程序 4-55
filename f clipbrd;
data _null_;
set sashelp.class;
file f;
put name sex;
file log;
put name sex;
run;
data fclp;
infile f;
input mingzi : $10. xingbie $2.;
run;
```

第一个 DATA 步中有两个 file 语句和 put 语句，每个 put 语句的输出目的地由其前面最近一个 file 语句确定。

```
put _all_;
```

将DATA步当前内置循环下PDV中所有变量的值以命名输出方式[①]输出到信息窗口，可用于程序调试和发现错误。程序4-56把最后一次DATA步循环时的变量值输出到信息窗口。

```
程序4-56
data _null_;
set sashelp.class end=eof;
h=height*0.0245;
if eof then put _all_;
run;
```

信息窗口的输出

```
eof=1 Name=William Sex=M Age=15 Height=66.5 Weight=112
h=1.62925 _ERROR_=0 _N_=19
```

注意，不能通过put添加自动变量_numeric_输出PDV中全部数值型变量当前值，也不能添加_character_输出字符变量的当前值。

4.3　数组及其应用

DATA步数组（Array）是多个变量形成的临时群组（Temporary Grouping of SAS Variables），数组中的变量称为元素（Elements），元素按次序排列形成数组，并通过数组名和下标实现元素的引用。数组中的变量既可以是DATA中已有的变量，又可以是数组定义的变量。数组本身不是变量，并且不能与DATA步中的变量重名。数组只在当前DATA步存活。将多个变量形成数组可以实现对变量的统一操作。DATA步用语句array定义数组，array为声明性语句。

以下通过实例说明数组的定义和引用。一些股票交易软件常把数值缺失值定义为999，要把数据集stock中变量opr（开盘价）、clp（收盘价）、vol（交易量）中的缺失值999改成.，DATA步要用三个if-then语句

```
if opr=999 then opr=.;
if clp=999 then clp=.;
if vol=999 then vol=.;
```

① 命名输出以“变量名=变量值”的方式输出。

由于三个变量实施的操作相同，可以将三个变量定义为数组，并用 DO 循环完成操作。

程序 4－57 用 array 定义三元素一维数组 var，并将变量 opr、clp 和 vol 映射为 var 的元素。在 DO 循环中，用下标 i 实现对元素（变量）的引用。例如 var[1]就是变量 opr。操作的变量数目庞大时，定义和引用数组能显著减少程序代码书写。

```
程序 4-57
data stock1;
set stock;
array var[3] opr clp vol;
do i = 1 to 3;
if var[i] = 999 then var[i] = .;
end;
run;
```

4.3.1　数组的定义

数组的构成包括数组名、数组下标、数组类型、数组元素、元素长度以及元素初始值。DATA 步数组用 array 语句定义，语句格式为

```
array 数组名<[数组下标]> <$> <元素长度> <变量列表> <(初始值列表)>;
```

数组名：有效的 SAS 名字，不超过 32 个字符。

数组下标：规定数组元素的个数和排列的范围，括号可以是大括号、中括号或者圆括号。数组下标是常数或者 *，不能是变量。当元素个数不确定或者未知时，用 * 作为下标。数组中元素个数的最大值与操作系统和硬件有关，没有特定的限制。（不）带数组下标的数组称为显（隐）式下标数组。

1. 一维数组

一维数组只有一个下标。下标有三种格式。

（1）格式 1：array name[n]；

功能：定义具有 n 个元素的数组 name。

语句 array x[3]定义具有三个元素的一维数组，数组下标为 1、2、3。需要注意，SAS 的 DATA 步数组下标默认从 1 开始，而不是从 0 开始。

（2）格式 2：array name[n1:n2]；

功能：定义数组元素的下标范围，n2 和 n1 分别为范围的上下界。

语句 array x[2:6]定义具有 5 个元素的数组，数组下标为 2、3、4、5、6。通过定义

下标范围可以让数组下标从 0 开始，语句 array x[0:1]定义的数组下标从 0 开始。

(3) 格式 3：array name[*] 变量列表；

功能：数组中元素个数由变量列表中的变量个数确定。括号和星号[*]可以省略。此时需要有构成数组元素的变量列表。

2. 多维数组

多维数组的下标由多个数字组成，数字之间用逗号隔开。下标有两种格式，以二维数组为例进行说明。

(1) 格式 1：array name[n,m]；

功能：定义有 n×m 个元素的数组 name，数组下标为

[1,1]、 [1,2]、 …、 [1,m]
[2,1]、 [2,2]、 …、 [2,m]
…… …… …… ……
[n,1]、 [n,2]、 …、 [n,m]

(2) 格式 2：array name[n1:n2,m1:m2]；

功能：定义二维数组元素的下标范围，n1、n2 和 m1、m2 分别为第一维度和第二维度下标范围上下界。

语句 array x[0:1,3:4]定义具有四个元素的数组，数组下标为[0,3]、[0,4]、[1,3]、[1,4]。

数组不具有数据结构，下标的设定只为数组元素的引用，因此设定为一维数组还是多维数组取决于引用是否方便。

4.3.2 数组属性

数组属性由数组类型、元素长度、变量列表、初始值列表、临时数组、隐式下标数组等组成。

1. 数组类型

数组类型是指数组元素(变量)的数据类型，分为数值型和字符型，默认为数值型，符号 $ 将数组定义为字符型。同一个数组的元素必须是同一种数据类型。

2. 元素长度

设定尚未设定宽度的数组元素(变量)的宽度。数值变量的宽度范围为 2～8 个字节，字符变量宽度范围是 1～32 767 个字节。

3. 变量列表

给出数组元素对应(映射)的变量。变量列表中的变量可以是已有变量，也可以是新定义变量，但必须是同一数据类型。当列表中有已有变量时，数组数据类型由已有变量确定，未定义变量的类型也随之确定。程序 4 - 58 中 array 语句的变量列表中包含了已有变量 sex、name 和未定义变量 y。

```
程序 4-58
data s;
set sashelp.class;
array sz[3] y sex name;
put y=y;
run;
```

数组 sz 的数据类型由 sex 和 name 确定(为字符型),y 随之确定为字符型。用命名输出方式输出 y 的值,信息窗口显示为空格。

变量列表中的变量个数必须等于数组的元素个数。执行语句

```
array p[0:3] x1-x5;
```

提示出错信息：为数组 p 指定的维定义的变量过多[Too many variables defined for the dimension(s) specified for the array p]。

没有变量名列表时,array 语句元素映射的变量,变量名字为数组名 1、数组名 2、…、数组名 k,k 为数组元素个数。例如语句 array lec[2:3,1:2]映射 4 个数值型变量,变量名为 lec1、lec2、lec3 和 lec4,array c[0:1] $定义 2 个字符变量 c1 和 c2。由此看出,没有变量名列表时,array 语句映射的变量序号都是从 1 开始,数组下标范围不影响定义变量的序号。不带变量列表的 array 语句定义的数组,其元素映射的变量可以是已经存在的变量,如果没有相同名字的已存在变量,则定义为新变量。

变量列表可以是自动变量_numeric_、_character_和_all_,分别代表当前 PDV 中的所有数值变量、字符变量和所有变量,此时数组下标宜采用[*]的形式,由变量个数确定数组元素个数。使用自动变量_all_时,PDV 中所有变量必须是同一种数据类型。

变量列表中的变量名可以采用缩略列示,例如程序

```
data test;
array a[3] x1-x3;
array b[*] x:;
run;
```

定义的数组 a 和 b 的元素均为变量 x1、x2 和 x3,第一个 array 语句定义变量 x1、x2 和 x3,第二个语句用缩略列示 x:代表这三个变量。

array 语句定义的新变量会输出到 SAS 数据集,但临时数组除外。

4. *初始值列表*

给数组元素对应的变量设定初始值。初始值列表用圆括号括住,值之间用空格或者逗号分隔。初始值的个数少于数组元素个数时,按先后给元素变量赋初始值,余下

的变量不赋予初始值。array 语句为声明语句，初始值的设定在编译阶段完成。

5. 临时数组

array 语句用_temporary_作为变量列表定义的数组称为临时数组，语句格式为

```
array 数组名[数组下标] <$> _temporary_ <(初始值列表)>
```

定义临时数组时不能省略下标，也不能采用[*]形式的下标。临时数组产生的变量为临时变量，不能输出到 SAS 数据集，也不能 put _all_打印显示。临时数组定义的变量在 DATA 的内置循环中不被重置为缺失值，具有自动保留(Retain)特性。临时数组定义的变量没有变量名。因为不给变量命名，所以临时数组节省内存。临时数组常用于数据处理的中间环节。

6. 隐式下标数组

array 语句定义数组时不明显给出下标或者下标范围。隐式下标数组具有两种定义方式，这里仅对第一种方式进行介绍。语句格式为

```
array 数组名 <$> <元素长度> 变量列表 <(初始值列表)>;
```

语句只有数组名，没有数组下标。定义隐式下标数组时必须给出变量列表。

4.3.3 数组元素的引用

1. 显式数组元素引用

数组元素的引用通过下标实现，一维数组的元素引用格式为

```
数组名[n]
```

n 可以是常数、变量和表达式。n 的值给出数组中被引用变量的位置。

二维数组的元素引用格式为

```
数组名[n1,n2]
```

n1、n2 可以是常数、变量和表达式，数对(n1,n2)给出数组中被引用变量的位置。多维数组的元素引用格式和原理以此类推。

引用数组的所有元素，格式为

```
数组名[ * ]
```

这种引用格式将数组作为变量列表，可以出现在 put 语句、函数 input()以及一些 SAS 函数的自变量中。作为函数自变量列表时，作为变量名缩略列示处理，要用 of 引导。例如 sum(of a[*])实现对数组 a 中所有变量求和。临时数组不能采用这种引用格式。

数组引用是对变量的指代(Reference)，其本身不是变量。例如语句 array q[0:3]

定义数组 q 以及变量 q1、q2 和 q3，元素引用 q[0]是对变量 q1 的指代。程序 4 - 59 定义字符型数组 r 并赋予初始值，put 语句用命名输出方式将元素引用 r[2]和变量 r2 的值输出到信息窗口。

```
程序 4 - 59
data array;
array r[2] $1 ('a','b');
put r[2] = r[2];
put r2 = r[2];
put r2 = r2;
run;
```

r[2]是对变量 r2 的指代，三个 input 语句输出结果相同，数据集 work.array 中有两个变量 r1 和 r2。

以[*]为下标、_numeric_或者_character_为变量列表定义的数组，引用元素时要注意变量在数组中的位置。程序 4 - 60 定义的数组 nc 的第五个元素对应变量 y，因为 PDV 中数值型变量的排列次序(程序中出现的顺序)为 age、height、weight、x 和 y。

```
程序 4 - 60
data s;
set sashelp.class;
x = 2; y = 3;
array nc[ * ] _numeric_;
put nc[5];
run;
```

临时数组定义的变量没有变量名，只能通过元素引用使用。

2. 隐式数组元素引用

与 DO-OVER 语句组合使用实现数组元素的遍历操作，直接用数组名引用数组元素。

4.3.4　数组应用

数组应用场景大多为批量处理多变量相同操作，常和 DO 循环配合使用。这里给出一些常用操作。

1. 一维数组

(1) 批量定义数据集变量

程序 4 - 61 用 array 语句定义变量 A01～A10 并赋值。

```
程序 4-61
data v1;
array a[10] A01-A10;
do i=1 to 10;
a[i]=i;
put a[*];
end;
run;
```

变量列表采用缩略列示。

(2) 分支语句简化

程序 4-62 计算1元钱不同存款期限下第一年年底的本利和。1至4年的存款利率分别为0.025、0.03、0.04和0.05。

```
程序 4-62
data interest;
input term @@;
array r[4] _temporary_ (.025,.03,.04,.05);
total=1+r[term];
datalines;
1 2 3 4
;
run;
```

DATA步每循环一次,input读入term值,通过数组r元素引用得到利率r[term]。采用分支语句,需要四个if-then语句才能完成相应的操作。

(3) 数据整理和计算

数组方便数据整理。SAS数据集supply中变量supply1-supply有缺失值(见图4-15)。

id1	supply1	supply2	supply3	supply4
1	20	28	.	.
2	30	30	30	30
3	20	28	28	.
4	20	28	.	.
5	30	30	28	28
6	30	.	.	.
7	30	28	30	30
8	20	30	.	.
9	10	28	28	28
10	10	28	30	.

图 4-15 数据集 supply

生成新变量 sum，计算规则为每一行中数据求和直到缺失数据前一列（不包括该列）。例如第一行 supply3 数据缺失，则 sum 的值为 supply1，第三行 supply4 数据缺失，sum＝supply1＋supply2 等。生成数据集 want 见图 4－16。

id1	supply1	supply2	supply3	supply4	sum
1	20	28	.	.	20
2	30	30	30	30	90
3	20	28	28	.	48
4	20	28	.	.	20
5	30	30	28	28	88
6	30	.	.	.	30
7	30	28	30	30	88
8	20	30	.	.	20
9	10	28	28	28	66
10	10	28	30	.	38

图 4－16　数据集 want

程序 4－63 采用数组完成操作。

```
程序 4 - 63
data want;
set supply;
array x[ * ] supply:;
sum = 0;
do i = 1 to dim(x);
if not missing(x[i]) then temp = x[i];
sum + x[i];
end;
if n(of x[ * ])>1 then sum = sum(sum, - temp);
run;
```

array 语句采用了[*]下标形式，变量列表采用缩略方式。DO 循环中采用数组函数 dim()计算数组元素个数①、缺失值判断函数 missing()②和非缺失值计数函数 n()③，函数 n()自变量中的数组元素引用采用了[*]形式的下标。

程序 4－64 能够完成类似操作。

---

①　格式为 dim<n>(数组名)，函数返回值为数组元素个数。n 为维度(如第一维度、第二维度等)，n＝1 时可省略。array a[5,2]定义二维数组 a，dim(a)＝dim1(a)＝5，dim2(a)＝2。函数 dim(数组名，<n>)具有相同功能。

②　格式为 missing(exp)，exp 为数值表达式或者字符表达式。如果 exp 为(非)缺失值，则 missing(exp)返回值 1(0)。

③　格式为 n(arg1，<arg2，…，argn>)，函数返回值为自变量中非缺失值个数，arg1，…，argn 为自变量，可以是常数、变量和表达式。

程序 4-64

```
data want;
set supply;
array supply[4];
supply[max(n(of supply[ * ]),2)] = .;
sum = sum(of supply[ * ]);
run;
```

数组 supply 中的四个元素为数据集变量 supply1～supply4，通过数组元素引用改变原变量值，函数 n()和 sum()自变量中的数组元素引用采用了[*]下标形式。

(4) 数据重排(Rearrange)——面板数据

计量分析中常用到面板数据(Panel Data)。采用数组可以方便地将数据集数据重排为面板数据形式。数据集 yield5 是国债到期收益率数据，数据结构见图 4-17。

	year	_1	_2	_3	_4	_5
1	2006-01-06	1.46294753	1.545676434	1.9558192	2.162519237	2.194832429
2	2006-01-13	1.517894442	1.549327787	1.669094293	1.988184834	2.221032995
3	2006-01-20	1.443779686	1.510635118	1.723018	1.943191704	2.204235341
4	2006-02-10	1.435783602	1.688414215	1.69724586	2.151445183	2.201574693
5	2006-02-17	1.6281019	1.817423293	1.680777269	2.163502995	2.260976889
6	2006-02-24	1.829734545	1.777889515	1.775476292	2.231772981	2.452023801
7	2006-03-03	1.75221336	1.845058223	1.806409006	2.133990918	2.241448065
8	2006-03-10	1.313178054	1.487231308	1.843614505	2.162158776	2.202237333
9	2006-03-17	1.627393859	1.714023033	1.975522236	2.218210508	2.187701008
10	2006-03-24	1.619900094	1.728668273	2.214861743	2.357222001	2.3055817

图 4-17 数据集 yield5

其中 year 为交易日期，_1、_2、…、_5 表示 5 种不同期限国债的到期收益率。要求将数据按面板数据摆放，新的数据集 want 结构见图 4-18。

	year	yield	type
1	2006-01-06	1.46294753	1
2	2006-01-06	1.545676434	2
3	2006-01-06	1.9558192	3
4	2006-01-06	2.162519237	4
5	2006-01-06	2.194832429	5
6	2006-01-13	1.517894442	1
7	2006-01-13	1.549327787	2
8	2006-01-13	1.669094293	3
9	2006-01-13	1.988184834	4
10	2006-01-13	2.221032995	5

图 4-18 数据集 want 结构

程序 4-65 完成如上操作。

```
程序 4 - 65
data want;
set yield5;
array term[ * ] _:;
do i = 1 to dim(term);
yield = term[i];
type = i;
output;
end;
keep year yield type;
run;
```

(5) 跨行(观测)操作

DATA 步通过内置循环逐行(观测)处理数据，给跨行操作带来困难。利用数组和滞后函数 lag()可以将跨行操作转化为行内操作。

① 计算移动平均

数据集 payh 是平安银行(000001)2016.04.04—2018.03.30 的日交易收盘价数据，数据集结构见图 4 - 19。

	Stkcd	Date	Clpr
1	000001	04JAN2016	11.33
2	000001	05JAN2016	11.4
3	000001	06JAN2016	11.53
4	000001	07JAN2016	10.94
5	000001	08JAN2016	11.12
6	000001	11JAN2016	10.76
7	000001	12JAN2016	10.81
8	000001	13JAN2016	10.71
9	000001	14JAN2016	10.77
10	000001	15JAN2016	10.46

图 4 - 19　数据集结构

clpr 为日收盘价。程序 4 - 66 计算收盘价 5 日移动平均得到变量 MA5。

```
程序 4 - 66
data mapayh(drop = i);
set payh;
array lagp[5] _temporary_;
lagp[1] = lag(clpr);
do i = 2 to 5;
lagp[i] = lag(lagp(i - 1));
```

```
end;
MA5 = mean(of lagp[ * ]);
run;
```

程序 4－66 计算的 5 日移动平均不包括当日。

② 数据重排

有时需要将按面板数据摆放的数据进行重排。SAS 数据集 tp 是各省、自治区和直辖市的总人口面板数据，结构如图 4－20 所示。

city	year	pop
安徽	2007	6118
安徽	2008	6135
安徽	2009	6131
安徽	2010	5957
北京	2007	1633
北京	2008	1695
北京	2009	1755
北京	2010	1962
福建	2007	3612
福建	2008	3639
福建	2009	3666
福建	2010	3693

图 4－20　数据集 tp

要求重排后的数据集 want 结构见图 4－21。

city	y2010	y2009	y2008	y2007
安徽	5957	6131	6135	6118
北京	1962	1755	1695	1633
福建	3693	3666	3639	3612
甘肃	2560	2555	2551	2548
广东	10441	10130	9893	9660
广西	4610	4856	4816	4768

图 4－21　数据集 want

程序 4－67 完成要求的操作。

```
程序 4 - 67
data want1;
set tp;
array p[4] y2010 - y2007;
p[1] = pop;
do i = 2 to 4;
p[i] = lag(p[i - 1]);
end;
run;
```

```
proc sort;
by city;
data want;
set t2(drop = pop year i);
by city;
if last.city then output;
run;
```

当年份较多时，采用数组使代码更简洁。

2. 多维数组

一些情形下，采用多维数组比一维数组更方便，逻辑更清晰。以二维数组为例进行说明。假设数据集 x 中包含变量 x01～x20 20 个数值型变量，分别表示 2001—2020 年的数据，其中缺失数据用 8888 表示。现在要求将缺失数据替换为.。DATA 步中可采用如下程序段

```
array x[0:1,1:10] x01 - x20;
if 8888 in x then
do i = 0 to 1;
  do j = 1 to 10;
    if x(i,j) = 8888 then x(i,j) = .;
  end;
end;
```

其中 8888 in x 表明，in 算符可用于数组。

也可采用数组下标上下界函数[①]确定指标变量的初值和终值，例如

```
array x[0:1,1:10] x01 - x20;
do i = lbound1(x) to hbound1(x);
  do j = lbound2(x) to hbound2(x);
    if x(i,j) = 8888 then x(i,j) = .;
  end;
end;
```

---

① 函数 lbound<n>(数组名)返回数组指定维度上下标的下界，n 表示维度，等于 1 时可省略。函数 hbound<n>()返回数组下标的上界，用法和 lbound()相同。例如 array x[1:3,1:10]定义数组二维数组 x，lbound(x)返回值为 1，hbound2(x)返回值为 10。

hbound1()和 lbound()分别数组下标上下界函数。

把数据集或者其中的子集读入 PDV 形成数组，为计算和查询带来方便。程序 4－68将 sashelp.class 中 height 和 weight 读为临时数组 class1，name 和 sex 读为临时数组 class2。

```
程序 4-68
data t;
array class1[19,2] _temporary_;
array class2[19,2] $_temporary_;
if _n_=1 then
  do i=1 to num;
    set sashelp.class nobs=num point=i;
    class1[i,1]=height;
    class1[i,2]=weight;
    class2[i,1]=name;
    class2[i,2]=sex;
  end;
run;
```

将数据集读入 PDV 是将每个单元数据读给 PDV 中数组元素(变量)，n 个观测(行)m 个变量(列)数据集的数据需要 PDV 中 n×m 个变量“盛放”，如果数据集很大，用临时数组元素而不需要变量名能够节省存储空间。

需要说明的是：① 数组变量必须是同种数据类型，不能把变量 name、sex 与 height、weight 读入同一个数组。② 临时数组元素对应的变量值在 DATA 每次内置循环中保留(Retain)，一旦以临时数组方式读入 PDV，变量值在 DATA 步运行期间保持不变。③ 编译阶段 set 语句中的变量 num 已经生成，DO 循环是执行阶段运行，其引用变量 num 的次序无碍。④ 条件语句 if-then 避免 set 语句选项 point＝i 导致的 DATA 步死循环。

二维数据的更多应用参考 4.5 数据查询一节。

3. 隐式下标数组

隐式下标数组往往和 DO-OVER 语句一起使用，实现对数组元素的遍历操作。例如程序段

```
array x x01-x20;
do over x;
  if x=8888 then x=.;
end;
```

中 DO-OVER 循环体实现了对数组 x 的元素遍历操作，将 x 元素中变量值 8888 替换为缺失值.。

4.4 数据查询

数据查询(Lookup)是搜寻并输出满足条件的观测，是数据处理常用的操作。简单的数据查询可以用 if 语句、where 语句等实现。数据集 shaidx519 包含 2015 年 1 月 6 日至 2019 年 9 月 6 日上证 A 股指数信息，变量 tdate、clp、volm、amont 和 chg 分别为交易日期、收盘指数、成交量、成交金额和涨幅。程序 4 - 69 查询输出 2015 年 1 月 6 日至 2019 年 9 月 6 日上证 A 股指数位于 3 000 点到 3 500 点的交易日。

```
程序 4 - 69
data ch;
set shaidx1519;
if 3000< = clp< = 3500;
run;
```

4.4.1 同一数据集跨行查询

DATA 步逐行(观测)处理数据，要实现跨行匹配查询，要用多个 set 语句独立读取同一数据集的不同观测。针对 class 数据集中每位学生，程序 4 - 70 查询并计算班级中年龄大于该生的学生人数。

```
程序 4 - 70
data test(keep = name1 n);
set sashelp.class(rename = (age = age1 name = name1)) nobs = js;
n = 0;
do i = 1 to js ;
set sashelp.class point = i;
if age>age1 then n + 1;
end;
run;
```

第一个 set 语句将 class 中变量读入 PDV 时，要将变量 age 和 name 改名，否则将会被第二个 set 语句读入的同名变量值覆盖而无法比较。DATA 执行一次内置循环时，第一个 set 语句将当前观测值读入 PDV，选项 nobs=js 定义的变量 js 取值为 set 打开的数据中观测总数。内嵌在 DO 循环中的第二个 set 语句将 class 的第一条到第 js 条观测顺次读入 PDV 并与当前观测值比较。

程序 4-71 查询并输出上证 A 股指数每个交易日在 30 个交易日后首次重回当日点位（范围）的时间。

```
程序 4-71
data test;
set shaidx1519(rename = (tdate = cdate1 clp = clp1)) curobs = gch nobs = js ;
n = 0;
do i = gch + 1 to js ;
set shaidx1519 (rename = (clp = clp2))point = i;
n + 1;
if n> = 30 and abs(clp2 - clp1)<3 then
do;
output;
leave;
end;
end;
run;
```

定义数组并将数据集相关列的所有观测读入数组，可以提高查询速度。程序 4-72 具有和程序 4-71 同样的查询功能。

```
程序 4-72
data t;
array p[1201,2] _temporary_;
if _n_ = 1 then
  do i = 1 to js;
    set shaidx1519 nobs = js point = i;
    p[i,1] = clp;
    p[i,2] = tdate;
  end;
set shaidx1519 curobs = gch;
if gch + 30< = js and abs(p[gch + 30,1] - clp)<3 then
  do;
```

```
      clp1 = p[gch + 30,1];
      date1 = p[gch + 30,2];
      output;
    end;
  output;
  format date1 date9.;
  run;
```

将数据集变量值全部读入 PDV 中的数组，优点是能提高查询速度，缺点是占用内存较大。

4.4.2 数据集间查询

多个 set 语句配合数组应用可以实现数据集间数据匹配和查询。这里以 M. Burlew 的例子进行说明①。

数据集 bteam 是 10 位男性健身者的资料，包括姓名（name）、性别（gender）、身高（height）、体重（weight）和体型（type）。

bteam

name	gender	height	weight	type
Adams	M	67	160	2
Alexander	M	69	115	1
Apple	M	69	139	1
Arthur	M	66	125	2
Avery	M	66	152	2
Barefoot	M	68	158	2
Baucom	M	70	170	3
Blair	M	69	133	1
Blalock	M	68	148	2
Bostic	M	74	170	3

数据集 ideal 是体重从 66 kg 到 75 kg 不同体型男性的标准体重，small、medium 和 large 分别对应体型（type）1、2 和 3。

① Burlew M. Combining and Modifying SAS Data Sets：Examples [M]. second Edition. SAS Institute Inc.，Cary，NC，USA，2009.

ideal

height	small	medium	large
66	126	138	149
67	130	141	154
68	134	145	158
69	138	149	162
70	142	153	167
71	146	157	172
72	150	161	177
73	154	165	181
74	158	169	185
75	162	173	189

程序 4－73 将 bteam 中数据与 ideal 中数据匹配，判断出健身者身体状况——达标体型(Inshape)还是不达标体型(Outofshape)并生成对应的数据集。

程序 4－73

```
data inshape outofshape;
  keep lname height weight type;
  array wt(66:75,3) _temporary_;
  if _n_ = 1 then
    do i = 1 to all;
      set ideal nobs = all;
      wt(height,1) = small;
      wt(height,2) = medium;
      wt(height,3) = large;
    end;
  set bteam;
  if gender = 'M' and (1 le type le 3) and (66 le height le 75) then do;
    if wt(height,type) - 5 le weight le wt(height,type) + 5 then
        output inshape;
    else output outofshape;
  end;
  else putlog 'WARNING: Observation out of lookup range: ' _all_;
run;
```

语句 putlog 将指定信息输出到信息窗口。

程序 4－73 首先将 ideal 中对应三种体型的体重标准数据读入数组 wt，第二个 set 语句逐行读入 bteam 数据并与 wt 中的标准比较。

利用 DATA 步组件对象（Component Object）、哈希对象（Hash Object）和哈希迭代器对象（Hash Iterator Object）可以进行更为复杂和灵活的数据查询和数据管理，可参考 SAS 帮助或者 Dorfman 和 Henderson（2018）①。

4.5　数据传递

SAS 将每个 DATA 步作为独立的编译和执行对象，DATA 步通过输出数据集来保存数据。DATA 步结束后，运行期间定义的变量消失。要实现 DATA 步之间的数据传递，需要借助必要的手段和工具。

4.5.1　用数据集传递

用数据集作为过渡，可实现 DATA 步间数据传递。sashelp.class 中包含 19 个学生信息，要求分性别计算每个学生体重与同性别组平均体重的差。程序 4－74 通过中间数据集 temp2 在 DATA 步间传递数据。为方便和后续程序 4－67 比较，首先将变量 sex 的值'男'和'女'分别改为'M'和'F'。

```
程序 4 - 74
data class;
set sashelp.class;
if sex ='男' then sex ='M';
if sex ='女' then sex ='F';
run;
proc sort data = class;
by sex;
data temp;
set class;
by sex;
if first.sex then
do;
```

① Dorfman P., D. Henderson. Data Management Solutions Using SAS Hash Table Operations: A Business Intelligence Case Study. SAS Institute Inc. Cary, NC, USA, 2018.

```
num = 0;
tw = 0;
end;
num + 1;
tw + weight;
last = last.sex;
run;
data temp1(keep = sex aw );
set temp;
if last;
aw = tw/num;
run;
proc sort;
by sex;
data result;
merge class temp1;
by sex;
dif = weight - aw;
run;
```

最后一个 DATA 步通过匹配 merge 语句将 temp1 中 aw 数据传递给 sashelp.class 并进行计算。

4.5.2　DATA 步接口——symputx 例程和 symget 函数

SAS 中的 DATA 步接口例程 symputx 和函数 symget 可以更为方便地实现数据传递。

1. 例程 symputx

例程(子程序)symputx 定义一个全局宏变量①(Global Macro Variable)。全局宏变量在 SAS 运行期间存活,必要时通过宏代换取得变量值,借此实现 DATA 步间数据传递。symputx 格式为

```
symputx(name1,name2)
```

① 宏变量是一个符号变量,可以理解为存储器。通过宏替换 & 取出变量存储的内容(宏变量值)。

功能：将变量 name2 的值赋给宏变量 name1。如果宏变量 name1 不存在，就创建该宏变量，如果已经存在就更新填入值。name1 和 name2 可以是引号引起来的变量名、DATA 步中变量或者表达式。如果 name1 是 DATA 步中的变量，以该变量在当前 DATA 步循环中的值为宏变量名生成宏变量，如果 name2 是 DATA 步中的变量，则将该变量在当前 DATA 步循环中的值填入宏变量 name1 中。

程序 4－72 中定义数组 p 的维数时，需要事先知道数据集观测数 1 201。程序 4－75 采用例程 symputx 将计算好的观测数定义为宏变量 num，在下一个 DATA 步用宏替换获得观测数。

```
程序 4－75
data _n_;
if 0 then set shaidx1519 nobs = js;
call symputx('num',js);
run;
data t2;
array p[&num,2] _temporary_;
run;
```

第一个 DATA 步用调用(Call)例程 symputx 生成宏变量 num 并将变量 js 的值填入 num，其中 set 语句并未执行，但编译阶段 js 产生并被赋值，这种处理方法效率更高。第二个 DATA 步用宏替换 & 将宏变量 num 内容取出。

以 DATA 步变量或表达式为自变量 name1 和 name2，symputx 例程可以生成一组宏变量。程序 4－76 借助数据集变量生成宏变量。

```
程序 4－76
data cdrate;
input bankname $ rate years;
datalines;
HSBC 0.0817 5
BARKLY 0.0814 5
CityBank 0.0806 5
;
data _null_;
set cdrate;
call symputx(bankname,"bank_"||bankname);
run;
```

第二个 DATA 步用变量 bankname 的值生成三个宏变量，名字为 HSBC、BARKElLY 和 CityBank，并将表达式"bank_"||bankname 的值"bank_HSBC""bank_BARKELY"和"bank_CityBank"填入三个宏变量。

例程 symputx 和函数 symget 配合使用，能够实现多值传递。

2. 函数 symget

函数 symget 的格式为

```
symget(vname)
```

其功能是获取以自变量 vname 的值为宏变量名的宏变量值。vname 可以是引号引起来的宏变量名、DATA 步变量名及其表达式。vname 必须是已经定义的宏变量。

程序 4-77 利用程序 4-76 生成的宏变量定义新变量 name。

```
程序 4-77
data new;
set cdrate;
name = symget(bankname);
run;
```

用 DATA 步变量定义宏变量并用变量值填充宏变量，类似将 DATA 步变量值定义为数组，但宏变量在 DATA 步结束后仍然存在，可以实现 DATA 步间数据传递，而数组只在定义的 DATA 步中存活。

用例程 symputx 和函数 symget 可以将程序 4-74 的后半段改写为程序 4-78。

```
程序 4-78
data _null_;
set temp;
by sex;
if last.sex then call symputx(sex,tw/num);
run;
data result1;
set class;
dif = weight - symget(sex);
run;
```

注：

(1) 汉字不能作为宏变量名，程序 4-63 将 sashelp.class 变量 sex 的值'男'和'女'分别改为' M '和' F '；

(2) symget 是 DATA 步函数，只能用于 DATA 步。

4.6　数据维护

本节介绍 SAS 数据集的维护，包括数据集索引、数据集修改更新和数据集加密。

4.6.1　建立索引

1. 索引和索引文件

SAS 索引（Index）为对应的 SAS 数据集观测的直接存取（Direct Access）提供引导。索引文件以降序存储 SAS 数据集变量（键值变量）的值及其位置信息。索引文件是 INDEX 类型的 SAS 文件，依附 SAS 数据集并与 SAS 数据集同名，随 SAS 数据集的更新而更新。每个 SAS 数据集只能有一个索引文件。

采用索引的好处包括：

（1）用 where 表达式挑选观测子集时，使用索引能够更快、更有效地访问满足条件的观测。

（2）可以对不事先排序（Sort）的数据集采用 by 语句激活索引，并产生临时变量 first.vname 和 last.vname。

（3）在 set 语句和 modify 语句中，数据集选项 key=能够在 DATA 步指定索引对特定观测进行检索。

采用索引的代价包括：SAS 索引文件的创建、存储和维护需要占用磁盘内存空间，操作中还会消耗 CPU 资源并增加输入输出（I/O）请求。是否需要建立和使用索引要进行权衡，大型数据集处理中为了加快处理速度常常需要使用索引。

2. 建立索引

DATA 步通过输出数据集选项 index=()为新生产的数据集建立索引并生成索引文件。索引类型包括简单索引（Simple Index）和复合索引（Compound Index）。简单索引由单个键值变量（Key Variable）形成，复合索引由多个键值变量形成。语句

```
data new(index = (ssn));
```

以变量 ssn 为数据集 new 建立简单索引，索引名为 ssn。语句

```
data new(index = (cityst(city state)));
```

以变量 city 和 state 为数据集 new 建立复合索引，索引名 cityst。语句

```
data new(index = (ssn cityst = (city state)));
```

为数据集 new 建立简单索引和复合索引，索引名分别为 ssn 和 cityst。

需要注意：

(1) SAS 索引单独存放在索引文件中；

(2) 单一索引的索引名必须和变量同名，复合索引的索引名不能和变量同名。

在键值变量后面使用选项/unique 可以保证索引键值变量的值唯一。值唯一的索引能够保证一个数据集中某个变量或者某组变量的值唯一。数据集更新时，具有相同键值的观测试图添加到数据集时，更新被拒绝。用选项/unique 建立索引的键值变量值必须唯一。程序 4-79 以 sex 为键值变量为数据集 s 建立索引。

```
程序 4-79
data s(index=(sex/unique));
set sashelp.class;
run;
data s(index=(sex));
set sashelp.class;
run;
data t(index=(sex));
set s;
by sex;
f=first.sex;
run;
```

第一个 DATA 步采用/unique 选项，但 sex 的值并不具有唯一性，建立索引失败，信息窗口会出现错误信息

```
ERROR: 文件 S 的索引 Sex 不允许使用重复的值
ERROR: 一个或多个索引创建失败
```

第二个 DATA 步建立索引成功，第三个 DATA 步用 by 语句激活索引并使用临时变量 first.sex 定义变量 f。

使用选项/nomission 建立索引，键值变量的缺失值对应的观测不包含在索引中。

4.6.2 修改和更新

修改和更新是指在不产生新数据集的情况下，对数据集观测进行替换(Replace)、移除(Remove)、添加(Append)操作。修改和更新通过 modify 语句配合 replace 语句和 remove 语句完成，添加选项会使操作更为灵活，完成更多任务。

1. modify 语句

modify 语句用于已有数据集观测的替换、移除和添加操作，主要用于数据库的更

新。这里主要介绍用过渡数据集(Transaction Data Set)观测对主数据集(Master Data Set)观测进行修改的操作。modify 语句与 set 语句、merge 语句的一个显著区别是不生成新的数据集，能够减少资源消耗，提高运行效率。程序 4-80 比较 modify 和 set 的区别。

```
程序 4-80
data class;
set class;
if _n_=1;
run;
data class;
modify class;
if _n_=1;
run;
```

首先将数据集 sashelp.class 拷贝到 work 中，点击打开，然后运行程序 4-80。包含 set 语句的 DATA 步运行时出现错误提示：

```
ERROR：您不能打开 WORK.CLASS.DATA 进行输出访问(使用成员级的控制)，因为
WORK.CLASS.DATA 正被"您"使用 在资源环境"DATASTEP"中。
```

包含 modify 语句的 DATA 步正确运行。set 语句生成新数据集 class 覆盖同名数据集 class，但 class 被使用(打开)，出现错误提示。此外，modify 语句不改变原数据集的结构，只对数据集观测操作，不能对变量操作。

modify 的语句格式为

```
modify 主数据集<(数据集选项)> <过渡数据集<(数据集选项)>>
<options>;
<by vname;>
```

modify 是对已有数据集的修改，因此 DATA 语句中数据集与 modify 语句中主数据集名字必须相同，主数据集和过渡数据集必须有相同的结构(相同的变量)。by 语句指定一个或多个变量作为观测的标识变量，用于数据集匹配访问。

options 用于设定不同数据访问方式下的信息变量(见表 4-1)。

表 4-1　　modify 语句选项

语　句	功　　能
nobs=vname	定义临时变量 vname，取值为输入数据集观测数
end=vname	定义临时变量 vname，当前观测(不)是最后一条观测取值 1(0)

续表

语　句	功　　　能
piont=num	将记录指针指向观测序号为变量 num 值的观测
key=index	为被修改的数据集指定索引 index,并按索引检索观测

2. replace 语句、remove 语句和 output 语句

三个语句与 modify 语句配合,将 DATA 步观测写入被修改数据集。具体功能见表 4 - 2。

表 4 - 2　　与 modify 配合使用的语句

语　句	功　　　能
output	将当前观测写入指定的数据集最后,如果没有指定数据集,则写入 DATA 语句中给出的所有数据集最后
replace	改写指定数据集当前观测,如果没有指定数据集,则改写 DATA 语句中给出的每个数据集的当前观测
Remove	删除指定数据集当前观测,如果没有指定数据集,则删除 DATA 语句中给出的每个数据集的当前观测

三个语句的执行遵循如下规则:

(1) replace 语句和 remove 语句必须与 modify 语句配合使用:modify 语句必须在 replace 语句和 remove 语句之前执行。DATA 步包含多个 replace 语句或 remove 语句时,再次执行 replace 语句或 remove 语句之前,必须再次执行 modify 语句。

(2) 没有 replace 语句、remove 语句和 modify 语句时,默认执行 replace 语句。

(3) output 语句、replace 语句和 remove 语句独立执行,对同一观测可以执行多个语句。

(4) 不能对同一观测执行多个 replace 语句。

(5) 对同一观测同时执行 output 语句和 replace 语句或 remove 语句时,output 语句最后执行。

3. 数据集访问方式

不同的更新和修改往往需要不同的数据集访问。modify 语句可以用四种方式访问数据,分别为匹配访问(Mathing Access)、索引访问(Access by Index)、观测序号访问(Access by Observation Number)和顺序访问(Sequential Access),其中索引访问和观测序号访问为直接访问(Direct Access)。

(1) 匹配访问

匹配访问通过 by 语句指定标识变量,通过标识变量将主数据集和过渡数据集的观测匹配。modify 语句从过渡数据集读取观测更新主数据集时,采用动态 where 语

句处理方式定位主数据集中匹配的观测。

修改主数据集的操作包含：

① 用过渡数据集观测替换主数据集观测。

② 删除主数据集观测。

③ 将观测添加到主数据集。

当 by 变量的不同观测有相同值(Duplicates)时，modify 读取规则为：

① 如果主数据集 by 变量有相同值，则只有第一个出现的观测被更新。

② 如果过渡数据集 by 变量有相同值，反复对主数据集匹配观测进行更新，则实际上起作用的只有最后一次更新。

(2) 索引访问

modify 语句添加选项 key=实现索引访问。key=主数据集(被修改数据集)索引变量指定被索引的变量，用另一个数据源(set 语句打开的数据集或者 input 语句输入的外部数据)中的同名变量为被索引变量赋值。modify 语句通过索引确定主数据集中观测的位置。

当主数据集的被索引变量有重复值时，只有第一个出现的观测被检索、修改或者替换。如果数据源中与主数据集被索引变量重名变量有不相邻的重复值，modify 语句重复修改主数据集中第一个出现的观测。如果重名变量有相邻重复值，其第一个观测用来更新主数据集对应观测。

(3) 观测序号访问

modify 语句添加选项 point=实现按观测序号访问。point=vname 指定数值型变量 vname，modify 把 vname 当前值作为观测序号对主数据集中的对应观测进行访问。vname 不能是主数据集中的变量。同 set 语句一样，point=选项把记录指针指向特定的观测，会导致 DATA 的死循环，往往需要配合 stop 语句使用。

(4) 顺序访问

顺序访问(Sequential Access)是 modify 语句的最简单形式，顺序访问方式可采用 nobs=、end=选项对数据进行编辑，但不能使用选项 point=或者 key=选项。

(5) 例子

用 SAS 在线帮助中的例子，可以更清楚地了解 modify 语句对数据集的修改和更新。采用的主数据集为 stock，是仓库存货记录，包含的变量有字符型变量 partno(编号)、desc(品名)和数值型变量 instock(存货量)、recdate(进货日期)和 price(进货价格)。程序 4-81 用 input 语句读取内嵌数据生成数据集 stock，并建立索引。

程序 4-81

```
data mydata.stock(index = (partno));
input PARTNO $ DESC $ INSTOCK RECDATE date7. PRICE;
format recdate date7.;
```

```
datalines;
K89R seal 34 27jul95 245.00
M4J7 sander 98 20jun95 45.88
LK43 filter 121 19may96 10.99
MN21 brace 43 10aug96 27.87
BC85 clamp 80 16aug96 9.55
NCF3 valve 198 20mar96 24.50
KJ66 cutter 6 18jun96 19.77
UYN7 rod 211 09sep96 11.55
JD03 switch 383 09jan97 13.99
BV1E timer 26 03jan97 34.50
;
```

例子 4－1：修改所有观测

程序 4－82 将数据集 stock 中变量 recdate 的值修改为当前日期。

```
程序 4－82
data mydata.stock;
modify mydata.stock;
recdate = today();
run;
```

modify 语句打开 stock 进行更新。DATA 每次循环时，SAS 读取 stock 的一条观测并执行操作。语句 recdate＝today()将变量 recdate 的值替换为函数值 today()，每次循环结束前执行隐含 replace 语句将修改后观测写入 stock 中其原来的位置。信息窗口显示

```
NOTE：已更新数据集 WORK.STOCK。重写了 10 个观测，添加了 0 个观测，删除了 0 个观测。
```

与 set 语句执行时显示的不一样。

例子 4－2：用过渡数据集修改主数据集观测

程序 4－83 生成的数据集 addinv 是新近存货更新后的存货量信息。

```
程序 4－83
data addinv;
input PARTNO $ NWSTOCK;
datalines;
K89R 55
```

```
M4J7 21
LK43 43
MN21 73
BC85 57
NCF3 90
KJ66 2
UYN7 108
JD03 55
BV1E 27
;
```

程序 4－84 以 addinv 为过渡数据集对主数据集 stock 中的观测进行修改。

```
程序 4－84
data mydata.stock;
modify mydata.stock addinv;
by partno;
RECDATE = today( );
INSTOCK = instock + nwstock;
if _iorc_ = 0 then replace;
run;
```

变量_iorc_为自动变量，记录 modify 语句每次试图操作时的输入/输出(I/O)情况，操作成功取值 0。

modify 语句打开 stock 进行更新。DATA 每次循环时，SAS 读取 stock 的一条观测并执行操作。将变量 recdate 的值替换为函数值 today()，每次循环结束前执行隐含 replace 语句将修改后观测写入 stock 中其原来的位置。

例子 4－3：按观测序号修改(更新)主数据集观测

程序 4－85 生成的数据集 newp 包含了需要重新定价的存货(观测序号)。其中变量 tools_obs 对应的是数据集 stock 中需要更新价格的存货对应的观测号。

```
程序 4－85
data newp;
input TOOL_OBS NEWP;
datalines;
1 251.00
2 49.33
```

```
3 12.32
4 30.00
5 15.00
6 25.75
7 22.00
8 14.00
9 14.32
10 35.00
;
```

程序 4－86 用 newp 对 stock 的观测进行更新。

```
程序 4-86
data mydata.stock;
set newp;
modify mydata.stock point = tool_obs;
if _error_ = 1 then
do;
put 'ERROR occurred for TOOL_OBS =' tool_obs /
'during DATA step iteration' _n_ /
'TOOL_OBS value might be out of range.';
_error_ = 0;
stop;
end;
PRICE = newp;
RECDATE = today();
run;
```

set 语句打开数据集 newp，变量 tools_obs 和 newp 是可以利用的变量。

4.6.3 数据集加密

可以在读保护(Read Protection)、写保护(Write Protection)和更改保护(Alter Protection)等不同保护级别给 SAS 数据集加密，既可以采用数据集选项进行加密，也可用过程步加密。这里介绍用数据集选项对数据集加密的方法。

可以采用 read＝PR、write＝PW 和 alter＝PA 数据集选项为 SAS 数据集添加各种保护密码，也可以用 PW＝PO 数据集选项为数据集添加具有相同密码的所有保护，PR、PW、PA 和 PO 为用户设定的密码。需要提供读(写)密码才能读取(写入)添加读

(写)保护的数据集。写保护阻止未经许可对数据集观测的添加、修改和删除操作。更改保护阻止未经许可的对整个数据集文件的删除或者覆盖(Replace)，以及对数据集变量属性的修改、创建或者删除索引。

更改保护不阻止未经许可的读写操作，写保护不阻止未经许可的读操作。

程序 4 - 87 对新生成数据集 class 设置写保护密码。

```
程序 4 - 87
data class(read = du);
set sashelp.class;
run;
```

运行时日志窗口程序代码中密码部分以 XX 显示。运行结束后日志窗口出现信息：

```
WARNING: 文件“WORK.CLASS.DATA”不是 ALTER 保护的。无须密码也能将其删除或替换。
```

在 work 逻辑库中点击数据集 class 试图打开时，日志窗口弹出密码输入对话框，输入正确密码(du)后，数据集被打开。程序 4 - 88 对 baseball 数据集同时设置写密码和更改密码。

```
程序 4 - 88
data baseball(write = xie alter = modi);
set sashelp.baseball;
run;
```

打开 baseball 不需要输入密码。

设定更改保护的数据集被覆盖(Replace)后，新的数据集继承被覆盖数据集的更改保护密码。程序 4 - 89 中第一个 DATA 步用 pw=选项为数据集 air 设定统一保护密码，第二个 DATA 步对 air 进行覆盖，覆盖后的 air 更改保护密码不变，但已没有读写保护。

```
程序 4 - 89
data air(pw = one);
set sashelp.air;
run;
data air;
set air;
run;
```

用 DATA 步数据集选项方式只能给新生成的数据集设定密码，为已经存在的数据集设定、修改或者去除密码需要用过程步 PROC DATA 中的 modify 语句，具体使用方法可参考 SAS 帮助。

4.7 程序调试

在编译和执行阶段，SAS 对程序中出现的错误进行提示，提示信息出现在信息窗口。根据错误提示可以对程序进行修改和调试。

SAS 提示的错误分为语法错误(Syntax Error)、语义错误(Semantic Error)、执行错误(Execution Error)、数据错误(Data Error)和宏相关错误(Macro-realted Error)。本节对前四种错误进行讲解。

4.7.1 语法错误

语句不符合 SAS 语言规则的错误为语法错误。例如，SAS 关键词拼写错误、引号不匹配、缺失语句结束标志分号“;”、错误的语句选项以及错误的数据集选项等。SAS 在编译阶段检测语法错误。

检测到语法错误时，SAS 首先尝试解释编程者意图来修改错误，并按其自身假设对程序进行处理。如果不能修改错误，SAS 在信息窗口打印出错信息。提交程序

```
date temp;
  x = 1;
run;
proc print data = temp;
run;
```

SAS 在编译时发现错误：DATA 错误拼写为 DATE，解释为关键词拼写错误后进行修改，继续编译程序，没有发现其他错误后运行程序，并在信息窗口给出警示(Warning)信息

```
WARNING 14 - 169: 假定符号 DATA 错拼为 date
```

发现语法错误但难以准确确定错误之处时，SAS 给出的出错信息解读起来较为困难。例如程序段

```
data temp
  x = 1;
run;
proc print data = temp;
run;
```

在第一行语句中缺失结束标志“;”,SAS 难以准确界定发生了什么错误,哪里发生了错误,因为 SAS 语句可以在任何地方开始和结束。此时 SAS 给出的出错信息中给出可能的错误之处,并对错误进行解释,停止 DATA 不执行。信息窗口出错信息为

```
11   data temp
12      x = 1;
        -
        22
        76
ERROR 22 - 322: 语法错误,期望下列之一: 名称, 带引号的字符串, (, /, ;,
_DATA_, _LAST_, _NULL_.
ERROR 76 - 322: 语法错误,语句将被忽略。
13   run;
NOTE: 由于出错,SAS 系统停止处理该步。
```

4.7.2　语义错误

当 SAS 语句成分的格式正确,但使用不正确时的错误称为语义错误。例如,函数自变量个数太多、在只允许字符变量的运算中采用数值型变量、数组的错误引用,以及没有初始化的变量等。SAS 在编译阶段检测语义错误。

SAS 根据语义错误的类型决定在信息窗口给出“注意”(Note)还是“错误”(Error)信息。例如提交程序后

```
data temp;
a = b;
run;
```

信息窗口出现信息“Note：变量 b 未被初始化”。而

```
data test;
set def.old;
run;
```

信息窗口出现信息“Error：没有分配逻辑库引用名 DEF”。

4.7.3　执行错误

执行错误是在程序执行过程中处理数据时发生的错误,是最为常见的一种错误。大多数执行错误发生时,在信息窗口打印警示(Warning)信息或注意(Note)信息并让

程序继续运行，警示信息或者注意信息中会给出发生错误的语句行和所在行的列。

最常见的执行错误包括：无效的函数自变量、无效数学运算（如除以 0）、by 组方式处理时观测次序错误、引用不存在的数组元素（当数组下标超出范围）、SAS 数据集以及 infile 语句和 file 语句中其他文件的打开和关闭错误，以及 input 语句与数据行不匹配（例如，在 input 语句中为变量列出的列数错误，没能够标明变量是字符变量等）。

程序 4 - 90 中出现除以 0 的数学运算。

```
程序 4 - 90
data score;
input name score1 score2;
rat = score1/(score1 + score2);
datalines;
Joe 89 90
John 0 0
;
```

信息窗口给出的出错信息为

```
22    data score;
23    input name score1 score2;
24    rat = score1/(score1 + score2);
25    datalines;
NOTE: Invalid data for name in line 26 1 - 3.
规则:
----+----1----+----2----+----3----+----4----+----5----+----6----+----7----+----8----+--
26          Joe 89 90
name = . score1 = 89 score2 = 90 rat = 0.4972067039 _ERROR_ = 1 _N_ = 1
NOTE: Invalid data for name in line 27 1 - 4.
NOTE: Division by zero detected at 行 24 列 11.
27          John 0 0
name = . score1 = 0 score2 = 0 rat = . _ERROR_ = 1 _N_ = 2
NOTE: 在以下位置无法执行算术运算。运算结果已设为缺失值。
      每个位置的指定方式: (次数)位置(行:列)。
      1 位于 24:11
```

SAS 执行 DATA 步，对于除以 0 的运算给变量 rat 赋缺失值，信息窗口内容包括：

(1) 提示错误的 Note。

(2) 输入缓冲区中的变量值。

(3) 错误发生时 PDV 中的内容。

(4) 解释错误的 Note，包括错误发生的原因和位置。

提交程序 4-91：

```
程序 4-91
data t;
array s score1 score2;
score3 = s[3];
input score1 score2;
datalines;
89 90
;
```

后信息窗口错误信息为

```
29    data t;
30    array s score1 score2;
31    score3 = s[3];
32    input score1 score2;
33    datalines;
ERROR：数组下标越界，位置：行 31 列 8。
_I_ = . score1 = . score2 = . score3 = . _ERROR_ = 1 _N_ = 1
NOTE：由于出错，SAS 系统停止处理该步。
```

错误的发生是数组下标越界，位置是第三十一行第八列。程序 4-90 和程序 4-91的错误提示中都显示了自动变量_ERROR_和_N_的值，_N_值表明错误发生在 DATA 步第几次内置循环中。

4.7.4　数据错误

SAS 语句中数据类型不匹配导致的错误称为数据错误。例如，为数值型变量赋字符值。SAS 在执行阶段检测数据错误，发现错误后继续执行程序，并在信息窗口给出如下信息：

(1) 给出一个数据无效(Invalid Data)的 Note。

(2) 打印出无效数据的行号和列号。不能打印的字符以 16 进制显示。为便于查找错误位置，SAS 会在输出行添加标尺线。

（3）在标尺线下方打印出观测值。

运行程序

```
data age;
input name $ age;
  datalines;
  Phillips xx
;
```

信息窗口错误提示为

```
37   data age;
38   input name $ age;
39      datalines;

NOTE: Invalid data for age in line 40 12-13.
规则:
----+----1----+----2----+----3----+----4----+
----5----+----6----+----7----+----8----+--
40              Phillips xx
name=Phillips age=. _ERROR_=1 _N_=1
```

NOTE 中提示 age 读取无效数据，位置是 40 行 12～13 列，然后给出标尺线（Rule Line），下面给出当前（PDV 中）观测值。

习题

1. 执行 DATA 步程序

```
data jansales;
input item  $10. amount;
datalines;
trucks 1382
vans 1235
sedans 2391
  ;
run;
```

能够正确读取内嵌数据行吗？为什么？如何修改？（提示：采用格式修饰符:）

2. 如何用 input 语句将内嵌数据

```
datalines;
054 性别 = 男 姓名 = 张三
069 性别 = 女 姓名 = 李英
;
```

读给三个字符变量 id、sex 和 name？写出 DATA 步程序代码。

3. 将程序 4-12 中变量 region 的读取方式改为列表方式，如何设置列相对指针控制符才能正确读取 DATE 变量和其余变量的值？

4. 文本文件 CS300_2017.txt 中为沪深 300 样本股(2017 年)的股票代码、股票名称等信息。

(1) 用 DATA 步 input 语句将股票代码(去掉其中的 ZH 和 SZ)读入 PDV 变量 STKCD，再用 put 语句将引号引起来的股票代码读出(不用生成新的数据集)到文本文件 temp。

(2) 用 put 语句在 temp 中形成如下文本

```
Where stkcd in (list);
```

list 是沪深 300 样本股票代码列表，股票代码用引号引起来，股票代码之间用逗号分隔。形如

```
Where stkcd in ('601398','600028','601988');
```

5. 为什么程序 4-45 中需要 stop 语句，而程序 4-46 中却不需要？

6. 用 infile 语句加上选项 memvar＝vname 并为 vname 赋值空格，结合 input 语句生成数据集 A，A 中变量 name 的观测值为目录 d:\mydata 下所有文件名。

7. 运行以下 DATA 步

```
data s;
x = 2; y = 3;
set sashelp.class;
array nc[ * ] _numeric_;
put nc[5];
run;
```

对信息窗口输出内容进行解释。

8. 将程序 4-65 中生成的数据集 want(面板数据形式)还原为原来的数据摆放形式。

9. 修改程序 4-66，使计算 5 日移动平均时包括当日。

10. 为什么程序 4-70 中 set 语句采用选项 point＝但后续并没有 stop 语句，DATA 没有进入死循环？

11. 修改程序 4-70，计算(每位学生)名字排在其后面的学生中年龄大于该生的学生人数。

12. 计算 sashelp.class 中男生和女生身高的中位数(Median)。[提示：先将 sashelp.class 中 sex 变量值'男'和'女'分别修改为'M'和'F'，并按 sex 和 height 排序，用 DATA 步计算男生和女生人数，用例程 symputx()和函数 symget()在 DATA 步之间进行数据传递]

13. 采用定义数组的方法重做第 12 题。

14. SAS 数据集 p2p 中有 10 万条观测，为某 p2p 平台上的债权买卖记录。变量 createtime 为交易发生时间，sellid 和 buyid 为卖出者和购买者代码，id 为债权代码。查询一个债券卖出者(Sellid)在其卖出日期(Createtime)后的 5 天、7 天、10 天、15 天及 30 天内是否有再买债权(Buyid)，并统计此时买的债权的 id。将查询结果输出 SAS 数据集。

第 5 章　PROC 步简介

本章介绍 PROC(过程)步的概念和 Base/SAS 中用于数据文件管理和基础统计分析的 PROC 步，时间序列数据处理和分析的 PROC 步将在后面章节讲解。

5.1　PROC 步

PROC 是 procedure 的缩写，PROC 步也称为过程步。过程步是将程序代码进行封装后形成的软件包(Package)，执行特定的功能，如数据管理、数据分析、画图等。Base/SAS 中的过程可分为三类，分别为报表编写(Report Writing)过程、统计学(Statistics)过程和数据管理(Utilities)过程。本章对常用数据管理过程和统计学过程进行介绍。

过程步语法包括过程步边界、过程步要件、交互执行——run -组。

5.1.1　过程步边界

同 DATA 步一样，SAS 将 PROC 步作为一个整体进行编译和执行。SAS 以 PROC 语句为开始边界、run 语句为结束边界来界定过程步，如图 5 - 1 所示。

图 5 - 1　PROC 步边界

另一个 DATA 步或者 PROC 步的开始边界可以作为上一个 PROC 步的结束边界。程序 5 - 1 中过程步 proc print 以过程步语句 proc means 为结束边界得到编译和执行，过程步 proc means 没有结束边界而一直处于执行之中不能结束(编辑器窗口题头显示：PROC MEANS 正在运行)。

```
程序 5 - 1
proc print data = sashelp.class;
proc means data = sashelp.class;
```

5.1.2　过程步要件

构成过程步的要件包括：过程名、输入数据集、语句等。

1. 过程名

过程名是软件包的名称，在 proc 语句中紧跟在关键词 proc 后面，引导 proc 调用相应的过程。程序 5－1 中的 print 和 means 均为过程名。过程名是 SAS 关键词，执行过程步时信息窗口出现“ERROR：PROCEDURE ××× 没有找到”，表明所给过程名当前 SAS 版本中不存在，常常由书写错误造成。

2. 输入数据集

输入数据集常出现在 proc 语句中过程名后面，为过程步指定操作对象。数据集名称为两级文件名，既可以是临时数据集也可以是永久数据集。程序 5－1 中的数据集 sashelp.class 为过程 proc print 的输入数据集。

数据集选项可用于过程步的输入数据集，更为灵活地确定过程步作用范围（观测和变量）。程序 5－2 采用数据集选项 obs＝和 keep＝限定打印的观测数和变量。

```
程序 5-2
proc print data = sashelp.class(obs = 5 keep = name sex);
run;
```

proc 语句中不给出数据集名时，SAS 默认最近（DATA 步或者 PROC 步）生成的数据集为输入数据集。程序 5－3 的 proc means 以其上面 data 生成的数据集 test 为输入数据集。

```
程序 5-3
data test;
x = 2;
proc means;
run;
```

3. 观测和变量设定——where 语句和 var 语句

除采用数据集选项外，也可采用 where 语句和 var 语句指定参与过程步操作的观测和变量。

（1）where 语句

where 语句规定输入数据集中哪些观测参与过程步操作。where 语句的语法和用法与 DATA 步一样（参见 3.1.2 节“where 表达式”和 3.3.3 节“where 语句”）。

（2）var 语句

var 语句规定输入数据集中哪些变量参与过程步操作。var 语句的格式为

```
var 变量名列表;
```

变量名列表可以采用缩略列表方式给出。程序 5－4 用 var 语句和 where 语句为 proc print 指定打印的变量和观测。

```
程序 5－4
proc print data = sashelp.class(obs = 5);
var name sex;
where age>13 & height<64;
run;
```

4. 分类处理——by 语句和 class 语句

用 by 语句和 class 语句可以实现过程步对输入数据集中观测分类处理(Group Processing)。

(1) by 语句

by 语句的使用格式与 DATA 步相同(参见 3.5 节)。要使用 by 语句,输入数据集须事先按 by 变量进行排序。程序 5－5 用 proc means 对 sashelp.class 中变量 age、height 和 weight 分性别(Sex)进行基本统计量计算。

```
程序 5－5
proc sort data = sashelp.class;
by sex;
proc means data  = sashelp.class;
var age height weight;
by sex;
run;
```

by 语句使 SAS 对每个 by 组形成的子集(Subset)分别独立地实施过程步操作。输出结果见图 5－2。

性别=男

变量	标签	数目	均值	标准差	最小值	最大值
Age	年龄	10	13.4000000	1.6465452	11.0000000	16.0000000
Weight	体重（磅）	10	108.9500000	22.7271864	83.0000000	150.0000000
Height	身高（英寸）	10	63.9100000	4.9379370	57.3000000	72.0000000

性别=女

变量	标签	数目	均值	标准差	最小值	最大值
Age	年龄	9	13.2222222	1.3944334	11.0000000	15.0000000
Weight	体重（磅）	9	90.1111111	19.3839137	50.5000000	112.5000000
Height	身高（英寸）	9	60.5888889	5.0183275	51.3000000	66.5000000

图 5－2　采用 by 语句的输出结果

程序 5－6 用两个 proc means 过程步对 sex='男'和 sex='女'形成的子集分别进行基础统计操作，其结果与程序 5－5 相同(见图 5－3)。

```
程序 5－6
proc means data = sashelp.class;
var age weight height;
where sex = '男';
proc means data = sashelp.class;
var age weight height;
where sex = '女';
run;
```

变量	标签	数目	均值	标准差	最小值	最大值
Age	年龄	10	13.4000000	1.6465452	11.0000000	16.0000000
Weight	体重（磅）	10	108.9500000	22.7271864	83.0000000	150.0000000
Height	身高（英寸）	10	63.9100000	4.9379370	57.3000000	72.0000000

SAS 系统

MEANS PROCEDURE

变量	标签	数目	均值	标准差	最小值	最大值
Age	年龄	9	13.2222222	1.3944334	11.0000000	15.0000000
Weight	体重（磅）	9	90.1111111	19.3839137	50.5000000	112.5000000
Height	身高（英寸）	9	60.5888889	5.0183275	51.3000000	66.5000000

图 5－3　运行两个 proc means 的输出结果

对数据集观测进行操作的过程步都可以使用 by 语句。

(2) class 语句

class 语句设定分类变量并使 SAS 对分类变量不同水平(Level)对应的观测形成的子集分别实施过程步操作。使用 class 语句不需要事先对输入数据集进行排序。程序 5－7 采用 class 语句对 sashelp.class 中变量 age、weight 和 height 分性别进行基础统计量计算。

```
程序 5－7
proc means data = sashelp.class;
var age weight height;
class sex;
run;
```

输出结果见图 5-4。

性别	观测数	变量	标签	数目	均值	标准差	最小值	最大值
男	10	Age	年龄	10	13.4000000	1.6465452	11.0000000	16.0000000
		Weight	体重（磅）	10	108.9500000	22.7271864	83.0000000	150.0000000
		Height	身高（英寸）	10	63.9100000	4.9379370	57.3000000	72.0000000
女	9	Age	年龄	9	13.2222222	1.3944334	11.0000000	15.0000000
		Weight	体重（磅）	9	90.1111111	19.3839137	50.5000000	112.5000000
		Height	身高（英寸）	9	60.5888889	5.0183275	51.3000000	66.5000000

图 5-4 利用 class 语的输出结果

在对数据集观测实施操作的过程步中，只有部分可以使用 class 语句。例如 proc print 中不能使用 class 语句。

除了使用范围和是否需要事先排序数据集外，by 语句与 class 语句更为本质的区别在于 by 语句将相同的过程步在不同 by 组观测形成的子集上重复操作，而 class 语句常用来对不同类别观测操作结果的比较。从程序 5-5 和程序 5-7 的输出结果可以看出两个语句功能上的区别。

5. 输出数据集——output 语句

output 语句常常在数据整理和数据分析的过程步中使用，将整理结果或者分析结果以 SAS 数据集的形式输出和保存。output 语句的格式为

```
output out = SAS 数据集名 <options>;
```

out＝SAS 数据集名指定输出数据集名，options 常用来规定输出的内容。程序 5-8将程序 5-7 按性别分类的基本统计结果存储在输出数据集 work.s 中。

```
程序 5-8
proc means data = sashelp.class;
var age weight height;
class sex;
output out = s;
run;
```

5.1.3 交互执行——run -组

1. run -组

一些过程步遇到 run 语句时并不退出运行，用户可以继续输入语句并通过提交新的 run 语句运行，实现用户和过程步的交互，以 run 为最后一条语句的语句组称为 run -组。

以交互方式运行的过程步大多出现在统计分析中，如用于回归分析的过程步 proc reg。程序 5-9 以 sashelp.class 中变量 weight 为被解释变量(因变量)、age 和 height 为解释变量进行回归。

```
程序 5-9
proc reg data = sashelp.class;
var age weight height;
model weight = age height;
output out = test p = yhat r = resid;
run;
```

提交并运行后编辑器窗口题头显示"PROC REG 正在运行"。输入语句

```
model weight = age height/noint;
run;
```

选中并提交,窗口题头仍为"PROC REG 正在运行"。输入语句

```
quit;
```

选中提交,proc reg 退出运行。

2. 退出过程步——quit 语句

交互方式运行的过程步需要用 quit 语句退出。程序 5-9 通过执行 quit 语句退出过程步。注意,一些过程步运行 run-组后且没有退出之前,会输出部分运行结果,但只有退出过程步后,输出数据集才能形成。选中并运行程序 5-9 的第一个 run-组,回归模型参数估计、图形等输出,但输出数据集 work.test 并未形成,此时直接选中并运行 quit 语句,在 work 目录下可以看到生成的输出数据集 test。

下一个 PROC 步或者 data 的提交也能使当前过程步退出。

5.2 数据管理

Base SAS 提供了许多数据管理过程步,包括数据导入过程 proc import、数据集转置过程 proc transpose。第 3 章介绍的数据集排序过程 proc sort 也是数据管理过程。

5.2.1 proc import——数据导入过程

proc import 将外部文件导入为 SAS 数据集。语法格式为

```
proc import
datafile = fname out = dsname <(数据集选项)>
<dbms = idf> <replace>;
其他语句;
run;
```

1. proc import 语句

proc import 语句为过程步的开始边界，执行后激活 import 过程。其构成要件为：

（1）**datafile**=fname 是指定要导入的外部文件，fname 为外部文件名。物理文件名用引号将包括路径在内的文件名引起来，例如 datafile='d:\mydata\p.xlsx'。fname 也可以是文件标识名。

（2）**out**=dsname 是指定生成的 SAS 数据集文件名。添加数据集选项可以对生成的 SAS 数据集进行控制，例如 pw=选项为数据集设定密码，where=选项控制导入 SAS 集中的观测等。

（3）**dbms**=idf 为可选项，指明外部文件类型(Identifier)。外部文件分为两类，第一类为 Excel 文件，此时 dbms=Excel 或者省略该选项。第二类为分隔符(Delimiter)分隔数据的文件，需根据不同分隔符类型确定 idf 取值：TAB 键为分隔符的文件 idf 为 tab，以 CSV 为扩展名的文件(CSV：Comma Separated Value)idf 为 csv，其他类型分隔符分隔的文件 idf 为 dlm，此时需要用 delimiter=语句指明分隔符类型(默认分隔符为空格)。

（4）**replace** 的功能：当 out=指定的 SAS 数据集名与已有数据集重名时，生成的数据集覆盖已有数据集。replace 为可选项。

程序 5-10 将外部文件 d:\mydata\p.xlsx 导入生成 SAS 数据集 price。

```
程序 5-10
proc import out = sasuser.price
datafile = 'd:\mydata\p.xlsx' dbms = excel replace;
run;
```

2. 其他语句

语句 proc import 外的其他语句，能更为灵活地设定数据导入操作。

（1）getnames=yes|no;

规定是否用导入文件的第一行作为 SAS 数据集变量名。getnames=yes 规定用导入文件的第一行作为 SAS 数据集变量名。如果第一行数据包含不能作为 SAS 名的字符，例如空格，SAS 将该字符转化为下划线，如果以数字开头，则在数据前添加下划线。例如第一行(分隔符分隔的)第二列数据为 3.4y，则以_3_4y 作为 SAS 数据集第二列的变量名。getnames=no 规定用 var1、var2 等作为 SAS 数据集的变量名。

（2）datarow=n;

规定从第几行开始读取外部数据。缺失情况下，如果有 getnames=yes;语句则从第二行开始，getnames=no;语句则从第一行开始。

(3) guessingrows＝n;

规定扫描(Scan)外部文件的前 n 行,以确定每列的数据类型和宽度。n 的默认值为 20。

(4) delimiter＝char|'nn'x;

指明外部文件数据分隔符。例如 delimiter＝'&'。当分隔符值需要用十六进制表示时,采用'nn'x 的格式,n 为正整数。例如 delimiter＝'09'x;指明分隔符为 Tab 键。

文件 d:\mydata\bird.txt 给出美国一些州的信息,包括区域(Region)、州名(State)、首府城市(Capital)和州鸟(Bird)。文件中的第一行为解释信息,第二行为表头,作为变量名读入,各列用空格分隔,引号内空格作为数据的一部分。程序 5-11 将 bird.txt 中数据导入 SAS 数据集,外部文件名采用文件标识名,扫描前三行确定变量属性和宽度,将第一行作为变量名,从第三行开始读取数据。导入生成 SAS 数据集 work.bird(见图 5-5)。

```
bird.txt

Region State Capital Bird
*****bird information********
South Georgia Atlanta 'Brown Thrasher'
South 'North Carolina' Raleigh Cardinal
North Connecticut Hartford Robin
West Washington Olympia 'American Goldfinch'
Midwest Illinois Springfield Cardinal
```

图 5-5　外部文本文件 bird.txt

```
程序 5-11
filename bird 'd:\mydata\bird.txt';
proc import datafile = bird
          dbms = dlm
          out = bird
          replace;
      delimiter = '';
      guessingrows = 3;
   datarow = 3;
   getnames = yes;
run;
```

proc import 过程的优势之一,是可以成批导入外部数据文件。参见 5.4 节。

5.2.2　proc transpose——转置过程

proc transpose 对 SAS 数据集进行转置，将行列互换。转置过程一般语法形式为

```
proc transpose <data = name1> <out = name2> <options>;
其他语句;
run;
```

转置后数据集第一列变量名为_name_，变量值（观测）为原数据集变量名，第二列变量名为_lable_，变量值为原数据集变量标签。如果没有 var 语句指明要转置的变量，则默认对所有数值型变量进行转置并删除字符型变量。如果没有指定转置后数据集变量名，则以 col 为前缀形成变量名 col1、col2 等。程序 5－12 将数据集 sashelp.class 进行转置，转置形成的数据集保存为 work.tc（见图 5－6）。

```
程序 5 - 12
proc transpose data = sashelp.class out = tc;
run;
```

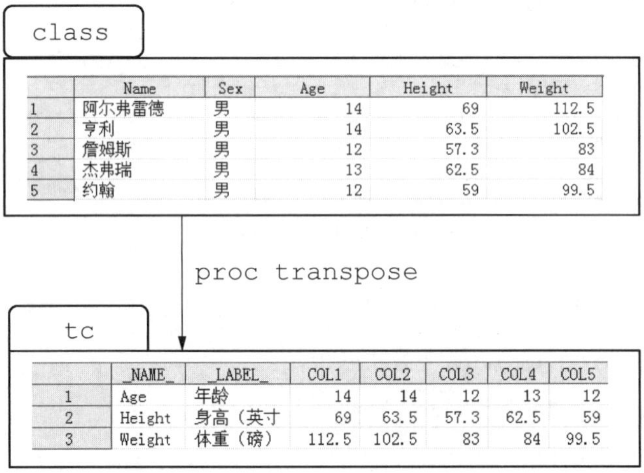

	Name	Sex	Age	Height	Weight
1	阿尔弗雷德	男	14	69	112.5
2	亨利	男	14	63.5	102.5
3	詹姆斯	男	12	57.3	83
4	杰弗瑞	男	13	62.5	84
5	约翰	男	12	59	99.5

	NAME	_LABEL_	COL1	COL2	COL3	COL4	COL5
1	Age	年龄	14	14	12	13	12
2	Height	身高（英寸	69	63.5	57.3	62.5	59
3	Weight	体重（磅）	112.5	102.5	83	84	99.5

图 5－6　转置前和转置后的数据集

1. proc transpose 语句

除关键词 proc 和 transpose 外，语句构成要件为如下选项：

（1）选项 data=name1 和 out=name2，前者指明要转置的数据集（输入数据集），默认其他 DATA 步或者 PROC 步刚生成的 SAS 数据集，后者指明转置后数据集（输出数据集）的名字，默认 name1，此时转置数据集覆盖原数据集。输入数据集和输出数据集都不能使用数据集选项。

（2）prefix=Char，规定转置后数据集中除变量_name_和_lable_之外其他变量名

前缀，默认前缀为 col。例如 prefix＝var 指定转置后数据集变量为 var1、var2 等。

2. 其他语句

执行转置过程中的其他语句，能够进行更为灵活多样的数据集转置操作。

（1）by vnames；

by 语句使 proc transpose 对每个 by 组分别进行转置。vnames 为 by 变量名列表。原数据中 by 变量形成转置后数据集的第一部分变量。语句用法参考 5.1 节。

（2）id vname；

以输入数据集中变量 vname 的观测值作为转置后数据集变量名。如果 vname 为数值型变量并且 proc transpose 语句中没有 prefix＝选项，则在变量值前加下划线作为变量名。

（3）var vnames；

指定转置变量，vnames 为变量名列表。没有出现在 vnames 中的变量被删除。var 语句的用法参考 5.1 节。vnames 中既有数值型变量又有字符型变量时，转置后数据集变量类型为字符型变量，原变量中的数值型数据转换为字符型。

3. 应用

转置能够改变数据集中数据的摆放方式，方便将行（观测）操作（包括运算）转化为列（变量）操作。

（1）数据重排

采用带 by 语句的转置过程可以实现数据重排。程序 5－13 完成了程序 4－57 对面板数据结构数据集 tp 的数据重排，重排后数据集为 tr_tp。

```
程序 5 - 13
proc transpose data = tp out = tr_tp prefix = y;
by city;
id year;
run;
```

（2）操作转化

DATA 步中的很多函数是对数据集变量操作的，例如求和函数 sum()。用转置过程将数据集转置后，可以将对观测（行）操作（Cross-observation-operation）转化为对变量（列）操作（Cross-variable-operation）。程序 5－14 先将数据集 sashelp.class 转置，然后采用最大值函数、均值函数、中位数函数求出年龄、身高和体重的最大值、平均值和中位数。

```
程序 5 - 14
proc transpose data = sashelp.class out = t;
run;
```

```
data m;
set t;
if _name_='Age' then
do;
max_age=max(of col1-col19);
mean_age=mean(of col1-col19);
med_age=median(of col1-col19);
end;
if _name_='Height' then
do;
max_height=max(of col1-col19);
mean_height=mean(of col1-col19);
med_height=median(of col1-col19);
end;
if _name_='Weight' then
do;
max_weight=max(of col1-col19);
mean_weight=mean(of col1-col19);
med_weight=median(of col1-col19);
end;
run;
```

如果采用对行操作,类似的统计计算要采用 retain 语句,参考程序 3-40。

5.3 基础统计

基础统计过程用于计算基础统计量,例如均值、分位数、标准差、相关系数、秩得分等,也用于基础的假设检验,如均值的 t 检验、正态分布检验等。本节对 BASE SAS 的基础统计过程中的 proc univariate 进行介绍,同时介绍具有数据统计功能的过程 proc means,尽管 proc means 没有将其列入基础统计过程。

5.3.1 proc means 过程

proc means 称为均值过程,用于计算单变量的描述性统计量,对变量均值是否为 0 进行 t 检验。SAS 并未把 proc means 列入基础统计过程。一般格式为

```
proc means <data = name1> <统计量关键词选项>;
其他语句;
run;
```

1. proc means 语句

proc means 语句为过程步开始边界，执行后激活(Invoke)过程步，可带的选项有两种：输入数据集选项和统计量关键词选项。

(1) 输入数据集选项

格式为 data=name1，用于指定输入数据集，默认最近创建的数据集。

(2) 统计量关键词选项

指定打印输出(即屏幕输出)中包含的统计量关键词之间用空格分开，默认输出样本个数(数目 N)、样本均值(Mean)、标准差(STD)、最小值(Min)和最大值(Max)。程序 5-15 对 sashelp.class 中数值变量(默认)进行基础统计量计算。

```
程序 5-15
proc means data = sashelp.class;
output out = sgx;
run;
```

列表输出方式和 html 输出方式下的输出结果分别见图 5-7 和图 5-8。

MEANS PROCEDURE

变量	标签	数目	均值	标准差	最小值	最大值
Age	年龄	19	13.3157895	1.4926722	11.0000000	16.0000000
Height	身高（英寸）	19	62.3368421	5.1270752	51.3000000	72.0000000
Weight	体重（磅）	19	100.0263158	22.7739335	50.5000000	150.0000000

图 5-7　列表输出方式下的输出结果

MEANS PROCEDURE

变量	标签	数目	均值	标准差	最小值	最大值
Age	年龄	19	13.3157895	1.4926722	11.0000000	16.0000000
Height	身高（英寸）	19	62.3368421	5.1270752	51.3000000	72.0000000
Weight	体重（磅）	19	100.0263158	22.7739335	50.5000000	150.0000000

图 5-8　html 输出方式下的输出结果

统计量关键词按统计量类别分为描述统计量关键词(Descriptive Statistic Keywords)、分位点统计量关键词(Quantile Statistic Keywords)和假设检验统计量关键词(Hypothesis Testing Keywords)。表 5-1 给出了关键词名称和含义，其中|表示同一关键词的两种写法。

表 5-1　proc means 统计量关键词

关　键　词	含　　　义
描述统计量	
CLM	变量均值置信区间上限和下限
LCLM	变量均值置信区间下限
UCLM	变量均值置信区间上限
MEAN	均值
MAX	最大值
MIN	最小值
RANGE	极差
SUM	变量所有值的和
N	观测个数
NMISS	缺失值个数
USS	未校正平方和(变量值的平方和)
CSS	校正平方和(变量值减去均值后的平方和)
VAR	变量样本方差
SKEWNESS|SKEW	偏度
STDDEV|STD	标准差
KURTOSIS|KURT	峰度
STDERR|STDMEAN	均值标准误(standard of the mean)
分位数统计量	
Q1|P25	0.25 分位数(下 1/4 分位数)
MEDIAN|P50	中位数(0.5 分位数)
Q3|P75	0.75 分位数(上 1/4 分位数)
P_π	π 分位数，π=0.01，0.05，0.1，0.9，0.95，0.99
QRANGE	0.75 分位数与 0.25 分位数之差
变量分布的均值是否为 0 的 t 检验统计量	
t	t 检验统计量值
PROBT	t 检验统计量大于临界值的概率，即 p 值(p-value)

注：部分统计量的定义可参见表 3-5。

2. output 语句

将描述统计量计算结果输出为数据集。

(1) 选项

语句可带输出数据集选项和统计量关键词选项。

1) 数据集选项

输出数据集选项：out=数据集名。

指定输出数据集名。

2) 统计量关键词选项

规定输出的描述统计量类型。默认输出 N、Min、Max、Mean 和 STD 四个描述统计量，以及三个系统变量_TYPE_、_FREQ_和_STAT_。变量_TYPE_和_FREQ_分别表示计算统计量依据的组别(Group)和对应组别的样本个数，如果不进行分组统计(没有 by 语句或者 class 语句)，则_TYPE_值为 0。_STAT_表示统计量类型，如果规定输出统计量类型，则输出数据集中不再包含变量_STAT_。

(2) 统计量关键词的列示方式

1) 关键词=

输出数据集只包含统计量关键词给出的描述统计量，并用原来的变量名作为输出数据集的变量名。当输出统计量类型多于一个时，由于用同一个变量名存放多个统计量值，因此后输出的统计量值覆盖先前输出的统计量值。

程序 5-16 中输出数据集 s 只包含了 age、weight 和 height 标准差，先前输出的均值数据被覆盖。

```
程序 5-16
proc means data = sashelp.class;
var age weight height;
output out = s mean =  std = ;
run;
```

2) 关键词=变量名列表

输出数据集包含关键词给出的描述统计量，并用指定变量名作为输出数据集中该描述统计量对应的变量名。如果输入数据集中计算描述统计量的变量为多个，则按变量名列表依次给对应的描述统计量变量命名。程序 5-17 输出数据集 s1 包含了 age 和 weight 的均值，变量名分别为 m1 和 m2。

```
程序 5-17
proc means data = sashelp.class;
var age weight height;
output out = s1 mean = m1 m2;
run;
```

变量名列表只给出两个变量名 m1 和 m2，height 的均值没有包括在输出数据集 s1 中。

3）统计量关键词(变量名)＝变量名列表

输出给定变量的关键词指定的描述统计量，并且变量名列表给出的名字作为输出数据集中对应的变量名。程序 5－18 输出变量 weight 的峰度到数据集 s3，并以 k_weight为变量名。

```
程序 5－18
proc means data = sashelp.class;
var age weight height;
output out = s3 kurt(weight) = k_weight;
run;
quit;
```

程序 5－19 采用多种关键词列示方法规定将哪些统计量输出以及在输出数据集中对应的变量名。

```
程序 5－19
proc means data = sashelp.class;
var age weight height;
output out = sgx mean =  std = st1 skew = skew_age kurt(weight) = k_weight;
run;
```

3. class 语句——分组统计输出

当 proc means 中包含 class 语句时，输出数据集包含按分类变量分类(组)的统计量值，变量_TYPE_的值表明分类的层级以及参与统计量计算的样本类别，class 语句中包含的分类变量个数决定了分类层级的多少。例如，class 后面有两个分类变量 A、B，则_TYPE_取 0 对应的是所有样本(不分类)，_TYPE_取 1 对应按变量 B 分类的样本，TYPE_取 2 对应按变量 A 分类的样本，而_TYPE_取 3 对应按变量 A 和变量 B (即 A＊B)分类的样本。

使用 by 语句时，按 by 变量分组统计时，只有一个层级的样本类别。例如 by 变量为 A 和 B 时，只按变量 A 和 B(即 A＊B)分组统计，输出数据集中变量_TYPE_取 0。

数据集 zgsh 为中国石化(600028)2018 年 2 月 4 日至 2018 年 2 月 10 日的日内高频逐笔交易数据，变量 stkcd、tdate、ttime 和 p 分别表示股票代码、交易日期、交易时间和成交价格。由于交易时间只记录到分钟，因此同一分钟内发生的交易对应的交易时间相同，如图 5－9 所示。

stkcd	tdate	ttime	p
600028	2018-04-02	13:21:00.000	6.45
600028	2018-04-02	13:21:00.000	6.46
600028	2018-04-02	13:21:00.000	6.46
600028	2018-04-02	13:21:00.000	6.45
600028	2018-04-02	13:22:00.000	6.45
600028	2018-04-02	13:22:00.000	6.45
600028	2018-04-02	13:22:00.000	6.45
600028	2018-04-02	13:22:00.000	6.46
600028	2018-04-02	13:22:00.000	6.45
600028	2018-04-02	13:22:00.000	6.46

图 5－9　日内逐笔高频交易数据

程序 5－20 计算每个交易日每分钟内的交易笔数并输出到数据集 trade。

```
程序 5 - 20
proc means data = zgsh;
class tdate ttime;
var p;
output out = trade N = tradn;
run;
```

输出数据集 trade 中变量_TYPE_值为 3 对应的变量 tradn 的值是当日当时 1 分钟内的交易笔数。变量_FREQ_与 tradn 的值相同。

proc means 过程可以起到数据统计功能，和 DATA 步结合可以进行满足条件的观测筛选。程序 5－21 将利用程序 5－20 生成的数据集 trade 将 zgsh 中 1 分钟内交易笔数大于 19 的观测输出为数据集 want。

```
程序 5 - 21
data trade;
set trade;
if tdate & ttime;
if tradn>19;
run;
filename f1 "b:\mydata\n1.txt";
filename f2 "b:\mydata\n2.txt";
data _null_;
set trade end = js;
file f1;
if _n_ = 1 then put 'where tdate in ('@;
put "'" tdate date8. "'d," @;
if js then put "'" tdate date8. "'d" ');';
```

```
file f2;
if _n_ = 1 then put 'where ttime in ('@;
put "'" ttime time8. "'t," @;
if js then put "'" ttime time8. "'t" ');';
run;
data want;
set zgsh;
%include f1;
%include f2;
run;
```

第一个 DATA 步对数据集进行整理，保留 tradn(1 分钟交易笔数)大于 19 的观测，并去掉含缺失值的观测。第二个 DATA 步用 put 语句将 where tdate in(日期列表);和 where ttime in (时间列表);封装为文本文件 tem1.txt 和 tem2.txt，日期列表和时间列表用 trade 中变量 tdate 值和变量 ttime 值生成，用逗号分隔。最后的 DATA 步用%include 语句将 n1.txt 和 n2.txt 中的语句引入 DATA 步，实现观测筛选。

%include 语句引入的文本文件中语句的长度不能超过 32k 字节，其功能受到限制。例如程序 5 - 21 如果改为挑选 1 分钟交易笔数大于 15 笔的记录，则会提示出错。

已实现方差(Realized Variance)也称为已实现波动 RV(Realized Volatility)，是采用日内高频数据计算的股票收益率的日方差估计值。设 p_{ti}，$i=1, 2, \cdots, n_t$ 为 t 交易日内时刻 t_i 处成交价格的对数，$r_{ti}=p_{ti}-p_{t,i-1}$ 为对应的收益率，t 交易日的已实现方差定义为

$$RV_t=\sum_{i=1}^{n_t} r_{ti}^2$$

由于交易数据中存在市场微观结构噪音，因此不宜采用频率过高的交易数据计算已实现方差，一般取 5 到 10 分钟数据计算。程序 5 - 22 以数据集 zgsh 中的 1 分钟高频交易数据为基础计算每日的 5 分钟样本已实现方差。

```
程序 5 - 22
proc sort data = zgsh;
by ttime;
run;
data zgsh;
set zgsh;
by ttime;
```

```
if last.ttime;
if ttime>'9:25't;
m = minute(ttime);
if int(m/5) = m/5;
run;
data zgsh;
set zgsh;
r = log(p) - lag(log(p));
if tdate - lag(tdate) ne 0 then delete;
run;
proc means;
var r;
class tdate;
output out = rv uss = rv;
run;
```

第一个 DATA 步对按交易时间排序的数据集输出分钟时间刻度上最后一笔交易记录,并只输出 5 分钟交易数据。第二个 DATA 步计算 5 分钟收益率且把跨日计算的记录删除。最后用 proc means 计算每日已实现波动并输出为数据集 rv,用 rv 作为已实现波动变量名。

5.3.2　proc univariate 过程

proc univariate 称为单变量过程,具有丰富的单变量统计和分析功能,除了可以计算并输出 proc means 计算的统计量之外,主要功能还包括:(1) 对变量均值(Location)进行 t 检验、符号检验(Sign Test)、Wilcoxon 符号秩检验(Wilcoxon Signed Rank Test)。(2) 输出变量的频数表。(3) 对变量服从的分布进行分析:① 分布检验,包括正态分布 Shapiro-Wilk 检验、Kolmogorov-Smirnov 检验等,以及基于经验分布函数(EDF:Empirical Distribution Function)的 Kolmogorov-Smirnov 检验、Anderson-Darling 检验和 Cramer-von Mises 检验;② 画频率直方图(Histogram),同时画出拟合特定分布的密度函数曲线,或者核估计得出的密度曲线,画出经验分布函数图、Q－Q 图等,计算并输出分布密度函数的核估计。(4) 将检验和估计结果输出为 SAS 数据集。

过程 proc univariate 的一般格式为

```
proc univariate <选项>;
其他语句;
run;
```

本节对 proc univariate 常用功能进行介绍。

1. 变量均值检验

用于检验输入数据集中数值型变量的均值是否等于给定的值。检验方法包含参数检验方法中的 t 检验和非参数检验方法中的符号检验和 Wilcoxon 符号秩检验。

均值检验也称为位置检验(Location Test),是 proc univariate 的默认输出,此时对每个数值型变量进行均值是否为 0 的检验。如果仅对某些变量进行检验,则用 var 语句列出变量名,如果检验的均值不是 0,则在 proc univariate 语句添加选项 mu0= 给出各个变量要检验的均值。程序 5 - 23 对 sashelp.class 中 age 和 height 进行均值检验,检验均值分别为 13 和 60。

```
程序 5 - 23
proc univariate data = sashelp.class mu0 = 13 60;
var age height;
run;
```

输出结果分变量列示,age 和 height 均值检验结果显示见图 5 - 10。

位置检验: Mu0=13				
检验	统计量		p 值	
Student t	t	0.922168	Pr > |t|	0.3686
符号	M	1	Pr >= |M|	0.8036
符号秩	S	18	Pr >= |S|	0.3766

位置检验: Mu0=60				
检验	统计量		p 值	
Student t	t	1.986719	Pr > |t|	0.0624
符号	M	2.5	Pr >= |M|	0.3593
符号秩	S	46.5	Pr >= |S|	0.0616

图 5 - 10 age 和 height 均值检验结果

三种检验方法的 p 值均显示,age 和 height 均值检验不能拒绝原假设。

2. 变量频数表

频数表(Freqency Table)给出变量取各个值的频数以及在所有取值中的频率,常用于列联表分析。proc univariate 语句添加选项 freq 可输出频数表。数据集 score 中变量 pretest 和 posttest 是某门课程辅导前和辅导后的考试成绩,schang 是辅导前后成绩之差。程序 5 - 24 输出 schange 频数表。

```
程序 5 - 24
proc univariate data = Score freq;
var ScoreChange;
run;
```

scorechange 的频数表输出见图 5 - 11。

第一列(值)和第二列(计数)分别给出变量的值和该值出现的频数,第三列(单元格)为出现频率,第四列(累积)为累积频率,列出 5 个示意以节省空间。频率表显示,分数变化为-37 的有 1 个学生,占 8.3%,为-5 的有 2 个学生,占 16.7%。

频数统计			
		百分比	
值	计数	单元格	累积
-37	1	8.3	8.3
-14	1	8.3	16.7
-7	1	8.3	25.0
-5	2	16.7	41.7
-3	2	16.7	58.3

图 5-11　scorechange 的频数表

3. 正态分布检验

选择合适的分布是对变量进行统计推断的基础。proc univariate 语句添加选项 normaltest 可以检验变量是否服从正态分布,输出中包含四种检验方法的检验结果。程序 5-25 对 sashelp.class 中变量 weight 进行正态分布检验。

程序 5-25
```
proc univariate data = sashelp.class normaltest;
var weight;
run;
```

输出的检验结果见图 5-12。

正态性检验				
检验	统计量		p 值	
Shapiro-Wilk	W	0.965083	Pr < W	0.6756
Kolmogorov-Smirnov	D	0.134048	Pr > D	>0.1500
Cramer-von Mises	W-Sq	0.057963	Pr > W-Sq	>0.2500
Anderson-Darling	A-Sq	0.366427	Pr > A-Sq	>0.2500

图 5-12　正态分布检验结果

四种检验结果均不能拒绝正态分布原假设。

要检验变量是否服从其他类型的分布,需要用 histogram 语句。

4. 频率直方图、分布检验和密度函数估计

频率直方图(Histogram)能够直观显示变量取值分布的特征。histogram 语句能够输出变量频率直方图,对变量是否服从某种分布进行检验,对变量的分布密度函数进行核估计并输出为数据集。语句格式为

```
histogram <变量名列表></选项>;
```

变量名列表给出要分析的变量,如果有 var 语句,则变量名列表中的变量必须是 var 语句中给出的变量。有 var 语句、histogram 语句没有变量名列表,默认对 var 语句列出的所有数值型变量进行分析;没有 var 语句、histogram 语句没有变量名列表,默认对输入数据集中所有数值型变量进行分析。

选项在斜杠“/”后给出，主要用于确定分布类型及其参数。分布类型既包括正态分布(Normal)、贝塔分布(Beta)、指数分布(Exponent)、伽马分布(Gamma)、对数正态分布(Lognormal)、威布尔分布(Weibull)等常见分布，又包括龚贝尔分布(Gumbel)、逆高斯分布(Igauss)、帕累托分布(Pareto)、幂函数分布(Power)、瑞莱分布(Rayleigh)、Johnson S_B分布(SB)、Johnson S_U(SU)分布等。在分布类型选项后的括号内，可以设定分布的参数值，例如正态分布的均值和方差，既可以设定为具体数值，又可以设定为用样本来估计(Est)。例如/normal(mu=0.1 sigma=est)设定均值为 0.1、标准差通过样本估计的正态分布。不同分布的参数不同，采用的关键词也不一样，默认值也不相同，细节可参考 SAS 帮助。

(1) 频率直方图和分布检验

histogram 语句输出变量的频率直方图，添加分布类型选项可以对给定类型的密度函数中的参数进行估计，并在频率直方图上画出密度函数曲线，与此同时对变量是否服从给定类型的分布进行非参数检验。

流水线上的机械臂将铰链连接到金属板上，连接点离金属板左边沿的偏移量应在 10.1 mm 之内。由于机械臂不太稳定，实际偏移量在 10.0～10.5 mm。数据集 Robots 中变量 length 是机械臂 50 次操作的偏移量数据。程序 5－26 画出 length 的频率直方图，同时采用对数正态分布拟合数据，对 length 是否服从对数正态分布进行检验。

```
程序 5-26
proc univariate data = robots;
var length;
histogram length/lognormal;
run;
```

输出结果的第一部分是带密度曲线的频率直方图(见图 5－13)。

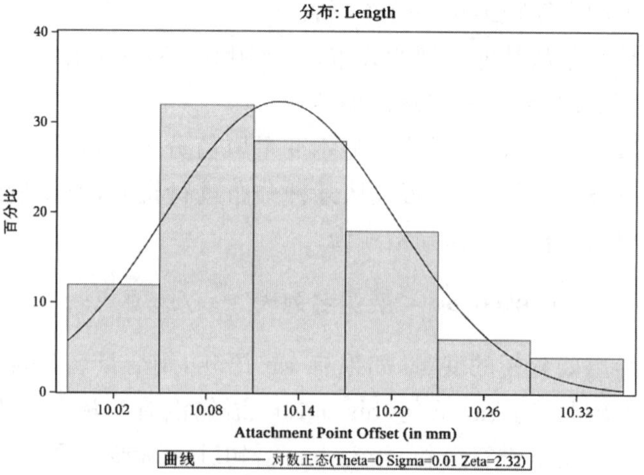

图 5－13　带密度曲线的频率直方图

其中参数 Theta(θ)、Sigam(σ)和 Zeta(ζ)是分布中的三个参数。频率直方图中的三个参数对数正态分布密度函数为

$$p(x \mid \theta, \zeta, \sigma)=\begin{cases}\dfrac{1}{\sqrt{2\pi}\sigma(x-\theta)}\exp\left(-\dfrac{(\log(x-\theta)-\zeta)^2}{2\sigma^2}\right), & x>\theta \\ 0, & x\leqslant\theta\end{cases}$$

实际上是截尾对数正态密度函数，θ 是截尾门限(Threshold)，σ 和 ζ 分别为形状(Shape)参数和位置(Location)参数，三个参数的值可以设定，具体格式为 lognormal (theta=a,sigma=b,zeta=c)。本例中没有设定参数值，参数 σ 和 ζ 基于样本值用极大似然估计得到，截尾门限 θ 取默认值 0。

输出的第二部分是采用对数正态拟合变量的效果，其中的分布拟合优度检验结果见图 5－14。

"Lognormal" 分布的拟合优度检验				
检验	统计量		p 值	
Kolmogorov-Smirnov	D	0.07980877	Pr > D	>0.150
Cramer-von Mises	W-Sq	0.08019930	Pr > W-Sq	0.209
Anderson-Darling	A-Sq	0.58882155	Pr > A-Sq	0.123

图 5－14　分布拟合优度检验结果

三种检验的 p 值均大于 0.05，表明不能拒绝对数正态分布。

在 histogram 语句添加多个分布类型选项，可以实现一个频率直方图用多个分布拟合的效果图。数据集 plates 中变量 gap 给出了随机选取的 50 件焊接组件上两个焊点的距离数据。程序 5－27 用对数正态、威布尔和伽马三种分布拟合变量 gap。

程序 5－27

```
proc univariate data = book.Plates;
var Gap;
histogram/lognormal weibull gamma;
run;
```

频率直方图输出见图 5－15。

从中看出 gamma 分布拟合效果最好，但三种分布对上(右)尾部 1.8 处的拟合效果均不理想。

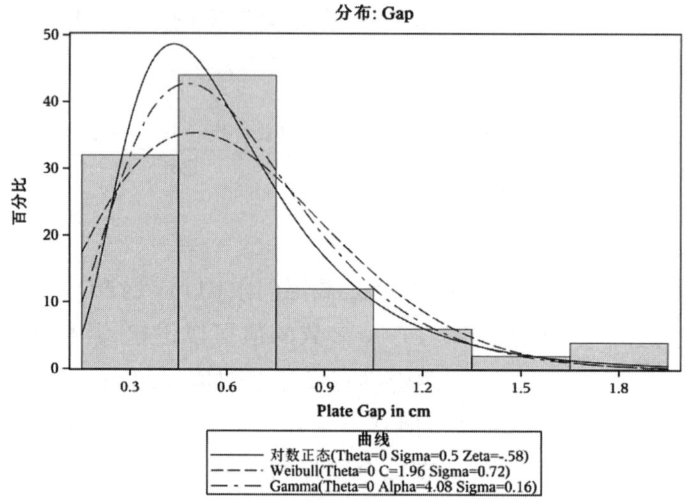

图 5-15　多个分布拟合的频率直方图

（2）密度函数核估计

给定分布类型来拟合变量分布，只需求出分布参数的极大似然估计即可画出分布密度曲线，属于参数拟合。如果不指定特定分布，则用核估计方法得出的密度曲线拟合为非参数拟合。histogram 语句中添加选项 kernel 可以实现非参数拟合。语句格式为

```
histogram/kernel(选项);
```

选项用来规定估计和拟合细节，选项之间用空格隔开：

k= value：设定核估计中核函数类型，value 取值为 normal、quadratic 和 triangular，分别对应正态核、二次核和三角核，默认正态核。

c=value：设定核估计的标准化带宽（Bandwidth）参数，可以设定多个参数值，之间用空格隔开，每个值对应一条核估计密度曲线。

outkernel=DS：将核估计的密度函数输出为 SAS 数据集，DS 为 SAS 数据集名。

程序 5-28 对数据集 shaindex1519 中的变量 clp 进行分布拟合，除了采用逆高斯分布和龚贝尔分布进行参数拟合外，还采用核估计的密度曲线进行拟合，并将密度函数的核估计输出为 SAS 数据集。

```
程序 5-28
proc univariate data = shd1519;
histogram clp/gumbel igauss kernel outkernel = ds;
run;
```

频率直方图输出见图 5-16。

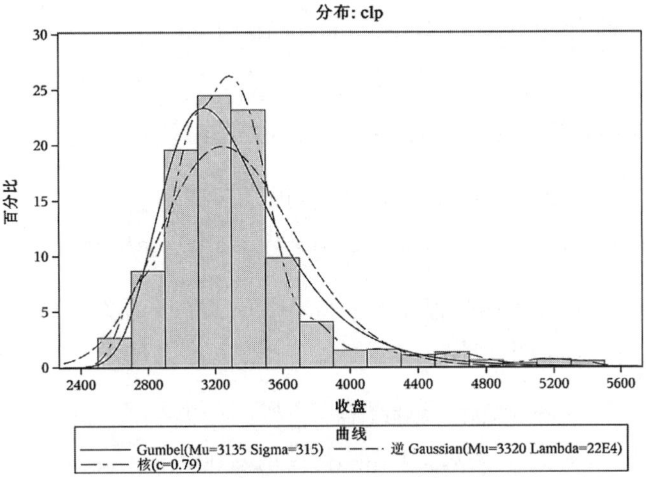

图 5-16　带核估计的密度曲线的频率直方图

日志窗口显示，正态核估计采用的带宽参数 c=0.7852，对应的带宽为 74.989。输出数据集 ds 中变量_value_为 clp 的不同取值，_density_为对应的密度函数值。

5.4　成批执行 PROC 步——和 DATA 步结合

通过调用 DATA 步例程 execute()，可借助 DATA 步成批生成过程步程序，并在 DATA 步结束后依次执行这些过程步，实现过程步成批执行。

DATA 步内调用 execute()例程的语句格式为

```
call execute(自变量);
```

自变量为字符表达式，调用后，例程 execute 生成以自变量当前取值为代码的程序，并推送给 SAS 等待执行。例如

```
call execute("proc print data = sashelp.class;run;");
```

执行后生成程序

```
proc print data = sashelp.class;
run;
```

并等待执行。

```
程序 5-29
data _null_;
```

```
call execute("proc print data = sashelp.class;run;");
run;
```

程序 5－29 中 DATA 步只循环一次，call execute 执行一次。日志窗口出现提示

```
NOTE: CALL EXECUTE 生成了代码行。
1    + proc print data = sashelp.class;run;
```

sashelp.class 有 19 条观测，程序 5－30 中 DATA 步内置循环 19 次，call execute 执行 19 次，每次日志窗口出现提示

```
NOTE: CALL EXECUTE 生成了代码行。
n    + proc print data = sashelp.class;run;
```

n 表明是第几次调用例程。

```
程序 5－30
data _null_;
set sashelp.class;
call execute("proc print data = sashelp.class;run;");
run;
```

例程 execute()自变量中的字符表达式可包含 DATA 步数据集变量，变量取值随 DATA 循环取不同值，生成不同的程序。

程序 5－31 首先用 DATA 步生成数据集 setname，其中字符变量 name 有两个观测，为 sashelp 逻辑库中两个数据集名，然后在另一个 DATA 步中打开数据集 setname 进行循环，每次循环调用例程 execute()。

```
程序 5－31
data setname;
input name $;
datalines;
class
citiyr
;
data _null_;
set setname;
call execute("proc print data = sashelp."||name||";"||"run;");
run;
```

例程 execute()自变量的字符表达式中包含数据集变量 name，在 DATA 步每次循环中取不同值，生成的打印程序也不一样，实现了两个数据集打印。程序 5－31 中例程 execute()自变量的字符表达式中，用字符连接运算符“||”实现字符串接，字符串接函数 cat()可更为方便地实现这一功能。

采用 DATA 步调用例程 execute()可以实现 PROC 步成批执行。程序 5－32 用 proc import 将目录 d:\mydata 中的以 course 开头的 Excel 文件(.xlsx)导入为同名 SAS 数据集。

```
程序 5-32
filename flist pipe 'dir d:\mydata\course * .xlsx/b';
data course;
length lec  $ 60;
infile flist truncover length = l;
input majorcourse  $60. @;
input @1 @"_" name1  $60. ;
lec = 'd:\mydata\'||majorcourse;
l = index(name1,'.') - 1;
name = substr(name1,1,l);
put l name;
run;
data _null_;
set course;
txt1 = cats("proc import datafile = 'd:\mydata\",majorcourse,"'");
txt2 = cats("out = ",name);
txt3 = "dbms = excel replace; getnames = yes; run; ";
txt = txt1||" "||txt2||" "||txt3;
call execute(txt);
run;
```

第一个 DATA 步将目录 d:\mydata 下以 course 开头的 Excel 文件名读入 SAS 数据集 course 变量 name 中，第二个 DATA 步用调用 execute 例程形成三个 proc import 程序段，在 DATA 结束后执行，将三个 Excel 文件导入为同名 SAS 数据集。

execute()自变量作为 SAS 程序，需要符合 SAS 程序语法，例如语句要以分号结束，选项之间的空格隔开，在定义字符时需要注意诸如此类的细节。

习题

1. where 数据集选项能够用于 PROC 步的输出数据集吗？

2. 用 proc print 分别打印 sashelp.class 中男性观测和女性观测，写出采用 where 语句、where 数据集选项、by 语句的程序。这些程序的执行有什么区别？

3. 什么是 run-组？所有 proc 程序都是交互运行方式吗？如果不用 quit 语句退出，交互执行的 proc 会出现什么问题？

4. 数据集 Fishdata 是在两个池塘 Cole pond 和 Eagle lake 中连续三天的捕鱼数据，变量 location 表示池塘，Length1 和 Weight1 表示捕到第一条鱼的重量和长度，其他变量以此类推。数据集的数据结构为

Location	Date	Length1	Weight1
Cole Pond	02JUN95	31	0.25
Cole Pond	03JUL95	33	0.32
Cole Pond	04AUG95	29	0.23
Eagle Lake	02JUN95	32	0.35
Eagle Lake	03JUL95	30	0.2
Eagle Lake	04AUG95	33	0.3

用 proc transpose 对 Fishdata 进行转置，要求转置后的数据集具有如下结构

Location	Date	以前的变量名	Measurement
Cole Pond	02JUN95	Length1	31
Cole Pond	02JUN95	Length2	32
Cole Pond	02JUN95	Length3	32
Eagle Lake	02JUN95	Length1	32
Eagle Lake	02JUN95	Length2	32
Eagle Lake	02JUN95	Length3	33

其中 measurement 变量为鱼的长度（提示：用 var 语句和 by 语句，在 proc transpose 语句选项 out＝给出的输出数据集后采用数据集选项 rename＝修改变量名）。

5. SAS 数据集 zgsh 中的数据是 2018 年 4 月 2 日到 4 月 10 日的日内 1 分钟高频交易数据，tdate、ttime 和 p 分别为交易日期、交易时间和成交价格。

（1）等距抽样形成 5 分钟、10 分钟、30 分钟、1 小时、日交易价格子数据集。

（2）用 proc univariate 画出 1、5、10、30 分钟、1 小时、日交易价格的频率直方图，同时画出正态分布拟合和核估计拟合的密度曲线图。

（3）能否认为频率越低的交易价格越接近正态分布？用分布检验验证你的观测。

6. 在 DATA 步中调用例程 execute()，打印(print)程序 5－32 中生成的 SAS 文件 economics、finance 和 math。

7. 在 DATA 步中调用例程 execute()，用 proc means 计算程序 5－32 中生成的 SAS 文件 economics、finance 和 math 中变量 code 的最大值，并输出为同名 SAS 数据集。

第 6 章　时间序列数据处理

SAS 产品 SAS/ETS 是时间序列数据处理和分析的软件包，ETS 可理解为 Econometrics of Times Seires 的缩写。从本章开始用 4 章的内容对 SAS/ETS 的有关概念、操作和过程步进行介绍。本章介绍时间序列数据处理，为时间序列分析奠定基础。

6.1　时间序列数据集

涉及日期和时间，时间序列数据集比一般的 SAS 数据集具有更多需要注意的细节，数据整理的内容更为丰富和复杂。

标准的时间序列数据集满足以下条件：

（1）每个时间序列在数据集中只用一个变量表示。

（2）每个时点或者时段只有一个观测。

（3）包含 ID 变量或者用于标识每个观测时点或者时段的变量。

（4）数据按 ID 变量排序，观测按时间顺序排列。

（5）观测之间的时间间隔相同，数据可用单一抽样间隔描述，如小时数据、月度数据、季度数据、年度数据等。数据集中包含不同抽样频率的序列时，需事先处理为频率相同的时序，处理方法包括汇总频率高的观测、插值频率低的观测、将变量的观测值置为缺失值等。

6.1.1　日期和时间

时间序列以日期和时间为标记进行排序。SAS 将日期和时间存储为数值，通过输出格式展示为各种形式的日期和时间。SAS 将日期存储为离 1960 年 1 月 1 日的天数，时间存储为离 0 时 0 分 0 秒(午夜)的秒数，将日期时间表示为离 1960 年 1 月 1 日 0 时 0 分 0 秒的秒数。例如，SAS 将 1991 年 10 月 17 日下午 2 点 47 分存储为 1 003 329 900 秒。SAS 中日期常数、时间常数和日期时间常数的表示方法见第 3 章，常见输入/输出格式见第 2 章。

1. 年份为两位数的日期

SAS 的输入格式和函数可以处理年份为两位数的日期数据，年份所处的世纪默认为 1926—2025 年间的 100 年，当两位数年份为 26～99 的两位数时，对应的年份是 1926—1999 年，当两位数年份为 00～25 时，对应的年份是 2000—2025 年，因此 '01APR20'D对应 2020 年 4 月 1 日，'01APR27'则对应 1927 年 4 月 1 日。程序 6-1 将日期常数'01APR27'd 和'01APR17'd 分别输出(到日志窗口)为 1927 年 4 月 1 日和 2017 年 4 月 1 日。

程序 6-1

```
data _null_;
a = '01APR17'd;
b = '01APR27'd;
put a date10. b date10.;
run;
```

通过 SAS 系统选项 option yearcutoff=可以设定世纪的初始年份。option 为全局语句，可以出现在 SAS 程序中的任何地方。程序 6-2 在程序 6-1 中的 DATA 步前添加语句“option yearcutoff=1970;”将世纪起始年份设定为 1970 年。

程序 6-2

```
option yearcutoff = 1970;
data _null_;
a = '01APR17'd;
b = '01APR27'd;
put a date10. b date10.;
run;
```

put 语句输出到日志窗口的两个日期分别为 2017 年 4 月 1 日和 2027 年 4 月 1 日。option 语句设定的世纪起始年份在本次 SAS 运行期间有效，可以执行另外的 option 语句重设起始年份。

2. 不带月份和/或日的日期

SAS 的日期由年月日构成。SAS 用输入格式 yymmnw.来读取只有年份和月份的外部数据，并在其后添加 1 日作为日期存储，w 为读入数据宽度，取正整数。用输出格式 yymonw.将 SAS 日期输出为只有年份和月份的日期。程序 6-3将内嵌数据 19934 按 1993 年 4 月 1 日读给变量 x，put 语句按两种输出格式将 x 值显示在日志窗口。

程序 6-3

```
data _null_;
input x yymmn5.;
```

```
put x yymmdd10.;
put x yymon.;
datalines;
19934
;
run;
```

SAS 用输入格式 yyqw.来识别和读取形如 yyQq 或者 yyyyQq 的只有年份和季度的外部数据，并用季度首月和首月 1 日作为月份和日读入，用输出格式 yyqw.将 SAS 日期输出为只有年份和季度数据的日期形式，w 取值范围为 4～32。程序 6－4 将 1993Q3 按 1993 年 7 月 1 日读入变量 x，两个 put 语句以两种输出格式在日志窗口显示日期，输出格式 yyq8.在输出数据（6 位）前添加两个空格使输出宽度为 8。

```
程序 6-4
data _null_;
input x yyq6.;
put x yyq8.;
put x yymmdd10.;
datalines;
1993Q3
;
run;
```

读取只有年份的外部数据时，可以先按字符读取，然后与字符'01JAN'(1 月 1 日)连接，再用函数 input()将其转换为日期即可。如果只需要 SAS 日期中的年份，则可以用函数 year()从日期中提取。程序 6－5 先将 1993 按 4 位字符读给变量 x，然后将'01JAN'和 x 做字符连接，最后用函数 input()将字符转换为日期。用函数 year()提取 y 中的年份。

```
程序 6-5
data _null_;
input x $4.;
y = input('01JAN'||x,date10.);
z = year(y);
put y yymmdd10.;
put z;
datalines;
```

```
1993
;
run;
```

也可以先将 1993 读为数值变量，然后用函数 mdy()形成 SAS 日期。见程序 6－6。

3. 日期合并和拆分

(1) 日期合并

函数 MDY()将年份、月份和日合并为 SAS 日期，函数 YYQ()将年份和季度合并为 SAS 日期。

① 函数 mdy(m,d,y)

m、d 和 y 分别表示月份、日和年份，可以是数值常数或者数值型变量。例如 MDY(10,17,2010)的返回值是日期'17OCT2010'd。程序 6－6 将内嵌数据行数据分别读给数值变量 month、year 和 cpi，通过函数 mdy()用赋值语句定义日期变量 date。

```
程序 6-6
data cpi;
    input month year cpi;
    date = mdy(month,1,year);
    format date monyy.;
datalines;
6 90 129.9
7 90 130.4
8 90 131.6
;
```

其中 monyy.为日期输出格式，显示日期的月份(英文的前 3 个字母大写)和不带世纪的年份，例如将 1990 年 6 月 1 日输出为 JUN90。

② 函数 yyq(y,q)

y 为年份，既可以是常数也可以是变量，常数值或者变量值既可以是带世纪的四位数，又可以是不带世纪的两位数。q 为季度，既可以是常数又可以是变量，取值为 1、2、3 和 4 中的某个数。yyq(y,q)返回年份和季度的日期。例如 yyq(2020,4)的返回值是日期'1OCT2020'd。程序 6－7 将内嵌数据行的前两块数据读给变量 year 和 qtr，再用函数 yyq(year,qtr)形成日期变量 date。日期输出格式 yyqc.将日期输出为形如 yy(yy):q 的日期，yy(yy)为两位(四位)年份，q 为季度。

```
程序 6-7
data econ;
```

```
    input year qtr gnp;
    date = yyq(year,qtr);
    format date yyqc.;
datalines;
1990 1 5375.4
1990 2 5443.3
1990 3 5514.6
;
```

③ 函数 nwkdom(n,wd,m,y)

返回给定年份和月份内各周每天对应的日期。y、m 分别为年份和月份，wd 为周内某一天(Weekday)，取值范围 1～7，1 对应周日，2 对应周一，以此类推，n 表示月内的第几周，取值范围 1～5。四个自变量可以是数值常数，也可以是数值型变量。

例如，函数 nwkdom(1,3,11,2020)的返回值是 2020 年 11 月第一周星期二(2020-11-03)，nwkdom(2,4,9,2020)的返回值是 2020 年 9 月第二周星期三(2020-09-09)。

如果第四周是月份的最后一周，则 n 取值 4 和取值 5 得到日期相同。例如，nwkdom(4,1,5,2014)和 nwkdom(5,1,5,2014)的返回值都是 2014 年 5 月 25 日。

采用函数 nwkdom()可以方便地计算“某个月份的第一个星期四”“某个月份的最后一个星期五”等对应的日期。

(2) 日期拆分

函数 year()、month()和 day()分别从日期自变量中提取年份、月份和日，函数 week()和 weekday()从日期自变量中提取星期几，周和周内实现日期的拆分。

4. 小于秒的时间表示

SAS 的时间采用 HH:MM:SS 表示时分秒，在时分秒之后添加分数秒表示小于秒的时间单位，小于秒的时间单位与时分秒部分用点“.”隔开，即 HH:MM:SS.$s_1 s_2 \cdots s_k$，s_1表示 1/10 秒，…，s_k表示 $1/10^k$秒。输入格式为 timew.按宽度 w 读取外部时间数据，w 值的范围为 2～20，默认值 8。时分秒之间的分隔符为“:”。如果时分秒分隔符也用“.”，则按分隔的先后顺序确定时分秒和分数秒。例如输入格式 time7.将 7:10:11.3 和 7.10.11.3 都读取为 7 点 10 分 11.3 秒。

SAS 采用输出格式 timew.d 输出 SAS 时间，w 为输出宽度，d 为分数秒的宽度。程序 6-8 按输入格式 time10.将 7:10:11.3 读给变量 x，按输入格式 time9.将 7.10.11.3读给变量 y，以不同输出格式输出 x 和 y 的值到日志窗口，分别显示为 7:10:11.30000 和 7:10:11.30。

```
程序 6-8
data _null_;
```

```
input x time10. y time9.;
put x time15.5;
put y time10.2;
datalines;
7:10:11.3 7.10.11.3
;
```

5. 时间合并和拆分

(1) 时间合并

函数 hms()将时、分和秒合并为 SAS 时间,实现时间的合并。具体形式为

函数 hms(h,m,s)

h、m 和 s 为数值常数或者变量,分别为时、分和秒,s 可以是小数。例如 hms(12,10,32.45)的返回值是时间'12:10:32.45't。程序 6-9 用 input 语句将内嵌数据读入 hh、mm 和 ss,用函数 hms(hh,mm,ss)生成时间变量 time。输出格式 time12.3 将 time 的值输出为宽度 12、三位分数秒的时间格式,如 18:26:56.789。

```
程序 6-9
data t;
input hh mm ss;
time = hms(hh,mm,ss);
format time time12.3;
datalines;
12 32 25.3
8 10 30
18 26 56.789
;
```

(2) 时间拆分

函数 hour()、minute()和 second()分别从时间自变量中提取时、分和秒。用这三个函数可以实现时间拆分。例如 time='6:25:65't;h=hour(time);m=minute(time);则 h 和 m 的值分别为 6 和 25,s=second(time);则 s 的值为 5,65 秒被分成 1 分 5 秒。

6. 日期时间的合并和拆分

(1) 日期时间合并

当日期和时间分别为数据集的两个变量时,往往需要将两者合并成一个日期时间变量。日期时间变量是按秒存储的,有三种方法可以实现日期和时间的合并。第一种方法是将日期乘以 24 * 60 * 60 换算为离 1960 年 1 月 1 日的秒数,然后和时间相加。

第二种方法是用函数 dhms()，格式为

函数 dhms(d,h,m,s)

d 为日期，h、m 和 s 分别为时、分和秒。dhms(d,h,m,s)将 h、m 和 s 合并为时间，再将日期 d 和时间合并为日期时间。例如 dt=dhms('01jan03'd,15,30,61)的返回值为日期时间'01JAN03:15:31:01'dt。用函数 dhms()合并日期和时间，需要先从时间中提取时分秒数据。

第三种方法先用函数 put()将日期和时间转化为字符，然后用字符连接符||或者字符函数 cats()将两个字符连接成一个字符，再用函数 input()把字符转化为日期时间。程序 6-10 用三种方法将数据集 zgsh 中的日期变量 tdate 和时间变量 ttime 合并为日期时间 tdt1 和 tdt2。

```
程序 6-10
data test;
set zgsh;
tdt1 = tdate * 24 * 60 * 60 + ttime;
tdt2 = dhms(tdate,hour(ttime),minute(ttime),second(ttime));
temp = cats(put(tdate,date.),'T', put(ttime,time20.3));
tdt3 = input(temp,datetime18.);
format tdt1 tdt2 tdt3 datetime18.;
run;
```

采用第三种方法时需要注意，时间日期的表达格式有一定要求，日期部分必须是'ddMMMyy(yy)'d的形式，MMM 为月份英文单词前三个字母大写，用函数 put()将 tdate 转化为字符时，要用输出格式 date.，日期和时间的分隔符可以用'T'或者':'，字符连接时要用函数 cats()，会自动把被连接字符前面的空格去掉，字符连接运算符||没有这个功能，有时会出现错误。

(2) 日期时间拆分

用函数 datepart()和函数 timepart()可以从日期时间自变量中提取日期和时间，实现日期时间的拆分，函数自变量可以是日期时间常量，也可以是日期时间变量。例如 datepart('21mar2012:17:01:00'dt)和 timepart('01sep2020:13:36:33'dt)的返回值分别为日期 2012 年 3 月 21 日和时间 13 点 36 分 33 秒。

7. 日间隔和年间隔计算

函数 datdif()和 yrdif()分别用来计算两个给定日期之间的天数(Date-difference)和年数(Year-difference)。

(1) 函数 datdif()——日间隔计算

函数 datdif()计算两个日期间隔的天数，有三个自变量，一般形式为

```
datdif(sdate,edate,basis)
```

sdate 和 edate 为起止日期,可以是常量也可以是变量和表达式,basis 用于选定计算基准,可以是字符常数和字符型变量,取值为'ACT/ACT'或者'30/360',取值'ACT/ACT'时按实际的(Actual)月天数和年天数计算,取值'30/360'时按每月 30 天计算,每年 360 天计算,例如

```
datdif('01JAN2020'd,'01JAN2021'd)
```

和

```
datdif('01JAN2020'd,'01JAN2021'd,'30/360')
```

的返回值分别为 366 和 360。

(2) 函数 yrdif()——年间隔计算

函数 datdif()计算两个日期间隔的天数,有三个自变量,一般形式为

```
yrdif(sdate,edate,basis)
```

sdate 和 edate 为起止日期,可以是常量也可以是变量和表达式,basis 用于选定计算基准,可以是字符常数和字符型变量,有五种取值,取值和对应的计算基准分别为:

① '30/360'表示起止日期间的每个月按 30 天计算、每年按 360 天计算。月的最后一天(例如 2 月 28 日、3 月 31 日等)均按第三十天计算。

② 'ACT/ACT'表示起止日期间的月天数和年天数均含实际天数计算。

③ 'ACT/360'表示起止日期间的月天数按实际天数计算,年天数按 360 天计算。计算结果是实际间隔天数除以 360。

④ 'ACT/365'表示起止日期间的月天数按实际天数计算,年天数按 365 天计算。计算结果是实际间隔天数除以 365。

⑤ 'AGE'表示计算年龄,sdate 为出生日期,edate 为截止日期。

例如 YRDIF('07AUG1967'd,'24MAY2014'd,'ACT/ACT')的值为 46.794 521,YRDIF('07AUG1967'd,'24MAY2014'd,'ACT/360')的取值为 47.477 778,而函数 YRDIF('07AUG1967'd,'24MAY2014'd,'ACT/365')取值为 46.827 397。

6.1.2 缺失值和遗漏观测

输入数据集中变量包含缺失值时,时间序列分析过程步(Proc)忽略含缺失值起始观测和含缺失值的结束观测,处理的变量观测范围为首条不含缺失值的观测到最后一条不含缺失值的观测。例如,前两条观测含缺失值、第三条观测不含缺失值时,过程步将第三条观测视为序列的开始。处理范围内的缺失值称为内嵌缺失值(Embedded Missing Values)。程序 6-11 生成的数据集 price 中变量 cpi 有一条观测含有内嵌缺

失值，ppi 有两条观测含有内嵌缺失值。

```
程序 6-11
data price;
   input date : monyy. cpi ppi;
   format date monyy.;
datalines;
jun1990      . 114.3
jul1990      . 114.5
aug1990 131.6 116.5
sep1990 132.7 118.4
oct1990 133.5 120.8
nov1990      .     .
dec1990 133.8 118.7
jan1991 134.6 119.0
feb1991 134.8 117.2
mar1991 135.0     .
apr1991 135.2 116.0
may1991 135.6 116.5
jun1991 136.0 116.3
jul1991 136.2     .
;
```

对应 1991 年 11 月(nov1990)cpi 和 ppi 的值均缺失，这样的观测称为缺失观测(Missing Observation)。缺失观测可保证时间序列连续性，将缺失观测删除产生的观测遗漏(Omitted Observation)会导致过程步处理数据时出现错误。

6.1.3　ID 变量

SAS 数据集中的 ID(Identifying)变量用来标定(Identify)观测，确定观测之间的顺序。ID 变量给数据处理和分析带来方便，例如一些时间序列分析过程(例如 proc ssm 等)需要 ID 变量确定时间间隔(Interval)。

ID 变量根据需要选定。时间序列分析中常用日期和时间变量作为 ID 变量，而面板数据分析中则需要指定横截面 ID 变量。

过程步用 ID 语句指定 ID 变量，并用选项 interval=来指定时间间隔，具体格式为

```
ID <interval = inter>;
```

其中 inter 为用户给出的时间间隔，例如 year、month 和 day 等。

SAS/ETS 过程步中的 ID 变量及时间间隔用在以下几个方面：

（1）验证数据抽样频率。ID 变量用来检测数据，验证在相继时间上的观测具有有效的 ID 值。

（2）检测观测值间的间隙（Gap）。例如，输入数据集中有日期变量 year，ID 语句将 year 指定为 ID 变量并将时间间隔设定为 month，即执行语句

```
ID year interval = month;
```

如果变量 year 的两个相邻取值为' 01JAN2020 ' d 和' 01APR2020 ' d，则输入数据集存在由两个遗漏观测（Omitted Observations）形成的间隙。

（3）为预测结果输出数据观测指定标记（Label）。超出输入数据集观测范围的 ID 变量值按 interval＝指定的时间间隔外推得到。

过程 proc timeid 可用来检测 ID 变量是否存在问题。程序 6－12 对数据集 yield5 中的变量 year 作为 ID 变量是否存在问题进行检测。

```
程序 6 - 12
proc timeid data = yield5;
id year interval = month;
proc timeid data = yield5;
id year interval = day;
run;
```

第一个过程步 ID 语句以 month 作为时间间隔，日志窗口提示（Warning）：检测到相同的 ID 值（Duplicate ID Values Detected），第二个过程步 ID 语句以 day 作为时间间隔，日志窗口提示（Warning）：时间间隔一致但存在数据间隙（Interval Consistent But Data Contains Gaps）。proc timeid 只是检测 ID 变量存在的问题，是否可以作为 ID 变量要看具体的过程步要求。

6.1.4 时间区间(间隔)

给定起止日期，用 SAS 函数 datdif()和 yrdif()很容易计算两个日期间的日间隔和年间隔，但不能计算其他间隔单位的个数，例如半年、季度、月、周等。而实际问题中往往需要处理诸如“2013 年 7 月 1 日到 2022 年 3 月 7 日之间间隔多少个星期”的计算问题，也需要处理诸如“2010 年 5 月 8 日 10 个月后的星期二是几日”的计算问题。由于间隔单位的不规则性，很难用简单的加减来计算。例如月间隔中不同月份的天数不一样，闰月和闰年导致年间隔中的月份也不一样。SAS 引入时间区间的概念，并用函数 intnx()和 intck()进行有关计算。

时间区间(Time Interval)也可以叫时间间隔,是约定长度的时间区间。同时间日期一样,区间也分为日期区间、时间区间和日期时间区间。在意义明确的情况下,本节将时间区间简称为区间或者间隔。例如,长度为一个月的时间区间,称为月度区间,类似理解年度、季度、周、日等日期区间和小时、分钟、秒等时间区间。SAS 采用时间区间进行日期、时间和日期时间计算和间隔计算。SAS/ETS 中的一些过程用 ID 语句选项 interval=设定时间区间,对 ID 变量是否能够以此为基础标定具有先后顺序的观测进行检验。一些过程步利用时间区间进行差值运算,例如过程 proc extend 将低频时间序列转换为高频时间序列时采用时间区间进行差值运算。

时间区间通过区间名称来设定,按长短分为日期区间和时间区间。表 6-1 给出了主要的日期区间和时间区间名称及其对应的分期(Periodicity)。

表 6-1　　间隔名称及频率

名　称	分　期	起 始 点
日期期间		
Year	年度	1 月 1 日
Semiyear	半年度	1 月 1 日、6 月 1 日
Qtr	季度	季度首月 1 日
Month	月度	1 日
Semimonth	半月	每月 1 日和 16 日
Tenday	10 天	每月 1 日、11 日和 21 日
Week	每周	星期天
Weekday①	忽略周末的每日	星期天
Day	每日	
时间区间		
Hour	每小时	
Minute	每分钟	
Second	每秒	

区间名称可以用缩写,月度区间名称可以用 month、months、monthly 或者 mon,年度区间名称可以用 year、years、yearly、yr、annual、annually 和 annuals,周区间名称可以用 week、weeks 和 weekly,日区间名称可以用 day、days 和 daily。小时区间名称

① Weekday 将周末(周六和周日)合并到周五。Weekday 设定的区间和 Day 相同,只是将周末两天(周六和周日)合并到上周的周五,因此 Weekday 包含五个区间,周一、周二、周三、周四四个一天区间和周五—周六—周日一个三天区间。

可以用 hour、hours、hourly 和 hr，分钟区间名称可以用 minute、minutes 和 min，秒区间名称可以用 second、seconds 和 sec。其他区间如半年（Semiyear）、季度（QTR）、半月（Semimonth）、十天（Tenday）、周天（Weekday）等的名称及其等价名称可参考 SAS 帮助。

对日期时间型数据既可以设定日期区间，又可以设定日期时间区间。日期区间有关计算是按离 1960 年 1 月 1 日的天数，而日期时间区间的计算则按离 1960 年 1 月 1 日 0 分 0 时 0 秒的秒数。要按日期时间设定区间，需要在基准区间名称前添加 DT，例如，变量 tdatetime 是记录交易发生的日期和时间，则语句 ID tdatetime interval＝DThr；将区间设定为小时，语句 ID tdatetime interval＝DTmonth；将区间设定为月，但均按日期时间进行有关计算。

在基本区间基础上，采用区间乘数（Multiplier）和位移指数（Shift Index）可以更为灵活地定义区间长短和起始点。包含乘数和位移指数的间隔名具有如下格式

```
NAME<n><.s>
```

NAME 是各种基本间隔名，n 为区间乘数，s 为区间位移。各部分的功能为：

（1）n：区间长度设定为基本区间的 n 倍。例如 year2 为两年区间，week2 为两周区间等。

（2）s：将区间的起始点从基本区间起始点移动 s 单位。例如 year.2 设定月度区间起始月为 2 月，即 2 月、3 月……11 月和来年 1 月，year.7 将年度区间起始月份设定为 7 月。weekly.2 设定周区间起始点为周一。[①]

n 和 s 均为可选项，n＝s＝1（默认）时等价于基本区间。

使用乘数和位移指数可以设定灵活多样的区间。例如，hour8.7 区间将一天分为 3(24/8)个区间，分别为 6:00—14:00、14:00—22:00 和 22:00—6:00，8 表示区间为 8 个小时（1 小时的 8 倍），7 表示将区间起始点从 0:00 移动 7 个小时；month13 的区间长度为 13 个月，起始月份为诸如 1960 年 1 月 1 日、1961 年 2 月 1 日、1962 年 3 月 1 日等，month13.2 的区间长度为 13 个月，起始月份为 13 个月中的第二个月份，诸如 1960 年 2 月 1 日、1961 年 3 月 1 日等[②]；week6.13 设定的区间是 6 周，起始时点是周日后的第十三天，即第二周的周五，按照从 1960 年 1 月 1 日的参考点计算，6 周中的第二周周五离参考点最近。

函数 inttest()可检测区间名是否正确。具体格式为

```
inttest(int)
```

---

① 周日为每星期的第一天、周一为第二天，以此类推，周六为第七天。

② month.2 没有意义，因为月份的天数不固定，因此不能用 month.2 来表示从月内第二天开始的月份区间，也不能用 month2.3 表示从月内第三天开始的双月区间。

int 为区间名称,可以为字符常数,也可以是字符变量,字符变量当前值为被检测的区间名,函数返回值为 0 或者 1,int 为有(无)效的区间名时返回值 1(0)。例如

```
x='month3.2';
valid=inttest(x);
valid=inttest('year4.2');
```

valid 值可以作为下一步操作的条件。例如,valid 值为 0(区间设定无效)时不执行下一步操作等,如程序 6-13

```
程序 6-13
data t;
x='year2.25';
valid=inttest(x);
if valid then y=0;
run;
```

year2.25 为无效的间隔名,两年间隔中最后一个月为第二十四个月,25 个月的位移超出了间隔界定的期间范围。

标准的间隔不能满足要求时,用户可以自行定义间隔并应用在时间序列数据整理和分析中,详情可参考 SAS 帮助。

借助丰富的间隔设定,函数 intnx()和 intck()可以灵活方便地进行日期计算、日期间隔和日期时间间隔计算。

6.1.5　函数 intnx()和 intck()——日期时间和间隔计算

1. 函数 intnx()

(1) intnx()语法

函数 intnx()计算一个起始日期、时间或日期时间平移若干单位间隔后的日期、时间或日期时间。将函数名 intnx 理解为 **int**erval**n**ex**t** 的缩写便于记忆。格式为

```
intnx(int,start-from,n<,align>)
```

int 为间隔名,用于指定起始日期平移的间隔类型,可以是字符常数,也可以是变量或表达式并以变量或表达式的取值为间隔名。start-from 为起始日期、时间或者日期时间,n 表示平移间隔数,取整数值,可以是常数也可以是变量,如果带小数则取整数部分。选项 align 用于确定函数返回值,取值为字符常数'BEGINNG''MIDDLE''END'和'SAMEDAY',可简写为'B''M''E'和'S',默认'BEGINNG'。

功能:从 start-from 给定的时点平移给定倍数间隔,计算最终间隔起始点对应的

日期、时间或者日期时间。align 取' B'' M'' E'时，用最终间隔的起点、中间点、结束点作为函数返回值，取' S'时用与起始点 start-from 相同的时点作为函数返回值。

例如函数 intnx(' week ',' 17apr20 ' d,3)以周为间隔单位计算 2020 年 4 月 17 日 3 周(21 天)后的周(间隔)起始日期(第一天)，函数返回值为 2020 年 5 月 3 日(周日)。类似地，函数 intnx(' week.2 ',' 17apr20 ' d,3)的返回值为 2020 年 5 月 4 日，间隔名' week.2 '规定平移后的日期所在周的第二天(周一)作为周的开始。

intnx(' week ',' 17apr20 ' d,' M ')和 intnx(' week ',' 17apr20 ' d,' E ')分别以周间隔的中点(第四天，周三)、结束(第七天，周六)对应的日期作为函数返回值，而 intnx(' week ',' 17apr20 ' d,' S ')取和' 17apr20 ' d 相同的间隔内日期(周五)确定函数返回值。程序 6 - 14 将函数返回值输出到日志窗口。

```
程序 6 - 14
data _null_;
x = '17apr20'd;
o = intnx('week',x,3,'M');
p = intnx('week',x,3,'E');
q = intnx('week',x,3,'S');
put o = yymmdd10.;
put p = yymmdd10.;
put q = yymmdd10.;
run;π
```

程序 6 - 14 表明，intnx()是按时间间隔进行运算的。表 6 - 2 给出了不同起始点在各种间隔平移后函数 intnx()计算的返回值。[①]

表 6 - 2　　函数 intnx( )返回值示例

函　　数	间隔名称	返回值
日期运算		
intnx(' year ',' 05feb94 ' d,3)	年	01JAN1997
intnx(' semiyear ',' 06nov2014 ' d,3)	半年	01JAN2016
intnx(' QTR ',' 06nov2014 ' d,3)	季度	01JAN2015
intnx(' month2 ',' 01aug96 ' d,－1)	双月	01MAY1996
intnx(' month ',' 05jan95 ' d,0)	月	01JAN1995

① P. Morgen. The essential guide to SAS dates and times [M]. 2nd edition. SAS Institute Inc., Cary, NC, USA, 2014.

续表

函　　数	间隔名称	返 回 值
intnx('semimont','06nov2014'd,3)	半月	16DEC2014
intnx('tenday','06nov2014'd,3)	10 日	01DEC2014
intnx('day','06nov2014'd,3)	日	09NOV2014
日期时间运算		
intnx('dtyear','06nov2014:15:00:00'dt,3)	DT 年	1/1/2017 12:00 AM
intnx('dtmonth','06nov2014:15:00:00'dt,3)	DT 月	2/1/2015 12:00 AM
intnx('dtday','06nov2014:15:00:00'dt,3)	DT 日	11/9/2014 12:00 AM
时间间运算		
intnx('hour','8:00:00 AM't,3)	小时	11:00:00 AM
intnx('hour','16:45t,2.5)	小时	06:00 PM
intnx('minute','8:00:00 AM't,3)	分钟	8:03:00 AM
intnx('second','8:00:00 AM't,3)	秒	8:00:03 AM

(2) intnx()应用

1) 生成日期、时间和日期时间变量

给定起始点和间隔名，采用 DATA 步内置循环或者 DO 循环，可以生成日期时间变量。程序 6－15 中内嵌数据是 1871 年开始的 20 年尼罗河水位年度观测数据，采用 intnx()函数生成年份变量 year。

```
程序 6-15
data nile;
input x @@;
year = intnx('year','01JAN1870'd,_n_);
format year date10.;
datalines;
1120 1160 963 1210 1160 1160 813 1230 1370 1140
995 935 1110 994 1020 960 1180 799 958 1140
;
```

类似方法可以生成月度、周、日间隔的日期变量。

2) 日期对齐

当数据在间隔内的不同日期记录时，往往需要统一。例如，间隔为月度时，数据日期可能是月内的任一天。将函数 intnx()自变量中间隔位移单位取 0，可将记录日期统一为间隔内的特定日期。以月度数据为例，函数 intnx('month','04JAN2020'd,0)的返回值为 2020 年 1 月 1 日。程序 6-16 将变量 date 的日分别改为所在月第一天、中间、最后一天，生成变量 monthb、monthm 和 monthe。

```
程序 6-16
data cpi;
input date : date9. cpi;
format date monyy7.;
monthb = intnx('month',date,0,'B');
monthm = intnx('month',date,0,'M');
monthe = intnx('month',date,0,'E');
format monthb - - monthe yymmdd10.;
datalines;
05jun2020 129.9
15jul2020 130.4
25aug2020 131.6
;
```

3）计算特定日期

用带平移指数的间隔名，函数 intnx()可以计算初始日期平移后的间隔内特定日期。程序 6-17 计算变量 date 取值中每个月从 1 日开始后两周星期一、星期二和星期三对应的日期。

```
程序 6-17
data cpi;
input date : date9. cpi;
format date monyy7.;
date1 = intnx('month',date,0);
m1 = intnx('week.2',date1,2);
m2 = intnx('week.3',date1,2);
m3 = intnx('week.4',date1,2);
put date1 yymmdd10.;
put (m1 - m3) (yymmdd10.);
datalines;
05jun2020 129.9
15jul2020 130.4
```

```
    25aug2020 131.6
    ;
    log 窗口显示
2020-06-01
2020-06-15 2020-06-09 2020-06-10
2020-07-01
2020-07-13 2020-07-14 2020-07-15
2020-08-01
2020-08-10 2020-08-11 2020-08-12
```

函数 intnx('month',date,**0**)返回值为每月 1 日，intnx('week.2',date1,**2**)的返回值是 date1 后移两周所在周的星期一，类似理解其他函数返回值。需要注意，当 date1 值为 2020 年 6 月 1 日时，intnx('week.3',date1,**2**)的返回值应该是 2020-06-01 后移两周所在周的星期二，对应的日期是 2020 年 6 月 16 日，但该日期与起始日期的间隔已经超过两周(两个间隔单位)，因此函数的返回值为第一周星期二(2020-06-09)，类似理解 intnx('week.2','01JUN2020'd,**2**)的返回值是 2020-06-10。

4）创建客户区间

采用基本区间以及区间乘数和位移指数可以灵活地定义区间，但不能满足所有需要。用户可以用 DATA 步创建满足特定需求的不规则区间种类。程序 6-18 按某学校 2019—2021 年的校历创建学期标识变量 begin 和 end，秋季学期开始日期为 9 月第二周的周一，学期长度为 18 周，结束日期为第十八周的周六。春季学期开始日期为 3 月第一周的周一，学期长度为十八周，结束日期为第十八周的周六。

```
程序 6-18
data semester;
   do year = 2019 to 2021;
     /* Fall Semester */
       begin = nwkdom(2,2,9,year); ①
       end = intnx('week',begin,17,'e');
       output;
     /* Spring Semester */
       begin = nwkdom(1,2,3,year + 1);
```

① 函数 nwkdom(n,weekday,month,year)计算某年(Year)的第 month 个月内第 n 周的周内第 weekday 天对应的日期。例如 nwkdom(3,5,1,2022)的返回值为 2022 年 1 月第三周的周四，即 2022 年 1 月 20 日。

```
        end = intnx('week',begin,17,'e');
        output;
      end;
      format begin end weekdate.;
      run;
proc print;
run;
```

在 intnx()中用选项' e '计算一周结束(周六)对应的日期。结果输出窗口见图 6－1。

Obs	year	begin	end
1	2019	Monday, September 9, 2019	Saturday, January 11, 2020
2	2019	Monday, March 2, 2020	Saturday, July 4, 2020
3	2020	Monday, September 14, 2020	Saturday, January 16, 2021
4	2020	Monday, March 1, 2021	Saturday, July 3, 2021
5	2021	Monday, September 13, 2021	Saturday, January 15, 2022
6	2021	Monday, March 7, 2022	Saturday, July 9, 2022

图 6－1　数据集 semster

系统选项 intervalds 可以将 SAS 数据集中的数据作为用户自定义区间的边界，设定系统选项的语句格式为

```
options intervalds = (xueqi = semester);
```

设定后的区间名 semester 可以在后续的函数中使用，见章节 6.1.5.2。需要注意，用于设定区间名的 SAS 数据集中必须包含名为 begin 的变量，如果包含名为 end 的变量，则以 begin 和 end 的值作为区间起始和结束边界，如果不包含 end 变量，则以下一个区间起始值(begin 变量的下一个值)减去 1 作为结束边界。

2. 函数 intck()

(1) 函数 intck()语法

函数 intck()计算起止日期、日期时间或者时间之间的间隔个数。将函数名 intck 理解为 **int**erval**c**hec**k** 的缩写便于记忆。格式为

```
intck(int,sdate,edate <,'method'>)
```

int 为间隔名，用于指定间隔类型，可以是字符常数，也可以是变量或表达式并以变量或表达式的取值为间隔名。间隔名类型必须和起始日期类型匹配。sdate 和 edate 分别为起止日期、时间或者日期时间，method 为可选项，用于选择间隔计算方法，取值为字符

'CONTINOUS'(可用缩写'C'或者'CONT')或者字符'DISCRETE'(可用缩写'D'或者'DISC'),method 为 CONTINOUS(DISCRETE)时,采用连续(离散)方法计算间隔数。

程序 6-19 计算婚姻存续天数、月数和天数。

程序 6-19

```
data b;
   WeddingDay='13may1989'd;
   Today=today();
   DM=intck('DAY', WeddingDay, today());
   MM=intck('Month', WeddingDay, today());
   YM=intck('YEAR', WeddingDay, today());
   format WeddingDay Today date9.;
run;
proc print data=b;
run;
```

输出结果为 11 426 天、375 个月和 31 年。

计算方法：Discrete 和 Continuous

实际上,函数 intck()计算的是某种区间在起止时点之间的边界个数。不同计算方法的计算结果存在差异。

Discrete：计算起止时点之间区间开始的次数,即区间左边界的个数,不是完整区间的个数。这意味着区间个数的计算不是从起始时点开始,而是从起始时点之后第一个区间时点开始。

例如,2011 年 12 月 31 日星期六到 2012 年 1 月 1 日星期日之间,按离散方法计算的天数、周数、月数和年数均为 1,见表 6-3。

表 6-3　按离散方法计算的区间数

函　　数	返　回　值
基本区间	
intck('day','31dec2011'd,'01jan2012'd)	1
intck('week','31dec2011'd,'01jan2012'd)	1
intck('month','31dec2011'd,'01jan2012'd)	1
intck('year','31dec2011'd,'01jan2012'd)	1
带漂移指标的区间	
intck('week.2','31dec2011'd,'01jan2012'd)	0
intck('year.3','31dec2011'd,'01jan2012'd)	0

采用区间时，尽管 2011 年 12 月 31 日到 2012 年 1 月 1 日只经过了 1 天，但日、周、月、年四种区间都开始了一次(有一个左边界)，四个函数的返回值都是 1。日的起始点是 12 月 31 日，终止点是 1 月 1 日，1 月 1 日越过了日区间的边界；星期天是周的起始边界，2012 年 1 月 1 日是周边界的开始，尽管 2011 年 12 月 31 日星期六不是；类似方法理解其余两个函数的返回值。

带漂移指数的区间名重新规定了区间的起始点，导致计算结果变化。例如week.2 将周区间的起始日规定为周一(周内第二天)，2011 年 12 月 31 日到 2012 年 1 月 1 日间不再包含这一起始边界，函数返回值为 0；year.3 将年的起始月份规定为三月份，2011 年 12 月 31 日到 2012 年 1 月 1 日间不再包含这一起始边界，函数返回值为 0。

Continous：从起始时点按日历计算起止时点之间区间个数。

例如按连续方法计算，2020 年 7 月 28 日星期二到 2020 年 8 月 3 日星期一之间的周间隔个数是 0，即函数 intck('week','28jul2020'd,'03aug2020'd,'C')的返回值为 0。函数 intck('week','28jul2020'd,'06aug2020'd,'C')的返回值为 1。

表 6-4 给出了连续计算间隔个数的例子。

表 6-4　　按连续方法计算间隔数

函　　数	返　回　值
intck('day','31dec2011'd,'01jan2012'd,'C')	1
intck('week','31dec2011'd,'01jan2012'd,'C')	0
intck('month','31dec2011'd,'01jan2012'd,'C')	0
intck('year','31dec2011'd,'01jan2012'd,'C')	0
intck('year','22dec2015'd,'16jul2010'd,'C')	−6
intck('DTday','01oct1872:08:00:00'dt,'20dec1872:08:00:00'dt)	80

从表 6-4 中看出函数 intck()自变量中的起始时期可以大于终止日期，函数返回值为负值。

为进一步说明间隔的连续方法，表 6-5 给出了 6 个计算月间隔的函数及计算结果。

表 6-5　　按连续方法计算月间隔数

函　　数	返回值	间隔天数
intck('month','01jan2012'd, '01feb2012'd,'C');	1	31
intck('month','01jan2012'd, '31jan2012'd,'C');	0	30
intck('month','01apr2012'd, '01may2012'd,'C');	1	30
intck('month','28feb2012'd, '28mar2012'd,'C');	1	29

续表

函　　数	返回值	间隔天数
intck('month','29feb2012'd,'28mar2012'd,'C');	0	28
intck('month','28feb2013'd,'28mar2013'd,'C');	1	28

从表 6-5 中看出，连续计算方法是按日历计算区间个数的。例如 2012 年 1 月 1 日到 31 日间隔 30 天，但 1 月份为 31 天，因此 intck('month','01jan2012'd,'31jan2012'd,'C')的返回值为 0，而 2012 年 4 月 1 日到 5 月 1 日也是间隔 30 天，但 4 月份为 30 天，因此 intck('month','01apr2012'd,'01may2012'd,'C')的返回值为 1。

（2）函数 intck()应用

程序 6-18 定义数据集 semester，程序 6-20 以 semester 为基础定义客户区间名 xueqi，计算两个给定日期间学期的个数。

```
程序 6-20
options intervalds = (xueqi = semester);
data number;
x = intck('xueqi','15dec2019'd,'01oct2020'd);
put x;
run;
```

x 值为 2，表明 2019 年 12 月 15 日到 2020 年 10 月 1 日跨越了两个学期。

采用类似的方法可以定义诸如会计年度、财政年度、股票交易时段等各种需要的时间区间，并进行有关的区间个数计算。

6.1.6　滞后和差分

滞后和差分是时间序列数据常用的操作。

1. *滞后函数* lag<*n*>()

滞后函数一般格式为

```
lag<n>(x)
```

函数返回值为该函数队列的第 n 个值，其中 n 为滞后阶数，缺省值为 1，lag(x)表示变量 x 的一阶滞后。采用滞后函数可以调用变量的前值进行有关计算。SAS 数据集 shaindx1519 为 2015 年到 2019 年上海 A 股指数日数据，程序 6-21 用 lag 函数调用变量 clp(收盘价)的前值计算收益率。

```
程序 6-21
data r;
```

```
set supply.shaidx1519;
r = (clp - lag(clp))/lag(clp);
run;
```

从定义来看，DATA 步中的滞后函数 lag*n*(x)的返回值与通常意义上的滞后值并不一样。DATA 步中的 lag 函数会建立自己的队列(Queue)，队列的长度为滞后阶数 n，并把队列中的值初始化为缺失值。当 lag 函数被执行时，将其队列中位于顶部的值作为返回值，将该值从队列中移除，队列中其他值按顺序上移，把自变量当前值填入队列底部。因此 lag*n*(x)的前 n 个返回值为缺失值。

以程序 6 - 22 为例来说明滞后函数的执行和赋值过程。

```
程序 6 - 22
data test;
input year n;
datalines;
2020 1
2021 2
2022 3
;
data lag;
set test;
m = lag2(n);
run;
```

编译阶段，lag 函数建立长度为 2 的队列，并初始化为缺失值。第二个 DATA 步第一次循环中 lag2(n)被执行时，队列顶部值(缺失值)作为函数返回值，顶部值被移出队列，队列第二个值(缺失值)上移到顶部，并将变量 n 的当前值 1 填入队列底部。DATA 步第二次循环中的 lag2(n)被执行时把队列顶部值(缺失值)作为函数返回值，顶部值被移出队列，队列第二个值(1)上移到顶部，并将变量 n 的当前值 2 填入队列底部。类似理解 DATA 步第三次循环时 lag2(n)的返回值为 1。生成的数据集 lag 见图 6 - 2。

	year	n	m
1	2020	1	.
2	2021	2	.
3	2022	3	1

图 6 - 2　数据集 lag

SAS 之所以这样设置滞后函数，是因为 DATA 步可以同时打开、读取任意多个数据集，也可以输出任意多个数据集的任意多个观测，在复杂的操作中很难定义“前值”(Previous Values)。例如，DATA 步 set 语句后面有两个数据集，当读取完第一个数据集的最后一条观测后读取第二个数据的第一条观测时，“前值”跨越了不同数据集。

由于其特殊的设计，一些情况下使用滞后函数会得出意外的结果，例如在 if 条件语句中或者前后语句中使用 lag 函数。程序 6－23 在条件语句中使用滞后函数。

```
程序 6－23
data s;
set sashelp.class;
if _n_>2 then lname = lag2(name);
run;
```

编译阶段函数 lag2(name)建立长度为 2 的队列，但该函数只在 DATA 步第三次循环(_n_>2)时才被执行(此前变量 lname 未赋值，取缺失值)，第三次循环时队列顶部和底部均为缺失值，函数返回值为缺失值，第四次循环时队列顶部为缺失值，底部为字符'芭芭拉'，函数返回值为缺失值，第五次循环时队列顶部和底部分别为字符'芭芭拉'和'凯露'，函数返回值为'芭芭拉'……生成的数据集 S(前 10 条观测)见图 6－3。

	姓名	性别	年龄	身高（英寸）	体重（磅）	lname
1	阿尔弗雷德	男	14	69	112.5	
2	爱丽丝	女	13	56.5	84	
3	芭芭拉	女	13	65.3	98	
4	凯露	女	14	62.8	102.5	
5	亨利	男	14	63.5	102.5	芭芭拉
6	詹姆斯	男	12	57.3	83	凯露
7	简	女	12	59.8	84.5	亨利
8	雅妮特	女	15	62.5	112.5	詹姆斯
9	杰弗瑞	男	13	62.5	84	简
10	约翰	男	12	59	99.5	雅妮特

图 6－3　数据集 S

程序 6－24 对数据集 shaindx1519 取子集时，在 if 语句的后续语句中使用滞后函数。

```
程序 6－24
data subset;
set book.shaidx1519;
if tdate>'28nov2019'd;
lclp = lag(clp);
run;
```

由于 if 语句中条件不成立时后续语句不被执行，lag 函数的第一次执行是 if 语句条件满足时，此时的 lag 函数(长度为 1)的队列中的值为缺失值。因此，即使变量 clp 对应'28nov2019'd的值不是缺失值(3027.8)，lclp 的对应值仍为缺失。将包含滞后函数的语句放在 if 语句之前能得出想要的结果。

```
程序 6-25
data subset;
set shaidx1519;
lclp=lag(clp);
if tdate>'28nov2019'd;
run;
```

另外一些情况下却需要将包含 lag 函数的语句放在 if 语句之后。数据集 tp 中变量 pop 为我国各个省市自治区和直辖市 2007 年到 2010 年的人口总数面板数据。程序 6-26 试图生成北京市上一年的人口总数数据集 bp。

```
程序 6-26
data bp1;
set tp;
lpop=lag(pop);
if city='北京';
run;
```

由于数据的摆放方式,先于 if 语句的滞后操作会将安徽省 2010 年的人口数据作为北京 2017 年人口数据的滞后值,产生错误。此时需要将 if 语句前置,如程序 6-27。

```
程序 6-27
data bp2;
set tp;
if city='北京';
lpop=lag(pop);
run;
```

对面板数据集变量实施滞后操作时,需要注意类似的问题。

2. 差分函数 dif<*n*>()

差分函数一般格式为

```
dif<n>(x)
```

函数返回值为自变量 x 当前值减去自变量 x 的 n 期滞后值 lag<*n*>(x),其中 n 为差分阶数,缺省值为 1,dif(x)表示变量 x 的一阶差分。

差分函数通过滞后函数定义,对滞后函数作用机理的理解完全适用于差分函数。程序 6-28 的差分函数用多个股票的收盘价计算收益率,数据集为程序 3-64 生成的数据集 test，并按变量 stkcd 进行排序。

```
程序 6 - 28
data return;
set test;
by stkcd;
r = dif(clp)/lag(clp);
if first.stkcd then delete;
run;
```

由于是多股票交易数据形成的面板数据，因此需要对跨越不同股票的差分和滞后数据进行删除。

6.2 频率转换

时间序列数据往往需要进行抽样频率转换，将高频数据转换为低频数据或者反之。把不同抽样频率的数据集合并为一个数据集时，往往需要抽样频率转换，例如将日数据转换为月数据，将季度数据转换为月度数据等。除频率转换之外，各种变量变换也是常用的操作，包括滞后操作及其反操作——超前(Lead)。

6.2.1 高频转低频

高频数据转换为低频数据有两种方式，抽样汇总方式和插值方式。

1. 抽样汇总

抽样汇总方式将高频数据时间区间内的某个值(例如，第一个值、中间值、最后一个值等)或者区间内所有值的某个汇总统计量(例如，均值、中位数、最大值等)作为低频数据，实现高频向低频的转换。

数据集 rdr7 中变量 r7 和 dr7 分别是 2014 年 12 月 5 日到 2019 年 4 月 10 日中国银行间市场全市场 7 天抵押回购利率和存款类金融机构 7 天抵押回购利率的日数据，变量 date 为包含年月日的日期。要求将每月的第一天和最后一天的日数据作为月数据，生成数据集 f 和 l，实现日数据到月度数据的转换。由于 date 变量中不包括周六、周日和节假日，不能借助函数诸如 intnx('month',date,**0**,'B')之类的函数进行特定日期数据的抽样。程序 6 - 29 采用数据集排序后的自动变量 first.vname 和 last.vname 实现月内第一个交易日和最后一个交易日的抽样。

```
程序 6 - 29
data temp;
```

```
set rdr7;
m = month(date);
y = year(date);
run;
proc sort;
by y m;
data f l;
set temp;
by y m;
if first.m then output f;
if last.m then output l;
run;
```

数据集 m2 中变量 m2 是 2014 年 12 月到 2019 年 4 月货币供应量 M2 的月度数据，变量 date3 是只包含年份和月份的日期。程序 6－30 首先在 m2 数据集中生成表示月份的变量 m 和表示年份的变量 y 并据此排序，然后实现和 l 的合并(Merge)。

```
程序 6－30
data m2(drop = date);
set qshi.m2;
m = month(date3);
y = year(date3);
run;
proc sort ;
by y m;
data m2_l;
merge m2 l;
by y m;
run;
```

也可以将高频数据时间区间内的数据汇总作为低频数据值。程序 6－31 采用首先将数据集 rdr7 中日数据按年、月、周进行排序，然后用带 by 语句的 proc means 过程对周形成的 by 组计算均值，最后用 DATA 步对生成的数据集进行处理，生成周数据。

```
程序 6－31
data test;
set rdr7;
```

```
w = week(date);
y = year(date);
run;
proc means;
var dr7;
by y w;
output out = temp mean = ;
run;
data rdr7_w(drop = year);
set temp(keep = y w dr7);
year = mdy(1,1,y);
date = intnx('week',year,w);
format year date9.;
format date date9.;
run;
```

第一个 DATA 步用 week 函数计算当前日期是年内第几周。[①] 第二个 DATA 步中函数 intnx()用年份第一天的日期作为起始日期，计算年内第 w 周对应的日期。

借助 proc means 过程 output 语句统计量关键词选项，可以将高频区间内的其他统计量作为低频数据输出，例如中位数、最大值等。

2. 插值

插值(Interpolation)方式用高频数据区间内的数据建立三次样条函数(Cubic Spline)，并用插值方式计算特定时间点上的变量值，以此作为低频数值。插值方式用过程 proc expand 实现。简单格式为

```
proc expand data = dset1 out = dset2 from = inter1 to = inter2;
convert vnames;
ID vname;
run;
```

dset1 为输入数据集，dset2 为降频后生成的输出数据集，inter1 为高频数据区间名称，inter2 为低频数据区间名称。程序 6 - 32 将 rdr7 中变量 dr7 的频率从日降低为周。

---

① 函数 week(y)的返回值为当前日期在年内的周数，y 为自变量，可以是日期变量和日期常数。例如 week('10SEP2020'd)的返回值为 37，表明 2020 年 9 月 19 日是第三十七周。

程序 6 - 32

```
proc expand data = rdr7 out = dr7_w from = daily to = week;
convert dr7;
id date;
run;
```

生成的数据集变量 dr7_w 中 date 取值为每周的第一天(Sunday)。由于输入数据集中 ID 变量 date 时间间隔不相等(周末和节假日没有观测值),因此信息窗口会出现诸如"WARNING: 2 observations have been omitted before observation number 6 in data set QSHI. RDR7 according to the FROM = DAILY specification and the ID variable values. The current ID is date = 22DEC2014, the previous is date = 19DEC2014."的警示信息。

在 convert 语句的斜杠后面添加选项 mehtod= 可以选择其他的降频方法,例如 method= aggregate 用高频区间内数据的加总值作为低频数据值;添加选项 observed= 可以规定样条曲线上哪个时点上的值作为低频数据值,例如 observed= end 选择高频数据区间结束端点处对应的样条函数值作为低频插值。详情可参考 SAS 帮助。

6.2.2　低频转高频

低频数据转换为高频数据多采用插值方式,通过过程 proc expand 实现,只需将 from= 中的区间名设为输入数据集变量的低频区间名,将 to= 中的区间名设为要转为的高频区间名即可。数据集 sashelp.citiqrt 中是季度数据,而 sashelp.mon 中为月度数据,为了将前者中变量 gdp 和 gd 与后者中变量 ip 和 lhur 按变量 date 进行匹配合并(Merge),需要将前者的数据频率从季度转换为月度。程序 6 - 33 采用 proc expand 的插值方式进行转换。

程序 6 - 33

```
data qtrly;
    set sashelp.citiqtr;
    where '1jan1990'd< = date<'1jan1992'd;
    keep date gdp gd;
run;
data monthly;
    set sashelp.citimon;
    where '1jan1990'd< = date<'1jan1992'd;
    keep date ip lhur;
```

```
run;
proc expand data = qtrly out = temp from = qtr to = month;
   convert gdp gd/observed = average;
   id date;
run;
data combined;
   merge monthly temp;
   by date;
run;
```

其中语句 convert 选项 observed=用于确定输入数据集变量 gdp 和 gd 的观测特征（Observation Characteristics），详情可参考 SAS 帮助。

6.3 变量变换

在分析之前，往往需要对时间序列数据（变量）做各种变换，以满足建模条件。例如 H-P 滤波去掉数据中的趋势成分、差分使得数据平稳、计算 5 日平均等。

proc expand 提供了许多常用的数据变换功能，在语句 convert 中添加合适的选项即可实现变量变换。一般格式为

```
proc expand data = dset1 out = dset2;
convert in_name = out_name/transformout = (options);
ID vname;
run;
```

in_name 是输入数据集变量名，是变换的对象，out_name 是输出数据集变量名，是变换的结果。

proc expand 可以实现多种变换，本部分挑选最为常用且不能用 DATA 步轻易完成的变换进行介绍。

6.3.1 H-P 滤波

H-P 滤波（Hodrick-Prescott Filter）将序列 y_t 分解为趋势成分（Trend Component）μ_t 和周期成分 $y_t-\mu_t$（Cycle Component）（也称为平稳成分），其算法是极小化目标函数

$$H=\frac{1}{T}\sum_{t=1}^{T}(y_t-\mu_t)^2+\frac{\lambda}{T}\sum_{t=1}^{T}[(\mu_{t+1}-\mu_t)-(\mu_t-\mu_{t-1})]^2$$

得出序列 μ_t。λ 称为惩罚系数，用来控制周期成分 $y_t - \mu_t$ 的平滑程度，λ 越大越平滑。研究表明，对应频率为年度、季度和月度的数据，λ 值可以取 100、1 600 和 14 400。

在 convert 语句中添加选项

```
transformout = (HP_T lamda)
```

得到 H - P 滤波后的趋势成分，lamda1 为惩罚系数值，添加选项

```
transformout = (HP_C lamda)
```

得到 H - P 滤波后的周期成分。

程序 6 - 34 对数据集 GDP 中的变量 GDP(年度)数据进行 H - P 率波，输出数据集 GDPN 中的变量 GDPT 和 GDPC 分别滤波得出的趋势序列和周期序列。

```
程序 6 - 34
proc expand data = gdp out = GDPN;
convert gdp = gdpt/transformout = (HP_T 100);
convert gdp = gdpc/transformout = (HP_C 100);
id date;
run;
```

proc expand 还提供其他很多时间序列经典分解方法，详情可参考 SAS 帮助。

6.3.2　滞后、领先和差分

滞后和差分操作可以在 DATA 步中分别通过函数 lag()和 dif()实现，也可以用 proc expand 实现，而领先(Lead)操作只能用 proc expand 实现。

convert 语句中添加选项

```
transformout = (lag <n>)
```

得到滞后 n 期后的变量，添加选项

```
transformout = (lead <n>)
```

得到领先 n 期后的变量，添加选项

```
transformout = (dif <n>)
```

得到 n 阶差分的变量。n 为可选性，缺省值为 1。

程序 6 - 35 将输入数据集 payh 中的变量 clpr 进行滞后两期、领先两期和(一阶)差分操作，形成输出数据集 new_payh 中的变量 clpr_lag2、clpr_lead2 和 lcpr_dif。

```
程序 6 - 35
proc expand data = book.payh out = new_payh;
convert clpr = lcpr_lag2/transformout = (lag 2);
convert clpr = lcpr_lead2/transformout = (lead 2);
convert clpr = lcpr_dif/transformout = (dif);
id date;
run;
```

6.3.3 移动(滚动)窗口内的计算

移动(滚动)窗口内的统计量计算是时间序列数据处理中的常见操作,例如移动平均计算等。移动窗口统计量计算中统计量的含义和计算方法与通常一样,只是采用的观测值是包含当前观测在内的、指定宽度的窗口内的观测。proc expand 中移动窗口计算分为中心化统计量(Centered Statistics)和后移统计量(Backward Statistics)计算。移动窗口计算需要在选项 transformout=给出要计算的统计量类型,同时给出窗口宽度参数 n,以确定窗口内参与计算的观测。

1. 中心化统计量计算

中心化统计量计算是指移动窗口以当前观测为中心向后和向前移动(n−1)/2 个观测形成。当 n−1 为奇数时,超前(Lead)观测的个数比滞后(Lag)观测个数多 1,以此形成移动窗口。例如,假设 x_t 是输入数据集变量在 t 的日观测值,计算 5 日中心化移动平均的公式为

$$(x_{t-2}+x_{t-1}+x_t+x_{t+1}+x_{t+2})/5$$

计算 4 日中心化移动平均的公式为

$$(x_{t-1}+x_t+x_{t+1}+x_{t+2})/4$$

程序 6 - 36 计算输入数据集 shd1519 变量 clp(收盘价)的 5 日中心化移动平均值,形成输出数据集 shd1519n 的变量 clp_ma5。

```
程序 6 - 36
proc expand data = shd1519 out = shd1519_new;
convert clp = clp_ma5/transformout = (cmovave 5);
id tdate;
run;
```

其中 cmovave 是选项 transformout=中的关键词,5 为移动窗口宽度参数。

移动窗口中心化统计量计算共有 14 种,表 6 - 6 列出关键词及其对应的统计量。

表 6-6 移动窗口中心化(Centered Moving)统计量计算的关键词

关 键 词	参 数	计算的统计量
CMOVAVE	n	移动平均
CMOVCSS	n	移动校正平方和①
CMOVGMEAN	n	移动几何平均：$(\prod_{i=s}^{t} x_{t+i})^{1/n}$ ②
CMOVMAX	n	移动最大值
CMOVMED	n	移动中位数
CMOVMIN	n	移动最小值
CMOVPROD	n	移动乘积：$\prod_{i=s}^{t} x_{t+i}$
CMOVRANGE	n	移动极差(range)
CMOVRANK	n	移动秩(rank)③
CMOVSTD	n	移动标准差
CMOVSUM	n	移动和
CMOVTVALUE	n	移动 t 检验统计量值
CMOVUSS	n	移动未校正平方和
CMOVVAR	n	移动方差

程序 6-37 计算输入数据集 shd1519 变量 clp(收盘价)的 5 日、15 日和 30 日中心化移动平均值，以及 5 日中心化移动中位数，形成输出数据集 test 的变量 clp_ma5、clp_ma15、clp_ma30 以及 clp_med5，并画图。

```
程序 6-37
proc expand data = shd1519 out = test plots = transformout;
convert clp = clp_ma5/transformout = (cmovave 5);
convert clp = clp_ma15/transformout = (cmovave 15);
convert clp = clp_ma30/transformout = (cmovave 30);
convert clp = clp_med5/transformout = (cmovmed 5);
id tdate;
run;
```

语句 proc expand 中选项 plots=tranformout 画出输出数据集中变换后变量的时

① 校正平方和 CSS 和未校正平方和 USS 的定义可参考表 3-5。

② $s=-(n+n \text{ mode } 2)/2+1, t=(n-n \text{ mode } 2)/2, n \text{ mode } 2$ 为 n 除以 2 的余数。

③ 一组观测值从小到大排序后，某观测的位置称为该观测的秩。例如第二个观测的秩是 2。移动秩是指当前观测在当前窗口内观测中的位置。

间序列图，读者可运行程序，自行画图。从图中看出，5 日移动平均和 5 日移动中位数区别不大，但 15 日和 30 日移动平均比 5 日移动平均更加平滑，波动更小。

2. 后移统计量计算

后移统计量(Backward Statistics)计算采用的观测，是以当前观测为(右)边界向后(左)若干个观测形成的窗口内的观测计算的统计量。例如，假设 x_t 是输入数据集变量在 t 的日观测值，计算 5 日后移移动平均的公式为

$$(x_{t-4}+x_{t-3}+x_{t-2}+x_{t-1}+x_t)/5$$

与移动窗口中心化统计量计算类似，向后移动窗口统计量计算也通过在 transformout＝中选择不同关键词来实现，共有 14 种，对应的关键词除了不带开头的字母“C”之外，与移动窗口中心化统计量计算的关键词及其功能一样。数据集 zgsh 中为股票中国石化(600028)2018 年 4 月 2 日至 2018 年 4 月 10 日日内 1 分钟高频交易数据。程序 6 - 38 首先以 tdate(交易日期)和 ttime(交易时间)为 by 变量进行排序，然后用 DATA 步按日计算 1 分钟对数收益，最后用带 by 语句的 proc expand 过程分交易日计算 10 分钟后移移动窗口内的收益方差和平方和，形成输出数据集 var 中的变量 mvar10 和 MRV。

```
程序 6 - 38
proc sort data = zgsh;
by tdate ttime;
data zgsh_r;
set zgsh;
by tdate;
r = log(p) - log(lag(p));
if first.tdate then delete;
run;
proc expand data = zgsh_r out = var;
convert p = mvar10/transformout = (movvar 10);
convert p = mRV/transformout = (movuss 10);
by tdate;
run;
```

在 proc expand 中使用 by 语句，可以实现逐日分别计算。

3. 前移统计量计算

前移统计量(Forward Statistics)计算采用的观测，是以当前观测为(左)边界向前(右)若干个观测形成的窗口内的观测计算的统计量。例如，假设 x_t 是输入数据集变

量在 t 的日观测值，计算 5 日前移移动平均的公式为

$$(x_t + x_{t+1} + x_{t+2} + x_{t+3} + x_{t+4})/5$$

前移移动窗口统计量计算，通过在 transformout＝中后移统计量关键词（空格）前、窗口宽度参数 n（空格）后添加 reverse 关键词实现。程序 6－39 对输入数据及 shd1519 中变量 clp 计算向前 5 日移动平均计算，形成输出数据集 shd1519n 中变量 clp_fma5。

```
proc expand data = shd1519 out = shd1519_new;
convert clp = clp_fma5/transformout = (reverse movave 5 reverse);
id tdate;
run;
```

第一个 reverse 的作用是将原序列 clp 倒排，然后计算后移 5 日平均，第二个 reverse 的作用是将算好的 5 日平均序列再倒排，恢复原始时序。

4. 带权重的移动统计量计算

通过对移动窗口内的观测设定权重，可以进行带权重的统计量的计算。权重在统计量关键词后的括号内给出，权重值之间用空格分隔。权重值的个数确定了参与计算的观测个数，不需要再设定窗口宽度参数 n。例如语句

```
convert x = y/transformout = (cmovave(.1 .2 .4 .2 .1));
```

计算的 5 日移动平均变量 y 的计算公式为

$$y_t = .1x_{t-2} + .2x_{t-1} + .4x_t + .2x_{t+1} + .1x_t + 2$$

权重值必须大于 0。如果权重和不等于 1，则每个权重值除以权重和后作为权重值。

5. 起点和终点处的窗口确定

时间序列的起点和终点，或者 by 组的起点和终点处的移动窗口往往不完整。对于后移移动窗口的有关计算，起点及其附近观测处的窗口被缩短。以宽度为 3 的后移移动窗口求和运算（MOVSUM 3）为例，前三个值的计算公式为

$$y_1 = x_1$$

$$y_2 = x_1 + x_2$$

$$y_3 = x_1 + x_2 + x_3$$

移动窗口内中心化统计量计算时，起点和终点处的观测都被缩短。以（CMOVSUM 5）为例，前三个和后三个统计量计算公式为

$$y_1 = x_1 + x_2 + x_3$$

$$y_2 = x_1 + x_2 + x_3 + x_4$$

$$y_3 = x_1 + x_2 + x_3 + x_4 + x_5$$

$$\vdots$$

$$y_{T-2} = x_{T-4} + x_{T-3} + x_{T-2} + x_{T-1} + x_T$$

$$y_{T-1} = x_{T-3} + x_{T-2} + x_{T-1} + x_T$$

$$y_T = x_{T-2} + x_{T-1} + x_T$$

对于设定权重的统计量计算，不可得数据或者不能用的数据被忽略，权重值被标准化。

6. 累计统计量计算

累计统计量以数据序列起点到当前时点为计算窗口（$[1,t]$）进行计算，包括累计均值等 14 种统计量。

累计统计量是一种特殊的移动窗口统计量，计算窗口的起点不变，终点移动。通过在 transformout＝中选择不同关键词来实现相应的统计量计算，共有 14 种统计量，对应的关键词可以通过将表 6－6 中移动窗口中心化统计量关键词的前四个字母“CMOV”换成“CU”得到。程序 6－39 在用程序 6－38 中 data 生成的数据集 zgsh_r，通过 proc expand 逐日计算累计最大值、累计均值、累计几何平均和累计标准差。

```
程序 6 - 39
proc expand data = zgsh_r out = result;
convert p = cumax/transformout = (cumax);
convert p = cumave/transformout = (cuave);
convert p = cumean/transformout = (cugmean);
convert p = cumstd/transformout = (custd);
by tdate;
run;
```

在统计量关键词后面添加选项 n，可以计算每隔 n 个值参与计算的累计统计量，设原始数据序列为 x_t，则参与 t 处累计统计量计算的序列值为 $x_t, x_{t-n}, x_{t-2n}, \cdots, x_{t-in}$，$t - in > 0$。例如

```
convert x = y/transformout = (cusum 2);
```

按如下方式计算累计和 y_t：

$$y_1 = x_1$$

$$y_2 = x_2$$

$$y_3 = x_1 + x_3$$

$$y_4 = x_2 + x_4$$

$$y_5 = x_1 + x_3 + x_5$$

$$y_6 = x_2 + x_4 + x_6$$

$$\cdots$$

7. 指数平滑(指数移动加权平均)

指数平滑也称为指数加权移动平均(EWMA：Exponentially Weighted Moving Average)，是一种累计加权平均的平滑方法。设原始序列为 $\{x_t\}_{t=1}^{T}$，指数平滑序列 $\{y_t\}_{t=1}^{T}$ 定义为

$$y_t = c^{-1}\sum_{s=1}^{t}\lambda^{t-s}x_s,\ 0 < \lambda < 1$$

$c = \sum_{i=0}^{t-1}\lambda^i$ 为标准化系数，λ 为平滑参数，值越大，λ^i 随 i 增加而衰减越缓慢，变换后的序列 y_t 越平滑。当 $t-s$ 较大时，$\lambda^{t-s}\approx 0$，指数平滑公式可以近似写为

$$y_t = (1-\lambda)x_t + \lambda y_{t-1}$$

在 transformout=选择关键词 EWMA 可实现指数平滑计算。具体格式为

```
convert x = y/transformout = (EMWA λ);
```

其中 λ 为平滑参数。

程序 6-40 首先用数据集 shd1519 中日对数收盘价 clp 的对数一阶差分计算日收益率变量 r，然后计算日收益率平方变量 r2，最后采用 proc expand 计算时变方差序列 var，平滑系数取为 λ=0.96。

```
程序 6-40
data r2;
set shd1519;
r2 = (dif(log(clp))) ** 2;
run;
proc expand data = r2 out = dvar;
convert r2 = var/transformout = (EWMA 0.96);
run;
```

6.3.4 分数差分和求和

分数差分(Frictional Difference)是长记忆(Long Memory)时间序列数据的一种

预处理。按照平稳性强弱可以将时间序列分为平稳、长记忆和单位根非平稳三类。设 L 表示滞后算子，时间序列的预处理可以表示为

$$(1-L)^d y_t$$

平稳时间序列不需要预处理，对应 $d=0$。单位根非平稳一阶单整时间序列要进行一阶差分预处理后建立 ARMA 模型，对应 $d=1$，对应的模型称为 ARIMA 模型。介于平稳和非平稳之间的是长记忆时间序列，要对 y_t 分数差分预处理后建立 ARMA 模型，对应 $0<d<0.5$。分数差分公式为

$$(1-L)^d y_t=\sum_{k=0}^{\infty}(-1)^k C_n^k L^k y_t=\sum_{k=0}^{\infty}(-1)^k C_n^k y_{t-k}$$

$C_n^k=n!/[k!(n-k)!]$ 为组合数。分数差分后建立的 ARMA 模型称为 ARFIMA 模型。[①]

在 transformout＝选择关键词 FDIF 可实现时间序列的分数差分。具体格式为

```
convert x = y/transformout = (FDIF d);
```

其中 d 为差分阶数参数。差分阶数 d 的估计参见章节 8.1.1。

程序 6－41 对数据集 shd1519 中日收盘价 clp 取对数后进行分数差分，差分阶数取 $d=0.3$。

```
程序 6 - 41
data lnclp;
set shd1519;
lnclp = log(clp);
run;
proc expand data = lnclp out = fdlnclp;
convert lnclp = fdifp/transform = (FDIF 0.3);
run;
```

ARFIMA 模型中的变量是 y_t 的分数差分，一些情况下需要将其还原为原始数据。例如采用 ARFIMA 模型得到的预测值是 y_t 的分数差分 $(1-L)^d\hat{y}_{t+h}$，要得到 y_t 的预测值，则需要进行还原。在 transformout＝选择关键词 FSUM 可实现分数差分数据的还原。

程序 6－42 将程序 6－41 中的 fdifp 序列进行还原。

---

① R. S. Tsay.金融时间序列分析(第三版)[M].王远林，王辉，潘家柱，译.北京：人民邮电出版社，2016.

程序 6 - 42

```
proc expand data = fdlnclp out = lclp;
convert fdifp = lclp/transform = (FSUM 0.3);
run;
```

由于计算误差，还原后的变量和原始变量并不完全相同。

6.3.5 其他变换

1. 序列倒置

序列倒置(Reverse the Series)将时间序列 $\{y_t\}_{t=1}^{T}$ 的值按时间顺序倒置，形成时间序列 $\{y_{T-t}\}_{t=0}^{T-1}$。在 transformout＝选择关键词 REVERSE 可实现序列倒置。

程序 6 - 43 首先按交易日将 zgsh 日内 5 分钟交易价格序列倒置，然后和原序列相减，得出由第一笔交易减去最后一笔交易、第二笔交易减去倒数第二笔交易……形成的序列。

程序 6 - 43

```
proc expand data = zgsh out = revzgsh;
convert p = revp/transform = (REVERSE);
by tdate;
run;
data dif;
set revzgsh;
dif = p - revp;
run;
```

2. 尺度变换

尺度变换(Rescale)操作将原序列值转变为在某个范围内取值。在 transformout＝选择关键词 SCALE 可实现尺度操作，具体格式为：

```
transform = (scale (L U));
```

L 和 U 分别是变换后取值的下界和上界，变换公式为：

$$y_t = \frac{U-L}{x_{max} - x_{min}}(x_t - x_{min}) + L$$

x_{max} 和 x_{min} 分别为序列 $\{x_t\}_{t=1}^{T}$ 的最大值和最小值。

程序 6 - 44 按交易日将 zgsh 中 5 分钟交易价格 p 转换为[0,1]内取值的变量 normp。

```
程序 6-44
proc expand data = zgsh out = nzgsh;
convert p = normp/transform = (scale (0 1));
by tdate;
run;
```

6.4　时间序列画图

本节主要介绍采用过程 proc sgplot 绘制时间序列图形的方法，包括绘制折现图(Plot)和散点图(Scatter)。proc sgplot 的基本格式和语法为

```
proc sgplot data = dataset <options>;
series x = hax1 y = vax1</options>;
series x = hax2 y = vax2</options>;
……
scatter x = hax1 y = vax1</options>;
scatter x = hax2 y = vax2</options>;
……
run;
```

series 语句和 scatter 语句分别定义折线图和散点图，x=和 y=用于定义图中横轴变量和纵轴变量，选项用于细化图形和更多的控制。同一 proc sgplot 过程中可以有多个 series 和 scatter 语句，每个语句设定一条折现图或者散点图，采用选项 overlay 可以实现多图叠放。

程序 6-45 以数据集 payh 中变量 date(交易日期)为横轴、clpr(收盘价)为纵轴画出平安银行(000001)2016 年 1 月 4 日至 2018 年 3 月 30 日的日收盘价时序图，series 语句选项 markers 给图中数据设定标识(Marker)，默认标识是圆圈(Circle)，见图 6-4。

```
程序 6-45
proc sgplot data = book.payh;
series x = date y = clpr/markers;
run;
```

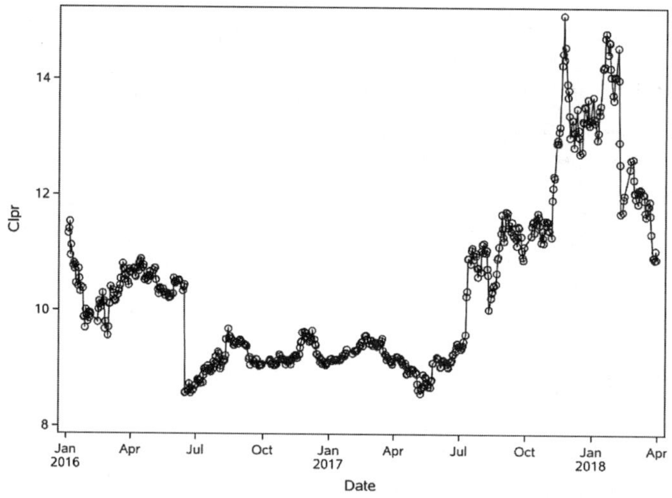

图 6-4　平安银行收盘价时序图 1

6.4.1　尺寸、格式和分别率，边界和外墙

要设定图形尺寸需要用到 SAS 的全局语句 ods graphics on。ODS 是 SAS 输出结果传送系统(Output Delivery System)。语句 ods graphics on 中添加选项 width=和 height=可以设定图形的宽和高，语句

```
ods graphics on /width = 5in height = 3in;
```

将图形尺寸设定为宽 5 英寸(in)、高 3 英寸(in)。

ods 语句可以设置图形格式，包括 RTF(Rich Text Format)、HTML(Hypertext Markup Language)和 PDF(Portable Document Format)。SAS 主菜单下沿：工具→选项→参数选择→结果，在弹出的对话框中勾选"创建 HTML(H)"，则 SAS 默认 HTML 格式输出图形，在"结果选项"下条目"查看结果时使用"后面的条框内，可以选择显示 HTML 的浏览器。HTML 图形的默认分辨率为 100 DPI(Dots Per Inch)，RTF 的默认分辨率为 200 DPI。用 ods 语句可以设定图形分辨率。例如语句

```
ods html image_dpi = 300;
```

将 html 图形分辨率由默认的 100 DPI 改为 300 DPI，输出结果更加清晰。ods 语句还可以设定在输出默认格式图形的同时输出其他格式的图形。例如语句

```
ods pdf;
```

输出 pdf 格式的图形。

边界(Border)是指图形外边的框线，外墙是指图形内除了坐标轴外的上边界线和右边界线，语句 ods graphics on 中添加选项 noborder 可以去掉边界线，在 proc sgplot

语句中添加选项 nowall 可以去除外墙。

程序 6－46 画出平安银行收盘价时序图，默认 HTML 输出的图形尺寸为 6 英寸宽、3.2 英寸高，分辨率为 500 DPI，不带边界和外墙，见图 6－5。同时输出的还有 pdf 格式的图形。

```
程序 6 - 46
ods graphics on /width = 6in height = 3.2in noborder;
ods html image_dpi = 500;
ods pdf;
proc sgplot data = book.payh noborder nowall;
series x = date y = clpr;
run;
```

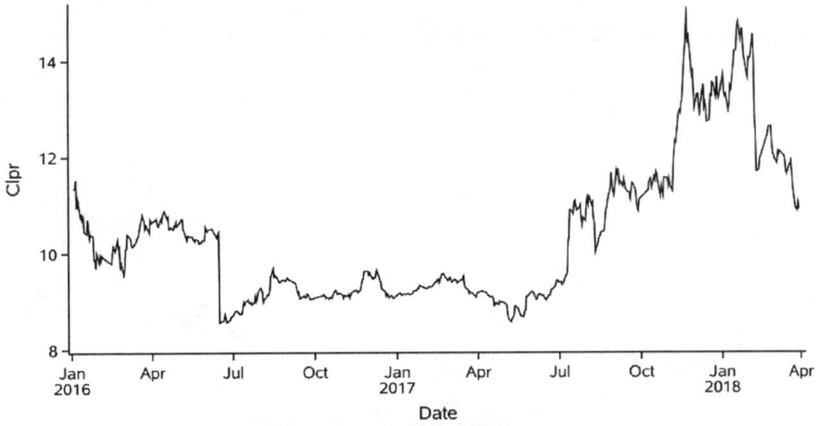

图 6－5　平安银行收盘价时序图 2

6.4.2　数据图标、折线线型

在 series 语句中添加选项，可以给数据添加图标（Marker），可以设置图标类型、大小和颜色。选项及其格式为

```
markers——给数据添加图标;
```

markerattrs＝(options)——设定数据图标属性，包括类型、大小和颜色。Options 包括：

（1）color＝c——设定颜色，c 取不同的值对应不同的颜色，例如 red（红色）、grey（灰色）、green（绿色）、blue（蓝色）等。默认为黑色。

（2）size＝n——设定数据图标大小，n 取不同的值＋单位，例如 0.02 in 为 0.02 英寸；也可以是其他单位，例如 3 mm 为 3 毫米。默认的尺度为像素（Pixel）。

(3) symbol＝name——设定数据图标类型，name 取 31 个不同值，对应 31 中不同的类型。例如 circlefilled(实心圆圈)、circle(空心圆圈)、squarefilled(实心方块)、square(空心方块)、asterisk(星号)、star(空心五角星)和 starfilled(实心五角星)等。默认为空心圆圈。

程序 6－47 在程序 6－46 基础上给数据添加图标，图标选用空心五角星，大小为 2 毫米，颜色为灰色，见图 6－6。

```
程序 6-47
ods graphics on /width = 6in height = 3.2in noborder;
ods html image_dpi = 500;
ods pdf;
proc sgplot data = book.payh noborder nowall;
series x = date y = clpr/markers
markerattrs = (symbol = star size = 2mm color = grey);
run;
```

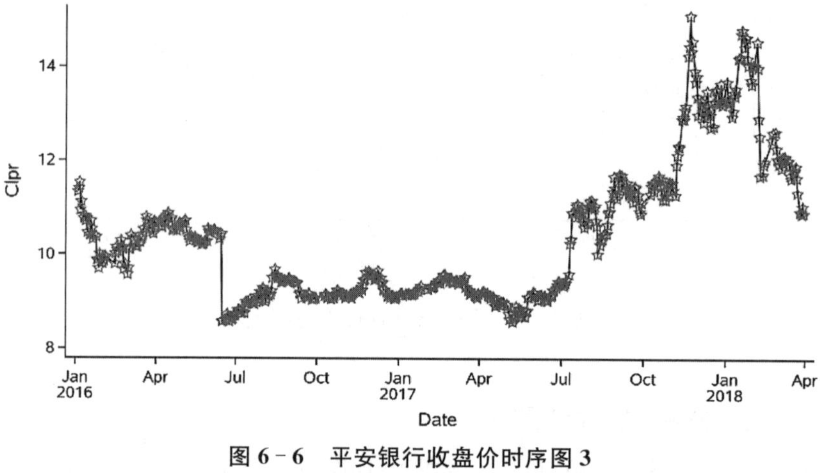

图 6－6　平安银行收盘价时序图 3

Series 语句添加选项可以对图中折线进行设定，包括线型(Pattern)、粗细(Thickness)和颜色(Color)。选项格式及其内容为

```
lineattrs = (options)——设定折线;
```

options 包括：

pattern＝name——设定线型，name 取 46 个值，对应 46 种线型，可以是线型名称，也可以是线型编号。例如 solid(实线)、shotdashdot(点分割虚线)、mediumdash(中虚线)等。

thickness＝n——设定折现粗细，n 为正实数＋单位，例如 3 mm 为 3 毫米，5 为 5 个像素等。

color=c——设定颜色,同 markerattrs=选项中的 color=。

程序 6-48 在程序 6-47 基础上将数据图标改为实心圆圈,大小为 2 个像素,颜色为蓝色;折线线型设定为双点分割的虚线(dashdotdot),粗细为 1 个像素,颜色为红色,见图 6-7。

```
程序 6-48
ods graphics on /width=6in height=3.2in noborder;
ods html image_dpi=500;
ods pdf;
proc sgplot data=book.payh noborder nowall;
series x=date y=clpr/markers
        markerattrs=(symbol = circlefilled size = 2 color = blue)
        lineattrs=(thickness=1 color=red pattern=dashdotdot);
run;
```

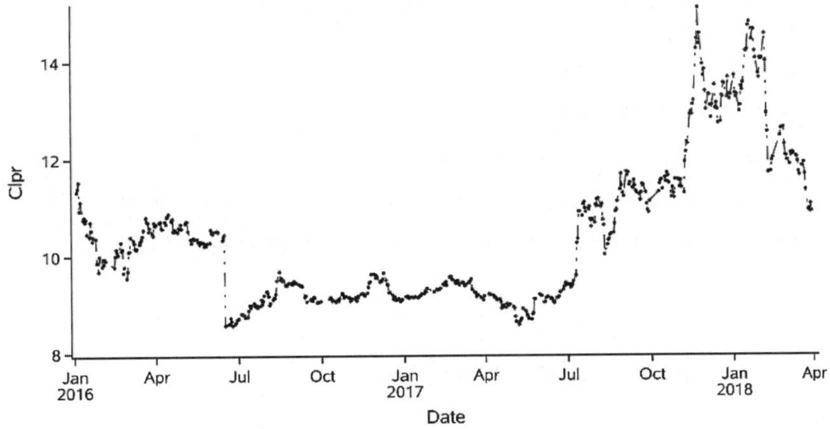

图 6-7　平安银行收盘价时序图 4

6.4.3　时间轴刻度和参考线

过程 proc sgplot 中的语句 xaxis=value 用来设定时间轴(横轴)时间刻度,语句格式为

```
xaxis values=(s_dt to e_dt by step);
```

s_dt 和 e_dt 为起止时间,可以是日期、日期时间、时间常量,step 为刻度间隔。

语句 refline 设定参考线(Reference Line),语句格式为

```
refline datetime /axis=x;
```

datetime 为日期时间常数,确定参考线画在何处,axis=用于确定参考线是垂直

于横轴(x)还是纵轴(y)。

程序 6－46 用 DATA 步将 zgsh(中国石化 600028)日内 5 分钟高频交易数据的日期变量 tdate 和时间变量 ttime 合并为日期时间变量 tdatetime,然后用 proc sgplot 画出 2018 年 4 月 2 日上午的 5 分钟交易价格时序图,时间轴刻度间隔为分钟,并在上午 11:00 处画出垂直 x 轴的参考线。折线线型为 44 号线型,颜色为红色,1 个像素粗;数据图标为菱形,3 个像素大,默认黑色。见图 6－8。

程序 6－49

```
data zgsh;
set book.zgsh;
tdatetime = dhms(tdate,hour(ttime),minute(ttime),second(ttime));
format tdatetime datetime21.2;
run;
ods graphics on /width = 6in height = 3.2in noborder;
ods html image_dpi = 500;
ods pdf;
proc sgplot noborder nowall;
series x = tdatetime y = p/markers
        markerattrs = (size = 3 symbol = diamond)
        lineattrs = (thickness = 1 pattern = 44 color = red);
xaxis values = ('02APR2018:09:25'dt to '02APR2018:11:30'dt
               by minute);
format tdatetime datetime10.;
refline '02APR2018:11:00'dt /axis = x;
run;
```

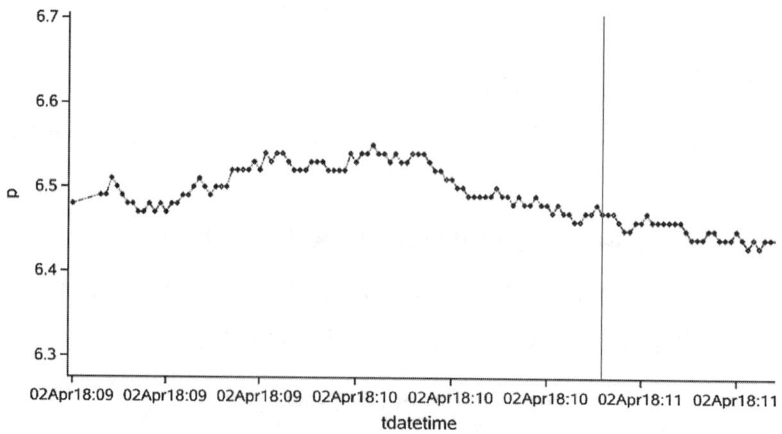

图 6－8　中国石化日内 5 分钟股价时序图

为节省空间,用 format 语句将 tdatetime 的输出格式设定为 datetime10.,不显示世纪。

6.4.4　多图叠放

proc sgplot 中使用多个 series 语句,可将不同时序图画在同一个坐标内,通过语句选项可以对不同的时序图属性进行设定。

数据集 rdrm2_ma 中包含了 2014 年 12 月到 2019 年 4 月中国货币市场全市场 7 天抵押回购利率 dr7 和贷款类金融机构 7 天抵押回购利率 r7(每月只有一个交易日数据),以及当月央行货币供应量 m2。程序 6 - 50 用 DATA 步计算 m2 的增长率的 100 倍生成变量 grm2。然后用 proc sgplot 在同一坐标内画出 dr7、r7 和 grm2 的时序图,用选项 markerattrs=和 lineattrs=对数据图标和线型进行设置,没有设置的取默认值,例如,dr7 序列线型取默认值实线(Solid),r7 序列的数据图标取默认值"+"(plus)(多图叠放的默认值)等,见图 6 - 9。

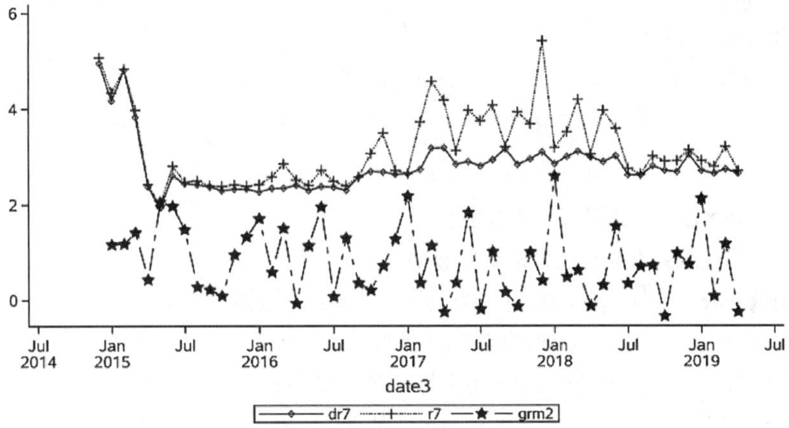

图 6 - 9　货币供应量增长率、r7 和 dr7 时序图

程序 6 - 50

```
data dr7_r7;
set book.rdrm2_ma;
grm2 = dif(log(m2)) * 100;
run;
ods graphics on /width = 6in height = 3.2in noborder;
ods html image_dpi = 500;
ods pdf;
proc sgplot noborder nowall;
series x = date3 y = dr7/markers
            markerattrs = (size = 4 color = red symbol = diamond);
```

```
series x = date3 y = r7/markers
            lineattrs = (pattern = 45 color = blue);
series x = date3 y = grm2/markers
            markerattrs = (symbol = starfilled);
run;
```

从图 6 - 9 中看出，货币供应量增加(减小)时，两种利率的差距缩小(增大)，体现出明显的市场流动性分层。

习题

1. 用 option yearcutoff＝语句将默认世纪跨度设定为 1999—2098 年。然后运行程序

```
data _null_;
a = '01MAR15'd;
b = '01MAR97'd;
put ‘a = ’ a date10. ‘b = ’ b date10.;
run;
```

日志窗口中将输出什么结果？为什么？

2. 如何正确读取只有年份的外部日期数据？

3. 用函数 nwkdom()计算 2028 年 6 月的第三周星期六对应的日期。

4. 数据集 trt_600085_1m 是股票同仁堂(60085)2021 年 3 月 22 日到 2021 年 4 月 9 日的日内 1 分钟高频交易数据。_col2 和_col3 分别为交易日期和交易时间。

(1) 采用函数 hour()、minute()和 second()从变量_col3 中拆分出时、分和秒，生成变量 h、m 和 s；

(2) 用函数 dhms()将 col2 和 h、m、s 合并为交易日期和时间变量 datetime。

(3) 用函数 put()把_col2 和_col3 转换为字符变量后，用 cats 函数将其连接为日期时间形式的字符，再用函数 input()将其转换为日期变量。

5. 用函数 yrdif()计算自己的年龄。

6. 'year2.15'是正确的时间间隔格式吗？你如何判断？'year.13'呢？

7. 函数 intnx('week.3','**02apr21**'**d**,**3**)的返回值是什么？

8. 设变量 date 为日期变量，用函数 intnx()将日期按星期一对齐。写出包含自变量的完整函数形式。

9. 为什么函数 intnx('week.3','**01jun20**'**d**,2)的返回值不是 2020 年 6 月 16 日，而是 2020 年 6 月 9 日？

10. DATA 步滞后函数和通常意义上的滞后函数有什么不同？需要注意些什么？

11. 运行程序 3 - 66 生成数据集 test 中包含 3 只股票的一周内的收盘价数据。对变量 clp 取对数然后差分计算日收益。不采用数据集排序以及由此产生的临时变量 first.stkcd，将跨越不同股票

处的无效收益数据删除。

12. 将数据集 rdr7 中变量 dr7 的频率由日降为月，月内最后一天数据作为月度数据。写出 DATA 步程序代码。

13. 数据集 shd1519 中变量 clp 为上证日收盘指数。计算收盘指数的 5 日平均、120 日平均和 180 日平均，生成变量 ma5、ma120 和 ma180。写出 DATA 步程序代码。

14. 用 proc sgplot 在同一坐标内画出第 13 题生成的 m5、ma15 和 ma30 的时序图，数据图标分别为空心五角星(Star)、井号(Hash)和实心三角形(Trianglefilled)，大小为 2 个像素，颜色分别为蓝色、黑色和红色；折线线型分别为实线(Solid)、22 号线型和点线(Dot)。写出程序代码。

15. 数据集 shd1519 中变量 clp 为上证日收盘指数。计算 clp 的指数平滑，平滑参数 λ 分别取 0.96 和 0.75，生成变量 em96 和 em75。用 proc sgplot 在同一坐标内画出 em96 和 em75 的时序折线图。写出程序代码。

第 7 章　一元时间序列分析

SAS/ETS 中一元时间序列分析的过程主要包括 proc arima 和 proc autoreg，可用于时间序列的平稳性检验、模型识别、模型估计及预测等。proc autoreg 可以估计条件异方差中的 ARCH 和 GARCH 类模型。本章以蔡瑞胸(2012)中的符号和模型表示为基础。

为方便结果查看，在 SAS 主界面点击菜单：工具→选项→参数选择→结果，在弹出的对话框中勾选“创建列表”“创建 HTML”“生成后立即查看结果”和“使用 ODS 图形”，并在“样式”后的下拉列表中选择“printer”。

7.1　proc arima 过程

proc arima 对平稳时间序列建立自回归移动平均(ARMA)模型，对非平稳(单位根)过程建立单整(integrated)自回归移动平均(ARIMA)模型。模型一般形式为

$$y_t = \phi_0 + \phi_1 y_{t-1} + \cdots + \phi_p y_{t-p} - \theta_1 a_{t-1} - \cdots - \theta_q a_{t-q} + a_t,\ a_t \sim i.i.N(0,\ \sigma^2) \tag{7-1}$$

$\{a_t\}_{t=1}^{T}$ 为正态白噪声序列，a_t 称为新息(Innovation)或者冲击(Shock)。用滞后算子 B 可将 ARIMA(p,q)表示为

$$(1-\phi_1 B-\phi_2 B^2-\cdots-\phi_p B^p)y_t=\phi_0+(1-\theta_1 B-\theta_2 B^2-\cdots-\theta_q B^q)a_t \tag{7-2}$$

其中滞后多项式 $\Phi(B)\equiv 1-\phi_1 B-\phi_2 B^2-\cdots-\phi_p B^p$ 和 $\Theta(B)=1-\theta_1 B-\theta_2 B^2-\cdots-\theta_q B^q$ 称为模型的自回归因子和移动平均因子。需要注意，proc arima 按(7-1)式中形成报告参数估计结果，即移动平均系数报告为 θ_i 而不是 $-\theta_i$。

另外，从(7-1)式给出的 ARMA 模型看出，proc arima 过程不考虑 a_t 的条件异方差，不能建立 ARCH 和 GARCH 类模型。

proc arima 可用于模型分析的全过程，从平稳性检验、模型识别到模型估计诊断和预测，过程基本语法为

```
PROC ARIMA options;
IDENTIFY VAR = variable options;
ESTIMATE options;
FORECAST options;
By variables;
run;
```

语句 identify、estimate 和 forecast 分别用于模型识别、估计和预测。模型识别包括平稳性检验和模型阶数(p、q)确定。proc arima 的运行为交互 run 组执行方式(见第 5 章),可以多次提交 run 组运行,直到 quite 语句或者运行其他步才退出。

首先对 proc arima 及其选项进行介绍,然后按功能介绍其他语句。proc arima 语句用于过程的启动,选项(Options)包括

1. 数据集选项

(1) data=数据集名:指定输入数据集。

(2) out=数据集名:指定输出数据集,存放预测值。

2. 图形输出选项

plots=options,其中选项(Options)指定要输出的图形,例如 plots=all 输出所有图形,而 plots=none 则不输出图形。

7.1.1　单位根(平稳性)检验

时间序列是否平稳决定着模型类型,建立模型前需要进行平稳性检验。平稳性检验方法可参考 R.Tsay(2012)或者 SAS 帮助。平稳性检验属于模型识别,用 identify 语句进行。

1. 对原序列进行单位根检验

语句格式为

```
IDENTIFY VAR = variable STATIONARITY = (options);
```

VAR=指定要检验的变量名,variable 为变量名,STATIONARITY=(options)设定检验细节,包括检验方法、检验模型阶数等,通过 options 来确定。

STATIONARITY=(ADF=n):采用 ADF(增广 Dickey - Fuller)检验,检验模型分别为 1 到 n 阶的自回归模型;

STATIONARITY=(ADF=(n1,n2,…,nk)):分别用 n1、n2、…、nk 阶自回归模型作为检验模型进行 ADF 检验。

当只给出检验方法不指定模型阶数时,默认检验模型自回归阶数为 0(白噪声)、1(随机游动)和 2。其他检验方法中检验模型阶数的设定方法相同。

STATIONARITY=(PP=n):采用 Phillips - Perron 检验,检验模型为 n 阶自回归模型。

采用给定阶数自回归模型进行 ADF 和 PP 单位根检验时，给出检验模型不带常数项(零均值)、只带常数项(单均值)和既带常数项又带趋势项(趋势)三种检验结果供参考。

数据集 sashelp.stocks 包含了 IBM、Intel 和 Microsoft 从 1996 年到 2005 年的月度股票交易数据，包括 date(交易日期)、open(开盘价)、close(收盘价)、low(最低价)、high(最高价)、volum(交易量：手数)等变量。程序 7-1 对变量 close 进行单位根检验，每个 run 组中用 where 语句指定参与分析的观测。

程序 7-1

```
proc arima data = sashelp.stocks;
where stock = "IBM";
identify var = close stationarity = (ADF);
run;
where stock = "Intel";
identify var = close stationarity = (ADF = (5));
run;
where stock = "Microsoft";
identify var = close stationarity = (PP);
run;
quit;
```

先选中第一个 run 组提交运行，结果窗口中"Arima:SAS 系统"下的"标识 1"(标识是 identify 的汉化翻译)中存储了检验结果，点开后出现"描述性统计量""白噪声的自相关检验"等分目录，点击"增广 Dickey-Fuller 单位根检验"出现以 HTML 格式和文本格式呈现的两种检验结果，点击 HTML 格式，在浏览器窗口显示相关结果。IBM 的收盘价单位根检验结果见图 7-1。

类型	滞后	Rho	Pr < Rho	Tau	Pr < Tau	F	Pr > F
零均值	0	-0.9268	0.4850	-0.54	0.4827		
	1	-0.5011	0.5692	-0.35	0.5574		
	2	-0.3399	0.6050	-0.25	0.5937		
单均值	0	-20.7252	0.0086	-3.23	0.0198	5.27	0.0305
	1	-14.8650	0.0387	-2.64	0.0867	3.54	0.1677
	2	-13.6681	0.0525	-2.50	0.1180	3.19	0.2580
趋势	0	-21.9655	0.0419	-3.34	0.0622	5.60	0.0890
	1	-15.9333	0.1469	-2.76	0.2150	3.83	0.4118
	2	-14.6204	0.1893	-2.60	0.2828	3.39	0.5007

图 7-1 IBM 的收盘价单位根检验结果

没有设定检验模型阶数,默认采用 0 阶、1 阶和 2 阶进行检验,三种不同检验模型(零均值、单均值、趋势)的结果一并列出。"零均值"检验模型使用的检验统计量为 ρ (Rho)检验统计量和 τ (Tau)检验统计量,而"单均值"和"趋势"检验模型使用的检验统计量还包括 F 检验统计量。具体定义可参考 SAS 帮助中 SAS/ETS 14.3 User's Guide→General Information→SAS Macros and Functions→Functions。

执行 identify 后,输出结果中除各种单位根检验结果外,还包括 IBM 收盘价序列白噪声检验结果以及序列的趋势和相关分析,后者以图形的形式呈现(见图 7-2),包括时序图、自相关函数(ACF)图、偏自相关函数(PACF)图以及逆自相关函数(IACF)图。

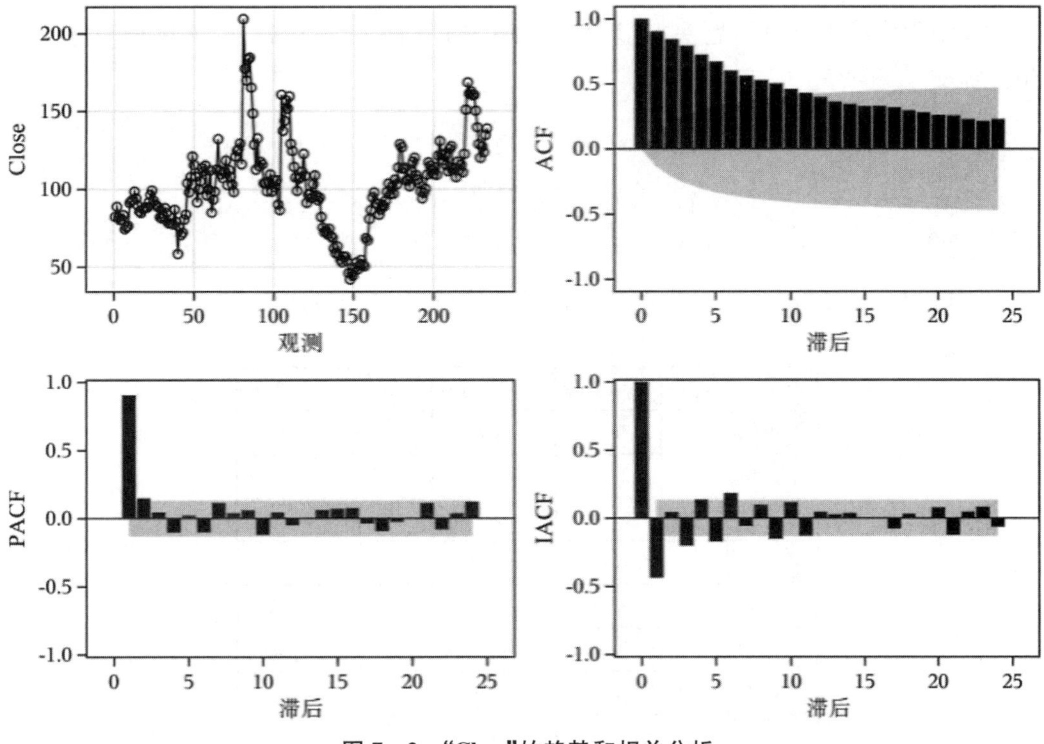

图 7-2 "Close"的趋势和相关分析

点击"增广 Dickey-Fuller 单位根检验"下文本格式结果,在弹出的 SAS 输出窗口中以文本方式显示检验结果。

此时程序编辑器窗口题头栏显示"PROC ARIMA 正在运行"。选中第二个 run 组并提交

```
where stock = "Intel";
identify var = close stationarity = (ADF = (5));
run;
```

结果窗口中“标识 2”下给出各种检验结果，包括检验模型为 5 阶自回归模型的单位根 ADF 检验结果(见图 7－3)。

类型	滞后	Rho	Pr < Rho	Tau	Pr < Tau	F	Pr > F
零均值	5	-3.4950	0.1982	-1.29	0.1818		
单均值	5	-17.2757	0.0208	-2.68	0.0794	3.59	0.1553
趋势	5	-16.9731	0.1193	-2.65	0.2575	3.73	0.4329

图 7－3　Intel 收盘价单位根检验结果

从结果看，三种检验模型的检验结果均不能拒绝原假设，表明 Intel 的 close 序列为单位根非平稳序列。

此时程序编辑器窗口题头栏显示“PROC ARIMA 正在运行”。选中第三个 run 组并提交

```
where stock = "Microsoft";
identify var = close stationarity = (PP);
run;
```

可以得到 Phillips－Perron 单位根检验结果(见图 7－4)。

类型	滞后	Rho	Pr < Rho	Tau	Pr < Tau
零均值	0	-3.3538	0.2076	-1.29	0.1803
	1	-2.8346	0.2469	-1.19	0.2138
	2	-2.6387	0.2640	-1.15	0.2282
单均值	0	-21.7678	0.0066	-3.37	0.0132
	1	-19.4620	0.0119	-3.20	0.0217
	2	-19.0042	0.0134	-3.16	0.0239
趋势	0	-22.4713	0.0376	-3.29	0.0709
	1	-19.9625	0.0645	-3.09	0.1108
	2	-19.5055	0.0710	-3.05	0.1200

图 7－4　Microsoft 收盘价的 Phillips－Perron 单位根检验结果

三种模型和同一种模型不同阶数的检验结果不一致。零均值模型检验结果不能拒绝原假设，即 Microsoft 的收盘价 close 是非平稳序列，而单均值模型检验结果则拒绝原假设，趋势模型不同滞后阶数的检验结果不一致。

最后在编辑器窗口输入 quite 并选中提交退出 proc arima 过程。

随机游动是一种特殊的单位根过程，语句 identify 可以对变量是否是带漂移项的随机游动进行检验，检验方法选择为 RW，即 STATIONARITY＝(RW)可进行随机

游动检验。

2. 对差分序列进行单位根检验

一元时间序列如果非平稳，就需要进行差分转换为平稳时间序列后才能建立 arma 模型。非平稳时间序列 y_t 差分 $k-1$ 次后非平稳，差分 k 次后平稳，称为 k 阶单整序列，记为 $y_t \sim I(k)$。对 k 次差分后的序列建立的 arima(p,q)模型称为 arima(p,k,q)模型。

要检验变量差分后是否平稳，只需在 identify var＝变量名后面添加圆括号，并在括号内给出差分阶数即可，即

```
IDENTIFY VAR = variable(1<,1,…,1>) STATIONARITY = (options);
```

表示先对变量进行一阶差分，然后对差分后的变量再进行一阶差分……例如 y(1)表示对 y 进行一阶差分，y(1,1)表示对 y 进行二阶差分，即$(y_t-y_{t-1})-(y_{t-1}-y_{t-2})$，以此类推。注意 y(2)表示滞后 2 期的一阶差分，即 y_t-y_{t-2}，y(d)表示 y_t-y_{t-d}等，因此语句

```
IDENTIFY VAR = variable(d1,d2) STATIONARITY = (options);
```

要检验的序列由原变量(假设为 y)先做滞后 d1 期的一阶差分，对差分后的变量再做滞后期为 d2 的一阶差分。程序 7－2 对 IBM 股票收盘价 close 的一阶差分进行单位根检验。

```
程序 7-2
proc arima data = sashelp.stocks(where = (stock = "IBM")) ;
identify var = close(1) stationarity = (ADF = 2);
run;
quit;
```

输出窗口第一部分信息显示“变量名称＝close，差分期间 1”等信息，表明是对一阶差分后的变量进行各种检验。

7.1.2　模型定阶

定阶是用样本信息确定合适的模型阶数，包括自回归阶数 p 和移动平均阶数 q。只有确定阶数才能对模型进行估计。

常用的定阶指标包括自相关函数 ACF(AutoCorrelation Function)、偏自相关函数 PACF(Partial ACF)以及 AIC、BIC 信息准则等。过程 proc arima 采用扩展 ACF (Extended ACF, EACF)、最小信息准则 MINIC(Minimum Information Criteria)和最小典型相关系数 SCAN(Smallest CANonical Correlation)确定模型尝试性阶数(Tentative Order)，同时画出自相关函数 ACF 图、偏自相关函数 PACF 图和逆自相关函数 IACF 图供参考。

1. 定阶方法

(1) ESACF 方法

ARMA 模型需要确定的阶数分为自回归阶数和移动平均阶数，EASCF 方法首先选定阶数范围(1: p+d:,0: q+1)，然后对阶数从 1 到 p+d 的自回归模型进行估计，得出回归残差，将残差看作移动平均成分并用 ACF 确定阶数。计算步骤如下：

① 给定自回归阶数 m=1,…,p+d,进行如下回归：

第一步：取 q=0,用 OLS 方法拟合模型 AR(m)，

$$y_t = \phi_1^{(m,0)} y_{t-1} + \phi_2^{(m,0)} y_{t-2} + \cdots +, \phi_m^{(m,0)} y_{t-m} + a_t$$

得出自回归系数估计值 $\hat{\phi}_i^{(m,0)}$, $i=1, 2, \cdots, m$, $m=1, 2, \cdots, p+q$。

第二步：当移动平均阶数 q=j 不等于 0 时，采用如下递推公式计算模型 ARMA 中自回归系数的估计值(注意：没有用到移动平均系数)：

$$\hat{\phi}_i^{(m,j)} = \hat{\phi}_i^{(m+1,j-1)} - \hat{\phi}_{i-1}^{(m,j-1)} \frac{\hat{\phi}_{m+1}^{(m+1,j-1)}}{\hat{\phi}_m^{(m,m-1)}}$$

$$m=1, 2, \cdots, p+d, \ j=1, 2, \cdots, q+1$$

第三步：计算模型残差序列

$$\hat{a}_t^{(m,j)} = y_t - \hat{\phi}_1^{(m,j)} y_{t-1} + \hat{\phi}_2^{(m,j)} y_{t-2} + \cdots + \hat{\phi}_m^{(m,j)} y_{t-m}$$

② 计算残差序列 $\hat{a}_t^{(m,j)}$ 的 j 阶样本自相关函数值 $r_j(m)$

$$r_j(m) = \frac{\frac{1}{T-j-1}\sum_{t=j+1}^{T} \hat{a}_t \hat{a}_{t-j}}{\frac{1}{T-1}\sum_{t=1}^{T} \hat{a}_t^2}$$

并对 $r_j(m)$ 进行显著性检验，$r_j(m)$ 的方差采用样本自相关函数方差的 Bartlett 近似公式计算，即 $Var(r_j(m)) \approx \left(1+\sum_{t=1}^{j} r_j^2(m)\right)$。

如果数据服从的真实模型是 ARMA(p+d,q)，则当 $j \geqslant q$ 时残差序列 $\hat{a}_t^{(m,j)}$ 服从 MA(q)模型，因此

$$r_j(p+q) \geqslant 0, \quad j > q$$

$$r_j(p+q) \neq 0, \quad j = q$$

Tsay 和 Tiao(1984)证明 ESACF 满足

$$r_j(m) \approx 0, \qquad j-q > m-p-d \leqslant 0$$

$$r_j(m) = c(m-p-d, j-q), \quad 0 \leqslant j-q \leqslant m-p-d$$

其中 $c(m-p-d, j-q)$ 为非 0 常数，或者下界为−1、上界为+1 的连续随机变量。

采用 ESACF 方法可以确定 ARMA 模型的阶数。选定自回归阶数范围 p_{min}：p_{max} 和自移动平均回归阶数 q_{min}：q_{max}，用 $m=p_{min}$，$p_{min}+1$，…，p_{max} 和 $j=q_{min}$，$q_{min}+1$，…，q_{max} 对应的 $r_j(m)$ 值构造 ESACF 表，如表 7－1 所示。

表 7－1　**ESACF 表**

MA						
AR	0	1	2	3	.	.
0	$r_{1(0)}$	$r_{2(0)}$	$r_{3(0)}$	$r_{4(0)}$	.	.
1	$r_{1(1)}$	$r_{2(1)}$	$r_{3(1)}$	$r_{4(1)}$	.	.
2	$r_{1(2)}$	$r_{2(2)}$	$r_{3(2)}$	$r_{4(2)}$	.	.
3	$r_{1(3)}$	$r_{2(3)}$	$r_{3(3)}$	$r_{4(3)}$	.	.
.	.	.	.	.	.	.
.	.	.	.	.	.	.

用 t 检验判断 ESACF 表中的 $r_j(m)$ 是否显著不为 0，表中 0 值形成的楔形区域左上角对应的阶数就是 ARMA 模型的阶数。表 7－2 给出的 ESCAF 表将模型阶数确定为 ARMA(1,2)。

表 7－2　**ARMA(1,2)的 ESCAF 表**

MA								
AR	0	1	2	3	4	5	6	7
0	*	**X**	**X**	**X**	**X**	**X**	**X**	**X**
1	*	**X**	0	0	0	0	0	0
2	*	**X**	**X**	0	0	0	0	0
3	*	**X**	**X**	**X**	0	0	0	0
4	*	**X**	**X**	**X**	**X**	0	0	0
X=显著(不为 0)；0=不显著；* =没有规律性								

ESACF 方法既可以确定平稳序列的 ARMA 模型阶数，又可以确定非平稳序列的模型阶数。

(2) MINIC 方法

MINIC 方法可以尝试性确定平稳可逆(Stationary And Invertable)时间序列的 ARMA 模型阶数。设 z_t 为零均值化的平稳可逆时间序列，服从 ARMA(p, q)模型，滞后算子表达式为

$$\Phi(B)z_t=\Theta(B)\epsilon_t$$

平稳可逆 ARMA(p, q)模型可以转化为 AR(∞)模型,如果仅建立 AR(p)模型(即 q=0),则可在设定的自回归阶数范围 $[p_{Amin}, p_{Amax}]$ 内用 AIC 准则确定模型阶数,记为 p_A。

采用 AR 模型拟合时间序列数据时,往往需要较大的自回归阶数才能充分捕捉数据中的自相关性,采用 ARMA 模型则能减少模型阶数。为确定 ARMA 模型的阶数,在设定的自回归阶数范围 $[0, p_{max}]$ 和移动平均阶数范围 $[0, q_{max}]$ 内,选择 $m \in [0, p_{max}]$ 和 $j \in [0, q_{max}]$,估计模型

$$z_t = \phi_1^{(m,j)} z_{t-1} + \phi_2^{(m,j)} z_{t-2} + \cdots + \phi_m^{(m,j)} z_{t-m} + \theta_1^{(m,j)} \hat{\epsilon}_{t-1} + \theta_2^{(m,j)} \hat{\epsilon}_{t-2} + \cdots + \theta_j^{(m,j)} \hat{\epsilon}_{t-j} + e_t$$

计算 BIC(Bayes 信息准则)值。不同 (m, j) 对应的 BIC 值形成表 7-3。

表 7-3　MINIC 表

	MA					
AR	0	1	2	3	.	.
0	BIC(0,0)	BIC(0,1)	BIC(0,2)	BIC(0,3)	.	.
1	BIC(1,0)	BIC(1,1)	BIC(1,2)	BIC(1,3)	.	.
2	BIC(2,0)	BIC(2,1)	BIC(2,2)	BIC(2,3)	.	.
3	BIC(3,0)	BIC(3,1)	BIC(3,2)	BIC(3,3)	.	.
.	.	.	.	.	.	.
.	.	.	.	.	.	.

选择最小 BIC 值对应的阶数作为 ARMA 模型阶数。

当 $p_{max} > p_{Amin}$ 时,表明 p_{Amin} 设定过小,AR(p_A)不能将数据中的自相关完全捕捉,导致 $\hat{\epsilon}_t$ 序列存在自相关性。如上定阶方法失效。

除了 ESACF 法和 MINIC 法之外,proc arima 还提供了基于样本典型(Sample Canonical)相关系数的定阶方法 SCAN,详情可参考 SAS 帮助。

2. 用 identify var=确定模型阶数

模型定阶属于模型识别,用 identify 语句进行。语句语法为

```
IDENTIFY VAR = variable Option
```

Option 是 ESACF、MINIC 和 SCAN 中的一个,对应三种定阶方法。三种定阶选项后面均可以添加更多选项设定阶数的范围,p=(p1:p2)和 q=(q1:q2)分别用于设定 ARMA 模型的自回归阶数范围和移动平均阶数范围。MINIC 语句中添加 PERROR=(pe1:pe2)可以设定计算自回归模型估计残差 $\hat{\epsilon}_t$ 的自回归模型阶数范围。

程序 7-3 对股票 IBM 的收盘价 close 一阶差分采用 ESCAF 和 MINIC 定阶。

程序 7-3

```
proc arima data = sashelp.stocks(where = (stock = "IBM"));
identify var = close(1) ESACF;
identify var = close(1) MINIC;
identify var = close(1) ESACF q = (0:0);
identify var = close(1) MINIC q = (0:0);
run;
```

第一个 identify 语句计算的 ESACF 值和对应的显著性水平见图 7-5 与图 7-6。

滞后	MA 0	MA 1	MA 2	MA 3	MA 4	MA 5
AR 0	-0.1924	-0.0330	0.0887	-0.0799	0.0773	-0.1842
AR 1	-0.3329	-0.0763	0.0403	0.0036	-0.0183	-0.1799
AR 2	0.4994	0.0389	0.0523	0.0070	-0.0009	-0.1583
AR 3	0.4795	-0.4384	0.0097	-0.0392	0.0107	-0.0952
AR 4	0.4931	0.0728	0.0745	-0.0044	-0.0347	-0.0751
AR 5	0.3100	-0.1243	0.1544	-0.0802	-0.1039	-0.1304

图 7-5　扩展样本自相关函数

滞后	MA 0	MA 1	MA 2	MA 3	MA 4	MA 5
AR 0	0.0034	0.6281	0.1928	0.2440	0.2626	0.0079
AR 1	<.0001	0.2554	0.5876	0.9620	0.7896	0.0173
AR 2	<.0001	0.6350	0.4739	0.9261	0.9902	0.0389
AR 3	<.0001	<.0001	0.9117	0.6446	0.8817	0.2716
AR 4	<.0001	0.3869	0.3431	0.9507	0.6542	0.4551
AR 5	<.0001	0.0851	0.0277	0.2565	0.2034	0.2343

图 7-6　ESACF 显著性水平

得出的尝试性阶数为(3,2)和(4,2)供选择。可采用 model checking 方法根据阶数充足性(Adequacy)原则确定模型阶数。具体做法是对两种阶数的模型进行估计，对估计残差进行白噪声检验，残差为白噪声的模型阶数为最终选择。

输出结果还包括序列 close(1)的时间序列散点图、ACF 图、PACF 图和 IACF(逆自相关函数)图。IACF 的定义和使用可参考 SAS 帮助。ACF、PACF 等图中的灰色带状区域是以 0 为中心的 95%置信区间，对应的值落入区域时，可认为该滞后阶数对应的 ACF 值、PACF 值为 0，据此可以对 close 一阶差分的自相关性做出判断，在确定模型阶数时参考。

第二个 identify 语句得出计算残差的 AR 模型阶数为 9，BIC 值表见图 7-7。

滞后	MA 0	MA 1	MA 2	MA 3	MA 4	MA 5
AR 0	4.953627	4.943954	4.965033	4.973763	4.987187	5.006394
AR 1	4.938896	4.962341	4.973961	4.986106	5.005548	5.026738
AR 2	4.956843	4.977058	4.997229	4.999986	5.019614	5.041532
AR 3	4.974022	4.996045	5.006809	5.022472	5.034634	5.056264
AR 4	4.994091	5.016969	5.029677	5.036906	5.05811	5.079693
AR 5	5.012055	5.0354	5.050255	5.058307	5.075353	5.089308

图 7－7　BIC 值

其中 BIC(0，1)＝4.938 896 最小，建议对数据建立 ARMA(1,0)模型。

由此看出，ESACF 和 MINIC 不带选项 p＝(p1:p2)和 q＝(q1:q2)时默认的阶数范围均为 p＝(0:5)和 q＝(0:5)。此外，两种方法得出的模型建议阶数并不一样，可根据实际情况选择，也可通过模型残差白噪声检验来确定。

第三个和第四个 identify 语句通过添加 q＝(0:0)将备选模型限定在自回归模型(MA 阶数限定为 0)，此时 ESACF 和 MINIC 方法得出的自回归阶数均为 1。

7.1.3　模型估计和诊断

ARIMA 模型估计方法有三种，分别是条件最小二乘 CLS(Conditional Least Square)、无条件最小二乘 ULS(Unconditional Least Square)和极大似然 ML。proc arima 中语句 ESTIMATE 用于模型估计，通过选项设定模型阶数、估计方法、输出数据集、输出图形等。语句语法为

```
ESTIMATE options;
```

语句选项(Options)包括模型阶数和估计方法选项、输出数据集选项。

1. 模型阶数和估计方法选项

(1) 模型阶数设定

p＝n：将模型自回归阶数设定为 n，模型为

$$y_t = \phi_0 + \phi_1 y_{t-1} + \cdots + \phi_n y_{t-n} + a_t$$

p＝(n1,n2,…,nk)：模型中只包括括号内给出的滞后阶数，模型为

$$y_t = \phi_0 + \phi_1 y_{t-n_1} + \phi_2 y_{t-n_2} + \cdots + \phi_k y_{t-n_k} + a_t$$

q＝m：将模型移动平均阶数设定为 m，模型为

$$y_t = \mu - \theta_1 a_{t-1} + \cdots - \theta_q a_{t-m} + a_t$$

q＝(m1,m2,…,ml)：模型中只包括括号内给出的滞后阶数，估计模型为

$$y_t = \mu + \theta_1 a_{t-m_1} + \theta_2 a_{t-m_2} + \cdots + \theta_l a_{t-m_l} + a_t$$

一般情况下同时使用选项 p= 和 q=，将模型设定为自回归移动平均模型。

noint：模型不带常数项(截距)。

(2) 估计方法设定

method=option

option 有三个选项 CLS、ML 和 ULS，分别对应条件最小二乘、极大似然和无条件最小二乘估计方法。

CLS 将样本前值(Pre-sample) y_0，y_{-1}，…，y_{-p} 和 a_0，a_{-1}，…，a_{-q} 设为 0，代入 y_1，y_2，…，$y_{\min(p,q)}$ 的 ARMA(p, q)模型中，以此进入目标函数对参数进行估计，模型系数最小二乘估计具有解析表达式。ULS 和 ML 则将 y_0，y_{-1}，…，y_{-p} 和 a_0，a_{-1}，…，a_{-q} 看作未知参数和模型系数一起估计，估计没有解析表达式，用数值算法极小化残差平方得出数值解。

(3) 估计结果输出

以程序 7-4 运行结果进行说明。程序 7-4 在程序 7-3 识别的基础上，运行两个 run 组，采用 ML 方法对 IBM 的 close 一阶差分序列拟合 ARIMA(3, 2)模型，采用 uls 方法对 close 一阶差分序列拟合 ARIMA(4, 2)。

```
程序 7-4
proc arima data = sashelp.stocks(where = (stock = "IBM"));
identify var = close(1) ESACF;
estimate p = 3 q = 2 method = ml;
run;
estimate p = 4 q = 2 method = uls;
run;
quit;
```

第一个 run 组运行结果见图 7-8。

最大似然估计					
参数	估计	标准误差	t 值	近似 Pr > |t|	滞后
MU	0.14373	0.21139	0.68	0.4966	0
MA1, 1	0.06127	4.61130	0.01	0.9894	1
MA1, 2	0.93861	4.32439	0.22	0.8282	2
AR1, 1	-0.14601	0.09069	-1.61	0.1074	1
AR1, 2	0.83607	0.08332	10.03	<.0001	2
AR1, 3	0.21387	0.06844	3.13	0.0018	3

常数估计	0.013808
方差估计	133.426
标准误差估计	11.55102
AIC	1801.636
SBC	1822.317
残差数	232

图 7-8　ARIMA(3, 2)的 ML 估计结果

为方便叙述，写出对应的 ARIMA(3, 2)模型

$$y_t = \phi_0 + \phi_1 y_{t-1} + \phi_2 y_{t-2} + \phi_3 y_{t-3} - \theta_1 a_{t-1} - \theta_2 a_{t-2} + a_t \quad (7-3)$$

第一个表格中给出了模型均值和回归系数估计值、标准误、t－检验统计量值以及概率值(p－value)。mu 为均值，MA1，1 和 M1，2 为移动平均系数 θ_1 和 θ_2 的估计值(不是 $-\theta_1$ 和 $-\theta_2$ 的估计值)，AR1，1－AR3，为自回归系数 ϕ_1、ϕ_2 和 ϕ_3 的估计值。第二个表格为模型整体估计效果指标，常数估计为常数项 ϕ_0 的估计值，方差估计为误差项方差(无条件方差) σ^2 的估计 $\hat{\sigma}^2$，标准误差估计为 $\hat{\sigma}$。AIC 和 SBC 分别为赤池信息准则和贝叶斯(也叫许瓦兹)信息准则值。注意模型均值和模型常数项和的关系为 $mu \triangleq Ey_t = \phi_0/1-(\phi_1+\cdots+\phi_p)$。

估计结果输出的另一部分是模型估计残差的相关性信息，包括残差自相关性检验、残差 ACF、PACF 和 IACF 图以及残差分布的拟合密度曲线和 Q－Q 图，用于判断残差是否白噪声，是否服从正态分布。ARIMA(3,2)估计结果中，滞后阶数 6、12、18 对应的残差相关性检验统计量 p 值分别为 0.019 7、0.241 5 和 0.299 9，不能得出统一的结论。残差相关诊断给出的 ACF、PACF 图形表明，不能将残差看作白噪声。ARIMA(4, 2)估计结果中，滞后阶数 6、12、18 对应的残差相关性检验统计量 p 值分别为 0.054 7、0.095 7 和 0.001 4，拒绝残差为白噪声的假设。从 ACF 和 PACF 图看出，滞后 24 期处的 ACF 和 PACF 明显不为 0，表明数据有很强的周期性，周期长度为 24 个月。

为了判断模型误差项是否服从正态分布，输出结果给出残差正态诊断图(见图 7－9)。

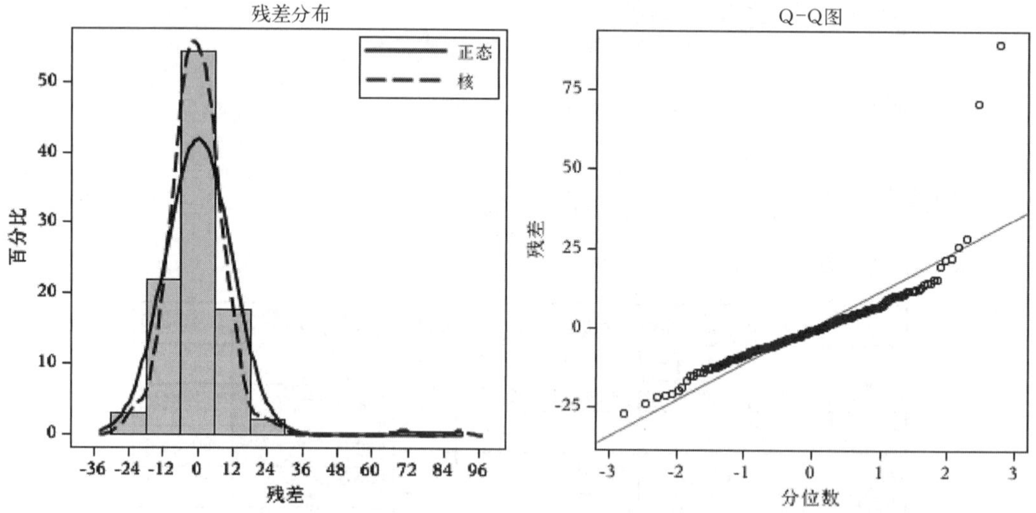

图 7－9　“Close(1)”的残差正态诊断

残差正态诊断用于判断残差是否服从正态分布，据此推断模型误差项是否服从正态分布。左边图形给出核估计得出的残差密度函数曲线，并配以正态分布密度曲线，右边给出残差的 Q－Q 图。从图形看出，模型估计残差分布表现出明显的尖峰厚尾特

征，明显偏离正态分布。

输出结果最后一项是用滞后算子表示的模型估计结果(见图 7－10)。

自回归因子	
因子 1:	1 + 0.14601 B**(1) - 0.83607 B**(2) - 0.21387 B**(3)

移动平均因子	
因子 1:	1 - 0.06127 B**(1) - 0.93861 B**(2)

图 7－10　滞后算子表示的模型估计结果

为便于比较，将(7－3)式中的 ARMA(3，2)模型用滞后算子表示为

$$(1-\phi_1 B-\phi_2 B^2-\phi_3 B^3)y_t=\phi_0+(1-\theta_1 B-\theta_2 B^2)a_t$$

自回归因子(多项式)为 $\Phi(B)=1+0.146B-0.836B^2-0.214B^3$，移动平均因子(多项式)为 $\Theta(B)=1-0.061B-0.939B^2$。

2. 输出数据集选项

通过设定输出数据集，可将定阶和估计过程中产生的结果输出为 SAS 数据集。

```
OUTMODEL = SAS - data - set
```

将模型估计结果输出到 SAS 数据集，包括参数估计值、参数估计标准误和其他信息。输出 SAS 数据集包含如下自动变量：

(1) _NAME_：模型变量名。

(2) _TYPE_：估计方法。

(3) _STATUS_：估计模型时算法的收敛状态。当采用 ML 和 ULS 估计方法时，参数估计采用数值算法极大或者极小化目标函数得出数值解。当_STATUS_值为“0 收敛”时，表明目标函数的极大化算法是收敛的，值为“1 警告”时是不收敛的。

(4) _PARM_：参数名称，NUMRESID 表明残差个数，NPARMS 为模型回归系数个数，NDIFS 为建立模型前(为达到平稳)对变量的差分次数；ERRORVAR 为模型新息项方差；MU 为模型均值；MA 为移动平均系数，对应的滞后阶数由变量_LAG_值确定；AR 为自回归系数，对应变量的滞后阶数由变量_LAG_值确定。

(5) _VALUE_：变量_PARM_给出的各参数的取值。

(6) _STD_：回归系数估计的标准误，回归系数包括常数项 MU、自回归系数 AR 和移动平均系数 MA。

(7) _LAG_：自回归系数和移动平均系数对应的滞后阶数。

```
OUTSTAT = SAS - data - set
```

将模型诊断统计量的值输出到 SAS 数据集，包括估计方法、模型诊断统计量等。输出 SAS 数据集包含如下自动变量：

(1) _TYPE_：估计方法，取值为 ML、CLS 和 ULS 之一。

(2) _STAT_：模型诊断统计量。AIC 和 SBC 表示赤池信息准则和贝叶斯信息准则；SSE 为残差平方和；LOGLIK 为采用 ML 或者 UCL 方法时的对数似然函数值(UCL 方法和误差项正态分布假设下的 ML 方法等价)；CONV 为极大化或者极小化目标函数数值算法的收敛状况，取 0 值表示收敛，其他值表明收敛存在问题；NITER 为数值算法的迭代次数(Number of ITERation)。其他变量名的含义与 OUTMODEL＝SAS-data-set 选项生成数据集中_PARM_取值的参数相同。

程序 7-5 在两个 estimate 语句中添加 outmodel＝和 outstat＝选项，分别将第一次模型估计的参数估计结果和第二次模型估计的诊断统计量值输出为 SAS 数据集 s 和 s1。

```
程序 7-5
proc arima data = sashelp.stocks(where = (stock = "Intel"));
identify var = close(2) ESACF;
estimate p = 2 q = 2 method = ml outmodel = s;
run;
estimate p = 1 q = 4 method = uls outstat = s1;
run;
quit;
```

需要注意，只有退出 proc arima 后输出数据集才能形成。

7.1.4 预测

模型估计和诊断完成之后，用 forecast 语句对时间序列进行预测。forecast 语句必须位于 estimate 语句之后，且预测方法依赖于模型的估计方法，采用 ULS 和 ML 方法估计的模型，对应的预测方法称为无条件预测(Unconditional Forecat)，采用 CLS 估计的模型，对应的预测方法称为条件预测(Conditional Forecast)。下面以 ARMA(2,2)模型为例进行说明。

1. 条件预测

采用 CLS 估计方法得出的模型为

$$y_t = \hat{\phi}_0 + \hat{\phi}_1 y_{t-1} + \hat{\phi}_2 y_{t-2} - \hat{\theta}_1 a_{t-1} - \hat{\theta}_2 a_{t-2} + a_t$$

一步预测 $y_t(1)$ 为

$$y_t(1) = E(y_{t+1} \mid y_1, \cdots, y_t) = \hat{\phi}_0 + \hat{\phi}_1 y_t + \hat{\phi}_2 y_{t-1} - \hat{\theta}_1 a_t - \hat{\theta}_2 a_{t-1}$$

其中 a_t 和 a_{t-1} 通过下式得出

$$a_t = y_t - \hat{\phi}_0 - \hat{\phi}_1 y_{t-1} - \hat{\phi}_2 y_{t-2} - \hat{\theta}_1 a_{t-1}$$

$$a_{t-1} = y_{t-1} - \hat{\phi}_0 - \hat{\phi}_1 y_{t-2} - \hat{\phi}_2 y_{t-3} - \hat{\theta}_1 a_{t-2}$$

$$\cdots$$

$$a_1 = y_1 - \hat{\phi}_0$$

二步预测 $y_t(2)$ 为

$$\begin{aligned} y_t(2) &= E(y_{t+2} \mid y_1, \cdots, y_t) \\ &= E(E(y_{t+2} \mid y_1, \cdots, y_{t+1}) \mid y_1, \cdots, y_t) \\ &= E(\hat{\phi}_0 + \hat{\phi}_1 y_{t+1} + \hat{\phi}_2 y_t - \hat{\theta}_1 a_{t+1} - \hat{\theta}_2 a_t \mid y_1, \cdots, y_t) \\ &= \hat{\phi}_0 + \hat{\phi}_1 E(y_{t+1} \Big| y_1, \cdots, y_t) + \hat{\phi}_2 y_t - \hat{\theta}_1 E(a_{t+1} \mid y_1, \cdots, y_t) - \hat{\theta}_2 a_t \\ &= \hat{\phi}_0 + \hat{\phi}_1 y_t(1) + \hat{\phi}_2 y_t - \hat{\theta}_2 a_t \end{aligned}$$

三步预测 $y_t(3)$ 为

$$\begin{aligned} y_t(3) &= E(y_{t+3} \mid y_1, \cdots, y_t) \\ &= E(E(y_{t+3} \mid y_1, \cdots, y_{t+2}) \mid y_1, \cdots, y_t) \\ &= \hat{\phi}_0 + \hat{\phi}_1 E(y_{t+2} \mid y_1, \cdots, y_t) + \hat{\phi}_2 E(y_{t+1} \mid y_1, \cdots, y_t) y_t - \\ &\quad \hat{\theta}_1 E(a_{t+2} \mid y_1, \cdots, y_t) - \hat{\theta}_2 E(a_{t+1} \mid y_1, \cdots, y_t) \\ &= \hat{\phi}_0 + \hat{\phi}_1 y_t(2) + \hat{\phi}_2 y_t(1) \end{aligned}$$

$h(>3)$ 步预测 $y_t(h)$ 为

$$y_t(h) = \hat{\phi}_0 + \hat{\phi}_1 y_t(h-1) + \hat{\phi}_2 y_t(h-2)$$

2. 无条件预测

设 $(y_1, y_2, \cdots, y_t)$ 的协方差矩阵为 V_t，y_{t+h} 和 $(y_1, y_2, \cdots, y_t)$ 协方差矩阵(行向量)为 $C_{t,h}$。y 的 h 步无条件预测 $y_t(h)$ 为

$$y_t(h) = C_{t,h} V_t^{-1} \begin{pmatrix} y_1 \\ y_2 \\ \vdots \\ y_t \end{pmatrix}$$

V_t 和 $C_{t,h}$ 可用样本和参数估计计算,具体可参考 SAS 帮助。

(1) forecast 语句及其选项

语句格式为

```
forecast options;
```

选项 options 包括：

① ID=Vname：指定输入数据集中的变量 Vname 为 ID 变量，通常用日期时间变量作为 ID 变量。ID 变量用于样本外预测值标识，通过外推获得样本外 ID 变量值。

② Interval=Intname：设定时间区间类型，Intname 为区间名。proc arima 按给定的区间对 ID 变量进行外推。

③ Align=options：指定日期 ID 变量按区间取值的方式。options 可以是 B、M 和 E，对应区间的开始、中间和结束，默认值为 E。该选项要配合 ID=和 Interval=选项使用。

④ Lead=n：设定预测步数 h 的最大值，默认 24。

⑤ Out=SAS-data-set：将预测值和其他值输出为 SAS 数据集。输出数据集除包含输入数据集中的 ID 变量、By 变量和模型变量（identify 语句中 var=给出的变量）外，还包括：

a. Forecast：模型变量的一步和多步预测；

b. STD：预测标准误；

c. Residual：实际值和预测值之差（残差），只有样本内观测才能计算。

如果在不同的 forecast 语句中的 out=选项中给出同一个输出数据集，则最后一个 forecast 语句的预测结果覆盖前面语句的预测结果。如果打算在一个数据集中存放不同 forecast 语句的预测值，则可通过 proc arima 语句选项 out=指定输出数据集。

（2）输出预测图形

在 proc arima 语句中添加选项：

plots=forecast(all)输出一步预测和多步预测值形成的图形。

需要注意，当 identify 语句中以 var=x(k)设定变量 x 的 k 次差分为模型变量时，定阶、估计和预测都是按差分后变量 x(k)进行，但最终的预测值是原变量 x 的预测值。x 的预测值通过 x(k)预测值多次求和得到。例如设 $\Delta y_{t+1}(1)$ 为一阶差分变量 $\Delta y_t = y_t - y_{t-1}$ 的一步预测，则 y_t 一步预测 $y_t(1)$ 可计算为

$$y_t(1) = \Delta y_t(1) + y_t$$

类似得出多步预测计算方法。

程序 7-6 在对程序 7-5 中的 close 一阶差分变量建立并估计 ARIMA(2,2)模型的基础上，用 forecast 语句进行一步到十步预测，预测结果输出到 SAS 数据集中，并输出预测图形。

```
程序 7-6
proc arima data = sashelp.stocks plots = forecast(all);
identify var = close(1) ESACF;
estimate p = 2 q = 2 method = ml outmodel = s;
forecast lead = 10 out = f align = m;
```

```
where stock = "Intel";
run;
quit;
```

输出结果预测输出分三部分：第一部分为一步预测到十步预测值及其标准误 95%的置信区间上下限，第二部分为预测值和置信区间图，第三部分为预测值和实际值散点图（见图 7-11）。

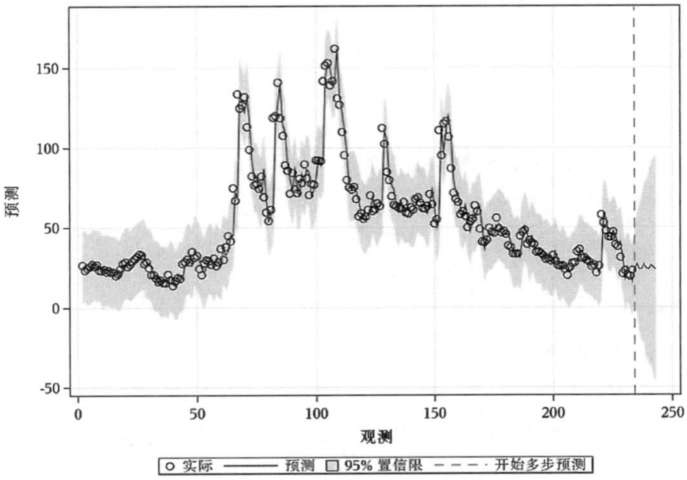

图 7-11　"CLOSE"预测

图的题头是"close"预测，表明是对原始变量 close 的预测结果，不是其一阶差分 close(1)的预测结果。散点图中以竖虚线将样本内和样本外区分开，左边为样本内预测，既有预测值又有实际值，右边为样本外预测值，没有实际值。

数据集 f 保存了预测结果，变量 L95 和 U95 表示预测值 95%的置信区间下限和上限。

7.2　proc autoreg 过程

proc autoreg 对时间序列变量进行线性回归。时间序列回归模型有两个特点：模型误差项存在序列相关和条件异方差。proc autoreg 用误差项自回归模型来捕捉其序列相关性，提高估计效率并对检验统计量进行修正，用 ARCH 或者 GARCH 类模型捕捉误差项的条件异方差，提高估计效率的同时建立因变量的波动模型，据此对因变量及其波动进行预测。

当回归模型解释变量为因变量的滞后变量时，proc autoreg 处理的模型变成自回归模型。因此 proc autoreg 可以为时间序列建立具有 GARCH 误差项的 AR 模型，是对 proc arima 的补充和推广。

7.2.1 时间序列回归模型

设 y_t，x_{1t}，x_{2t}，…，x_{kt} 为平稳时间序列变量，回归模型

$$y_t = c + \beta_1 x_{1t} + \beta_2 x_{2t} + \cdots + \beta_k x_{kt} + u_t \tag{7-4}$$

是时间序列回归模型。对 u_t 建立 m 阶自回归模型捕捉误差项的自相关性，即

$$u_t = \epsilon_t - \varphi_1 u_{t-1} - \varphi_2 u_{t-2} - \cdots - \varphi_m u_{t-m} \tag{7-5}$$

ϵ_t 为白噪声。

当 $\beta_i = 0$，$i = 1$，2，…，k 时，模型

$$y_t = c + u_t$$

$$u_t = \epsilon_t - \varphi_1 u_{t-1} - \varphi_2 u_{t-2} - \cdots - \varphi_m u_{t-m} \tag{7-6}$$

等价于 y_t 的 m 阶自回归模型

$$y_t + \varphi_1 y_{t-1} + \varphi_2 y_{t-2} + \cdots + \varphi_m y_{t-m} = c\left(1 + \sum_{i=1}^{m} \varphi_i\right) + \epsilon_t \tag{7-7}$$

当 $x_{lt} = x_{t-l}$，$l = 0$，1，…，p 时，模型

$$y_t = c + \beta_1 x_t + \beta_2 x_{t-1} + \cdots + \beta_p x_{t-p} + u_t \tag{7-8}$$

为自回归分布滞后模型。

(7－4) 式中 $c + \beta_1 x_{1t} + \beta_2 x_{2t} + \cdots + \beta_k x_{kt}$ 称为结构化部分(Structural Part)，是 y_t 的确定性趋势部分，$u_t = \epsilon_t - \varphi_1 u_{t-1} - \varphi_2 u_{t-2} - \cdots - \varphi_m u_{t-m}$ 称为自回归部分(时间序列部分)。模型估计后的残差分为两种：结构化残差(ResidualM)和总残差(Residual)。结构化残差为

$$RM = y_t - \hat{c} - \sum_{l=1}^{k} \hat{\beta}_l x_{lt} \tag{7-9}$$

总残差为

$$R = y_t - \hat{c} - \sum_{l=1}^{k} \hat{\beta}_l x_{lt} - \sum_{s=1}^{m} \hat{\varphi}_s \hat{u}_{t-s} \tag{7-10}$$

实际上，结构化部分就是 y_t 对解释变量 x_{it}，$i = 1$，2，…，k 的回归函数，不考虑误差项中存在的自相关。

ARCH 和 GARCH 类模型是误差项的条件异方差动态模型，具有如下形式[以 GARCH(p,q)为例]

$$
\begin{aligned}
y_t &= c + \beta_1 x_{1t} + \beta_2 x_{2t} + \cdots + \beta_k x_{kt} + u_t \\
u_t &= \epsilon_t - \varphi_1 u_{t-1} - \cdots - \varphi_m u_{t-m} \\
\epsilon_t &= \sqrt{h_t} e_t, \quad e_t \sim i.i.N(0,\ 1) \\
h_t &= \omega + \sum_{i=1}^{q} \alpha_i \epsilon_{t-i}^2 + \sum_{i=1}^{p} \gamma_j h_{t-j}
\end{aligned}
\tag{7-11}
$$

proc autoreg 可以建立的 GARCH 类型包括：

(1) GARCH (广义 ARCH：Generalized ARCH)。

(2) IGARCH(单整 GARCH：Integrated GARCH)。

(3) EGARCH(指数 GARCH：Exponential GARCH)。

(4) QGARCH(二次 GARCH：Quadratic GARCH)。

(5) TGARCH(门限 GARCH：Threshold GARCH)。

(6) PGARCH(指数 GARCH：Power GARCH)。

(7) GARCH - M(均值中 GARCH：GARCH - in - mean)。

可以在各种 GARCH 模型中添加外生变量。

7.2.2 proc autoreg 语法

proc autoreg 语句构成及其语法为

```
PROC AUTOREG options;
MODEL dependent = <regressors>/<options>;
HETERO variables/<options>;
OUTPUT <OUT = SAS - data - set><options><keyword = name>;
RESTRICT equation,...,equation ;
TEST equation,...,equation/<option>;
Run;
```

proc autoreg 功能包括检验、估计、诊断、预测。

1. 检验

proc autoreg 提供了丰富的时间序列检验和模型检验方法，包括：

(1) 单位根检验提供 ADF、ERS、NP、KPSS 和 PP 等常见的单位根检验方法，比 proc arima 提供的检验方法更为丰富。

(2) 误差项自相关检验包括 Durbin - Watson 检验和 h - Durbin 检验等。

(3) ARCH 检验提供包括 Engle 拉格朗日乘子检验在内的四种 ARCH 检验方法。

(4) 变点检验包括 Chow 变点检验和 Bai - Perron 结构变化检验。

(5) 参数约束检验对参数之间的线性约束进行检验，包括回归系数约束检验和 GARCH 模型系数检验。

2. 估计

proc autoreg 提供了四种模型估计方法，包括：

（1）尤勒-沃尔克（Yule - Walker）方法。

（2）迭代尤勒-沃尔克（Iterated Yule - Walker）方法。

（3）无条件最小二乘（Unconditional Least Squares）方法。

（4）精确极大似然（Exact Maximum Likelihood）。

其中无条件最小二乘方法和精确极大似然方法与 proc arima 中的 ULS 和 ML 类似。尤勒-沃尔克方法首先对（7 - 4）式进行 OLS 估计得出估计残差 $\hat{u}$，用残差 $\hat{u}$ 代替误差 u 计算出 $\hat{u}$ 的样本自相关函数并代入误差项 u 的尤勒-沃尔克方程，从中计算出（7 - 5）式中的自回归系数 φ_i，$i=1, 2, \cdots, m$，进而计算出误差向量 $\boldsymbol{u}=(u_1, u_2, \cdots, u_T)'$ 的方差协方差矩阵，以此对（7 - 4）式进行广义最小二乘法求出回归系数 β_i，$i=1, 2, \cdots, k$ 的估计值。迭代尤勒-沃尔克则是将以上方法迭代直至收敛。

proc autoreg 提供四种参数估计方差和标准误的稳健估计，包括 White 估计和 Newey - West 估计。

3. 诊断

诊断是指模型估计后对模型设定正确性和估计效果的评价。

（1）模型自回归阶数和 GARCH 阶数设置是否充分（Adequate），可通过检验残差或者标准化残差是否为不相关序列或者独立序列判断。标准化残差是用条件标准误 $\hat{h}_t$ 对残差进行标准化，即 $\hat{e}_t=\hat{\epsilon}_t/\hat{h}_t$。检验方法包括 BDS 检验、游程检验（Run Test）、反转点检验（Turning Point Test）和秩形式的 von Neumann 比检验（Rank Version of von Neumann Ratio Test）。

（2）误差项正态分布检验，检验 ϵ_t（没有 GARCH 效应）或者 $e_t=\epsilon_t/h_t$（有 GARCH 效应）是否服从正态分布。检验方法为 J - B 检验。

4. 预测

用估计出的模型对变量及其条件方差进行预测，分为变量预测和条件方差（波动）预测。

（1）变量预测

① 变量预测分为两种：基于结构成分的预测和基于完整模型的预测。

基于结构成分的预测 $\hat{y}_t$ 及其置信区间上下限 $LCLM_t$ 和 $UCLM_t$ 为

$$\begin{aligned}\hat{y}_t &= \hat{c}+\sum_{i=1}^{k}\hat{\beta}_i x_{it}\\ LCLM_t &= \hat{y}_t - t_{\alpha/2}v\\ UCLM_t &= \hat{y}_t + t_{\alpha/2}v\end{aligned} \tag{7 - 12}$$

v 为 $\hat{y}_t$ 的标准误，$t_{\alpha/2}$ 为 t 分布的 $(1-\alpha/2)$ 分位点。

② 基于完整模型的预测 $\tilde{y}_t$ 及其置信区间上下限 $\widehat{LCLM}_t$ 和$\widehat{LCLM}_t$ 为

$$
\begin{aligned}
\tilde{y}_t &= \hat{c} + \sum_{i=1}^{k} \hat{\beta}_i x_{it} + u_{t|t-1} \\
\widehat{LCLM}_t &= \tilde{y}_t - t_{\alpha/2} v \\
\widehat{UCLM}_t &= \tilde{y}_t + t_{\alpha/2} v
\end{aligned}
\tag{7-13}
$$

$u_{t|t-1}$ 为误差项的一步预测。

(2) 条件方差(波动)预测

以 GARCH 模型为例,将 GARCH(p, q)模型转化为误差项 ϵ_t^2 的 ARMA 模型后推导出

$$
\epsilon_t^2 = \omega + \sum_{i=1}^{n} (\gamma_i + \alpha_i) \epsilon_{t-i}^2 + \sum_{i=1}^{p} \gamma_j \eta_{t-j} + \eta_t \tag{7-14}
$$

其中 $\eta_t = \epsilon_t^2 - h_t$, $n = \max(p, q)$,按 ARMA 模型预测方法对条件方差 $h_t \triangleq E(\epsilon_t^2 \mid F_{t-1})$ 进行预测。

proc autoreg 过程可以和 proc arima 过程搭配使用。proc arima 过程可以确定时间序列自回归阶数,proc autoreg 不能;proc autoreg 可以对时间序列建立 GARCH 类模型,proc arima 模型不能。可以先采用 proc arima 确定序列自回归阶数 m,再采用 proc autoreg 估计具有 GARCH 误差项的自回归模型。

proc autoreg 不能采用交互式 run 组运行方式,遇到 run 语句就结束运行并退出。

7.2.3 单位根(平稳性)检验

proc autoreg 在语句 model 中添加 stationarity=选项对序列进行单位根检验,比 proc arima 提供更多单位根检验方法。语句格式为

```
model vname = /STATIONARITY(test< = test - options>);
```

model 语句选项在斜杠"/"之后添加。选项与 proc arima 中语句 identify 中单位根检验选项 stationarity 使用方法类似,只是可选择的检验方法更多。这里仅对新的检验方法设定进行介绍,proc arima 中的 ADF 检验和 PP 检验不再介绍。

(1) STATIONARITY=(ERS):选择 ERS(Elliott - Rothenberg - Stock)单位根检验方法。ERS 检验用贝叶斯信息准则确定检验模型的滞后阶数,最小滞后阶数为 3,默认最大滞后阶数为 8。STATIONARITY=(ERS=n)形式的选项可设定检验模型最大滞后阶数。

(2) STATIONARITY=(NG):选择 NG(Ng - Perron)单位根检验方法。NG 检验用 AIC 信息准则确定检验模型的滞后阶数并用广义最小二乘方法消除数据中的趋势。默认最大滞后阶数为 8。STATIONARITY=(NG=n)形式的选项可设定检验模型最大滞后阶数。

（3）STATIONARITY =（KPSS）：选择 KPSS（Kwiatkowski - Phillips - Schmidt - Shin）单位根检验方法。KPSS 检验的最大特点是以变量不存在单位根（即平稳）为原假设，拒绝原假设得出存在单位根的结论。假设检验两类错误问题和非平稳时间序列的普遍性使 KPSS 检验具有特殊意义：能够将变量存在单位根结论的错误（即第一类错误）概率控制在显著水平以下。其他单位根检验方法均以存在单位根为原假设。

如果 model 语句中设定的回归模型带截距项，单位根检验的原假设模型就只有均值以及均值和确定性趋势两种，报告的检验结果也只有两种，不包括既没有均值也没有确定性趋势的情况。回归模型不带截距项（model 语句有 noint 选项）时，单位根检验的原假设模型分为 0 均值、均值以及均值和确定性趋势三种，报告三种检验结果。

程序 7 - 7 对 sashelp.stocks 中变量 close 进行单位根检验，检验方法选择 kpss。采用 by 语句对 IBM、Intel 和 Microsoft 股票的月收益序列分别进行。

```
程序 7 - 7
proc autoreg data = sashelp.stocks;
model close = /stationarity = (kpss);
model close = /noint stationarity = (kpss);
by stock;
run;
```

以 IBM 的输出结果（进行了编辑以节省空间）为例进行说明，第一个 model 语句的检验结果（结果窗口"模型 1"中"平稳性检验"下"KPSS 检验"）见图 7 - 12。

AUTOREG 过程

Stock=IBM

因变量	Close

类型	滞后	Eta	Pr > Eta
单均值	14	0.1978	0.2724
趋势	14	0.1518	0.0456

图 7 - 12　检验模型带常数项的检验结果

分为单均值和趋势两种检验模型列示，单均值模型检验不能拒绝原假设，带趋势模型检验拒绝原假设。结果窗口中一同给出的还有检验模型的估计结果等相关信息。

第二个 model 语句的检验结果（"模型 2"）见图 7 - 13。

类型	滞后	Eta	Pr > Eta
零均值	14	4.7788	0.0003
单均值	14	0.1978	0.2724
趋势	14	0.1518	0.0456

图 7 - 13　检验模型不带常数项的检验结果

由于添加了选项 noint，检验模型有三类，包括"零均值"检验模型。

model 语句中不能用 close(1)表示 close 的一阶差分。要检验 close 一阶差分的平稳性，需先用 DATA 步生成变量一阶差分变量 close_1。程序 7－8 采用 ERS 方法检验 IBM 股票 close 一阶差分的平稳性。

```
程序 7-8
data test(where=(stock="IBM"));
set sashelp.stocks;
dclose_1=dif(close);
run;
proc autoreg;
model dclose_1=/noint stationarity=(ers=5);
run;
```

用 ers＝5 将最大滞后阶数设定为 5。检验结果见图 7－14。

类型	滞后	方差	PT	Pr < PT	DF-GLS	Pr < DFGLS
单均值	3	211.8126	11.9198	0.3937	-0.4202	<.0001
趋势	3	211.8126	10.8138	1.0000	-1.6891	0.5126

图 7－14　ERS 单位根检验

最优滞后阶数选择结果为 3，检验的概率值小于 0.01，强烈拒绝原假设，close 一阶差分后不存在单位根，为平稳序列。

7.2.4　自回归模型设定和估计

用 model 语句可以设定和估计自回归模型，分没有回归自变量和有回归自变量两种方法。下面以变量 y 为例进行说明：

1. 没有回归自变量形式的模型设定

model 语句的语法格式为：

格式 1：model y＝/nlag＝n；

格式 2：model y＝/nlag＝(n1，n2，…，nk)；

两种格式中 nlag＝都是设定(7－6)式中模型误差项 u_t 的自回归模型阶数。格式 1 设定的是(7－6)式中的模型，可转换为(7－7)式中 y_t 的自回归模型。格式 2 设定的 u_t 的自回归模型中只有指定滞后阶数 n1，n2，…，nk 的变量出现，转换为 y_t 自回归模型为

$$y_t+\phi_{n_1}y_{t-n_1}+\phi_{n_2}y_{t-n_2}+\cdots+\phi_{n_k}y_{t-n_k}=c\left(1+\sum_{i=1}^{k}\phi_{n_i}\right)+\epsilon_t$$

选项 nlag=n 等价于 nlag=(1, 2, …, n)。

需要注意，没有回归自变量的 model 语句中，模型变量后面的等号“=”不能省略。

2. 以滞后变量作为回归自变量的模型设定

将变量 y 的各阶滞后变量 y_{-1}、y_{-2}、…、y_{-m}作为回归自变量，即

```
model y = y-1 y-2 … y-m /options;
```

options 中不再出现 nlag=选项，proc autoreg 不再估计误差项自回归模型。此时需要用 DATA 步在输入数据集中生成因变量的各阶滞后变量。

两种方法得出的回归系数 ϕ_i 估计符号相反。由于估计方法不一样，因此估计值可能存在差异。程序 7-9 对 IBM 股票的 close 的一阶差分 dclose 建立二阶自回归模型。

```
程序 7-9
data test;
set sashelp.stocks;
where stock = 'IBM';
dclose = dif(close);
dclose1 = lag(dclose);
dclose2 = lag2(dclose);
run;
proc autoreg;
model dclose = /nlag = 2;
model dclose = dclose1 dclose2;
run;
```

第一个 model 语句没有回归自变量，通过误差项的 AR(2)模型间接设定变量 dclose 的 AR(2)模型，proc autoreg 将 dclose 作为时间序列变量处理，输出结果中包括 dclose 和回归残差的自相关图形。参数估计分三步进行，首先对回归函数中的回归系数(这里只有截距项 intercept)采用 OLS 进行初步估计(见图 7-15)。

变量	自由度	估计	标准误差	t 值	近似 Pr > |t|
Intercept	1	0.2438	0.7881	0.31	0.7574

图 7-15 OLS 初步估计

第二步计算第一步回归残差的样本自相关函数，代入误差项 u_t 的 Yuler-Walker 方程解出自回归系数(见图 7-16)。

滞后	系数	标准误差	t 值
1	0.206419	0.065907	3.13
2	0.072683	0.065907	1.10

图 7 - 16　自回归参数的 Yuler-Walker 估计

最后一步是用估计出的 u_t 的自回归系数计算误差项向量的方差协方差矩阵，再对回归模型系数(这里是常数项 intercept)进行广义最小二乘估计，最终的估计结果(见图 7 - 17)。

变量	自由度	估计	标准误差	t 值	近似Pr > |t|
Intercept	1	0.2331	0.6063	0.38	0.7011

图 7 - 17　参数估计

估计结果与初始估计相差不大。

第二个 model 语句用 dclose 的滞后作为回归解释变量，不再设定误差项的自回归模型，proc autoreg 将 dclose 模型作为一般线性回归模型处理，采用 OLS 估计模型参数(见图 7 - 18)。

变量	自由度	估计	标准误差	t 值	近似 Pr > |t|
Intercept	1	0.3012	0.7807	0.39	0.7000
dclose1	1	-0.2055	0.0662	-3.10	0.0021
dclose2	1	-0.0731	0.0663	-1.10	0.2714

图 7 - 18　线性回归模型

比较发现，两种方法得出的自回归系数估计符号相反，绝对值近似相同。截距项含义不同，两种估计结果不具有可比性。

7.2.5　时间序列回归模型估计

将(7 - 4)式和(7 - 5)式放在一起，得出具有自回归误差项的时间序列回归模型

$$\begin{aligned} y_t &= c + \beta_1 x_{1t} + \beta_2 x_{2t} + \cdots + \beta_k x_{kt} + u_t \\ u_t &= \epsilon_t - \varphi_1 u_{t-1} - \varphi_2 u_{t-2} - \cdots - \varphi_m u_{t-m} \end{aligned} \qquad (7-15)$$

时间序列回归与横截面回归的最大不同在于误差项的序列相关。序列相关性不影响 OLS 估计的一致性和渐近正态性，但参数估计渐近分布的方差(从而标准误)计算公式需要修正。序列相关的处理方式分为两种：第一种方法采用 OLS 估计回归系数并采用异方差和自相关一致(HAC：Heteroskedesticity - Autoregession - Consistent)的方法计算参数估计标准误，据此构造显著性检验的 t -统计量或者 z -统计量。第二种方法对误差项的序列相关建立模型，将其参数连同回归系数一同估计。

1. OLS 估计＋Newey－West 标准误

采用第一种方法时，在 model 语句中添加选择 covest＝neweywest(options)选项，SAS 关键词 covest 是协方差估计(Covariance Estimation)的缩写，具体语法格式为

```
model y = x1 x2 … xk/covest = neweywest;
```

贝塔系数：数据集 sh_trt_r 中变量 r_m 和 r_trt 分别为上证指数(000001)和上市公司同仁堂(60085)的股票 2016 年 1 月 4 日到 2020 年 12 月 31 日的日收益率。程序 7－10 将变量 r_trt 对 r_m 进行回归，计算同仁堂日收益的贝塔系数。这里略去对 r_trt 和 r_m 的平稳性检验环节，默认两个变量为平稳时间序列。采用 OLS 估计回归系数，并用 HAC 计算参数估计的方差和标准误。

```
程序 7－10
proc autoreg data = sh_trt_r;
model r_trt = r_m/covest = neweywest;
run;
```

回归结果见图 7－19。

变量	自由度	估计	标准误差	t 值	近似 Pr > |t|
Intercept	1	-0.000392	0.000393	-1.00	0.3189
r_m	1	0.8383	0.0771	10.87	<.0001

图 7－19 参数估计

表明同仁堂这一时期的贝塔系数为 0.838 3。

Newey－West 方法只是多种 HAC 计算方法中的一种，通过 covest＝选项可以更为灵活地选择 HAC 计算方法，细节可参考 SAS 帮助。

2. 带自回归误差项的回归模型

采用第二种方法时，在 model 语句中添加选项 nlag＝设定误差项自回归模型，即

```
model y = x1 x2 … xk/nlag = n;
```

程序 7－11 将变量 r_trt 对 r_m 进行回归，对误差项建立自回归模型以捕捉自相关性。S 估计回归系数，并用 HAC 计算参数估计的方差和标准误。

```
程序 7－11
proc autoreg data = sh_trt_r;
model r_trt = r_m/nlag = 5;
run;
```

输出结果分为两部分，第一部分是采用 OLS 估计的结果，同程序 7－10 结果相同。第二部分中，首先输出的是用模型 OLS 估计残差计算的残差样本自相关函数代入 u_t 的 Yuler－Walker 方程解出的自回归系数（见图 7－20）。

滞后	系数	标准误差	t 值
1	0.051999	0.028788	1.81
2	0.051014	0.028810	1.77
3	-0.052863	0.028807	-1.84
4	0.034282	0.028810	1.19
5	0.089349	0.028788	3.10

图 7－20　自回归系数的估计

然后输出的是用误差自回归系数计算误差项协方差矩阵后模型的 GLS 估计（见图 7－21）。

变量	自由度	估计	标准误差	t 值	近似Pr > |t|
Intercept	1	-0.000393	0.000368	-1.07	0.2854
r_m	1	0.8425	0.0370	22.79	<.0001

图 7－21　模型参数的 GLS 估计

尽管最终结果和初始结果差别不大，但最终结果 0.842 5 更为准确可靠。

7.2.6　ARCH 检验和 GARCH 模型估计

条件异方差是金融时间序列数据中普遍存在的现象，GARCH 类模型为条件异方差建模和预测提供了灵活多样的工具。建立 GARCH 模型之前的 ARCH 检验，为是否需要建立 GARCH 模型提供实证依据。

1. ARCH 检验

ARCH 检验又称为 ARCH 效应检验（ARCH Effect Test）。ARCH 模型来源于误差项平方的 AR(m)模型

$$u_t^2 = \omega + \alpha_1 u_{t-1}^2 + \alpha_2 u_{t-2}^2 + \cdots + \alpha_m u_{t-m}^2 + e \tag{7-16}$$

ARCH 检验的原假设是 u_t^2 不存在自相关（ARCH 效应），即

$$H_0: \alpha_1 = \alpha_2 = \cdots = \alpha_m = 0;\ H_0: \exists \alpha_i \neq 0,\ i = 1,\ 2,\ \cdots,\ n$$

由于 u_t^2 不可观测，因此采用模型回归残差平方 $\hat{u}^2$ 代替进行回归

$$\hat{u}_t^2 = \omega + \alpha_1 \hat{u}_{t-1}^2 + \alpha_2 \hat{u}_{t-2}^2 + \cdots + \alpha_m \hat{u}_{t-m}^2 + e \tag{7-17}$$

回归后检验原假设 $H_0: \alpha_1 = \alpha_2 = \cdots = \alpha_m = 0$。

由此看出，ARCH 检验依赖(7－4)式中的均值模型设定。

proc autoreg 语句 model 通过选项 ARTCH＝提供三种检验方法。语句格式为

```
model y = x1 x2 ... xk/ ARCHTEST = (options);
```

options 确定检验方法，分别为：

(1) QLM：Engle(1982)的 LM(拉格朗日乘子)ARCH 检验方法；

(2) LK：Lee 和 King(1993)的 ARCH 检验方法；

(3) WL：Wong 和 Li(1995)的 ARCH 检验方法；

(4) ALL：以上三种方法。

程序 7－12 检验 sh_trt_r 中的序列 r_m 是否存在 ARCH 效应。

```
程序 7-12
proc autoreg data = sh_trt_r;
model r_m = /nlag = 2 ARCHTEST = (LK);
run;
```

显示两种检验结果，两种检验都采用 LK 统计量(见图 7－22)。

基于 OLS 残差的 ARCH 扰动检验		
阶数	LK	Pr ＞ |LK|
1	4.7464	<.0001
2	11.0672	<.0001
3	11.2841	<.0001
4	12.7126	<.0001
5	10.3328	<.0001
6	11.4243	<.0001
7	12.0956	<.0001
8	12.2670	<.0001
9	11.5098	<.0001
10	12.5680	<.0001
11	12.2862	<.0001
12	11.9991	<.0001

基于残差的 ARCH 扰动检验		
阶数	LK	Pr ＞ |LK|
1	3.7805	0.0002
2	9.3700	<.0001
3	9.9706	<.0001
4	11.6033	<.0001
5	9.7338	<.0001
6	10.7663	<.0001
7	11.6708	<.0001
8	11.9861	<.0001
9	11.4125	<.0001
10	12.5727	<.0001
11	12.1090	<.0001
12	11.7729	<.0001

图 7－22　ARCH 效应检验结果

“基于 OLS 残差的 ARCH 扰动检验”，是指采用不考虑误差项 u_t 中的自相关，对模型进行 OLS 估计得出的残差进行的检验，“基于残差的 ARCH 扰动检验”则是

基于尤勒-沃尔克方法估计模型得出的异方差的检验。从结果看出，两种方法的检验结果都表明 2016 年 1 月 4 日到 2020 年 12 月 31 日间上证指数日收益存在明显的 ARCH 效应。

2. GARCH 模型估计

一旦检验出 ARCH 效应，就应该对模型误差项建立 GARCH 模型。model 语句中选项 GARCH＝对各种 GARCH 模型进行设定。语句格式为

```
model y = x1 x2 … xk/nlag = n GARCH = (options)
```

GARCH＝(options)中的 options 内容和功能为：

(1) Q＝q，设定 GARCH 模型中 ARCH 项的阶数；

(2) P＝p，设定 GARCH 模型中 GARCH 项的阶数。

p 和 q 的含义参考(7－8)式。

(3) type＝value：设定 GARCH 模型类型，value 取值及对应的 GARCH 类型为：

EGARCH：指数 GARCH；

IGARCH：单整 GARCH；

PGARCH：幂 GARCH；

QGARCH：二次 GARCH；

TGARCH|GJR：门限 GARCH。

value 取其他值可以对 GARCH 模型进行更细致的设定，包括：

stationarity：将 GARCH 模型约束为平稳模型，即将 GARCH 项系数之和约束为小于 1。

(4) dist＝。选择模型误差项分布类型，选项格式为：

dist＝t：误差项分布选择为 t 分布；

dist＝normal：误差项分布选择为正态分布。

默认为正态分布。但有些模型不能选择 t 分布，例如 EGARCH 模型。具体细节可查看 SAS 帮助。

程序 7－13 对股票 Intel 的收盘价 close 建立 AR(5)模型，对误差项建立 EGARCH(1,1)模型。

```
程序 7 - 13
proc autoreg data = sashelp.stocks(where = (stock = 'IBM'));
model close = /nlag = 5 GARCH = (p = 1,q = 1,type = EGARCH);
run;
```

输出结果见图 7－23。

变量	自由度	估计	标准误差	t 值	近似Pr > |t|
Intercept	1	89.9415	6.8193	13.19	<.0001
AR1	1	-0.7512	0.0808	-9.29	<.0001
AR2	1	-0.1640	0.0954	-1.72	0.0856
AR3	1	-0.1634	0.0750	-2.18	0.0293
AR4	1	0.1085	0.0481	2.26	0.0241
AR5	1	0.0261	0.0363	0.72	0.4720
EARCH0	1	2.1716	0.3334	6.51	<.0001
EARCH1	1	1.3850	0.1447	9.57	<.0001
EGARCH1	1	0.5600	0.0645	8.68	<.0001
THETA	1	-0.3655	0.0809	-4.52	<.0001

图 7－23　AR(5)＋EGARCH(1,1)估计结果

第一部分为 AR(5)均值模型的常数项和误差项自回归系数估计值,第二部分为 GARCH 模型参数估计结果。其中 EARCH0 为常数项,EARCH1 为 ARCH 项系数,EGARCH1 为 GARCH 项系数,THETA 为表示杠杆效应的参数。

SAS 中的 EGARCH(1, 1)模型的形式与 R.Tsay(2012)相同,即

$$\begin{aligned} \ln h_t &= \omega + \alpha_1 g(z_{t-1}) + \gamma_1 \ln h_{t-1} \\ g(z_t) &= \theta z_t + \gamma[\,|z_t| - E\,|z_t|\,] \\ z_t &= \epsilon_t / \sqrt{h_t} \end{aligned} \tag{7-18}$$

SAS 将参数 γ 的值设为 1,由此得出

$$g(z_t) = \begin{cases} (\theta+1)z_t - E\,|Z_t|, & \text{if } z \geqslant 0; \\ (\theta-1)z_t - E\,|Z_t|, & \text{if } z < 0。 \end{cases}$$

参数 θ 捕捉了杠杆效应,为杠杆效应参数。

输出结果中的 EARCH0、EARCH1、EGARCH1 和 THETA 分别对应(7－18)式中参数 ω、α_1、γ_1 和 θ。 THETA 的估计值为 17,但 t 检验 p－值 0.45 远大于 0.05,可以认为 $\theta=0$,不存在杠杆效应。

3. GARCH 模型中引入外生变量

为研究某些变量对模型误差项条件方差的影响,需要在 GARCH 模型中加入外生变量。带外生变量 w_{1t}、w_{2t} 的 GARCH 模型[以 GARCH(1, 1)为例]具有如下形式

$$\begin{aligned} \epsilon_t &= \sqrt{h_t}\, e_t \\ h_t &= \omega + \alpha_1 \epsilon_{t-1}^2 + \gamma_1 h_{t-1} + \delta_1 w_{1t} + \delta_2 w_{2t} \end{aligned} \tag{7-19}$$

类似地可以添加多个外生变量。带外生变量 w_{t1}、w_{t2} 的 EGARCH 模型[以 EGARCH(1，1)为例]具有如下形式

$$
\begin{aligned}
&\ln h_t = \omega + \alpha_1 g(z_t) + \gamma_1 \ln h_{t-1} + \delta_1 w_{1t} + \delta_2 w_{2t} \\
&g(z_t) = \theta z_t + \gamma(|z_t| - E|z_t|) \\
&z_t = \epsilon_t \sqrt{h_t}
\end{aligned}
\tag{7-20}
$$

类似地在其他 GARCH 模型中添加外生变量。

语句 hetero 能够为 model 语句选项 GARCH＝设定的 GARCH 模型中添加外生变量，语句语法格式为

```
hetero varlist/<COEF = value>;
```

varlist 为外生变量名列表，选项 COEF 对 GARCH 模型中外生变量系数 δ_1，δ_2 的估计进行约束，value 取值为：

(1) nonneg：将 δ_1，δ_2 的值约束为非负；

(2) unit：将 δ_1，δ_2 的值取 1；

(3) zero：将 δ_1，δ_2 值取 0；默认为 nonneg。将 δ_1，δ_2 取值为 1 或者 0，便于和无约束的估计结果进行比较，例如用对数似然值之差进行极大似然比检验等。

程序 7-14 对 sashelp.stocks 中股票 Intel 的交易量变量 volume 取对数，然后用 proc autoreg 中两个 model 语句分别对 close 建立 AR(3)＋GARCH(1,1)模型和 AR(3)＋EGARCH(1,1)模型，并在 GARCH 模型和 EGARCH 模型中引入外生变量 lnvol。

```
程序 7-14
data test(where = (stock = 'Intel'));
set sashelp.stocks;
lnvol = log(volume);
proc autoreg;
model close = /nlag = 3 garch = (p = 1,q = 1);
hetero lnvol;
model close = /nlag = 3 garch = (p = 1,q = 1,type = egarch);
hetero lnvol;
run;
```

第一个 model 语句采用 GARCH 模型，并用 hetero 语句在 GARCH 模型中引入外生变量 lnvol，估计结果见图 7-24。

变量	自由度	估计	标准误差	t 值	近似Pr > |t|
Intercept	1	36.8964	9.5944	3.85	0.0001
AR1	1	-0.9430	0.0808	-11.67	<.0001
AR2	1	-0.1738	0.0774	-2.24	0.0248
AR3	1	0.1708	0.0474	3.60	0.0003
ARCH0	1	1.0537E-8	0	Infty	<.0001
ARCH1	1	0	0	.	.
GARCH1	1	0	0	.	.
HET1	1	6.6851	0.2631	25.40	<.0001

图7-24 带外生变量的GARCH模型估计

对数似然函数的最优化不理想，ARCH系数和GARCH系数都取到了下界0，标准误也是0，导致无法计算对应的t值和概率值，估计结果不具参考价值。

第二个model语句采用EGARCH拟合数据中的条件异方差，用hetero语句在EGARCH模型中引入外生变量lnvol，参数估计结果见图7-25。

变量	自由度	估计	标准误差	t 值	近似Pr > |t|
Intercept	1	49.4290	2.2247	22.22	<.0001
AR1	1	-0.7996	0.0252	-31.71	<.0001
AR2	1	-0.2623	0.0294	-8.93	<.0001
AR3	1	0.2065	0.0202	10.21	<.0001
EARCH0	1	2.8290	2.7680	1.02	0.3068
EARCH1	1	-0.9341	0.1140	-8.19	<.0001
EGARCH1	1	0.1676	0.0528	3.18	0.0015
THETA	1	-0.9998	0.1154	-8.66	<.0001
HET1	1	0.0465	0.1507	0.31	0.7577

图7-25 参数估计

从中看出，EARCH项系数、EGARCH项系数和杠杆效应系数THETA均显著不为0，HET1系数不显著，表明外生变量lnvol对波动没有显著影响。

除GARCH类模型外，hetero语句也可以设定其他函数形式的误差项条件异方差，且可以对是否存在给定形式的异方差进行检验，具体内容可参考SAS帮助。

时间序列变量的回归模型也可以设定GARCH模型。程序7-11(续)在程序7-11设定的模型中添加GARCH(1, 1)模型。

程序7-11(续)

```
proc autoreg data = sh_trt_r;
```

```
model r_trt = r_m/nlag = 5 garch = (p = 1,q = 1);
run;
```

参数估计结果见图 7－26。

变量	自由度	估计	标准误差	t 值	近似Pr > |t|
Intercept	1	-0.000572	0.000386	-1.48	0.1383
r_m	1	0.7630	0.0264	28.92	<.0001
AR1	1	0.0528	0.0374	1.41	0.1586
AR2	1	0.0715	0.0382	1.87	0.0613
AR3	1	-0.0469	0.0372	-1.26	0.2071
AR4	1	0.0372	0.0346	1.08	0.2822
AR5	1	0.0620	0.0339	1.83	0.0679
ARCH0	1	0.0000168	2.9375E-6	5.73	<.0001
ARCH1	1	0.0920	0.0159	5.79	<.0001
GARCH1	1	0.8328	0.0255	32.71	<.0001

图 7－26　时间序列变量回归的 GARCH 模型估计

注：模型估计控制

在 model 语句中添加选项，可以对模型估计进行控制，包括估计方法选择、优化方法选择、收敛标准设定等。选项 method＝value 用以确定估计方法，value 取值 ML、ULS、YW 和 ITYW，分别对应极大似然、无条件最小二乘、尤勒-沃尔克和迭代尤勒-沃尔克方法。有 GARCH＝选项或者 HETERO 语句时，默认 ML 方法；没有 GARCH＝选项和 HETERO 语句，也没有 LAGDEP 选项，有 NLAG 选项，默认 YW 方法；没有 GARCH＝选项和 HETERO 语句，也没有 NLAG 选项时，采用 OLS 估计模型，method＝选项被忽略。有 GARCH＝选项时需要用数值方法寻找对数似然函数的极值点，选项 optmethod＝value 确定数值优化方法，value 取值 QN 和 TR 分别对应拟牛顿（Quasi－Newton）算法和信赖域（Trust Region）算法。

7.2.7　变点检验和变结构检验

时间序列往往在某个或者某些时点处发生结构性变化。所谓结构性变化，是指不同时点之间数据所服从的模型发生变化，这里仅限于回归系数的变化。变结构检验（Structure Change Test）分为 Chow 单点变结构检验和 BP（Bai－Perron）多点变结构检验。

1. Chow 检验

Chow 检验是由邹至庄提出的检验方法。选定可能存在结构变化的时点 $T_1(0 < T_1 < T)$（称为断点 Break Point），将样本从 T_1 处分为两组，设定三个回归模型。

Model Ⅰ：$y_t = c^{(1)} + \beta_1^{(1)} x_{1t} + \beta_2^{(1)} x_{2t} + \cdots + \beta_k^{(1)} x_{kt} + u_t^{(1)},\quad 0 \leqslant t \leqslant T_1$

Model Ⅱ：$y_t = c^{(2)} + \beta_1^{(2)} x_{1t} + \beta_2^{(2)} x_{2t} + \cdots + \beta_k^{(2)} x_{kt} + u_t^{(2)},\quad T_1 \leqslant t \leqslant T$

Model Ⅲ：$y_t = c + \beta_1^{(3)} x_{1t} + \beta_2^{(3)} x_{2t} + \cdots + \beta_k^{(3)} x_{kt} + u_t^{(3)},\quad 0 \leqslant t \leqslant T$

待检验假设为

$$H_0: \beta_i^{(1)} = \beta_i^{(2)},\ i = 1, 2, \cdots, k;\quad H_1: \exists i \in \{1, 2, \cdots, k\}\ \ s.t.\ \beta_i^{(1)} \neq \beta_i^{(2)}$$

Chow 检验采用参数约束 F 检验。对原假设成立时的模型进行回归，此时 Model Ⅰ和 Model Ⅱ合并为 Model Ⅲ，回归采用所有样本，回归残差平方和（即约束残差平方和）为 SSR_R。分别对 Model Ⅰ和 Model Ⅱ进行回归，得出残差平方和 SSR_{I}、SSR_{II}，相加得出无约束残差平方和 $SSR_{UR} = SSR_{\text{I}} + SSR_{\text{II}}$。构造统计量 F

$$F = \frac{(SSR_R - SSR_{UR})/k}{SSR_{UR}/(T - 2k)} \tag{7-21}$$

在原假设下 F 服从自由度为(k，T—2k)的 F 分布。

在 moldel 语句中添加选项 Chow=可进行 Chow 检验。语法格式为

```
model y = x1 x2 ... xk/chow = (n1 n2 ... np);
```

要求在第 n1、n2、…，np 处进行结构变点（断点）检验。n1 是从因变量首个非缺失值算起的第 n1 个观测处。如果因变量的前 10 个观测为缺失值，chow=(20)要求对数据集的第三十个观测处进行变点检验。

程序 7-15 对数据集 sh_trt_r 中变量 r_m 建立 AR(3)+GARCH(1,1)模型，并对第十五和第三百四十五个观测处进行结构变点 Chow 检验。

```
程序 7-15
proc autoreg data = sh_trt_r;
model r_m = /nlag = 3 garch = (p = 1,q = 1) chow = (15 345);
run;
```

“结构更改检验”栏目显示见图 7-27。

检验	断点	分子自由度	分母自由度	F 值	Pr > F
Chow	15	1	1202	8.13	0.0044
Chow	345	1	1202	0.21	0.6493

图 7-27 变结构检验

第十五个观测处断点检验拒绝原假设，认为发生结构变化。第三百四十五个观测处 Chow 检验不能拒绝原假设，可以认为没有结构变化。

注意程序 7-15 设定的模型没有解释变量，实际上相当于检测模型常数项在给定

时点处是否发生变化，并没有检验自回归系数是否发生变化。要检验包括自回归系数在内的所有回归系数是否发生变化，需在 model 语句中以因变量的滞后变量作为解释变量。程序 7－16 首先生成 r_m 的一至三阶滞后，然后用 model 语句建立 r_m 的 AR(3)模型，并进行结构变点检验。

```
程序 7-16
data test;
set sh_trt_r;
r_m_1 = lag(r_m);
r_m_2 = lag2(r_m);
r_m_3 = lag3(r_m);
run;
proc autoreg;
model r_m = r_m_1 r_m_2 r_m_3/garch = (p = 1,q = 1) chow = (15 345);
run;
```

检验结果见图 7－28。

检验	断点	分子自由度	分母自由度	F 值	Pr ＞ F
Chow	15	4	1154	7.15	<.0001
Chow	345	4	1154	3.08	0.0154

图 7－28　变结构检验

显示第十五和第三百四十五个观测处发生了结构变化。

2. BP 检验

BP 检验是白聚山和 Perron 给出的多变点结构变化检验方法，以线性回归模型为基础。BP 检验将模型回归系数分为有结构变化和无结构变化两部分，设在时点 T_1，T_2，…，T_m 处可能存在结构变化，而在区间 $(T_i,\ T_{i+1}]$，$i=0,\ 1,\ \cdots,\ m-1$ 内不再有结构变化，则时间序列回归模型可以分段写成

$$
\begin{aligned}
& y_t = \boldsymbol{x}_t'\boldsymbol{\beta} + \boldsymbol{z}_t'\boldsymbol{\delta}_1 + u_{1t}, \quad t \in (1,\ T_1] \\
& y_t = \boldsymbol{x}_t'\boldsymbol{\beta} + \boldsymbol{z}_t'\boldsymbol{\delta}_2 + u_{2t}, \quad t \in (T_1,\ T_2] \\
& \cdots \quad \cdots \quad \cdots \quad \cdots \quad \cdots \\
& y_t = \boldsymbol{x}_t'\boldsymbol{\beta} + \boldsymbol{z}_t'\boldsymbol{\delta}_m + u_{mt}, \quad t \in (T_m,\ T]
\end{aligned}
\tag{7-22}
$$

$\boldsymbol{x}_t=(1,\ x_{1t},\ x_{2t},\ \cdots,\ x_{pt})'$，$\boldsymbol{\beta}=(c,\ \beta_1,\ \cdots,\ \beta_p)'$，$\boldsymbol{x}_t'\boldsymbol{\beta}$ 为没有结构变化的部分，$\boldsymbol{\beta}$ 为不发生结构变化回归系数向量。$\boldsymbol{z}_t=(z_{1t},\ z_{2t},\ \cdots,\ z_{qt})'$，$\boldsymbol{\delta}_i=(\delta_{1i},\ \delta_{i2},\ \cdots,\ \delta_{iq})'$，$i=1,\ 2,\ \cdots,\ m$ 为可能存在结构变化的解释变量及其回归系数。$p=0$ 时解释

变量中(除常数项外)不存在没有结构变化的部分。

对给定 m 个可能变点(断点) $(T_1, T_2, \cdots, T_m)$，BP 方法首先求解最小二乘问题

$$(\hat{\boldsymbol{\beta}}, \hat{\boldsymbol{\delta}}) = \arg\min_{\boldsymbol{\beta}, \boldsymbol{\delta}} SSR(\boldsymbol{\beta}, \boldsymbol{\delta} \mid T_1, T_2, \cdots, T_m)$$

得出 $\boldsymbol{\beta}$ 和 $\boldsymbol{\delta}$ 的估计，其中 $\boldsymbol{\delta} = (\boldsymbol{\delta}'_1, \boldsymbol{\delta}'_2, \cdots, \boldsymbol{\delta}'_m)'$，$SSR(\boldsymbol{\beta}, \boldsymbol{\delta} \mid T_1, T_2, \cdots, T_m)$ 为残差平方和

$$\begin{aligned} & SSR(\boldsymbol{\beta}, \boldsymbol{\delta} \mid T_1, T_2, \cdots, T_m) \\ = & \sum_{t=1}^{T_1} (y_t - x'_t\boldsymbol{\beta} - \boldsymbol{z}'_t\boldsymbol{\delta}_1)^2 + \sum_{i=1}^{m-1} \sum_{t=T_i+1}^{T_{i+1}} (y_t - \boldsymbol{x}'_t\boldsymbol{\beta} - \boldsymbol{z}'_t\boldsymbol{\delta}_i)^2 + \sum_{t=T_m+1}^{T} (y_t - \boldsymbol{x}'_t\boldsymbol{\beta} - \boldsymbol{z}'_t\boldsymbol{\delta}_m)^2 \end{aligned}$$

将参数估计 $\hat{\boldsymbol{\beta}}, \hat{\boldsymbol{\delta}}$ 代入得出残差平方和 $SSR(\hat{\boldsymbol{\beta}}, \hat{\boldsymbol{\delta}} \mid T_1, T_2, \cdots, T_m)$。

选择 $t = 1, 2, \cdots, T$ 中任意 m 个时点进行如上回归，并求解如下极小化问题的解

$$(\hat{T}_1, \hat{T}_2, \cdots, \hat{T}_m) = \arg \min_{\substack{(T1, T2, \cdots, Tm) \\ \subseteq(1, 2, \cdots, T)}} SSR(\hat{\boldsymbol{\beta}}, \hat{\boldsymbol{\delta}} \mid T_1, T_2, \cdots, T_m) \quad (7-23)$$

得出最有可能的断点。

Bai 和 Perron 采用基于动态规划算法计算估计值 $\hat{T}_1, \hat{T}_2, \cdots, \hat{T}_m$，并给出 $\hat{T}_1, \hat{T}_2, \cdots, \hat{T}_m$ 的渐近分布，据此构造三种断点检验统计量，给出三种检验方法。设可能的结构断点数为 k。

(1) 第一种：SupF

SupF 用于检验有确定个数断点的模型。

原假设 H_0：不存在断点；备择假设 H_1：存在 k 个断点

等价地

$$H_0: \delta_1 = \cdots = \delta_k = 0; \ H_1: \exists i \in \{1, 2, \cdots, k\}, \delta_i \neq 0)$$

检验统计量 $supF(k)$ 为 Wald 检验统计量，是约束条件 $R\hat{\boldsymbol{\delta}}$ 用协方差矩阵标准化的二次型，其定义为

$$supF(k) = \frac{1}{T}\left(\frac{T-(k+1)q-p}{kq}\right)(R\hat{\boldsymbol{\delta}})'[Var(R\hat{\boldsymbol{\delta}})]^{-1}(R\hat{\boldsymbol{\delta}}) \quad (7-24)$$

其中

$$R\hat{\boldsymbol{\delta}} = (\hat{\boldsymbol{\delta}}'_1 - \hat{\boldsymbol{\delta}}'_2, \cdots, \hat{\boldsymbol{\delta}}'_{k-1} - \hat{\boldsymbol{\delta}}'_k)'$$

$\hat{\boldsymbol{\delta}}$ 是(7-23)式中的估计值，即残差平方和最小的 $\hat{T}_1, \hat{T}_2, \cdots, \hat{T}_m$ 对应模型中 $\boldsymbol{\delta}$ 的估计值。从(7-24)式看出，supF 是断点隔出的不同时间区间内回归系数估计值的差值加权平方和，值越大表明断点发生结构变化的可能性越大。

(2) 第二种：UDmaxF 和 WDmaxF

用于检验断点个数不确定，但不超过给定个数的模型。

原假设 H_0：不存在断点；备择假设 H_1：断点个数不超过 k

检验统计量有两个：UDmaxF 和 WDmaxF。UDmaxF 定义为

$$UDmaxF(M) = \max_{k \leqslant M} supF(k) \tag{7-25}$$

其对每个小于 M 的断点个数 k 计算 supF(k)，然后取最大值。取最大值时对每个 supF(k)取相同的权重 1(Unite Weight)。WDmaxF 定义为

$$WDmaxF(M, \alpha) = \max_{k \leqslant M} \frac{c_\alpha(1)}{c_\alpha(k)} supF(k) \tag{7-26}$$

$c_\alpha(k)$ 为显著水平 α 下检验统计量 $supF(k)$ 的临界值，α 可以取 0.1、0.05、0.025 和 0.01 四个值。取最大值时，WDmaxF 对每个 supF(k)取不同的权重(Weight)。

(3) 第三种：SupF(l+1|l)

SupF(l+1|l)是一种序贯(Sequential Test)检验，总共有 k+1 个检验，第 p 个检验为：

原假设 H_0：有 l 个断点；备择假设 H_1：有 $l+1$ 个断点

对给定的 l 个断点 $(\hat{T}_1, \hat{T}_2, \cdots, \hat{T}_l)$，寻找第 $l+1$ 个断点 $\hat{T}_{l+1}$ 极小化残差平方和 $SSR(\hat{\boldsymbol{\beta}}, \hat{\boldsymbol{\delta}} \mid \hat{T}_1, \hat{T}_2, \cdots, \hat{T}_l; \hat{T}_{l+1})$，据此构造检验统计量

$$supF(l+1 \mid l) = [T-(l+1)q-p] \frac{SSR(\hat{\boldsymbol{\beta}}, \hat{\boldsymbol{\delta}} \mid \hat{T}_1, \hat{T}_2, \cdots, \hat{T}_l) - SSR(\hat{\boldsymbol{\beta}}, \hat{\boldsymbol{\delta}} \mid \hat{T}_1, \hat{T}_2, \cdots, \hat{T}_l; \hat{T}_{l+1})}{SSR(\hat{\boldsymbol{\beta}}, \hat{\boldsymbol{\delta}} \mid \hat{T}_1, \hat{T}_2, \cdots, \hat{T}_l)} \tag{7-27}$$

统计量临界值通过模拟方法得出。

在 moldel 语句中添加选项 BP=可进行 BP 检验。语法格式为

```
model y = x1 x2 ... xk/BP = (options);
```

选项 options 之间用逗号隔开。options 包括：

(1) EPS=a：设定两个相邻变点之间的最短间隔，默认值为 0.05。

(2) M=n：设定变点个数，默认值为 5。给定值 n 后，model 语句将采用三种方法进行检验：

① 采用第一种方法的检验统计量 $supF(k)$ 对

H_0：没有变点；H_1：有 i 个变点

进行检验，$i=1,2,\cdots,n$ 。共检验 n 次。

② 采用第二种方法的两种检验统计量 $UDmaxF(M)$ 和 $WDmaxF(M,\alpha)$ 对假设

H_0：没有变点；H_1：变点个数小于 n

进行检验。

③ 采用第三种方法中检验统计量 $supF(l+1 \mid l)$ 对假设

$$H_0: \text{有 } l \text{ 个断点}; \ H_1: \text{有 } l+1 \text{ 个断点}$$

进行检验，$l=0,1,2,\cdots,n$。检验 n+1 次。

a. P=k：设定模型中前 k 个解释变量的回归系数没有变点，默认值为 0。

b. 其他选项：参数估计协方差矩阵估计方法、核估计中核的选择、(7-22)式中 u_{1t}，u_{2t}，…，u_{mt} 是否同分布、是否同方差等。详情可参考 SAS 帮助。

程序 7-17 对 sh_trt_r 中股票同仁堂日收益 r_trt 对上证指数日收益 r_m 的线性回归模型进行结构变点检验，检验同仁堂股票的贝塔系数以及常数项是否有结构变点，用 bp=(m=3)选项指定检验 3 个变点。

程序 7-17

```
proc autoreg data = sh_trt_r;
model r_trt = r_m/nlag = 3 garch = (p = 1,q = 1) bp = (m = );
run;
```

输出结果中分别以“Bai-Perron 多结构变化检验-中断日期”一栏给出的是 k=1,2,3 时按(7-23)式计算得出的断点对应的观测号，给定不同的断点数得出的断点位置不同。例如，断点个数为 1 时得出的断点是第二百三十个观测处，而断点个数为 2 时得出的断点分别是第五百零三和第五百七十七个观测。“Bai-Perron 多结构变化检验-supF 检验”一栏给出原假设为没有断点，备择假设为有 1 个、2 个和 3 个断点的 supF 检验，检验结果均拒绝原假设。“Bai-Perron 多结构变化检验-UDmaxF 检验”一栏给出的对原假设为没有断点，备择假设为断点个数小于 3 的 UDmaxF 检验，检验结果拒绝原假设(见图 7-29)。

Bai-Perron 多结构变化检验 — 中断日期

中断数	中断	95% 置信限	
1	230	154	306
2	503	475	531
	577	510	644
3	230	118	342
	976	911	1041
	1086	1049	1123

Bai-Perron 多结构变化检验 — supF 检验

中断数	supF	Pr > supF
1	27.26	0.0003
2	23.79	<.0001
3	14.08	0.0012

Bai-Perron 多结构变化检验 — UDmaxF 检验

中断数	UDmaxF	Pr > UDmaxF
3	27.2623042	0.0003

图 7-29　结构变化检验结果

“Bai - Perron 多结构变化检验- WDmaxF 检验”一栏给出的对原假设为没有断点，备择假设为断点个数小于 3 的 WDmaxF 检验，其中统计量的 4 个值分别对应 α 取 0.1、0.05、0.025 和 0.01。检验结果均拒绝原假设。“Bai - Perron 多结构变化检验-supF(l+1|l)检验”一栏给出的是 supF(l+1|l)检验结果，共有 4 个检验，其中原假设为 0 个断点、备择假设为 1 个断点的检验中，原假设被拒绝，新增的断点为第二百三十个观测。其余三个检验不能拒绝原假设，但仍然给出了新的可能断点(见图 7 - 30)。

Bai-Perron 多结构变化检验			
WDmaxF 检验			
中断数	Alpha	WDmaxF	Pr > WDmaxF
3	0.1000	27.2623042	0.0002
	0.0500	27.2623042	0.0003
	0.0250	27.2623042	0.0001
	0.0100	28.4493698	0.0001

Bai-Perron 多结构变化检验			
supF(l+1|l) 检验			
l	新断点	supF(l+1|l)	Pr > supF(l+1|l)
0	230	27.2623042	0.0002
1	960	8.12773747	0.6491
2	976	11.6077714	0.2197
3	561	13.5255216	0.1044

图 7 - 30　结构变化检验结果

从各种检测结果综合判断，模型有 1 个断点，位于第二百三十个观测处。

Chow 检验需要指定可能发生结构变化的断点位置，且原假设是模型回归系数都没有结构变化。BP 检验不需要事先指定可能结构变化的断点，但要给出要检验的断点个数。BP 检验可以设定无结构变化的回归系数。无论是 Chow 检验还是 BP 检验，只能检验回归系数的断点，不能检验 GARCH 模型断点，且只能检验断点，没有针对断点的模型修正功能。

7.2.8　参数约束及检验

实际应用中常需要根据情况对模型参数施加必要的限制。语句 restrict 对模型参数施加线性等式约束。语法格式为

```
restrict eq1,eq2,…,eqn;
```

eq*i* 是由参数形成的线性方程。参数的表示方法为：

(1) 回归系数：由对应的解释变量名表示，常数项用 intercept 表示。

(2) 误差项自回归系数 φ_i，$i=1, 2, \cdots, m$：用自动变量_A_i 表示，$i=1, 2, \cdots, m$，m 为选项 nlag=m 指定的滞后阶数。

(3) GARCH 模型参数：ARCH 项模型参数 α_i 用自动变量_AH_i 表示，$i=0, 1, 2, \cdots, m$，常数项 ω 用_AH_0 表示；GARCH 项模型参数 γ_j 用自动变量_GH_j 表示，$j=1, 2, \cdots, n$。 m 和 n 为选项 GRACH=(q=m,p=n)设定的 GARCH 模型阶数。

(4) EGARCH 模型参数：ARCH 项和 GARCH 项参数用_AH_i 和_GH_j 表示，

杠杆效应参数 θ 用自动变量_THETA_表示。

（5）GARCH－M 模型参数：出现在回归模型中的 GARCH 项参数用自动变量_DELTA_表示。

（6）GARCH 模型中外生变量系数：用_HET_i 表示语句 hetero 中设定的 GARCH 模型中外生变量的系数。

（7）其他 GARCH 模型中参数表示可参考 SAS 帮助。

程序 7－18 重新估计程序 7－17 中的模型，将模型常数项约束为 0，GARCH 模型中 ARCH 项和 GARCH 项系数之和约束为 0.99。

```
程序 7-18
proc autoreg;
model r_m = r_m_1 r_m_2 r_m_3/garch = (p = 1,q = 1);
restrict intercept = 0,_ah_1 + _gh_1 = ;
run;
```

采用 test 语句可以检验模型参数是否满足约束。语句格式为

```
test eq1,eq2,...,eqn/option;
```

eq$i$ 为参数约束方程，参数表达方法与 restrict 语句相同。option 设定检验方法，可以取 F、Wald、LM、LR 和 ALL，对应 F 检验、Wald 检验、LM（拉格朗日乘子）检验、LR（极大似然比）检验和所有检验。程序 7－19 对自回归系数和 GARCH 模型参数约束进行 LR 检验。

```
程序 7-19
proc autoreg data = test;
model r_m = r_m_1 r_m_2 r_m_3/garch = (p = 1,q = 1);
test intercept = 0,_ah_1 + _gh_1 = 0.99/LR;
run;
```

检验结果见图 7－31。

检验	类型	统计量	Pr > 卡方	标签
Test 1	L.R.	1.11	0.5729	intercept=0,_ah_1+_gh_1=0.99

图 7－31　参数约束检验结果

不能拒绝原假设，可以认为参数约束成立。

注意，同一 test 语句中多个约束方程是联合检验，只检验一次。不同 test 语句的约束方程是各自检验。restrict 语句和 test 语句中只能设定线性等式约束，不能设定

非线性不等式约束。

7.2.9　模型检测

模型检测(Model Checking)通过检验回归残差的独立性，考察模型滞后阶数设定是否充足(Adequacy)。如果残差不是独立序列，表明模型没有充分捕捉数据中的相依性(Dependency)，需要进一步优化。model 语句提供了回归残差独立性的三种检验方法，均为非参数方法，检验的原假设都是残差序列独立，同时提供回归残差为不相关序列的 Durbin－Watson 检验和 Durbin－h 检验。

1. BDS 检验

BDS 由 Brock、Dechert 和 Scheinkman 给出，用于检验序列的独立性，检验统计量 $S_{BDS}(T,m,r)$ 定义为

$$S_{BDS}(T,\ m,\ r)=\frac{\sqrt{T-m+1}\,(c_{m,\ m,\ T}(r)-c_{1,\ m,\ T}^{m}(r))}{\sigma_{m,\ T}(r)}$$

$$c_{m,\ n,\ T}=\frac{2}{(T-n+1)(T-n)}\sum_{s=n}^{T}\sum_{t=s+1}^{T}\prod_{j=0}^{m-1}I_r(z_{s-j},\ z_{t-j}) \quad (7-28)$$

$$I_r(z_s,\ z_t)=\begin{cases}1, & \text{if } |z_s-z_t|<r\\ 0, & \text{otherwise}\end{cases}$$

$\sigma_{m,\ T}(r)$ 为 $c_{m,\ m,\ T}(r)-c_{1,\ m,\ T}^{m}(r)$ 的标准差。m 称为嵌入维度(Embedding Dimension)，可理解为存在相依性的最大滞后期，r 称为半径(Radius)，可理解为 z_t 和 z_s 是否相依的标准，BDS 检验将 r 值设定为 $r=D\cdot\sigma$，σ 为被检验变量的标准误。检验的原假设为独立，备择假设为不独立。

model 语句中添加选项 BDS=(options)对指定序列独立性进行检验。语法格式为

```
model y = x1 x2 … xk/BDS = (M = m,D = d,z = options);
```

(1) z=options 确定要检验的序列，options 取值为：

Y：对模型因变量进行独立性检验。

RO：对 OLS 残差进行独立性检验。所谓 OLS 残差，是指采用尤勒-沃尔克方法对(7－4)式进行 OLS 估计得出估计残差 $\hat{u}$ 。

R：对最终模型估计残差进行独立性检验。最终模型估计残差是指尤勒-沃尔克方法中第二步对模型的广义最小二乘估计或者迭代尤勒-沃尔克方法收敛后最后一次模型估计残差。

RM：对结构化残差进行独立性检验。结构化残差定义见(7－9)式。

SR：对标准化残差进行独立性检验。标准化残差是指最终模型残差除以标准误，标准误由 GARCH 模型估计的方差开方得出。

默认值为 Y。

(2) M=m：设定内嵌维度为 m，默认值为 20。

(3) D=d：设定半径值 r 表达式中的倍数 D 的值为 d，默认值为 1.5。

程序 7 - 20 对 sashelp.stocks 的 IBM 的变量 close 建立的 AR(3)+GARCH(1,1)模型的标准化残差进行 BDS 独立性检验。

```
程序 7 - 20
data test (where = (stock = 'IBM'));
set sashelp.stocks;
lclose1 = lag(close);
lclose2 = lag2(close);
lclose3 = lag3(close);
lnvol = log(volume);
proc autoreg;
model close = lclose1 - lclose3/GARCH = (p = 1,q = 1) BDS = (m = 15,z = sr);
hetero lnvol;
run;
```

结果“BDS 独立性检验”见图 7 - 32。

<table>
<tr><th>距离</th><th>嵌入维</th><th>BDS</th><th>Pr > |BDS|</th></tr>
<tr><td>1.5000</td><td>2</td><td>-1.3692</td><td>0.1710</td></tr>
<tr><td></td><td>3</td><td>-0.1521</td><td>0.8791</td></tr>
<tr><td></td><td>4</td><td>0.2574</td><td>0.7969</td></tr>
<tr><td></td><td>5</td><td>0.0107</td><td>0.9914</td></tr>
<tr><td></td><td>6</td><td>0.3557</td><td>0.7220</td></tr>
</table>

图 7 - 32　BDS 独立性检验

“距离”(即 D 值)为默认值 1.5，表中列出嵌入维度 m=2 到 15 对应的检验结果(仅列出前 5 个)。检验结果不能拒绝原假设，可以认为标准化残差独立，模型设定合适。

2. *游程检验*

游程检验(Run Test)是常见的一种独立性检验，属于符号检验，统计量的构造分为三步。

(1) **第一步**，将原序列 $\{z_t\}$ 转化为符号序列 s，$\{s = sign(z_t - m_z)\}$，m_z 为$\{z_t\}$ 的样本均值，$sign(x)$ 为符号函数，$x \geqslant 0$ 取值+，$x < 0$ 取值-。

(2) **第二步**，计算序列 s 中的游程(Run)个数 R。一个游程是指连续为+或者连续为-的子序列片段。

(3) **第三步**，计算＋游程的个数 R^+ 和－游程的个数 R^-。

游程检验统计量 S_{runs} 为

$$S_{runs}=\frac{(R-\mu)}{\sigma},\ \mu=\frac{2R^+R^-}{T}+1,\ \sigma=\frac{(\mu-1)(\mu-2)}{T-1}$$

model 语句中添加选项 BDS=(options)对指定序列进行独立性检验。语法格式为

```
model y = x1 x2 ... xk/RUNS(z = options);
```

options 的取值和功能与 BDS=选项相同。

市场有效性可以归结为资产交易价格对数 p_t 是否鞅序列，即 $E(p_t\mid F_{t-1})=p_{t-1}$ 或者收益序列 $r_t=p_t-p_{t-1}$ 是否鞅差序列，即 $E(r_t\mid F_{t-1})=0$。独立序列一定是鞅差序列，通过检验序列是否独立可判断市场是否(弱)有效。程序 7 - 21 对 sashelp. stocks 中 Intel 收盘价 close 计算的收益 r 进行独立性游程检验。

```
程序 7 - 21
data test(where = (stock = 'Intel'));
set sashelp.stocks;
r = dif(close);
proc autoreg;
model r = /runs = (z = y);
run;
```

"运行独立性检验"①一栏见图 7 - 33。

RUNS	Pr > |RUNS|
0.6570	0.5112

图 7 - 33　游程独立性检验

检验结果表明不能拒绝 r 为独立序列的原假设，市场弱有效。model 语句中既没有回归自变量，也没有 nlag=选项设定的自回归项，模型参数只有常数项。

3. 秩形式的 von Neumann 比检验

检验统计量 S_{VNR} 定义为

$$S_{VNR}=\frac{\sqrt{T}}{2}\left[\frac{\sum_{t=1}^{T-1}(R_{t+1}-R_t)^2}{T(T-1)^2/12}-2\right]$$

① "运行"是对"run"的汉化，应该汉化为"游程"。

R_t 为第 t 个观测在序列中的秩(Rank)。

model 语句添加选项 VNRRANK =(options)对指定序列进行独立检验。语法格式为

```
model y = x1 x2 ... xk/VNRRANK = (pvalue = dis|sim,z = options);
```

(1) pvalue=dis：按渐近正态分布计算 p-值。

(2) pvalue=sim：用模拟方法计算 p-值。

样本量在 11～100 时,模拟方法计算的 p-值较为准确;样本量小于 10 时,检验统计量具有精确分布函数,样本量大于 100 时,采用正态分布效果较好。默认为 pvalue=dis。

(3) z=options 中的选项的取值和功能与 BDS=选项相同。

程序 7-22 对股票 Intel 的收盘价 close 的 AR(3)+GARCH(1,1)模型的结构残差和标准化残差进行独立性 VNRRNAK 检验。

```
程序 7-22
data test (where = (stock = 'Intel'));
set sashelp.stocks;
lclose1 = lag(close);
lclose2 = lag2(close);
lclose3 = lag3(close);
lnvol = log(volume);
proc autoreg data = test;
model close = lclose: /GARCH = (p = 1,q = 1) VNRRANK = (z = rm);
hetero lnvol;
model close = lclose: /GARCH = (p = 1,q = 1) VNRRANK = (z = sr);
hetero lnvol;
run;
```

对结构化残差(rm)和标准化残差(sr)的"秩版本的 von Neumann 比独立性检验"结果见图 7-34。

秩版本的 von Neumann 比独立性检验	
RVN	Pr > |RVN|
1.0358	0.3003

秩版本的 von Neumann 比独立性检验	
RVN	Pr > |RVN|
0.2832	0.7770

图 7-34　VNR 独立性检验结果

可以认为结构化残差和标准化残差都是独立序列，模型设定合理。

4. Durbin－Watson 检验和 Durbin－h 检验

Durbin－Watson 检验用于模型误差项 u_t 是否存在自相关的检验，是时间序列回归模型中常见的一种检验。model 语句执行后在模型汇总信息“普通最小二乘法估计”一栏中列出 Durbin－Watson 检验统计量值。

Durbin－h 检验用于回归自变量包含因变量滞后变量时，回归模型误差项的序列相关检验。语句格式为

```
model y = x1 x2 ... xk/LAGDV DW = n DWPROB;
```

选项 LAGDV 表明自变量中包含因变量滞后变量（LAGged Dependent Variables），DWPROB 要求输出检验的 p－值。执行后的输出结果包括滞后一阶到滞后 n 阶的 DW 值，以及 Durbin－h 检验的统计量值和 p－值。

程序 7－23 对变量程序 7－22 数据集 test 中 close 建立 AR(3)＋GARCH(1,1) 模型，进行 Durbin－h 检验，显示检验的概率值。

```
程序 7 - 23
proc autoreg data = test;
model close = lclose; /GARCH = (p = 1,q = 1) LAGDV DW = 2 DWPROB;
hetero lnvol;
run;
```

结果“其他统计量”和“Durbin－Watson 统计量”见表 7－35。

统计量	值	概率	标签
Durbin t	-0.1645	0.4348	Pr > t

图 7－35　Durbin－Watson 检验

Durbin t 即为 Durbin－h 统计量值。Durbin－h 检验表明误差项存在一阶序列相关。由于解释变量中包含因变量滞后变量，因此 D－W 检验失效。

7.2.10　预测

proc autoreg 既可以对因变量进行预测，又可以对因变量条件方差进行预测。既可以进行样本内预测（拟合），又可以进行样本外预测。样本内预测通过输出数据集得到，样本外预测需要用 DATA 步编程实现。这里对样本内预测进行介绍，内容包括因变量预测、条件方差预测、输出数据集。

1. 因变量预测

因变量预测分为结构成分预测与完整模型预测，预测值及其置信区间计算公式参

见(7－12)式和(7－13)式。从预测公式看出,完整模型预测 $\tilde{y}_t$ 不仅包含解释变量对因变量的预测,即结构成分预测 $\hat{y}_t=\hat{c}+\sum_{i=1}^{k}\hat{\beta}_i x_{it}$,而且包含误差项按其自回归模型的预测 $u_{t|t-1}$,考虑了因变量自相关性对预测的贡献,即 $\tilde{y}_t=\hat{y}_t+u_{t|t-1}$。如果 $u_t \sim AR(m)$,则

$$u_{t|t-1}\equiv E(u_t \mid F_{t-1})=-\sum_{l=1}^{m}\hat{\varphi}_i\,\hat{u}_{t-l},\ \hat{u}_{t-l}=y_{t-l}-\tilde{y}_{t-l},\ l=1,\ 2,\ \cdots,\ m$$

模型有解释变量时,因变量预测需要解释变量的值,因此往往仅限于样本内预测。模型没有解释变量时,因变量预测按等价的自回归模型

$$y_t=c(1+\sum_{i=1}^{m}\varphi_i)-\varphi_1 y_{t-1}-\varphi_2 y_{t-2}-\cdots-\varphi_m y_{t-m}+\epsilon_t$$

进行。

2. 条件方差预测

条件方差预测是按照 GARCH 公式[以 GARCH(1, 1)为例]计算样本内的条件方差 h_t 的估计值 $\hat{h}_t$

$$\hat{h}_t=\hat{\omega}+\hat{\alpha}_1\,\hat{\epsilon}_{t-1}^2+\hat{\gamma}_1\,\hat{h}_{t-1}+\hat{\delta}_1\,w_{1t}+\hat{\delta}_2\,w_{2t}$$

$\hat{\omega}$, $\hat{\alpha}_1$, $\hat{\gamma}_1$, $\hat{\delta}_1$, $\hat{\delta}_2$ 为模型参数估计值,$\hat{\epsilon}_t$ 为残差,w_{1t}, w_{2t} 为外生变量。

3. 输出数据集——output 语句

output 语句将模型预测值和残差等输出为 SAS 数据集。语句格式如下

```
OUTPUT OUT = SAS - data - set <options>;
```

选项 options 用来选择要输出的统计量以及统计量在输出数据集中的变量名,选项形式为"keyword＝v",keyword 为统计量关键词,v 是用户给出的变量名。统计量关键词选项有:

(1) HT＝vname:输出 GARCH＝选项设定的 GARCH 模型计算出的误差项条件方差值 $\hat{\sigma}_t^2 \triangleq \hat{h}_t$。

(2) P＝vname:输出因变量的预测值,实际上是样本内拟合值。

(3) LCL＝vname:输出因变量预测值置信区间下限。

(4) UCL＝vname:输出因变量预测值置信区间上限。

(5) PM＝vname:输出因变量的结构预测值。

(6) LCLM＝vname:输出因变量的结构预测值置信区间下限。

(7) UCLM＝vname:输出因变量的结构预测值置信区间上限。

(8) R＝vname:输出整体模型残差。

(9) RM＝vname:输出结构残差。

除了统计量关键词指定的输出内容外,输出数据集中还包含输入数据集的所有变

量。没有统计量关键词选项时，输出数据集与输入数据集相同。

程序 7 – 24 对程序数据集 sashelp.stock 中 Microsoft 收盘价 close 建立 AR(2)＋GARCH(1,1)模型，GARCH 中有外生变量 lvol。

程序 7 – 24

```
data test (where = (stock = 'Microsoft'));
set sashelp.stocks;
lclose1 = lag(close);
lclose2 = lag2(close);
lclose3 = lag3(close);
lnvol = log(volume);
proc autoreg data = test;
model close = lclose: /nlag = 2 GARCH = (p = 1,q = 1) DWPROB;
hetero lnvol;
output out = s p = close_hat ht = gh;
run;
```

output 语句及其选择 out＝s 设定输出数据集为 work.s，统计量关键词 p＝close_hath 和 ht＝gh 将因变量预测值和 GARCH 模型计算的条件方差输出到数据集 work.s，分别以 close_hat 和 gh 为变量名。

习题

1. SAS 数据集 tongrt 是股票同仁堂(600085)2016 年 1 月 4 日至 2020 年 12 月 31 日的日交易数据，变量 clp_trt 为日收盘价。用 proc arima 中的 identify 对变量 clp_trt 进行单位根检验，采用 ADF 检验方法，检验模型采用五阶滞后。

2. SAS 数据集 sh_bank 是招商银行(60036)、农业银行(601288)、工商银行(601398)等多家上市银行 2016 年 1 月 4 日至 2020 年 12 月 31 日的股票日交易数据，stkcd、tdate、clp 和 vol 分别表示股票代码、交易日期、收盘价和交易量。

(1) 采用 where 语句对工商银行(601398)的日收盘价进行 Phillips – Perron 单位根检验；当检验模型采用不同滞后阶数时，检验结果是否发生变化？

(2) 首先根据日收盘价计算日对数收益率，然后采用 where 数据集选项对招商银行的日对数收益率进行 ADF 单位根检验。当检验模型采用不同滞后阶数时，检验结果是否发生变化？

3. 用 ESACF 确定数据集 tongrt 中变量 clp_trt 的 ARMA 模型的阶数。确定结果是否唯一？你更愿意选择哪个结果建立模型？为什么？如果要建立 AR 模型，如何采用 ESACF 确定阶数？确定的阶数是否比 ARMA 模型中 AR 阶数高？能否从理论上进行分析？

4. 对数据集 tongrt 中的变量 clp_trt 建立 ARMA 模型。如果 clp_trt 有单位根而其一阶差分 Δclp_trt 没有单位根，则对 Δclp_trt 建立模型。

（1）采用 MINIC 方法确定模型阶数，采用极大似然方法估计模型回归系数。

（2）从估计结果给出的图形，判断残差是否服从正态分布。如果残差不服从正态分布，估计结果可信吗？哪些方面不可信？为什么？

（3）estamat 语句中的两个选项 outmodel= 和 outstat= 的功能有什么区别？用这两个选项将 clp_trt 的 ARMA 模型估计结果保存为 SAS 数据集。

（4）如果建立的是 Δclp_trt 的 ARMA 模型，用 forecast 语句进行 10 步预测，并将预测结果保存为 SAS 数据集 fcast。这样的预测是对 Δclp_trt 的预测还是对原始变量 clp_trt 的预测？

5. 过程 proc autoreg 和 proc arima 的功能有什么区别？如何用 proc autoreg 过程实现 proc arma 的功能？

6. SAS 数据集 sh_yiyao 为同仁堂（600085）、太极集团（600129）、复兴医药（600196）等多家医药上市公司 2016 年 1 月 4 日至 2020 年 12 月 31 日的股票日交易数据，stkcd、tdate、clp 和 vol 分别表示股票代码、交易日期、收盘价和交易量。对复兴医药的日收益建立模型。

（1）根据日收盘价计算日收益率变量。

（2）用 DATA 步及其 where 数据集选项生成只包含复兴医药（600196）数据的数据集 fxyy。

（3）对日收盘价和日收益率数据分别进行 KPSS 单位根检验。KPSS 检验和其他单位根检验的最大区别是什么？

（4）用 proc arima 过程确定日收益变量的 AR 模型阶数。

（5）用 proc autoreg 过程估计收益率变量的 AR 模型。

（6）对交易量 vol 取对数生成变量 lgvol。用 proc autoreg 过程建立收益率变量的 AR 模型和 GARCH(1, 1)模型，并在 GARCH(1, 1)模型中添加外生变量 lgvol，并将 lgvol 在 GARCH 模型中的系数限制为非负。

7. SAS 数据集 shindex 和 bys 分别是上证综合指数（83_000001）和白云山（600332）2016 年 1 月 4 日至 2020 年 12 月 31 日的日收盘信息，clp 为收盘指数和日收盘价。为求出白云山股票的贝塔系数，进行如下回归

$$r_{b,t} = c + \phi_1 r_{b,t-1} + \phi_2 r_{b,t-2} + \beta_1 r_{shind,t} + \beta_2 r_{shind,t-2} + \epsilon_t$$

其中误差项条件方差服从 EGARCH(1, 1)。

（1）用 DATA 步 rename 命令将 shindex 和 bys 中变量 clp 分别改名为 clp_shindex 和 clp_bys。

（2）用 proc sort 对两个数据集按 tdate 排序。

（3）用 merge 和 by 语句匹配并接两个数据集，生成新数据集 shid_bys。

（4）生成上证指数日收益率变量 r_{shind} 和白云山日收益变量 r_b。

（5）生成 r_b 的一阶和二阶滞后变量，生成 r_{shind} 一阶和二阶滞后变量。

（6）用 model 语句生成模型，分别用选项 nlag= 和不使用该选项两种方式。

（7）将 EGARCH 模型中表示杠杆效应的参数约束为 0。

（8）对杠杆效应参数是否为 0 进行参数约束检验。

（9）对标准化残差进行独立性游程检验，以判断模型设定是否充分。

（10）对模型进行 Bai - Perron 变点检验，变点个数设定为 3。对检验结果进行说明。

第 8 章　多元时间序列分析

多元时间序列是由若干一元时间序列形成的向量。proc varmax 是 SAS/ETS 中多元时间序列分析过程，可建立向量自回归模型和多元 GARCH 模型。proc varmax 提供识别、估计和预测等各种建模功能，识别包括平稳性检验、VAR 模型定阶、格兰杰因果关系检验以及协整关系检验等。模型估计包括 VAR 模型的极大似然估计和具有协整关系单整序列的误差修正模型估计等，估计后可以对模型进行脉冲响应分析、方差分解等。proc varmax 可用于多元波动模型，包括多元 GARCH 模型、BEKK 模型、DCC 模型等。

proc varmax 可以估计一元时间序列，尤其是长记忆 ARFIMA 模型的估计，这是 proc arima 和 proc autoreg 做不到的。

本章以蔡瑞胸(2012,2014)中的符号和模型为基础。

proc varmax 的基本构成为

```
PROC VARMAX <options> ;
MODEL dependents < = regressors> / <options> ;
CAUSAL GROUP1 = (variables) GROUP2 = (variables) ;
COINTEG RANK = number <options> ;
GARCH <options> ;
RUN;
```

proc varmax 语句启动过程，model 语句设定模型，遇到 quit 语句或者另一个新的过程步执行退出。proc varmax 没有交互式运行(Interactive)模式。程序要包含 run 语句。运行后结果窗口中以树状形式列示结果。

本章按多元时间序列分析的内容介绍 proc varmax 的功能和使用方法。

8.1　平稳时间序列分析——向量自回归模型

$\{y_{it}\}_{t=1}^{T}$，$i=1, 2, \cdots, k$ 为 k 个一元(维)时间序列，形成的向量 $\boldsymbol{y}_t=(y_{1,t},$

$y_{2,t}$, …, $y_{k,t}$)′ 称为多元(维)时间序列。同一元时间序列一样,多元时间序列也分为平稳和非平稳,平稳序列的动态规律可以用向量自回归(VAR)模型、向量自回归移动平均(VARMA)模型或者向量移动平均(VMA)模型来刻画。相关的分析包括格兰杰因果关系检验、脉冲响应函数(IRF)和方差分解。VARMA(p,q)的一般形式为

$$\boldsymbol{y}_t = \boldsymbol{c} + \Phi_1 \boldsymbol{y}_{t-1} + \Phi_2 \boldsymbol{y}_{t-2} + \cdots + \Phi_p \boldsymbol{y}_{t-p} - \Theta_1 \boldsymbol{a}_{t-1} + \Theta_2 \boldsymbol{a}_{t-2} - \cdots - \Theta_q \boldsymbol{a}_{t-q} + \boldsymbol{a}_t,\ \boldsymbol{a}_t \sim N(\boldsymbol{0},\ \Sigma) \tag{8-1}$$

其中 $\boldsymbol{a}_t = (a_{1t},\ a_{2t},\ \cdots,\ a_{kt})'$ 为正态白噪声序列。设 $\Phi(B) = I - \Phi_1 B - \Phi_2 B^2 - \cdots - \Phi_p B^p$ 和 $\Theta(B) = I - \Theta_1 B - \Theta_2 B^2 - \cdots - \Theta_q B^q$ 分别为向量自回归和向量移动平均滞后矩阵多项式,VARMA(p,q)模型可以写成

$$\Phi(B) y_t = c + \Theta(B) \boldsymbol{a}_t,\ \boldsymbol{a}_t \sim N(\boldsymbol{0},\ \Sigma) \tag{8-2}$$

VARMA(p,0)对应向量自回归模型 VAR(p),VARMA(0,q)对应向量移动平均模型 VMA(q)。

VARMA 模型的平稳性取决于向量自回归部分的平稳性,平稳性条件是自回归滞后多项式的根,即方程

$$|\ \Phi(B)\ | = 0$$

的根在单位圆外。

只有每个分量平稳时,向量时间序列才是平稳的。可采用 proc arima 和 proc autoreg 两个过程对每个分量序列进行单位根检验确定向量时间序列的平稳性。也可以在 proc varmax 的 model 语句中添加选项 dftest 对每个一元序列进行增广迪基-福勒检验。

8.1.1 向量自回归移动平均模型分析

同一元时间序列分析类似,向量自回归移动平均模型的建立也包括模型定阶、模型设定和估计、模型诊断等。

1. 模型定阶

同 ARMA 模型的定阶类似,VARMA 模型的阶数确定和估计是交替进行的:估计不同阶数下的 VARMA 模型,采用信息准则确定最优阶数。proc varmax 采用 MINIC(最小信息准则)方法进行定阶,信息准则包括 AIC(赤池信息准则)、AICC(修正 AIC)、HQC(Hannan - Quinn 准则)、SBC(施瓦兹贝叶斯信息准则)和 FPE(最终预测误差),其定义分别为

$$\text{AIC} = \log(|\ \hat{\Sigma}\ |) + \frac{2 r_b k}{T}$$

$$\mathrm{AICC}=\log(|\hat{\Sigma}|)+\frac{2r_b k}{T-r_b}$$

$$\mathrm{HQC}=\log(|\hat{\Sigma}|)+\frac{2r_b k\log(\log(T))}{T}$$

$$\mathrm{SBC}=\log(|\hat{\Sigma}|)+\frac{2r_b k\log(T)}{T}$$

$$\mathrm{FPE}=\left(\frac{T+r_b}{T-r_b}\right)^k|\hat{\Sigma}|$$

$\hat{\Sigma}$ 为模型误差项方差矩阵估计值

$$\hat{\Sigma}=\frac{1}{T}\sum_{t=1}^{T}\hat{\boldsymbol{\epsilon}}_t\hat{\boldsymbol{\epsilon}}'_t$$

$\hat{\boldsymbol{\epsilon}}_t$ 为残差向量序列。r_b 为均值模型中参数个数，即算子 $\Phi(B)$ 和 $\Theta(B)$ 中参数个数，k 为向量时间序列的维数。

通过在 model 语句中添加选项 MINIC 实现。具体格式分为：

(1) MINIC：采用 MINIC 确定模型阶数，信息准则为 AICC。

(2) MINIC=(type=value)：选择 MINIC 定阶依据的信息准则，value 可以取 AIC、AICC、HQC、SBC 和 FPE，缺省值为 AICC。

MINIC=(P=n Q=m Perror=l)：P=n 和 Q=m 将 MINIC 定阶时自回归阶数和移动平均阶数的最大值限定为 n 和 m，Perror=l 将取得残差 $\hat{\epsilon}_t$ 时的向量自回归最大阶数限定为 l。MINIC 定阶方法参考第 7 章 proc arima 的有关内容。也可以用 P=(n1:n2)、Q=(m1:m2)给出 VARMA 模型自回归阶数和移动平均阶数的范围。

程序 8-1 的 DATA 步用数据集 sashelp.stocks 数据计算 IBM 股票的日对数收益 r 和日交易量对数 lvol，建立 r 和 lvol 形成的二元时间序列 VARMA 模型，用选项 MINIC 确定模型阶数。

```
程序 8-1
data test(where = (stock = "IBM"));
set sashelp.stocks;
r = dif(log(close));
lvol = log(volume);
run;
proc varmax data = test;
model r lvol/MINIC = (P = 5 Q = 3 type = HQC);
run;
proc varmax data = test;
model r lvol/MINIC = (P = 5 Q = 0);
run;
```

第一个 proc varmax 中语句 model 选项 type＝HQC 指定用 Hannan－Quinn 准则作为定阶标准。结果窗口中“试探性阶数选择”中“基于 HQC 的最小信息准则”输出结果见图 8－1。

滞后	MA 0	MA 1	MA 2	MA 3
AR 0	-6.760468	-6.848264	-6.837422	-6.890875
AR 1	-7.344877	-7.323772	-7.329069	-7.336144
AR 2	-7.334522	-7.314807	-7.331267	-7.324566
AR 3	-7.383386	-7.398727	-7.35994	-7.360316
AR 4	-7.346012	-7.356894	-7.314784	-7.391119
AR 5	-7.300911	-7.311768	-7.260177	-7.336111

图 8－1　基于“HQC”的最小信息准则确定阶数

据此将试探性阶数选择为(3,1)，并估计 VARMA(3,1)模型。

第二个 proc varmax 的 model 语句选项 MININ 中没有给出 type＝选项，默认采用 AICC，Q＝0 选项将模型移动平均项阶数限定为 0，只对 VAR 模型定阶。得出的试探性阶数为三，并对 VAR(3)进行估计。

2. 模型设定和估计

模型设定和估计通过 model 语句完成。在 model 语句之后依次列出向量分量变量名，变量名用空格分隔。如果模型中包含外生变量(X)，则需要在等号之后给出变量名列表。本章仅对 VARMA 模型进行介绍，重点介绍 VAR 模型，不再考虑外生变量。模型阶数、模型估计方法等的设定以选项形式出现在斜杠“/”之后。具体格式如下[以三元时间序列 y＝(y1，y2，y3)为例]。

```
model y1 y2 y3/options;
```

选项 options 分为 3 类：变量选项、阶数选项和估计方法选项。

(1) 变量选项

① center：对变量进行零均值化，即变量值减去变量均值后建立模型。

② dif＝(y1(d))：将变量 y1 进行 d 次差分后进入模型，适用于非平稳单整的分量序列。

③ nonint：模型不带常数向量。

④ trend＝value：设定模型的(确定性)趋势项，value 取 linear 时为线性趋势，取 quad 时为二次趋势。

程序 8－2 将程序 8－1 数据集 test 中变量 close 进行一阶差分后建立和 lvol 的二元向量自回归模型 VAR(2)，模型不带常数项，设定线性时间趋势。

```
程序 8-2
proc varmax data = test;
```

```
model close lvol/dif = (close(1)) noint trend = linear p = 2;
run;
```

参数估计结果见图 8－2。

方程	参数	估计	标准误差	t 值	Pr > |t|	变量
Close	LTREND1	0.00229	0.01176	0.19	0.8458	t
	AR1_1_1	-0.20443	0.06634	-3.08	0.0023	Close(t-1)
	AR1_1_2	3.09377	2.99195	1.03	0.3022	lvol(t-1)
	AR2_1_1	-0.07154	0.06642	-1.08	0.2826	Close(t-2)
	AR2_1_2	-3.09159	2.99330	-1.03	0.3028	lvol(t-2)
lvol	LTREND2	-0.00004	0.00025	-0.16	0.8719	t
	AR1_2_1	-0.00098	0.00139	-0.70	0.4835	Close(t-1)
	AR1_2_2	0.65954	0.06273	10.51	0.0001	lvol(t-1)
	AR2_2_1	-0.00147	0.00139	-1.05	0.2929	Close(t-2)
	AR2_2_2	0.34066	0.06275	5.43	0.0001	lvol(t-2)

图 8－2　参数估计结果

其中 LTREND1 表示第一个分量 close 一阶差分的时间趋势系数，LTREND2 表示第二个分量 volume 的时间趋势系数。估计结果表明，两个模型的时间趋势均不明显，趋势系数的 t 检验概率值大于 0.5。volume(t－1)表示变量 volume 的一阶滞后 $volume_{t-1}$，但 close(t－2)是变量 close 一阶差分的二阶滞后 $\Delta colse_{t-2}$。ARi_j_k 表示第 j 个分量模型中第 i 个分量变量的 k 阶滞后对应的系数，例如 AR2_1_2＝－3.09 是第一个分量 $\Delta colse_t$ 模型中第二个变量 $lvol_t$ 的二阶滞后项的系数。第一个分量模型为

$$\Delta close_t = -0.002t - 0.20\Delta close_{t-1} - 3.09\Delta close_{t-2} - 0.07lvo\ l_{t-1} - 3.09lvo\ l_{t-2}$$

类似理解其他系数估计值。

FI：估计分数单整(Fractional Integrated)模型。分数单整模型是一种长记忆模型，有关介绍参见章节 6.3.4 的内容。该功能是对 proc arima 和 proc autoreg 功能的补充。

程序 8－3 对数据集 shd1519 中收盘价 clp 和收盘价的对数 lnp 分别估计分数单整阶数 d。为了减少计算时间，只采用了 2019 年的数据。

```
程序 8 - 3
data test;
set shd1519;
lnp = log(clp);
run;
```

```
proc varmax data = test;
where tdate>"02JAN2019"d;
model lnp/p = 2 FI;
run;
proc varmax data = fest;
where tdate>"02JAN2019"d;
mode clp/p = 2 FI;
run;
```

估计结果表明，clp 的单整阶数估计值为 d=0.499，接近边界值 0.5，lnp 的单整阶数估计值 d=0.023 12。由此看出，尽管 ADF 检验不能拒绝 clp 和 lnp 均为单位根非平稳的原假设，lnp 比 clp 更适合用分数单整序列来建模。

（2）阶数选项

模型阶数选项分三种，分别如下：

第一种：没有任何选项。proc varmax 启动自动定阶功能，默认采用 MINIC 方法以 AICC 为标准进行定阶，在日志窗口显示如下信息

```
NOTE: Since both the autoregressive and moving average orders are not
      specified, the AR and MA orders are selected by a minimum
      information criterion.
NOTE: The AR = n and MA = m orders are determined by the MINIC option.
      There are 10 parameters to be estimated.
```

第二种：采用 MINIC 选项进行定阶，参见前文。

第三种：直接给出模型阶数，对应的选项为：

① P=n：将自回归阶数设定为 n。

② P=(n1,n2,…,nk)：模型中自回归部分只包含滞后阶数 n1、n2,…,nk。

③ Q=m：将移动平均阶数设定为 m。

④ P=(m1,m2,…,nl)：模型中移动平均部分只包含滞后阶数 m1、m2,…,ml。

注意，如果同时设定 P=0 和 Q=0，则视为没有阶数选项而启动自动定阶。程序 8-2 中 model 语句选项 p=2 将模型设定为二阶向量自回归模型 VAR(2)。

（3）估计方法选项

VARMA 模型的估计方法分为最小二乘（LS）、极大似然（ML）和条件极大似然（CML）。VAR 模型的估计可以采用三种方法中的任一种，而 VARMA 模型则只能采用极大似然和条件极大似然。CML 方法要比 ML 快很多。

估计方法的选择通过选项 method=value 实现，value 取值为 LS、ML 和 CML，分

别对应最小二乘、极大似然和条件极大似然。缺省为 ML。程序 8－4 用程序 8－1 中的数据 test，拟合 r 和 lvol 的二元 VAR(3)模型，估计方法采用条件极大似然估计。

```
程序 8-4
proc varmax data = test;
model r lvol/p = 3 method = CML;
run;
```

输出结果中除了自回归系数矩阵参数估计结果外，还包括

VARMAX 过程

模型类型	VAR(3)
估计方法	条件最大似然估计

协方差参数估计

参数	估计	标准误差	t 值	Pr > |t|
COV1_1	0.01024	0.00096	10.70	0.0001
COV1_2	-0.00053	0.00149	-0.35	0.7237
COV2_2	0.04938	0.00461	10.70	0.0001

图 8－3　输出结果

协方差矩阵估计，即误差项协方差矩阵各元素估计值及其 t 检验结果(见图 8－3)。

3. 模型诊断

除了依据估计结果中对数似然函数和各种信息准则值判断模型效果之外，模型估计残差白噪声检验是模型诊断常用的方法，称为模型检测(Model Checking)，正确设定的模型估计残差是白噪声。

proc varmax 采用 Hosking 提出的混成(Portmanteau)检验方法对序列进行白噪声检验。设 $\hat{\boldsymbol{\epsilon}}_t$ 为估计残差，$\hat{\Gamma}_j$ 和 $\hat{\boldsymbol{\rho}}_j$ 为残差自协方差矩阵和相关系数矩阵估计

$$\hat{\Gamma}_j = \frac{1}{T-j}\sum_{t=j+1}^{T} \hat{\boldsymbol{\epsilon}}_t \hat{\boldsymbol{\epsilon}}'_t,\ \hat{\boldsymbol{\rho}}_j = D^{-1/2}\hat{\Gamma}_j D^{-1/2},\ D = diag\{\hat{\Gamma}_0\},\ j=1,\ 2,\ \cdots$$

选定相关性的最大滞后阶数 m，白噪声检验原假设和备择假设为

$$H_0: \boldsymbol{\rho}_1 = \boldsymbol{\rho}_2 = \cdots = \boldsymbol{\rho}_m = \mathbf{0};\ H_a: \exists i \in \{1,\ 2,\ \cdots,\ m\},\ \boldsymbol{\rho}_i \neq \mathbf{0}$$

检验统计量及其渐近分布为

$$Q_k(m) \triangleq T^2 \sum_{l=1}^{m} \frac{1}{T-l} tr[\hat{\boldsymbol{\rho}}'_l \hat{\boldsymbol{\rho}}_0^{-1} \hat{\boldsymbol{\rho}}_l \hat{\boldsymbol{\rho}}_0^{-1}]$$

$$= T^2 \sum_{l=1}^{m} \frac{1}{T-l} tr[\Gamma'_l \hat{\Gamma}_0^{-1} \hat{\Gamma}_l \hat{\Gamma}_0^{-1}] \underset{H_0}{\sim} \chi^2(k^2 m) \tag{8-3}$$

在语句 model 中添加选项 print＝(diagnose)可输出检测结果，既包括向量序列的模型诊断，又包括各个分量序列的模型诊断。程序 8－5 输出程序 8－4 模型估计残差

的白噪声检验。

```
程序 8-5
proc varmax data = test;
model r lvol/p = 3 method = CML print = (diagnose);
run;
```

输出结果中模型诊断部分除“对数似然”“信息准则”外,还包括“残差互协方差”(Cross-covariance) $\hat{\Gamma}_j$、“残差互相关”(Cross-correlation) $\hat{\boldsymbol{\rho}}_j$、“残差互相关的图解表示法”和“残差互相关的 Portmanteau 检验”(白噪声检验)。残差白噪声检验结果见图 8-4。

至多滞后	自由度	卡方	Pr > 卡方
5	4	21.35	0.0003
6	8	24.39	0.0020
7	12	26.11	0.0104
8	16	32.55	0.0085
9	20	46.14	0.0008
10	24	49.76	0.0015
11	28	54.29	0.0021
12	32	73.36	<.0001

图 8-4 残差的白噪声检验

在给出的所有滞后阶数 m 下均拒绝原假设,不能认为残差是白噪声,模型设定不够合理。

8.1.2 脉冲响应和方差分解

脉冲响应函数和预测方差分解作为 VARMA 模型估计结果给出。

1. 脉冲响应函数

在 model 语句添加选项 print=(impulse(<options>))可在输出结果中显示各种脉冲响应函数值,选项 options 及其功能包括:

impulse:输出简单脉冲响应,最大滞后阶数取默认值;

impulse(n):输出简单脉冲响应,最大滞后阶数为 n;

impulse=(value):value 取值为 simple、accum、orth 和 all,对应简单脉冲响应、累积脉冲响应、正交脉冲响应和所有类型脉冲响应值。

要输出脉冲响应函数图,要在语句 proc varmax 中添加选项 plots=impuls <(options)>,option 取值分别为 simple、accum、orth,分别对应简单、累积和正交脉冲响应图。plots=impuls 输出所有类型的脉冲响应图。

程序 8-6 输出程序 8-5 估计的 VAR(3)模型的正交脉冲响应值并画出脉冲响应图。

程序 8-6

```
proc varmax data = test plots = (impulse(orth));
model r lvol/p = 2 print = (impulse = (orth));
run;
```

输出结果的正交脉冲响应值为(只列出一部分)(见图 8-5)。

滞后	变量响应\u8109冲	r	lvol
0	r	0.10266	0.00000
	lvol	-0.01047	0.23632
1	r	-0.01728	0.00313
	lvol	-0.00105	0.12716
2	r	-0.00304	-0.00014

图 8-5　正交脉冲响应值

正交脉冲响应图形(只列出第一幅)见图 8-6。

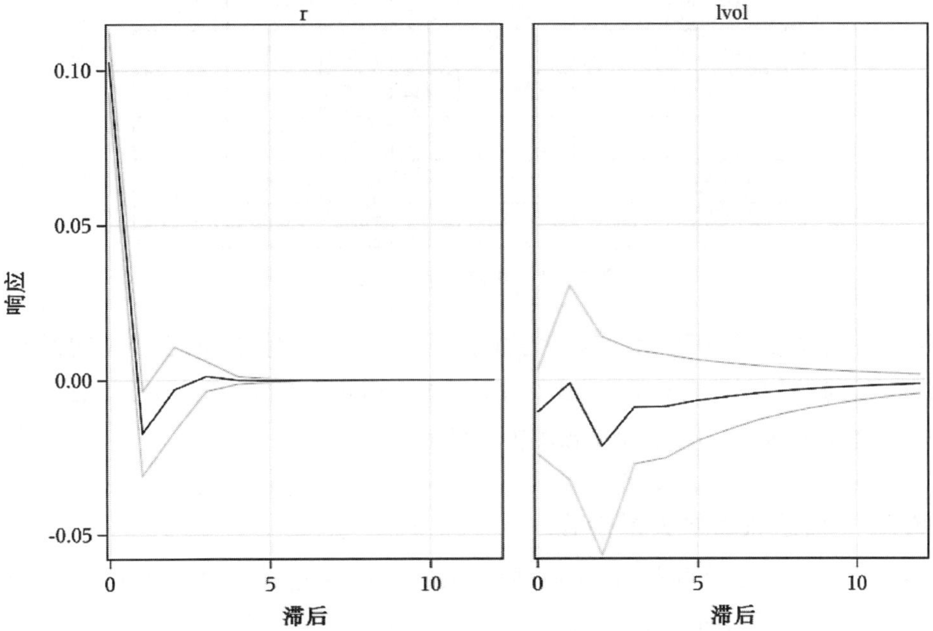

图 8-6　正交脉冲响应图

r 的脉冲响应图中,左边为 r 对其自身的脉冲响应图,右边为 r 对 lvol 的脉冲响应图,黑色线为脉冲响应线,浅色线为 95%的置信区间线。

2. *方差分解*

预测方差分解可以解释为一个分量的更新项对另一个变量的多步预测误差的均方误(Mean-Squared-Error)的影响。在 model 语句添加选项 print=(decompose)即可输出方差分解结果。

程序 8-7 输出程序 8-5 中模型估计的方差分解结果。

```
程序 8-7
proc varmax data = test;
model r lvol/p = 2 print = (decompose(5));
run;
```

相关的输出结果见图 8-7。

预测误差协方差的分解			
提前	变量	r	lvol
1	r	0.01054	0.00000
	lvol	0.00011	0.05585
2	r	0.01084	0.00001
	lvol	0.00011	0.07202
3	r	0.01085	0.00001
	lvol	0.00057	0.08590
4	r	0.01085	0.00001
	lvol	0.00065	0.09388
5	r	0.01085	0.00001
	lvol	0.00073	0.09916

预测误差协方差的比例			
提前	变量	r	lvol
1	r	1.00000	0.00000
	lvol	0.00196	0.99804
2	r	0.99910	0.00090
	lvol	0.00154	0.99846
3	r	0.99909	0.00091
	lvol	0.00665	0.99335
4	r	0.99905	0.00095
	lvol	0.00692	0.99308
5	r	0.99903	0.00097
	lvol	0.00731	0.99269

图 8-7 方差分解输出结果

第一部分为方差分解,第二部分为方差成分的比例。例如 r 的三步预测误差方差中来自 r 本身更新项的方差为 0.010 85,占整个 r 预测方差的 0.999 09%,来自 lvol 的更新项方差为 0.000 01,占整个 r 预测方差的 0.000 91%。

8.1.3 格兰杰因果关系检验

格兰杰因果关系检验是 VAR 模型常见的功能。将 k 元时间序列 $\boldsymbol{y}_t=(y_{1,t}, y_{2,t}, \cdots, y_{k,t})'$ 分为两部分

$$\boldsymbol{y}_t=(\boldsymbol{y}'_{1,t}, \boldsymbol{y}'_{2,t})', \ \boldsymbol{y}_{1t}=(y_{1,t}, y_{2,t}, \cdots, y_{k_1,t})',$$

$$\boldsymbol{y}_{2t}=(y_{k_1+1,t}, y_{k_1+2,t}, \cdots, y_{k,t})'$$

如果 $\boldsymbol{y}_{2,t}$ 有(无)助于 $\boldsymbol{y}_{1,t}$ 的预测,则称 $\boldsymbol{y}_{2,t}$ 是(不是) $\boldsymbol{y}_{1,t}$ 的格兰杰原因。设 $\boldsymbol{y}_t \sim \mathrm{VAR}(p)$,将模型的滞后矩阵表达式分块表示为

$$\begin{bmatrix} \Phi_{11}(B) & \Phi_{12}(B) \\ \Phi_{21}(B) & \Phi_{22}(B) \end{bmatrix} \begin{bmatrix} \boldsymbol{y}_{1,t} \\ \boldsymbol{y}_{2,t} \end{bmatrix} = \begin{bmatrix} \boldsymbol{c}_1 \\ \boldsymbol{c}_2 \end{bmatrix} + \begin{bmatrix} \boldsymbol{\epsilon}_{1,t} \\ \boldsymbol{\epsilon}_{2,t} \end{bmatrix}$$

$\boldsymbol{y}_{2,t}$ 不是 $\boldsymbol{y}_{1,t}$ 的格兰杰原因的原假设和备择假设为

$$H_0: \Phi_{12} = O; \quad H_1: \Phi_{12} \neq O$$

检验统计量的构造及其渐近分布可参考蔡瑞胸(2012)。

proc varmax 中的 causal 语句设定格兰杰因果关系检验。语法格式为

```
causal group1 = (varlist1) group2 = (varlist2);
```

varlist1 和 varlist2 为两组变量名列表,检验原假设是 varlist2 中变量形成的向量时间序列 ($\boldsymbol{y}_{2,t}$) 不是 varlist1 中变量形成的向量时间序列 ($\boldsymbol{y}_{1,t}$) 的格兰杰原因。

causal 语句前面需要有 model 语句来设定由两组变量形成的 VAR 模型。一个 proc varmax 中可以有多个 causal 语句。

程序 8-8 对程序 8-5 中的两个变量 r 和 lvol 做格兰杰因果关系检验。

```
程序 8-8
proc varmax data = test;
model r lvol/p = 5;
causal group1 = (r) group2 = (lvol);
causal group1 = (lvol) group2 = (r);
run;
quit;
```

结果输出见图 8-8。

Granger-Causality Wald 检验			
检验	自由度	卡方	Pr > 卡方
1	5	4.76	0.4454
2	5	2.83	0.7261

检验 1: 组 1 变量:	r
组 2 变量:	lvol
检验 2: 组 1 变量:	lvol
组 2 变量:	r

图 8-8　格兰杰因果检验输出结果

检验结果表明 lvol 不是 r 的格兰杰原因,r 也不是 lvol 的格兰杰原因。

需要注意的是,格兰杰因果关系检验依赖全变量 VAR 模型,检验结果有可能随 VAR 模型设定的不同而发生变化。

8.2 非平稳时间序列分析——协整检验和误差修正模型

非平稳时间序列不能直接建立自回归移动平均模型。非平稳一元时间序列只能对差分后平稳序列建立 ARMA 模型，即 ARIMA 模型。具有协整关系的多个一元时间序列的线性组合（协整组合）是平稳的，据此可以建立误差修正模型（ECM：Error Correction Model），把变量之间的短期动态关系和长期均衡关系统一在同一模型中。

8.2.1 协整检验

协整关系是指存在协整系数向量 $\boldsymbol{\beta}=(\beta_1, \beta_2, \cdots, \beta_k)'$ 使得非平稳单整序列 $y_{i,t} \sim I(d_1)$, $i=1, 2, \cdots, k$ 的线性组合 $\boldsymbol{\beta}'\boldsymbol{y}_t=\beta_1 y_{1,t}+\beta_2 y_{2,t}+\cdots+\beta_k y_{k,t} \sim I(d_2)$ 的单整阶数降低，即 $d_2 < d_1$。本章仅对一阶单整序列协整关系（$d_1=1$, $d_2=0$）进行讨论。

1. 检验模型和方法

为方便理解 proc varmax 协整分析和误差修正模型估计的输出结果，对理论模型和有关概念进行简短介绍。

设 $y_{i,t} \sim I(1)$, $i=1, 2, \cdots, k$ 为 k 个一阶单整的非平稳一元时间序列，形成向量时间序列 $\boldsymbol{y}_t=(y_{1,t}, y_{2,t}, \cdots, y_{k,t})'$。设 $\boldsymbol{y}_t$ 服从 AR(p)模型。为方便，暂时假定模型不带常数项和时间趋势项，即

$$\boldsymbol{y}_t=\Phi_1\boldsymbol{y}_{t-1}+\Phi_2\boldsymbol{y}_{t-2}+\cdots+\Phi_p\boldsymbol{y}_{t-p}+\boldsymbol{a}_t,\ \boldsymbol{a}_t \sim N(\mathbf{0}, \Sigma)$$

将模型变换为误差修正形式

$$\Delta\boldsymbol{y}_t=\Pi\boldsymbol{y}_{t-1}+\Phi_1^*\Delta\boldsymbol{y}_{t-1}+\Phi_2^*\Delta\boldsymbol{y}_{t-2}+\cdots+\Phi_{p-1}^*\Delta\boldsymbol{y}_{t-p+1}+\boldsymbol{a}_t \quad (8-4)$$

其中

$$\Pi=\sum\nolimits_{i=1}^{p}\Phi_i-I=-\Phi(1),\ \Phi_j^*=-\sum\nolimits_{i=j+1}^{p}\Phi_i,\ j=1, 2, \cdots, p-1$$

存在多少个协整关系取决于矩阵 Π 的秩(Rank)。设 $rank(\Pi)=l$ 并将 Π 分解为满秩矩阵 $\boldsymbol{\alpha}_{k\times l}$ 和 $\boldsymbol{\beta}_{k\times l}$ 的乘积，即 $\Pi=\boldsymbol{\alpha\beta}'$。据此可以将(8-4)式写为

$$\Delta\boldsymbol{y}_t=\boldsymbol{\alpha\beta}'\boldsymbol{y}_{t-1}+\Phi_1^*\Delta\boldsymbol{y}_{t-1}+\Phi_2^*\Delta\boldsymbol{y}_{t-2}+\cdots+\Phi_{p-1}^*\Delta\boldsymbol{y}_{t-p+1}+\boldsymbol{a}_t \quad (8-5)$$

$\boldsymbol{\alpha\beta}'\boldsymbol{y}_{t-1}$ 称为误差修正项。Johansen 协整检验方法以(8-5)式为基础检验协整关系的个数。两种检验统计量分别为迹(Trace)统计量和最大特征根(Max Eigenvalue)统计量。

考虑到原模型以及误差修正项中协整组合 $\boldsymbol{\beta}'\boldsymbol{y}_{t-1}$ 包含的常数项和时间趋势项，用

于协整检验的误差修正模型(ECM)共有 5 种类型,不同类型下检验统计量服从的极限分布不相同。

type1：ECM 模型没有常数项,检验模型为

$$\Delta \boldsymbol{y}_t = \boldsymbol{\alpha\beta}' \boldsymbol{y}_{t-1} + \Phi_1^* \Delta \boldsymbol{y}_{t-1} + \Phi_2^* \Delta \boldsymbol{y}_{t-2} + \cdots + \Phi_{p-1}^* \Delta \boldsymbol{y}_{t-p+1} + \boldsymbol{a}_t \tag{8-6}$$

type2：ECM 有常数项但没有时间趋势项,常数项在误差修正项内,检验模型为

$$\Delta \boldsymbol{y}_t = \boldsymbol{\alpha}(\boldsymbol{\beta}' \boldsymbol{y}_{t-1} + \boldsymbol{d}) + \Phi_1^* \Delta \boldsymbol{y}_{t-1} + \Phi_2^* \Delta \boldsymbol{y}_{t-2} + \cdots + \Phi_{p-1}^* \Delta \boldsymbol{y}_{t-p+1} + \boldsymbol{a}_t \tag{8-7}$$

检验模型的常数项为 $\boldsymbol{\alpha d}$，是受约束(Restricted)的常数项。

type3：ECM 模型有常数项但没有时间趋势项,常数项以截距形式出现,不受约束。检验模型为

$$\Delta \boldsymbol{y}_t = \boldsymbol{c} + \boldsymbol{\alpha\beta}' \boldsymbol{y}_{t-1} + \Phi_1^* \Delta \boldsymbol{y}_{t-1} + \Phi_2^* \Delta \boldsymbol{y}_{t-2} + \cdots + \Phi_{p-1}^* \Delta \boldsymbol{y}_{t-p+1} + \boldsymbol{a}_t \tag{8-8}$$

检验模型的常数项为 $\boldsymbol{c}$。

type4：ECM 模型中有常数项和时间趋势项,常数项以截距形式出现,不受约束,时间趋势项在误差修正项内。检验模型为

$$\Delta \boldsymbol{y}_t = \boldsymbol{c} + \boldsymbol{\alpha}(\boldsymbol{\beta}' \boldsymbol{y}_{t-1} + \boldsymbol{d}t) + \Phi_1^* \Delta \boldsymbol{y}_{t-1} + \Phi_2^* \Delta \boldsymbol{y}_{t-2} + \cdots + \Phi_{p-1}^* \Delta \boldsymbol{y}_{t-p+1} + \boldsymbol{a}_t \tag{8-9}$$

检验模型的时间趋势项为 $\boldsymbol{\alpha d}t$，是(系数)受约束的时间趋势项。

type5：ECM 模型有常数项和时间趋势项,常数项和时间趋势项均以截距形式出现,不受约束。检验模型为

$$\Delta \boldsymbol{y}_t = \boldsymbol{c} + \boldsymbol{c}_1 t + \boldsymbol{\alpha\beta}' \boldsymbol{y}_{t-1} + \Phi_1^* \Delta \boldsymbol{y}_{t-1} + \Phi_2^* \Delta \boldsymbol{y}_{t-2} + \cdots + \Phi_{p-1}^* \Delta \boldsymbol{y}_{t-p+1} + \boldsymbol{a}_t \tag{8-10}$$

模型中时间趋势项为 $\boldsymbol{c}_1 t$。

可以将检验 ECM 模型分为三大类：

(1) 既没有常数项又没有时间趋势项;(2) 有常数项但没有时间趋势项;(3) 既有常数项又有时间趋势项。(1)类模型对应 type1 的(8-6)式,(2)类模型要区分常数项是否是约束常数项,约束常数项对应 type2 的(8-7)式,无约束常数项对应 type3 的(8-7)式,(3)类模型要区分时间趋势项是否受约束,约束趋势项对应 type4 的(8-9)式,无约束趋势对应 type5 的(8-10)式。

2. 协整检验的实现

model 语句中添加选项 cointtest 可实现协整检验。以 Johansen 协整检验为例进行说明。选项的语法格式及其功能为：

coninttest=(johansen)：进行 Johansen 协整检验,采用迹检验统计量进行检验。

cointetest=[johansen=(type=value)]：选择检验统计量,value 取值 trace 用迹检验统计量,取值 max 用最大特征根检验统计量。

检验模型的设定通过 model 语句选项 noint 和 trend=来实现。有 noint 选项且没有 trend=选项时,检验模型既没有常数项又没有时间趋势项,为 type1;没有 noint 选项和 trend=选项时,检验模型有常数项但没有时间趋势项,为 type2 和 type3,语句执行时给出两种检验模型下的检验结果,并对哪种模型更为合适进行检验;有 trend=linear 选项时,模型既有常数项又有时间趋势项,为 type4 和 type5,语句执行时给出两种检验模型下的检验结果,并对哪种模型更为合适进行检验。

程序 8-9 对 sashelp.stocks 中的变量 close 和 volume 进行协整检验。

```
程序 8-9
proc varmax data = sashelp.stocks;
where stock = 'IBM';
model close volume/p = 2 cointtest = (johansen);
run;
```

VAR 模型的阶数设定为 2,采用 Johansen 方法中的迹检验统计量进行检验。输出结果见图 8-9。

使用轨迹的协整秩检验						
H0: Rank=r	H1: Rank>r	特征值	轨迹	Pr > 轨迹	ECM 中的漂移	过程中的漂移
0	0	0.1692	49.6592	<.0001	Constant	Linear
1	1	0.0292	6.8480	0.0089		

使用限制下的轨迹的协整秩检验						
H0: Rank=r	H1: Rank>r	特征值	轨迹	Pr > 轨迹	ECM 中的漂移	过程中的漂移
0	0	0.0693	20.4768	0.0465	Constant	Constant
1	1	0.0166	3.8745	0.4316		

图 8-9 协整检验输出结果

由于 model 语句中没有 noint 选项,模型有常数项,因此"使用轨迹的协整秩检验"表格给出的是采用 type3 模型的检验结果。"使用限制下的轨迹的协整秩检验"表格给出的是采用 type2 模型的检验结果。两个表格中"ECM 中的漂移"和"过程中的漂移"信息较为混乱,不宜作为参考。两种检验模型得出的结果不一致,第一种检验表明协整关系个数大于 1①,第二种检验表明协整关系个数等于 1。

对是 type3 模型还是 type2 模型更适合进行检验(限制检验),输出结果见图 8-10。

① 协整关系个数大于 1,表明协整关系个数与序列维数相等,此时原序列为平稳序列。

限制假设		
假设	ECM 中的漂移	过程中的漂移
H0(Case 2)	Constant	Constant
H1(Case 3)	Constant	Linear

限制的假设检验					
秩	特征值	限定的特征值	自由度	卡方	Pr > 卡方
0	0.1692	0.0693	2	-29.18	0.9999
1	0.0292	0.0166	1	-2.97	0.9999

图 8-10　检验模型选择输出结果

"限制假设"[①]给出检验原假设(type2 模型)和备择假设(type3 模型)。"限制的假设检验"给出检验结果：无论是协整关系个数(秩)为 0 还是为 1,检验的 p-值(Pr>卡方)都远大于 0.05,表明不能拒绝 type2 模型更合适的原假设。由此认为协整关系个数为 1 更为合理。

程序 8-10 在程序 8-9 中的 model 语句添加选项 trend=linear。

```
程序 8-10
proc varmax data = sashelp.stocks;
where stock = 'IBM';
model close volume/p = 2 cointtest = (johansen) trend = linear;
run;
```

输出结果见图 8-11。

使用轨迹的协整秩检验						
H0: Rank=r	H1: Rank>r	特征值	轨迹	Pr > 轨迹	ECM 中的漂移	过程中的漂移
0	0	0.0988	31.6756	0.0004	Linear	Quadratic
1	1	0.0326	7.6517	0.0054		

使用限制下的轨迹的协整秩检验						
H0: Rank=r	H1: Rank>r	特征值	轨迹	Pr > 轨迹	ECM 中的漂移	过程中的漂移
0	0	0.0993	31.8696	0.0074	Linear	Linear
1	1	0.0328	7.7048	0.2761		

图 8-11　协整检验输出结果

---

① "限制"是对"Restricted"的汉化,汉化为"约束"更贴切。

"使用轨迹的协整秩检验"给出的是 type5 模型的检验结果,"使用限制下的轨迹的协整秩检验"给出的是 type4 模型的检验结果。"限制检验"对采用 type4 和 type5 作为检验模型哪个更为合适进行检验,结果见图 8-12。

限制假设		
假设	ECM 中的漂移	过程中的漂移
H0(Case 4)	Linear	Linear
H1(Case 5)	Linear	Quadratic

限制的假设检验					
秩	特征值	限定的特征值	自由度	卡方	Pr > 卡方
0	0.0988	0.0993	2	0.19	0.9075
1	0.0326	0.0328	1	0.05	0.8178

图 8-12　检验模型选择输出结果

结果表明约束的 type4 模型作为协整检验模型更为合适,有一个协整关系的结论更为可信。

model 语句中有 cointtest 选项时,不允许有 trend=quad 选项,两个选项同时出现时,日志窗口出现如下警示(Warning)

```
WARNING: The quadratic trend is not allowed in the COINTTEST option.
         The default(TREND = LINEAR) is used.
```

model 语句中有 cointtest 选项时,trend=linear 和 noint 也不能同时出现,同时出现时 proc varmax 不运行,尽管日志窗口不出现任何警示。

8.2.2　误差修正模型估计

确定协整关系个数后,采用 cointeg 语句估计 ECM 模型。语句语法格式为

```
cointeg rank = n <options>;
```

n 为协整关系个数,大于 0 小于 VAR 模型的维数。options 及其功能包括

ECTREND:设定 VECM 中漂移项,需要配合 model 语句选项设定不同的情形。

情形 1:VECM 中没有单独漂移项(Separate Drift),只是通过误差修正项中的常数项产生漂移项,此时 model 语句选项没有 trend=选项。对应模型为 type2。

情形 2:VECM 中有单独漂移项,没有单独线性时间趋势项(Separate Linear Trend),但误差修正项包含线性时间趋势项,此时 model 语句有 trend=linear 选项。对应的模型为 type4。

数据集 bys_trt_knb 中的变量 clp_bys 和 clp_knb 分别为股票白云山(600332)和康恩贝(600572)的收盘价。程序 8 - 11、8 - 12 和 8 - 13 给出从单位根检验到误差修正模型建模的完成流程。

程序 8 - 11 用 proc arima 过程对两个序列及其一阶差分进行单位根检验。

```
程序 8 - 11
proc arima data = bys_trt_knb;
identify var = clp_bys stationarity = (adf = 3);
run;
identify var = clp_bys(1) stationarity = (adf = 3);
run;
identify var = clp_knb stationarity = (adf = 3);
run;
identify var = clp_knb(1) stationarity = (adf = 3);
run;
quit;
```

clp_bys 的检验结果见图 8 - 13。

变量名称 = clp_bys

增广 Dickey-Fuller 单位根检验								
类型	滞后	Rho	Pr < Rho	Tau	Pr < Tau	F	Pr > F
零均值	0	-0.2469	0.6268	-0.32	0.5707		
	1	-0.1842	0.6411	-0.27	0.5900		
	2	-0.1668	0.6450	-0.26	0.5931		
	3	-0.1384	0.6515	-0.20	0.6132		
单均值	0	-9.6025	0.1482	-2.21	0.2010	2.45	0.4409
	1	-7.6773	0.2346	-1.98	0.2953	1.96	0.5670
	2	-6.7084	0.2947	-1.84	0.3592	1.70	0.6347
	3	-7.7492	0.2306	-2.01	0.2817	2.03	0.5491
趋势	0	-14.7736	0.1920	-2.57	0.2956	3.39	0.4956
	1	-11.4191	0.3468	-2.21	0.4840	2.56	0.6636
	2	-9.8940	0.4438	-2.03	0.5839	2.18	0.7400
	3	-11.1089	0.3651	-2.14	0.5203	2.49	0.6778

图 8 - 13　clp_bys 的单位根检验结果

各种情况下均不能拒绝原假设,表明 clp_bys 为非平稳序列。

clp_bys 一阶差分检验结果见图 8－14。

变量名称 = clp_bys	
差分期间	1

增广 Dickey-Fuller 单位根检验							
类型	滞后	Rho	Pr < Rho	Tau	Pr < Tau	F	Pr > F
零均值	0	-1303.81	0.0001	-38.41	<.0001		
	1	-1490.85	0.0001	-27.28	<.0001		
	2	-1252.32	0.0001	-20.21	<.0001		
	3	-1204.40	0.0001	-17.19	<.0001		
单均值	0	-1303.82	0.0001	-38.40	<.0001	737.13	0.0010
	1	-1490.87	0.0001	-27.27	<.0001	371.86	0.0010
	2	-1252.39	0.0001	-20.20	<.0001	204.12	0.0010
	3	-1204.50	0.0001	-17.19	<.0001	147.69	0.0010
趋势	0	-1304.04	0.0001	-38.39	<.0001	736.77	0.0010
	1	-1491.73	0.0001	-27.27	<.0001	371.74	0.0010
	2	-1254.37	0.0001	-20.21	<.0001	204.19	0.0010
	3	-1207.53	0.0001	-17.19	<.0001	147.76	0.0010

图 8－14　clp_bys 一阶差分单位根检验结果

结果表明，所有情况下均拒绝原假设，表明对 clp_bys 一阶差分为平稳序列。

据此得出变量 clp_bys 为一阶单整序列。类似得出 clp_knb 为一阶单整序列。由于两个变量均为一阶单整，因此可对其进行协整分析。

程序 8－12 对两个变量进行协整检验，检验模型带常数项，不带时间趋势项，（原）模型滞后阶数选为 3。

```
程序 8-12
proc varmax data = bys_trt_knb;
model clp_bys clp_knb/p = 3 cointtest = (johansen);
run;
```

检验结果见图 8－15。

结果表明无论检验模型是 type2 还是 type3，两个变量都存在 1 个协整关系。检验模型选择检验结果见图 8－16。

结果表明采用有约束常数项的 type2 模型更为合适。确定协整关系个数滞后，对误差修正模型进行估计。

使用轨迹的协整秩检验						
H0: Rank=r	H1:Rank>r	特征值	轨迹	Pr > 轨迹	ECM 中的漂移	过程中的漂移
0	0	0.0136	19.7372	0.0102	Constant	Linear
1	1	0.0032	3.7383	0.0532		

使用限制下的轨迹的协整秩检验						
H0: Rank=r	H1:Rank>r	特征值	轨迹	Pr > 轨迹	ECM 中的漂移	过程中的漂移
0	0	0.0148	21.3224	0.0352	Constant	Constant
1	1	0.0033	3.9018	0.4274		

图 8－15　协整检验结果

限制假设		
假设	ECM 中的漂移	过程中的漂移
H0(Case 2)	Constant	Constant
H1(Case 3)	Constant	Linear

限制的假设检验					
秩	特征值	限定的特征值	自由度	卡方	Pr > 卡方
0	0.0136	0.0148	2	1.59	0.4527
1	0.0032	0.0033	1	0.16	0.6859

图 8－16　检验模型选择检验结果

程序 8－13 建立 clp_bys 和 clp_knb 的误差修正模型，为和检验环节一致，采用 type2 模型。

```
程序 8-13
proc varmax data = bys_trt_knb;
model clp_bys clp_knb/p = 3;
cointeg rnak = 1;
run;
```

为更清楚地理解输出结果，给出向量形式的 VECM 表达，误差修正项包含常数项 d

$$\begin{pmatrix}\Delta clp\_bys_t \\ \Delta clp\_knb_t\end{pmatrix} = \boldsymbol{\alpha}\left\{\boldsymbol{\beta}'\begin{pmatrix}clp\_bys_{t-1} \\ clp\_knb_{t-1}\end{pmatrix} + d\right\} + \Phi_1^*\begin{pmatrix}\Delta clp\_bys_{t-1} \\ \Delta clp\_knb_{t-1}\end{pmatrix} + \Phi_2^*\begin{pmatrix}\Delta clp\_bys_{t-2} \\ \Delta clp\_knb_{t-2}\end{pmatrix} + \begin{pmatrix}a_{1t} \\ a_{2t}\end{pmatrix}$$

其中

$$\boldsymbol{c}=\begin{pmatrix}c_1\\c_2\end{pmatrix},\ \boldsymbol{\alpha}=\begin{pmatrix}\alpha_1\\\alpha_2\end{pmatrix},\ \boldsymbol{\beta}=\begin{pmatrix}\beta_1\\\beta_2\end{pmatrix},\Phi_i^*=\begin{pmatrix}\phi_{11}^{(i)} & \phi_{12}^{(i)}\\\phi_{21}^{(i)} & \phi_{22}^{(i)}\end{pmatrix},\ i=1,\ 2$$

输出结果第一部分为信息，表明估计的是三阶误差修正模型 VECM(3)；模型采用极大似然方法估计，协整关系个数(协整秩)为1。

第二部分为模型中回归系数估计结果，以分量模型形式列出。“模型参数估计”的前一部分是 Δclp_bys_t (D_clp_bys)模型参数估计结果。

Const1：$c_1=\alpha_1\times d$

AR1_1_1：第一个模型中第一个分量变量 clp_bys_{t-1} 的系数，AR_1_1_1$=\alpha_1\times\beta_1$

AR1_1_2：第一个模型中第二个分量变量 clp_knb_{t-1} 的系数，AR_1_1_2$=\alpha_1\times\beta_2$

AR2_1_1：第一个模型中第一个分量变量差分一阶滞后 Δclp_bys_{t-1} 的系数，即 AR_2_1_1$=\phi_{11}^{(1)}$

AR2_1_2：第一个模型中第二个分量变量差分一阶滞后 Δclp_knb_{t-1} 的系数，即 AR_2_1_2$=\phi_{12}^{(1)}$

AR3_1_1：第一个模型中第一个分量变量差分二阶滞后 Δclp_bys_{t-2} 的系数，即 AR_3_1_1$=\phi_{11}^{(2)}$

AR3_1_2：第一个模型中第二个分量变量差分二阶滞后 Δclp_knb_{t-2} 的系数，即 AR_3_1_2$=\phi_{12}^{(2)}$

类似方法理解第二部分 Δclp_knb_t (D_clp_knb)模型参数估计结果系数(见图8-17)。

方程	参数	估计	标准误差	t 值	Pr > |t|	变量
D_clp_bys	CONST1	0.17383	0.14874	1.17	0.2428	1
	AR1_1_1	-0.00124	0.00106	-1.17	0.2415	clp_bys(t-1)
	AR1_1_2	-0.01928	0.01645	-1.17	0.2415	clp_knb(t-1)
	AR2_1_1	-0.11350	0.03110	-3.65	0.0003	D_clp_bys(t-1)
	AR2_1_2	-0.10120	0.11752	-0.86	0.3893	D_clp_knb(t-1)
	AR3_1_1	-0.07278	0.03106	-2.34	0.0193	D_clp_bys(t-2)
	AR3_1_2	0.08278	0.11752	0.70	0.4814	D_clp_knb(t-2)
D_clp_knb	CONST2	0.14879	0.03912	3.80	0.0002	1
	AR1_2_1	-0.00111	0.00028	-4.01	<.0001	clp_bys(t-1)
	AR1_2_2	-0.01734	0.00433	-4.01	<.0001	clp_knb(t-1)
	AR2_2_1	0.00066	0.00818	0.08	0.9355	D_clp_bys(t-1)
	AR2_2_2	-0.05621	0.03091	-1.82	0.0692	D_clp_knb(t-1)
	AR3_2_1	-0.00708	0.00817	-0.87	0.3865	D_clp_bys(t-2)
	AR3_2_2	0.07053	0.03091	2.28	0.0227	D_clp_knb(t-2)

图8-17　模型参数估计

第三部分给出的是矩阵分解 $\Pi=\boldsymbol{\alpha}\boldsymbol{\beta}'$ 中协整系数(也称长期参数 long-run parameter)矩阵 $\boldsymbol{\beta}$ 和调整系数(adjustment coefficient)矩阵 $\boldsymbol{\alpha}$ 的估计值(见图 8-18)。

方程	参数	估计	标准误差	t 值	Pr > |t|	变量
D_clp_bys	ALPHA1_1	-0.02451	0.02092	-1.17	0.2415	Beta[,1]'*_DEP_(t-1)
	BETA1_1	0.05047				clp_bys(t-1)
D_clp_knb	ALPHA2_1	-0.02205	0.00550	-4.01	<.0001	Beta[,1]'*_DEP_(t-1)
	BETA2_1	0.78638				clp_knb(t-1)

图 8-18　$\boldsymbol{\alpha}$ 和 $\boldsymbol{\beta}$ 估计结果

向量形式的 VECM(3)模型中的误差修正项为

$$\begin{aligned}\Pi\begin{pmatrix}clp\_bys_{t-1}\\ clp\_knb_{t-1}\end{pmatrix}&=\begin{pmatrix}\alpha_1\\ \alpha_2\end{pmatrix}(\beta_1\quad\beta_2)\begin{pmatrix}clp\_bys_{t-1}\\ clp\_knb_{t-1}\end{pmatrix}\\&=\begin{pmatrix}-0.024\ 51\\ -0.022\ 05\end{pmatrix}(0.050\ 47\quad 0.786\ 38)\begin{pmatrix}clp\_bys_{t-1}\\ clp\_knb_{t-1}\end{pmatrix}\\&=\begin{pmatrix}-0.024\ 51\\ -0.022\ 05\end{pmatrix}(0.050\ 47clp\_bys_{t-1}+0.786\ 38clp\_knb_{t-1})\end{aligned}$$

据此可以看出协整组合为

$$\beta_1 clp\_bys_{t-1}+\beta_2 clp\_kn\,b_{t-1}=0.050\ 47clp\_bys_{t-1}+0.786\ 38clp\_kn\,b_{t-1}$$

第四部分给出模型误差项协方差矩阵估计(见图 8-19)。

$$\mathrm{Cov}\begin{pmatrix}\epsilon_{1t}\\ \epsilon_{2t}\end{pmatrix}=\begin{pmatrix}COV_{11} & COV_{12}\\ COV_{12} & COV_{22}\end{pmatrix}$$

参数	估计	标准误差	t 值	Pr > |t|
COV1_1	137.83644	12.82546	10.75	<.0001
COV1_2	0.02404	0.18091	0.13	0.8944
COV2_2	0.05485	0.00510	10.75	<.0001

图 8-19　误差项协方差矩阵参数估计

8.3　多元波动模型

8.3.1　多元波动模型

多元波动模型是多元时间序列的条件方差动态模型。设多元时间序列模型 $\boldsymbol{y}_t=$

$(y_{1,t}, y_{2,t}, \cdots, y_{k,t})'$ 为平稳 VAR(p)模型

$$\boldsymbol{y}_t = \boldsymbol{c} + \Phi_1 \boldsymbol{y}_{t-1} + \Phi_2 \boldsymbol{y}_{t-2} + \cdots + \Phi_p \boldsymbol{y}_{t-p} + \boldsymbol{a}_t$$

误差项 $\boldsymbol{a}_t$ 的条件分布为

$$\boldsymbol{a}_t \mid \mathscr{F}_{t-1} \sim N(\boldsymbol{0}, \Sigma_t)$$

$\mathscr{F}_{t-1}$ 表示到时间 $t-1$ 为止的观测值信息。条件方差矩阵

$$Var(\boldsymbol{a}_t \mid \mathscr{F}_{t-1}) = \Sigma_t$$

的动态模型称为多元波动模型，包括 BEKK 模型、CCC 模型、DCC 模型。

1. BEKK 模型

Engle 和 Kroner 将一元 GARCH 模型推广到多元，提出了 BEKK 模型，即

$$\Sigma_t = C + \sum_{j=1}^{p} G'_j \Sigma_{t-j} G_j + \sum_{i=1}^{q} A'_i \boldsymbol{a}_{t-1} \boldsymbol{a}'_{t-1} A_i \tag{8-11}$$

称为 BEKK(p,q)模型，其中 C, A_i, $i=1, 2, \cdots, q$, G_j, $j=1, 2, \cdots, p$ 为参数矩阵。

2. CCC 模型

BEKK 模型的优点是能够充分捕捉各分量波动之间的相互影响，缺点是参数过多。为了减少模型参数，Bollerslev 提出了常条件相关系数 CCC(Constant Conditional Correlation)模型，其想法是将协方差矩阵 Σ_t 分解为相关系数矩阵和标准差矩阵的乘积，并将相关系数矩阵约束为常数，即

$$\Sigma_t = D_t \boldsymbol{\rho} D_t, \ D_t = diag(\sigma_{1,t}, \sigma_{2,t}, \cdots, \sigma_{k,t})$$

$\boldsymbol{\rho}$ 为 $\boldsymbol{a}_t$ 的条件相关系数矩阵，D_t 为对角线矩阵，对角线元素为各分量的条件方差

$$\boldsymbol{\rho} = \mathrm{Corr}(\boldsymbol{y}_t \mid \mathscr{F}_{t-1}), \ \sigma^2_{i,t} = Var(y_{i,t} \mid \mathscr{F}_{t-1}), \ i = 1, 2, \cdots, k$$

对每个分量建立一元 GARCH 模型，即[以 GARCH(1, 1)为例]

$$\sigma^2_{i,t} = \omega_i + \alpha_i a^2_{i,t-1} + \beta_i \sigma^2_{i,t-1}, \ i = 1, 2, \cdots, k \tag{8-12}$$

与 BEKK 模型相比，CCC 模型参数大为减少，但过强的约束限制了对波动动态变化的刻画能力。

3. DCC 模型

Engle 将 CCC 模型中的条件相关系数矩阵 $\boldsymbol{\rho}$ 时变化为 $\boldsymbol{\rho}_t$，提出动态条件相关系数 DCC(Dynamic Conditional Correlation)模型。

估计 $\boldsymbol{y}_t$ 的 VAR(p)模型(不考虑条件异方差)，得出估计残差 $\hat{\boldsymbol{a}}_t = (\hat{a}_{1,t},$

$\hat{a}_{2,t}, \cdots, \hat{a}_{k,t})'$。再建立各个分量的一元 GARCH 模型，得出 $\hat{\sigma}_{i,t}^2$，用 $\hat{\sigma}_{i,t}$ 将残差标准化得出 $\hat{\eta}_{i,t}=\hat{a}_{i,t}/\hat{\sigma}_{i,t}$。设标准化残差向量为 $\hat{\boldsymbol{\eta}}_t=(\hat{\eta}_{1,t}, \hat{\eta}_{2,t}, \cdots, \hat{\eta}_{k,t})'$，$\boldsymbol{\rho}_t$ 就是 $\hat{\boldsymbol{\eta}}_t$ 的协方差矩阵。要保证相关系数在 $[-1, 1]$，不能直接对 $\boldsymbol{\rho}_t$ 建立模型，要先对矩阵 Q_t 建立动态模型

$$Q_t=(1-\theta_1-\theta_2)\bar{Q}+\theta_1\hat{\boldsymbol{\eta}}_{t-1}\hat{\boldsymbol{\eta}}'_{t-1}+\theta_2 Q_{t-1},\ 0<\theta_1+\theta_2<1 \quad (8-13)$$

然后将 Q_t 标准化为相关系数矩阵

$$\boldsymbol{\rho}_t=(diag(Q_t))^{-\frac{1}{2}}Q_t(diag(Q_t))^{-\frac{1}{2}}$$

$diag(Q_t)$ 是矩阵 Q_t 对角线元素形成的对角矩阵。据此得出协方差矩阵 Σ_t 动态模型

$$\Sigma_t=D_t\boldsymbol{\rho}_t D_t \quad (8-14)$$

DCC 模型(8－13)式中的 $\bar{Q}$ 可以取做 $\hat{\boldsymbol{\eta}}_t$ 的样本协方差矩阵，而 Q_t 的初始值可以取做 $\bar{Q}$，即

$$\bar{Q}=\frac{1}{T}\sum_{t=1}^{T}\hat{\boldsymbol{\eta}}_t\hat{\boldsymbol{\eta}}'_t,\ Q_0=\bar{Q} \quad (8-15)$$

8.3.2　建立多元波动模型

proc varmax 可以建立 BEKK、CCC 和 DCC 三种多元波动模型，用语句 GARCH 及其选项 form＝选择不同的模型，选项 subform＝选择分量的 GARCH 模型类型。语句格式为

```
GARCH <options>;
```

选项 options 包括：

(1) form＝value

设定模型类型，value 取值 BEKK、CCC 和 DCC 对应三种模型，默认为 BEKK。

(2) subform＝value

设定 CCC 和 DCC 模型中分量时间序列(8－12)式中 GARCH 模型类型，value 取值为 EGARCH、GARCH、GJR、PGARCH 和 QGARCH，对应不同的 GARCH 模型，默认为 GARCH。

(3) p＝n1

设定分量时间序列的一元 GARCH 模型的 GARCH 项阶数，默认为 0(即 ARCH)。

(4) q＝n2

设定分量时间序列的一元 GARCH 模型的 ARCH 项阶数，不能省略；

```
CORRCONSTANT = value
```

设定 DCC 模型(8－13)式中矩阵 $\bar{Q}$ 的计算方法。value 取值 expect 时采用(8－15)式中的公式计算，取值 estimate 时把矩阵的每个元素作为未知参数进行估计。

由于 BEKK 和 CCC 模型已较少使用，本节对三元 DCC 模型的实现进行介绍。数据集 sh_bys_zsyh_r 中的变量 r_sh、r_b 和 r_z 分别为上证指数、股票白云山和招商银行的日收益率。单位根检验表明，三个变量均为平稳序列。程序 8－14 建立三个变量的一阶向量自回归 VAR(1)和多元波动 GARCH－DCC 模型，DCC 模型中的 $\bar{Q}$ 采用(8－15)式中公式计算，分量一元 GARCH 模型采用 GARCH(1,1)。

```
程序 8-14
proc varmax data = sh_bys_zsyh_r;
model r_sh r_b r_z/p = 1;
garch p = 1 q = 1 form = dcc corrconstant = expect;
run;
```

输出结果中"模型参数估计"给出的是 VAR 模型的回归系数估计结果(不再列出)，"GARCH 模型参数估计"给出 DCC 模型参数和分量 GARCH 模型参数估计结果(见图 8－20)。

参数	估计	标准误差	t 值	Pr > |t|
DCCA	0.05457	0.01697	3.22	0.0013
DCCB	0.87746	0.05009	17.52	0.0001
GCHC1_1	0.00000	0.00000		
GCHC2_2	0.00002	0.00000		
GCHC3_3	0.00001	0.00000		
ACH1_1_1	0.08701	0.01302	6.68	0.0001
ACH1_2_2	0.05086	0.01421	3.58	0.0004
ACH1_3_3	0.06098	0.01418	4.30	0.0001
GCH1_1_1	0.88267	0.01605	55.01	0.0001
GCH1_2_2	0.90755	0.02636	34.43	0.0001
GCH1_3_3	0.91470	0.02267	40.34	0.0001

图 8－20 GARCH 模型参数估计

其中 DCCA 和 DCCB 分别对应模型(8－13)式中的 θ_1 和 θ_2；GCHCi_i 对应三个分量 GARCH 模型中的常数项 ω_i，i=1, 2, 3。ACH1_i_i 和 GCH1_i_i,i=1,2,3 对

应三个分量 GARCH 模型中的一阶滞后[本例 GARCH(1,1)只有一阶滞后]的 ARCH 系数和 GARCH 系数。

"DCC GARCH 模型中的非条件相关矩阵"给出 DCC 模型(8－13)式中采用(8－15)式计算的 $\bar{Q}$(见图 8－21)。

变量	r_sh	r_b	r_z
r_sh	1.00000	0.52007	0.57221
r_b	0.52007	1.00000	0.29448
r_z	0.57221	0.29448	1.00000

图 8－21　DCC GARCH 模型中的非条件相关矩阵

用 subform＝设定不同的分量 GARCH 模型，参数输出结果具有不同的名称。除了所有 GARCH 模型都具有的常数项 ω_i、ARCH 项参数 α_i、GARCH 项参数 β_i 在输出结果中对应名称分别为 GCHC、ACH 和 GARCH 外，不同类型的 GARCH 模型具有不同的额外参数，这里以 GARCH(1,1)为例，说明额外参数在输出结果中对应的名称。

EGARCH(1,1)模型

$$\ln\sigma_{i,t}^2=\omega_i+\alpha_i\left(\gamma_i\frac{a_{i,t-1}}{\sigma_{i,t-1}}+\left|\frac{a_{i,t-1}}{\sigma_{i,t-1}}\right|-\sqrt{\frac{2}{\pi}}\right)+\beta_i\ln\sigma_{i,t-1}^2 \tag{8-16}$$

参数 γ_i 在输出结果中对应名称为 EACH。

QGARCH(1, 1)模型

$$\sigma_{i,t}^2=\omega_i+\alpha_i(a_{i,t-1}-\gamma_i)^2+\beta_i\sigma_{i,t-1}^2 \tag{8-17}$$

参数 γ_i 在输出结果中对应名称为 PACH。

TGARCH(1, 1)模型

$$\sigma_{i,t}^2=\omega_i+\alpha_i(a_{i,t-1}+\gamma_i I_{[ai,t-1<0]})^2+\beta_i\sigma_{i,t-1}^2 \tag{8-18}$$

参数 γ_i 在输出结果中对应名称为 TACH。

PGARCH(1, 1)模型

$$\sigma_{i,t}^{2\lambda_i}=\omega_i+\alpha_i(|a_{i,t-1}|-\gamma_i I_{[ai,t-1<0]})^{2\lambda_i}+\beta_i\sigma_{i,t-1}^{2\lambda_i} \tag{8-19}$$

参数 γ_i 在输出结果中对应名称为 PACH，λ_i 对应名称为 LAMBDA。

8.4　参数约束

实际应用中，有时需要对模型参数施加必要的约束条件。proc varmax 模型既可以对参数施加线性等式约束，又可以施加线性不等式（界）约束，分别通过语句 restrict 和 bound 实现。

8.4.1 约束表达式

约束表达式由参数引用、矩阵表达式组成。

1. 参数引用

proc varmax 没有给模型参数命名，约束等式中对参数的引用采用特定函数名。表 8.1 列出了常用的参数名函数。

表 8-1　　参数引用函数名

参　数	引　用　函　数
AR(l,i,j)	VARMA 模型自回归项 l 阶滞后项系数矩阵 Φ_l (i, j)位置参数
MA(l,i,j)	VARMA 模型移动平均项 l 阶滞后项系数矩阵 Θ_l (i, j)位置参数
Const(i)	VARMA 模型中第 i 分量模型常数项
COV(i,j)	没有 GARCH 语句时 VAR 误差项协方差矩阵(i, j)位置参数
ALPHA(i,j)	ECM 调整系数矩阵 $\boldsymbol{\alpha}$ (i, j)位置元素
BETA(i,j)	ECM 协整系数矩阵 $\boldsymbol{\beta}$ (i, j)位置元素
ECCONST(i)	ECM 第 i 分量模型误差修正项中的常数项
ECLTREND(i)	ECM 第 i 分量模型误差修正项中的线性时间趋势项系数
DCCA	DCC 模型中参数 θ_1
DCCB	DCC 模型中参数 θ_2
DCCS(i,j)	DCC 模型中 $\bar{Q}$ (i, j)位置参数
ACH(1,i,i)	DCC 模型第 i 个分量 GARCH 模型的 ARCH 项系数 α_i
GCH(1,i,i)	DCC 模型第 i 个分量 GARCH 模型的 GARCH 项系数 β_i
GCHC(i,i)	DCC 模型第 i 个分量 GARCH 模型的常数项
EACH(1,i,i)	DCC 模型第 i 个分量 EARCH 模型系数 γ_i
LAMBDA(i)	DCC 模型第 i 个分量 PARCH 模型的幂参数 λ_i
PACH(1,i,i)	DCC 模型第 i 个分量 PGARCH 模型系数 γ_i
QACH(1,i,i)	DCC 模型第 i 个分量 QGARCH 模型系数 γ_i
TACH(1,i,i)	DCC 模型第 i 个分量 TGARCH 模型系数 γ_i

例如在一个三维向量 (y_{1t}, y_{2t}, y_{3t}) 自回归 DCC 模型中，AR(1,3,2)表示的是第三个变量 (y_{3t}) 模型右边表达式中第二个分量滞后 1 期 ($y_{2,t-1}$) 的自回归系数。

2. 矩阵表达式

约束表达式采用矩阵运算形成，包括算术运算的矩阵加减（＋、－）、矩阵乘积（*）、矩阵逐元素相乘（#），比较运算（＝、＞、＜、＞＝、＜＝），取(i,j)位置元素(A[i,j])等，更多复杂运算可参考 SAS 帮助。常数矩阵将数值写在花括号内，同一行数值用空格隔开，不同行数值用逗号隔开，例如{0.1 0.2,0.3 0.4}为两行两列常数矩阵，第一行为(0.1 0.2)，第二行为(0.3 0.4)。

表示参数的函数可以用矩阵形式表达，例如 AR(1)表示一阶滞后项的自回归系数矩阵 Φ_1，AR(1)[3,2]与 AR(1,3,2)表示同一参数。参数函数的自变量可以用对应的变量名表示，例如 AR(1,y_3 ,y_2)与 AR(1,3,2)表示同一参数。

8.4.2　等式约束

语句 restrict 给模型参数施加线性等式约束，语句格式为

```
restrict equ_1, … ,equ_k;
```

eq_i 为等式约束方程，如果约束方程右边为 0，则约束方程中的“＝0”可以省略。

至多只能有一个 restrict 语句，一个 restrict 语句可以施加多个约束条件，约束方程之间用逗号间隔。例如

```
restrict AR(2,2,{3,4}) = 0;
restrict AR(1)[1,1] = AR(1)[1,2],
         AR(1)[1,2] = AR(1)[2,1],
         AR(1)[2,1] = AR(1)[2,2];
```

都是正确的约束语句，AR(2, 2,{3,4})＝0 包含了两个约束方程 AR(2,2,3)＝0 和 AR(2,2,4)＝0，AR()函数的第三个自变量为矩阵{3,4}。

过程 proc varmax 为每个约束方程引入拉格朗日参数，拉格朗日参数度量了残差平方和对约束条件的敏感程度。拉格朗日参数和模型参数一并估计，并输出拉格朗日参数显著性 t-检验(“限定参数的检验”)结果。

8.4.3　不等式约束

不等式约束也称为界(Bound)约束。语句 Bound 对模型参数施加不等式约束，语句格式为

```
BOUND restriction, ... , restriction;
```

约束表达式的形成方式与 restrict 语句中约束表达式一样。

至多只能有一个 bound 语句，一个 bound 语句可以施加多个约束条件，约束条件

之间用逗号间隔。例如

```
bound AR> = 0.001;
```

将所有自回归系数的下限约束为 0.001。

程序 8-13 建立 clp_bys 和 clp_knb 的误差修正模型输出结果表明,误差修正项的调整系数矩阵 **α** 的第一个元素估计值为−0.025,t 检验统计量值为−1.17,概率值为 0.24,不能拒绝等于 0 的原假设。程序 8-15 将程序 8-13 中误差修正项调整系数矩阵 **α** 的第一个元素对应的参数约束为 0。

```
程序 8-15
proc varmax data = bys_trt_knb;
model clp_bys clp_knb/p = 3;
cointeg rank = 1;
restrict ALPHA(1,1);
run;
```

输出结果除了将对应参数 ALPH1_1 约束为 0 外,还输出"限定参数的检验"(Testing of the Restricted Parameters)(见图 8-22)。

参数	估计	标准误差	t 值	Pr > |t|	方程
Restrict0	-95.07511	46.78425	-2.03	0.0422	ALPHA1_1 = 0

图 8-22 限定参数的检验 1

程序 8-14 的运行结果表明,(r_sh,r_b,r_z)的 VAR(1)+DCC 模型中,三个分量 GARCH 模型的常数项接近 0,r_z 的 GARCH 模型中 ARCH 系数(0.061)和 GARCH 系数(0.915)之和接近 1,DCC 模型中参数 θ_1 (0.055)和 θ_2 (0.878)之和为 0.93。程序 8-16 对程序 8-14 中的模型参数施加等式约束和界约束。

```
程序 8-16
proc varmax data = sh_bys_zsyh_r;
model r_sh r_b r_z/p = 1;
garch p = 1 q = 1 form = dcc corrconstant = expect;
restrict gch(1,3,3) + ach(1,3,3) = 1;
bound 0.9< = dcca + dccb< = 0.95;
run;
```

输出结果中第三分量 GARCH 模型中的 ARCH 系数估计值 ACH1_3_3 为 0.055 57,GARCH 系数估计值 GCH1_3_3 为 0.944 43。"限定参数的检验"见图 8-23。

参数	估计	标准误差	t 值	Pr > |t|	方程
Restrict0	-763.05149	206.36272	-3.70	0.0002	ACH1_3_3 + GCH1_3_3 = 1

图 8-23　限定参数的检验 2

8.5　参数约束检验

语句 test 用于检验模型参数线性等式约束是否成立，语句格式为

```
test equ_1, … ,equ_k;
```

约束方程 equ_i 的写法和 restrict 语句一样。

test 语句采用 Wald 检验方法，对语句中所有约束进行联合检验(Joint Test)。

程序 8-17 用 test 语句对程序 8-15 中施加在 ECM 模型中调整系数矩阵 $\boldsymbol{\alpha}$ (1，1)位置上参数的 0 约束进行检验。

```
程序 8-17
proc varmax data = sh_yiyao.bys_trt_knb;
model clp_bys clp_knb/p = 3;
cointeg rank = 1;
test ALPHA(1,1);
run;
```

输出的检验结果见图 8-24。

检验	自由度	卡方	Pr > 卡方
1	1	1.37	0.2413

图 8-24　输出的检验结果

Wald 检验采用渐近 χ^2 分布，分布自由度为约束方程个数。检验结果表明不能拒绝原假设。

习题

1. 对数据集 sh_bys_zgsh_r 中的变量 r_sh、r_b 和 r_z 建立三元 VAR 模型，写出程序代码。

(1) 分别用信息准则 AIC、AICC、HQC 和 SBC 进行模型阶数选择。

(2) 模型中包含线性时间趋势项。

（3）采用条件极大似然估计方法估计模型参数。

（4）通过对估计残差的混成白噪声检验对模型进行检测。

（5）用 test 语句检验模型是否应该带线性时间趋势项。

2. 数据集 sh_bank 包含了多家上海证券交易所上市交易的国有股份制银行股票的日交易信息，其中 clp 为股票日收盘价。

（1）用 DATA 步生成建设银行（601939）的数据集 bank_js，对 clp 取对数生成变量 lnclp，删除缺失数据。

（2）用语句 model 建立 clp 的 AR(3)模型，计算 clp 的分数单整阶数；对 lnclp 建立 AR(3)模型，计算 lnclp 的分数单整阶数。比较两个变量的单整阶数能得出什么结论？

（3）确定 clp 的单整阶数后，用 proc expand 对其进行分数差分得出变量 FDclp。用 proc arima 对 FDclp 进行单位根检验。

3. 数据集 sh_yiyao 包含了多家上海证券交易所上市交易的医药类企业股票的日交易信息，其中 clp 为股票日收盘价。

（1）用 DATA 步生成浙江医药（600216）、羚锐制药（600285）、片仔癀（600436）和新华医疗（600587）的包含交易日期、收盘价的数据集。

（2）对各个数据集按 tdate 进行排序，并用 DATA 步 merge 语句合并这些数据集。为了避免相同变量覆盖，请提前将各数据集中的变量 clp 改名。

（3）用 proc sgplot 在同一坐标内画出 4 只股票收盘价时序图。

（4）计算每只股票日收益率，并检验其平稳性。

（5）对 4 只股票收益率建立 VAR(2)模型，用无条件 OLS 方法估计模型参数。

（6）画出累计脉冲响应图和正交脉冲响应图。

（7）给出 5 期方差分解结果。

（8）检验股票浙江医药和股票新华医疗日收益是否是股票羚锐制药和股票片仔癀日收益的格兰杰原因。

4. 数据集 shindex 中变量 clp 为上海证券市场的上证收盘指数。

（1）将 shindex 和第 3 题中合并得到的股票收盘价数据按交易日期 tdate 进行匹配合并(Merge)。

（2）对 4 只股票收盘价和上证收盘指数进行单位根检验。

（3）选择一阶单整的股票收盘价和上证收盘指数进行协整检验。

（4）挑选和上证收盘指数存在修正关系的股票收盘价，建立两者的误差修正模型。

（5）挑选一阶单整的 3 只股票收盘价进行协整分析，建立三元误差修正模型。

（6）将误差修正模型中协整系数和调整系数不显著的元素约束为 0，重新估计模型。

（7）用 test 语句检验(6)中的约束条件是否成立。

（8）将最终得到的误差修正项定义为变量，画出其时序图。能从中看出什么？

5. 数据集 sh_security 中包含了申万宏源（000166）、中信证券（600030）等多家上市券商的日股票交易数据，clp 为股票收盘价。

（1）从中挑选海通证券（600837）的日交易数据形成数据集 hts；从 sh_yiyao 中挑选新华医药的日交易数据形成数据集 xhyy；从 sh.bank 中挑选工商银行（601398）的日交易数据形成数据集 gsyy。用 DATA 步将 3 个数据集按 tdate 匹配合并(Merge)为数据集 portf。计算股票的日收益率，得到变量 r1、r2 和 r3。

（2）建立(r1，r2，r3)的 VAR+DCC 模型，用 HQC 确定 VAR 模型阶数，DCC 各分量模型设定为 EGARCH(1,1)。

(3) 将 DCC 模型中分量 EGARCH(1,1)模型的表示杠杆效应的系数的符号约束为负值。

(4) 能够对(3)中的约束条件进行检验吗?

(5) 将 DCC 模型中 r1 分量 EGARCH 模型的 ARCH 系数和 GARCH 系数之和约束为 0.98。

(6) 对(5)中的约束条件进行检验。

第 9 章　线性高斯状态空间模型

状态空间模型(SSM：State Space Model)是一种灵活的时间序列分析方法，具有一些 ARIMA 模型没有的优点，例如缺失值处理、预测和构造因子模型等。

SAS 过程 proc ssm 对时间序列数据建立线性高斯状态空间模型，包括模型设定、估计、诊断和预测。本章内容和符号基于蔡瑞胸(2012)和 Durbin 和 Koopman (2012)，proc ssm 功能讲解基于 SAS/ETS15.1。

9.1　引言

9.1.1　线性高斯状态空间模型

线性高斯状态空间模型是状态空间模型的一种简单形式，广泛应用于金融时间序列分析。这里通过几种应用场景介绍状态空间模型的构成。

1. 时变系数线性回归模型

设 $r_{m,t}$ 为股票市场日收益率，r_t 为股票的日收益率，则由资本资产定价模型 CAPM 可以得出线性回归模型

$$r_t = \alpha + \beta r_{mt} + \epsilon_t,\ t = 1,\ 2,\ \cdots,\ T \tag{9-1}$$

误差项 ϵ_t 为白噪声，与 r_{mt} 不相关，β 称为股票的贝塔系数，度量了股票的系统性风险。当时间跨度很大时，很难保证股票的贝塔系数不随时间变化，将回归系数 β 设定为随时间变化更为合理。

要实现 β 的时变化(Time-varying)，需要设定其动态模型。通常用 AR(1)模型作为动态模型，即

$$\beta_t = c + \phi\beta_{t-1} + \eta_t,\ t = 1,\ 2,\ \cdots,\ T \tag{9-2}$$

误差项 η_t 为白噪声，与 β_t 不相关。

(9-1)式和(9-2)式形成线性状态空间模型，r_t 称为观测变量，β_t 称为状态变量或者状态(State)，r_{mt} 称为回归元(Regressor)。回归模型(9-1)称为观测方程(Observation Eqation)或者测量方程(Measurement Equation)，将观测变量表示为状

态变量的线性回归；一阶自回归模型(9－2)称为状态方程(State Equation)或者转移方程(Transition Equation)，描述状态变量的动态变化。线性状态空间模型的“线性”是指观测方程中观测变量是状态变量的线性回归。

将观测方程误差项 ϵ_t 和状态方程误差项 η_t 设定为相互独立的正态分布，对应的线性状态空间模型称为线性高斯状态空间模型，即

$$\begin{cases} r_t = \alpha + \beta_t r_{mt} + \epsilon_t \\ \beta_t = c + \phi\beta_{t-1} + \eta_t \\ \epsilon_t \sim i.i.N(0,\ \sigma_\epsilon^2), \quad t = 1,\ 2,\ \cdots,\ T \\ \eta_t \sim i.i.N(0,\ \sigma_\epsilon^2) \\ \quad \{\epsilon_t\} \perp \{\eta_t\} \end{cases} \tag{9-3}$$

σ_ϵ^2 和 σ_η^2 分别为测量误差方差和状态误差方差，$\{\epsilon_t\} \perp \{\eta_t\}$ 表示序列 $\{\epsilon_t\}$ 和 $\{\eta_t\}$ 独立。

可以将常数项 α 和回归系数 β 同时时变化，用一阶向量自回归 VAR(1)作为 (α_t, β_t) 的动态模型，即

$$\begin{cases} r_t = \alpha_t + \beta_t r_{mt} + \epsilon_t \\ \begin{pmatrix} \alpha_t \\ \beta_t \end{pmatrix} = \boldsymbol{c} + \Phi \begin{pmatrix} \alpha_{t-1} \\ \beta_{t-1} \end{pmatrix} + \boldsymbol{\eta}_t \\ \epsilon_t \sim i.i.N(0,\ \sigma_\epsilon^2) \\ \boldsymbol{\eta}_t \sim i.i.N(\mathbf{0},\ Q) \\ \quad \{\epsilon_t\} \perp \{\boldsymbol{\eta}_t\} \end{cases}, \quad t = 1,\ 2,\ \cdots,\ T \tag{9-4}$$

此时有两个状态变量 α_t 和 β_t，状态方程为二维向量自回归模型，$\boldsymbol{c} = (c_1,\ c_2)'$ 为常数向量，Φ 为自回归系数矩阵，$\boldsymbol{\eta}_t = (\eta_{1t},\ \eta_{2t})'$ 为状态方程误差向量，Q 为状态误差项协方差矩阵。

可以类似地定义具有 q 个状态的线性高斯状态空间模型。

2. 测量误差模型

假设要建立时间序列变量 α_t 的一阶自回归模型

$$\alpha_t = c + \phi\alpha_{t-1} + \eta_t$$

但不能得到 α_t 的真实值，要么是测量 α_t 时存在测量误差，要么是通过其他方法得到 α_t 的无偏估计。设 y_t 是 α_t 的测量值或者估计值，有误差 ϵ_t，可以将 y_t 和 α_t 的关系表示为线性状态空间模型

$$\begin{cases} y_t = \alpha_t + \epsilon_t \\ \alpha_t = c + \phi\alpha_{t-1} + \eta_t \end{cases}, \quad t = 1,\ 2,\ \cdots,\ T \tag{9-5}$$

通过观测值 y_t 估计出 α_t 的值。

股票收益率的日波动 σ_t^2 不可观测，已实现波动(Realized Volatility) RV_t 是采用日内高频数据(例如5分钟、10分钟等数据)计算的日内高频收益的平方和。RV_t 是 σ_t^2 的一致无偏估计。为得到 σ_t^2 更为准确的估计值，建立状态空间模型

$$\begin{cases} RV_t = \sigma_t^2 + \epsilon_t \\ \sigma_t^2 = c + \varphi\sigma_{t-1}^2 + \eta_t \end{cases}, \ t = 1, 2, \cdots, T \tag{9-6}$$

通过 Kalman 滤波得出波动估计值序列 $\{\hat{\sigma}_t^2\}$。

3. 因子模型

因子模型是一种常用的降维方法。设观测变量 $\boldsymbol{y}_t = (y_{1t}, y_{2t}, \cdots, y_{qt})'$ 为 q 维时间序列。当 q 较大时，$\boldsymbol{y}_t$ 的 VAR 模型包含很多参数，为模型估计和预测带来困难。此外，处于同一市场上的金融产品，其价格和收益受到共用因素的影响。设 $\boldsymbol{\alpha}_t = (\alpha_{1t}, \alpha_{2t}, \cdots, \alpha_{kt})'$ 为影响 $\boldsymbol{y}_t$ 变化的不可观测共同因素，通常 $k \ll q$。将 $\boldsymbol{y}_t$ 的动态变化用状态空间模型形式表示为

$$\begin{cases} \boldsymbol{y}_t = \boldsymbol{c} + Z\boldsymbol{\alpha}_t + \boldsymbol{\epsilon}_t \\ \boldsymbol{\alpha}_t = \Phi\boldsymbol{\alpha}_{t-1} + \boldsymbol{\eta}_t \\ \boldsymbol{\epsilon}_t \sim i.i.N(\boldsymbol{0}, H) \\ \boldsymbol{\eta}_t \sim i.i.N(\boldsymbol{0}, Q) \end{cases}, \ t = 1, 2, \cdots, T \tag{9-7}$$

$c = (c_1, c_2, \cdots, c_q)'$ 为观测方程常数向量，$Z_{q\times k}$ 为系数矩阵，$\boldsymbol{\epsilon}_t = (\epsilon_{1t}, \epsilon_{2t}, \cdots, \epsilon_{qt})'$ 和 $\boldsymbol{\eta}_t = (\eta_{1t}, \eta_{2t}, \cdots, \eta_{kt})'$ 分别为观测误差向量和状态误差向量，H 和 Q 为其协方差矩阵。

因子模型往往能大幅降低模型维数和模型参数个数。例如 $\boldsymbol{y}_t$ 为货币市场上 q 个不同期限国债的到期收益率形成的向量，q 往往大于 30。文献中用 3 因子(水平因子、斜率因子和曲度因子)模型建立动态利率期限结构模型，极大地减少了模型参数。为了最大限度减少模型参数，往往将维数高的观测误差向量 $\boldsymbol{\epsilon}_t$ 的各分量设为相互独立，由此其协方差矩阵为对角矩阵，有 q 个参数。$\boldsymbol{y}_t$ 各分量间的相关性通过状态向量 $\boldsymbol{\alpha}_t$ 分量之间的相关性和系数矩阵 Z 来刻画。

4. 线性高斯状态空间模型的一般形式

这里给出线性高斯状态空间模型的一般形式

$$\begin{cases} \boldsymbol{y}_t = Z\boldsymbol{\alpha}_t + \boldsymbol{X}_t\boldsymbol{\beta} + \boldsymbol{\epsilon}_t & \text{观测方程} \\ \boldsymbol{\alpha}_t = \Phi\boldsymbol{\alpha}_{t-1} + \boldsymbol{W}_t\boldsymbol{\gamma} + \boldsymbol{\eta}_t & \text{状态方程} \\ \boldsymbol{\epsilon}_t \sim i.i.N(\boldsymbol{0}, H), \ \boldsymbol{\eta}_t \sim i.i.N(\boldsymbol{0}, Q) & \text{误差项} \\ \{\boldsymbol{\epsilon}_t\} \perp \{\boldsymbol{\eta}_t\} \end{cases}, \quad t = 1, 2, \cdots, T \tag{9-8}$$

$\boldsymbol{y}_t=(y_{1t}, y_{2t}, \cdots, y_{qt})'$ 为观测变量，$\boldsymbol{\alpha}_t=(\alpha_{1t}, \alpha_{2t}, \cdots, \alpha_{kt})'$ 为状态变量，$\boldsymbol{X}_t$ 是由(可观测)外生变量组成的 $q\times p$ 回归因子(Regressor)矩阵，$\boldsymbol{\beta}=(\beta_1, \beta_2, \cdots, \beta_p)'$ 为回归系数向量。$\boldsymbol{W}_t$ 是由(可观测)外生变量或者常数组成的 $k\times g$ 矩阵，称为设计矩阵(Design Matrix)。其他符号的含义见(9-7)式。观测误差协方差矩阵限定为对角矩阵，即

$$H=diag(\sigma_1^2, \sigma_2^2, \cdots, \sigma_q^2),\ \sigma_i^2=Var(\epsilon_{it}),\ i=1, 2, \cdots, q \tag{9-9}$$

从(9-8)式中看出，观测方程和状态方程都可以包含外生变量。状态空间模型建模包括：参数估计、状态滤波和平滑、模型检测、预测等。

9.1.2　线性高斯状态空间模型的估计

状态空间模型估计的困难在于状态变量不可观测，而观测变量的密度函数依赖于状态变量，要得到样本似然函数，需要将状态变量去掉。基于正态分布的性质，线性高斯状态空间模型的似然函数可以通过卡尔曼滤波算法给出的递归公式得到。这里对不含外生解释变量的状态空间模型估计原理进行简要说明。

为简化符号，设 $\boldsymbol{Y}_t\triangleq(\boldsymbol{y}_1, \boldsymbol{y}_2, \cdots, \boldsymbol{y}_t)$。根据贝叶斯公式得出

$$p(\boldsymbol{y}_1, \boldsymbol{y}_2, \cdots, \boldsymbol{y}_T)=\prod_{t=1}^{T}p(\boldsymbol{y}_t\mid\boldsymbol{Y}_{t-1}) \tag{9-10}$$

因此，对数似然函数为

$$\ln p(\boldsymbol{y}_1, \boldsymbol{y}_2, \cdots, \boldsymbol{y}_T)=\sum_{t=1}^{T}\ln p(\boldsymbol{y}_t\mid\boldsymbol{Y}_{t-1}) \tag{9-11}$$

$\boldsymbol{y}_t$ 的分布依赖状态变量 $\boldsymbol{\alpha}_t$，要计算 $p(\boldsymbol{y}_t\mid\boldsymbol{Y}_{t-1})$ 需要从

$$p(\boldsymbol{y}_t, \boldsymbol{\alpha}_t\mid\boldsymbol{Y}_{t-1})=p(\boldsymbol{y}_t\mid\boldsymbol{\alpha}_t, \boldsymbol{Y}_{t-1})p(\boldsymbol{\alpha}_t\mid\boldsymbol{Y}_{t-1}) \tag{9-12}$$

中通过积分将 $\boldsymbol{\alpha}_t$ 去掉，即 $p(\boldsymbol{y}_t\mid\boldsymbol{Y}_{t-1})=\int p(\boldsymbol{y}_t, \boldsymbol{\alpha}_t\mid\boldsymbol{Y}_{t-1})d\boldsymbol{\alpha}_t$。从(9-8)式给出的状态空间模型的结构可知 $p(\boldsymbol{y}_t\mid\boldsymbol{\alpha}_t, \boldsymbol{Y}_{t-1})=p(\boldsymbol{y}_t\mid\boldsymbol{\alpha}_t)$。据此得出

$$p(\boldsymbol{y}_t\mid\boldsymbol{Y}_{t-1})=\int p(\boldsymbol{y}_t\mid\boldsymbol{\alpha}_t)p(\boldsymbol{\alpha}_t\mid\boldsymbol{Y}_{t-1})d\boldsymbol{\alpha}_t \tag{9-13}$$

设状态变量 $\boldsymbol{\alpha}_t$ 的条件均值和条件协方差矩阵分别为

$$\boldsymbol{\alpha}_{t|t-1}\triangleq E(\boldsymbol{\alpha}_t\mid\boldsymbol{Y}_{t-1}),\ \Sigma_{t|t-1}\triangleq Var(\boldsymbol{\alpha}_t\mid\boldsymbol{Y}_{t-1}) \tag{9-14}$$

根据线性状态空间模型的假设可以得出 $p(\boldsymbol{y}_t\mid\boldsymbol{\alpha}_t)$ 是关于 $\boldsymbol{y}_t$ 的正态分布密度，$p(\boldsymbol{\alpha}_t\mid\boldsymbol{Y}_{t-1})$ 是关于 $\boldsymbol{\alpha}_t$ 的正态分布密度，根据正态分布性质可知，联合条件分布密度 $p(\boldsymbol{y}_t, \boldsymbol{\alpha}_t\mid\boldsymbol{Y}_{t-1})$ 为正态分布密度，因此边际条件分布密度 $p(\boldsymbol{y}_t\mid\boldsymbol{Y}_{t-1})$ 为正态分布密度。根据(9-8)式，$\boldsymbol{y}_t$ 的条件期望和条件协方差矩阵分别为

$$E(\boldsymbol{y}_t\mid\boldsymbol{Y}_{t-1})=Z\boldsymbol{\alpha}_{t|t-1},\ Var(\boldsymbol{y}_t\mid\boldsymbol{Y}_{t-1})=Z\Sigma_{t|t-1}Z'+H \tag{9-15}$$

设

$$\boldsymbol{v}_t = \boldsymbol{y}_t - Z\boldsymbol{\alpha}_{t|t-1},\ \boldsymbol{F}_t = Var(\boldsymbol{y}_t \mid \boldsymbol{Y}_{t-1}) \tag{9-16}$$

由此得出

$$p(\boldsymbol{y}_t \mid \boldsymbol{Y}_{t-1}) = \left(\frac{1}{2\pi}\right)^{\frac{q}{2}} \mid \boldsymbol{F}_t \mid^{-\frac{1}{2}} \exp\left(-\frac{1}{2}\boldsymbol{v}_t\boldsymbol{F}_t^{-1}\boldsymbol{v}_t'\right) \tag{9-17}$$

对数似然函数为

$$\ln p(\boldsymbol{y}_1,\ \boldsymbol{y}_2,\ \cdots,\ \boldsymbol{y}_T) = -\frac{T}{2}\ln(2\pi) - \frac{1}{2}\sum_{t=1}^{T}[\ln \mid \boldsymbol{F}_t \mid + \boldsymbol{v}_t\boldsymbol{F}_t^{-1}\boldsymbol{v}_t'] \tag{9-18}$$

要计算似然函数值，需要计算序列 $\{\boldsymbol{v}_t,\ \boldsymbol{F}_t,\ t=1,\ 2,\ \cdots,\ T\}$ 的值。基于正态分布性质以及 $\boldsymbol{y}_t$ 和 $\boldsymbol{\alpha}_t$ 的线性回归关系，卡尔曼给出了如下递归公式

$$\begin{aligned} &\boldsymbol{v}_t = \boldsymbol{y}_t - Z\boldsymbol{\alpha}_{t|t-1},\ \boldsymbol{F}_t = Z\Sigma_{t|t-1}Z' + H \\ &\boldsymbol{\alpha}_{t+1|t} = \Phi\boldsymbol{\alpha}_{t+1|t} + \boldsymbol{K}_t\boldsymbol{v}_t,\ \Sigma_{t+1|t} = \Phi\Sigma_{t|t-1}L_t' + Q \\ &\boldsymbol{K}_t = \Phi\Sigma_{t|t-1}Z'\boldsymbol{F}_t^{-1},\ L_t = \Phi - K_tZ \end{aligned} \tag{9-19}$$

(9-19)式称为卡尔曼滤波(Kalman Filtering)递归算法(Recursive Algorithm)，给定初始值 $\alpha_{1|0}$，$\Sigma_{1|0}$，将$\{\boldsymbol{v}_t,\ \boldsymbol{F}_t,\ t=1,\ 2,\ \cdots,\ T\}$ 表示为参数和观测值的函数，通过数值解法极大化对数似然函数得出参数的极大似然估计，进一步计算出序列 $\{\boldsymbol{\alpha}_{t|t-1},\ \Sigma_{t|t-1},\ t=1,\ 2,\ \cdots,\ T\}$ 的值。$\boldsymbol{\alpha}_{t|t-1}$ 和 $\Sigma_{t|t-1}$ 分别称为状态 $\boldsymbol{\alpha}_t$ 的滤波(值)和滤波方差。

根据定义，$\boldsymbol{\alpha}_{t|t-1} = E(\boldsymbol{\alpha}_t \mid \boldsymbol{Y}_{t-1})$ 作为状态 $\boldsymbol{\alpha}_t$ 的估计值只用到了从开始到 $t-1$ 处的观测值。采用全部观测值能够更准确地估计状态 $\boldsymbol{\alpha}_t$。记

$$\boldsymbol{\alpha}_{t|T} \triangleq E(\boldsymbol{\alpha}_t \mid Y_T),\ \Sigma_{t|T} \triangleq Var(\boldsymbol{\alpha}_t \mid Y_T)$$

分别称为 $\boldsymbol{\alpha}_t$ 的平滑(Smoothing)(值)和平滑方差。类似于滤波递归公式，利用正态分布的性质，卡尔曼给出了平滑倒向递归(Backward Recursive)公式

$$\begin{aligned} &\boldsymbol{\alpha}_{t|T} = \boldsymbol{\alpha}_{t|t-1} + \Sigma_{t|t-1}\boldsymbol{q}_{t-1} && \Sigma_{t|T} = \Sigma_{t|t-1} - \Sigma_{t|t-1}M_t\Sigma_{t|t-1} \\ &\boldsymbol{q}_{t-1} = Z\boldsymbol{F}_t\boldsymbol{v}_t + L_t\boldsymbol{q}_t && M_{t-1} = Z'F_t^{-1}Z + L_t'M_tL_t \\ &\boldsymbol{q}_T = \boldsymbol{0} && M_T = \boldsymbol{0} \end{aligned} \tag{9-20}$$

9.2　建立状态空间模型

状态空间模型的建立包括模型设定、模型估计、模型诊断和预测。过程 proc ssm 可以灵活高效地完成建模的各个环节。首先通过一个例子了解 proc ssm 的基本功能

和操作。

数据集 ssm1 中的变量 r_m 为上证指数日收益率，r_t 为同仁堂股票(600085)的日收益率。设时变贝塔系数和阿尔法系数模型为

$$\begin{cases} r\_t_t = \alpha_t + \beta_t r\_m_t + \epsilon_t & \text{观测方程} \\ \begin{bmatrix} \alpha_t \\ \beta_t \end{bmatrix} = \Phi \begin{bmatrix} \alpha_{t-1} \\ \beta_{t-1} \end{bmatrix} + \boldsymbol{\eta}_t & \text{状态方程} \end{cases}, \ t = 1, 2, \cdots, T \tag{9-21}$$

程序 9 - 1 建立对应的线性高斯状态空间模型，包括模型设定、估计和诊断。

```
程序 9 - 1
proc ssm data = ssm1;
irregular e;
state s(2) cov(g) type = varma(p = 1);
v1 = 1;
component s1 = (v1 r_m) * s;
model r_t = s1 e;
run;
```

状态空间模型包括观测方程和状态方程，模型设定常常先设定状态方程。状态方程用 state 语句设定，state 语句定义二维状态向量 s，服从的模型用选项 type＝varma(p＝1)来设定，p＝1 将模型设定为 VAR(1)(ma 项阶数默认为 0)，cov()选项用来确定状态误差项 $\boldsymbol{\eta}_t$ 的协方差矩阵结构，cov(g)将协方差矩阵设为一般形式，不对矩阵元素做任何约束。

model 语句用来设定观测方程，等式左边给出观测变量(称为应变量 response)名，右边给出各种相加的成分(Component)，包括状态变量表达式和模型误差项。状态变量表达式要用 component 语句事先定义，误差项用 irregular 语句事先定义。

程序 9 - 1 中，component 语句通过向量内积定义状态表达式

$$\alpha_t + \beta_t r\_m_t = (1, r\_m_t) * (\alpha_t, \beta_t) \tag{9-22}$$

将其定义为名为 s1 的成分。和状态变量做内积的向量各元素必须全部是变量或者常数，不能既有常数又有变量，因此需要将 1 定义为变量 v1。irregular 语句定义白噪声序列 e。各种定义好的成分列示在 model 语句右边，成分之间用空格间隔，完成观测方程设定。

程序 9 - 1 的运行后输出结果的第一部分是模型信息，包括“模型汇总”中的“模型方程个数”“状态维”(即状态向量的维数)、“参数个数”等“响应变量信息”。

第二部分为“模型参数估计”(见图 9 - 1)，程序 9 - 1 设定的状态空间模型，观测方

成分	类型	参数	估计	标准误差	t 值
state	AR 系数	Phi[1,1]	0.000000	0.000188	0.00
state	AR 系数	Phi[1,2]	0.000000	0.001379	0.00
state	AR 系数	Phi[2,1]	0.000000	0.000664	0.00
state	AR 系数	Phi[2,2]	0.000000	0.000265	0.00
state	扰动协方差	RootCov[1, 1]	0.009202	0.180971	0.05
state	扰动协方差	RootCov[2, 1]	-0.180470	3.544137	-0.05
state	扰动协方差	RootCov[2, 2]	0.831577	0.766668	1.08
e	不规则	方差	0.000133	0.003326	0.04

图 9－1　模型参数估计

程没有回归系数，“成分”条目下 state 表明对应的系数是状态方程中系数，“AR 系数”对应的是 VAR(1)形式的状态方程中自回归系数矩阵 Φ 的四个元素 Phi[i,j]。扰动协方差对应的是状态误差项 $\boldsymbol{\eta}_t$ 协方差矩阵平方根（对称矩阵）的三个元素 RootCov[i,j]。用协方差矩阵的平方根（乔勒基分解）而不是协方差矩阵本身的元素作为模型的参数，是为了保证协方差矩阵的正定性。“e”对应的“不规则”是观测误差项的方差估计值。①

第三部分为模型诊断，包括“似然计算汇总”中的“正规化残差平方和”“散射对数

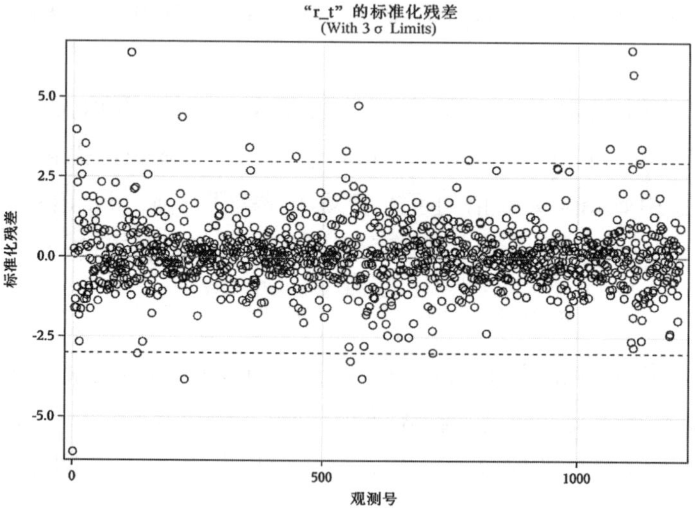

图 9－2　观测方程残差序列图

① “不规则”是 irregular 的汉化。

似然”和“轮廓对数似然”对应的值。[①] “信息准则”列出了基于对数似然函数计算的 5 种准则值。“加法离群值汇总”列出了异常值检验结果，表明第 1 106 等 5 个观测处为异常值点。最后“r_t 的标准化残差”给出了观测模型标准化残差图，见图 9－2。

图 9－2 显示，观测方程残差具有白噪声的特征，表明模型设定较为合理。

需要注意的是，proc ssm 过程要求观测变量不能有缺失值。如果观测变量有缺失值，就要进行数据预处理将其对应的观测删除。

为了查看作为状态变量的两个时变系数的估计值，程序 9－2 在程序 9－1 中添加两个 component 语句将状态向量的两个分量分别定义为 alpha 和 beta，并添加 output 语句以及 out＝选项将估计结果保存为 SAS 数据集 g。

程序 9－2

```
proc ssm data = ssm1;
irregular e;
state state(2) cov(g) type = varma(p = 1);
v1 = 1;
component s1 = (v1 r_m) * state;
model r_t = s1 e;
component alpha = state[1];
component beta = state[2];
output out = g;
run;
```

输出数据集 g 中变量 smoothed_alpha 和 smoothed_beta 是 alpha 和 beta 的平滑估计。程序 9－3 用 proc sgplot 画出 smoothed_beta 的时序图，见图 9－3。

程序 9－3

```
ods html image_dpi = 400;
ods graphics on /noborder;
proc sgplot data = g noborder nowall;
series x = obs y = smoothed_beta/markers
            markerattrs = (symbol = starfilled size = 2);
run;
```

---

① “散射对数似然”是 diffusion loglike 的汉化，“轮廓对数似然”是 profile loglike 的汉化，分别对应初始值设定和极大似然估计中的最优化方法。

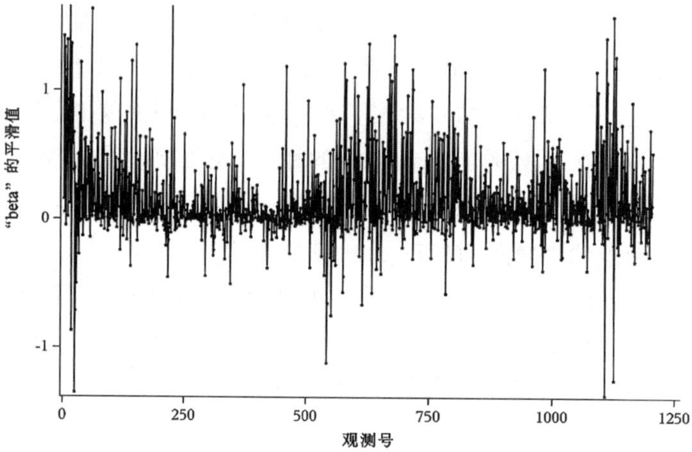

图9-3 贝塔系数平滑值时序图

从图9-3看出,同仁堂股票日收益的贝塔系数在样本期内变化很大,应该用时变系数模型建模。

9.2.1 模型设定

和状态空间模型的构成一致,proc ssm分别设定状态方程和观测方程。

1. 状态方程设定

语句state用来设定状态方程,语句格式为

```
state name(d)<options>;
```

其功能是定义名为name的d维状态向量,name和d由编程者给出,即使d等于1也不能省略。状态方程通常为一阶向量自回归VAR(1)形式,即(为简单,模型中不包含外生变量)

$$\boldsymbol{\alpha}_t = \Phi\boldsymbol{\alpha}_{t-1} + \boldsymbol{\eta}_t,\ \boldsymbol{\eta}_t \sim i.i.N(\mathbf{0},\ Q) \tag{9-23}$$

需要设定的内容包括:自回归系数矩阵Φ、误差项方差矩阵Q。

需要注意的是,state语句定义的状态方程不能包含常数项。如果模型包含常数项,则需要进行变量变换。

(1) 选项及其功能

state语句通过各种选项设定模型。

1) type=value

该选项设定状态方程类型,这里仅对VAR(1)和VARMA(1,1)形式的状态模型进行介绍。value取不同的值对应不同的模型。

① type=wn:将状态方程设定为d维白噪声(White Noise),即$\Phi=0$。

② type=rw:将状态方程设定为d维随机游走(Random Walk),即$\Phi=I_d$。

③ type=varma(p=1)：将状态方程设定 VAR(1)模型，不对自回归系数矩阵 Φ 进行约束。

④ type=varma(p(D)=1)：将状态方程设定 VAR(1)模型，将自回归系数矩阵 Φ 约束为对角矩阵。

⑤ type=varma(p(I)=1)：将状态方程设定 VAR(1)模型，将自回归系数矩阵 Φ 约束为单位矩阵。等价于 type=rw。

⑥ type=varma(p=1,q=1)：将状态方程设定 VARMA(1)模型，不对自回归系数矩阵和移动平均系数矩阵进行约束。

⑦ type=varma(p(D)=1,q=1)：将状态方程设定 VARMA(1)模型，自回归系数矩阵 Φ 约束为对角阵，不对移动平均系数矩阵进行约束。

类似理解 type=varma(p(I)=1,q=1)、type=varma(p=1,q(D)=1)和 type=varma(p=1,q(I)=1)等选项的功能。

设定状态方程时，很少采用移动平均模型。当 VAR(1)不能充分反映状态变量的自相关时，可以选择 VARMA(1,1)模型。[①] 实际上，当用 type=varma(p=1,q=1)将状态方程设定为自回归移动平均模型时，过程 proc ssm 会把模型重新摆放为维数更高的一阶向量自回归的形式，纳入标准的线性高斯状态空间模型框架。

2) cov(value1)<=value2>

该选项设定状态方程误差项协方差矩阵 Q 的结构，一般情况不能省略，省略该选项会将误差项方差矩阵设定为 0 矩阵。value1 取不同值代表不同类型的协方差矩阵。

① cov(G)：将 Q 设定为一般正定矩阵。

② cov(D)：将 Q 设定为对角正定矩阵。

③ cov(I)：将 Q 设定为单位矩阵。

以上设定对矩阵元素不做约束，为自由参数。采用 **cov(value1)=** 可以将矩阵元素设定为常数或者变量。

① cov(G)=(n1 n2 … nq^2)：将 Q 设定为一般正定矩阵，给出 q^2 个数值 n1，n2，…，nq2 作为矩阵 Q 的元素；

② cov(G)=(v1 v2 … vq^2)：将 Q 设定为一般正定矩阵，给出 q^2 个变量作为矩阵 Q 的元素。v1，v2，…，vq^2 是事先定义的变量。v1，v2，…，vq^2 形成矩阵的方式是按行摆放。

③ cov(D)=(n1 n2 … nq)：将 Q 设定为对角正定矩阵，给出 q 个数值 n1，n2，…，nq 作为矩阵元素。

④ cov(D)=(v1 v2 … vq)：将 Q 设定为对角正定矩阵，给出 q 个变量作为矩阵对角线上元素，v1，v2，…，vq 是事先定义的变量。

---

① 沈根祥，帅昭文. 动态利率期限结构模型因子变换及其应用[J].统计研究，2017(1).

⑤ cov(I)=(n)：将 Q 设定为对角矩阵，给出数值 n 作为对角线元素。

⑥ cov(I)=(v)：将 Q 设定为对角矩阵，给出变量 v 作为对角线元素。

⑦ cov(rank=r)：将 Q 的秩约束为 r。

需要注意，采用选项 cov(G)=(n1 n2 … nq^2)和 cov(G)=(v1 v2 … vq^2)要保证矩阵的正定性。采用选项 cov(G)=(v1 v2 … vq^2)时，先将矩阵 Q 的平方根 $Q^{1/2}$（乔勒斯基分解）的元素设定为参数，再根据 $Q=Q^{1/2}[Q^{1/2}]'$，通过赋值语句用这些参数定义变量v1 v2 … vq2 作为 Q 的元素，以保证正定性。

程序 9-4 将程序 9-1 中状态方程二维 VAR(1)模型的自回归系数矩阵设定为对角阵，将误差协方差矩阵设定为对角阵，并用事先定义的变量 cov1 和 cov2 作为矩阵元素。

程序 9-4
```
proc ssm data = book.ssm1;
irregular e;
parms c1 c2;
cov1 = c1 ** 2;cov2 = c2 ** 2;
state s(2) type = varma(p(D) = 1) cov(d) = (cov1 cov2);
v1 = 1;
component s1 = (v1 r_m) * s;
model r_t = s1 e;
run;
```

参数	估计	标准误差	t 值
c1	-2.48E-12	0.00417	-0.00
c2	-1.78E-07	.	.

图 9-4　命名参数的估计

语句 parms 定义参数 c1 和 c2，赋值语句将其平方定义为变量 cov1 和 cov2，保证了协方差矩阵的正定性。由于指定变量作为元素，因此输出结果中不再出现“state”下的“扰动协方差”信息，c1、c2 的估计值在“命名参数的估计”中显示(见图 9-4)。

3) 非预设类型设定——T(value1)<=value2>

选项 type=设定的模型类型是事先定义的(Predefined)，具有一定局限型。例如除了矩阵形状(例如对角矩阵)外，不能更为灵活地设定自回归系数矩阵 Φ 的元素。

不采用选项 type=，采用选项 T(value1)<=value2>可以更灵活地设定自回归系数矩阵 Φ 的形状和元素。语法格式和选项功能与 cov(value1)<=value2>相同。这里仅给出一种情形进行说明。

T(D)=(v1 v2 … vq)：将自回归系数矩阵设定为对角矩阵，并以事先定义的 v1 v2 … vq 量作为对角线元素。

由于自回归系数矩阵并不要求正定，因此对变量 v1 v2 … vq 的设定更为简单。程序 9－5 将用选项 T(D)＝(phi1 phi2)将程序 9－1 中状态方程二维 VAR(1)模型的自回归系数矩阵设定为对角阵,用变量 phi1 phi2 作为对角线元素,通过语句 parms 定义参数 phi1 phi2 并将其取值约束在(－1, 1)以内,保证状态方程 VAR(1)模型的平稳性。通过 parms 语句定义 $Q^{1/2}$ 的三个元 rq11、rq12、rq22,据此定义形成 Q 矩阵的三个元素 q1、q2、q3 和 q4,用选项 cov(g)＝(q1 q2 q3 q4)设定误差协方差矩阵。$Q^{1/2}$ 和 Q 的关系为

$$Q^{1/2} \triangleq \begin{bmatrix} rq_{11} & 0 \\ rq_{12} & rq_{22} \end{bmatrix}, \ Q \triangleq \begin{bmatrix} q1 & q2 \\ q3 & q4 \end{bmatrix} = Q^{1/2}(Q^{1/2})' \tag{9-24}$$

$$q1 = (rq_{11})^2;\ q2 = rq_{11} \times rq_{12};\ q3 = q2;\ q4 = (rq_{22})^2 \tag{9-25}$$

```
程序 9-5
proc ssm data = book.ssm1;
irregular e;
parms rq11 rq12 rq22;
q1 = rq11 ** 2;q2 = rq11 * rq12;
q3 = q2;q4 = rq22 ** 2;
parms phi1 phi2/lower = ( - 0.99) upper = (0.99);
state s(2) T(d) = (phi1 phi2) cov(g) = (q1 - q4);
v1 = 1;
component s1 = (v1 r_m) * s;
model r_t = s1 e;
run;
```

parms 语句斜杠后选项 lower＝()和 upper＝()分别用来定义参数的下界和上界。

(2) 常数项的处理

state 语句定义的状态方程不能包含常数项。不包含常数项意味着状态变量的均值为 0[$E(\boldsymbol{\alpha}_t)=0$]。包含常数项时的状态方程

$$\boldsymbol{\alpha}_t = \boldsymbol{c} + \Phi\boldsymbol{\alpha}_{t-1} + \boldsymbol{\eta}_t \tag{9-26}$$

可以变形为

$$\boldsymbol{\alpha}_t - \boldsymbol{\mu} = \Phi(\boldsymbol{\alpha}_{t-1} - \boldsymbol{\mu}) + \boldsymbol{\eta}_t,\ \boldsymbol{\mu} = (I - \Phi)^{-1}\boldsymbol{c} \tag{9-27}$$

为此设新的状态变量为 $\boldsymbol{\gamma}_t = \boldsymbol{\alpha}_t - \boldsymbol{\mu}$, $\boldsymbol{\gamma}_t$ 的状态方程不包含常数项。变量变换后,要将观测方程中的状态变量变化为 $\boldsymbol{\gamma}_t$,即

$$\begin{aligned} \boldsymbol{y}_t &= Z\boldsymbol{\alpha}_t + \boldsymbol{X}_t\boldsymbol{\beta} + \boldsymbol{\epsilon}_t \\ &= Z(\boldsymbol{\gamma}_t + \boldsymbol{\mu}) + \boldsymbol{X}_t\boldsymbol{\beta} + \boldsymbol{\epsilon}_t \\ &= Z\boldsymbol{\mu} + Z\boldsymbol{\gamma}_t + \boldsymbol{X}_t\boldsymbol{\beta} + \boldsymbol{\epsilon}_t \end{aligned} \tag{9-28}$$

观测方程中出现常数项 $Z\boldsymbol{\mu}$。处理方法是将 $\boldsymbol{\mu}$ 设定为新的状态，$Z\boldsymbol{\mu}$ 作为状态表达式成分进入观测方程。$\boldsymbol{\mu}$ 不随时间变化，将其状态方程设定为随机游走

$$\boldsymbol{\mu}_t = \boldsymbol{\mu}_{t-1} + \boldsymbol{e}_t \tag{9-29}$$

将误差项 $\boldsymbol{e}_t$ 的方差矩阵设定为 0 矩阵，可保证 $\boldsymbol{\mu}_t$ 为常数，即 $\boldsymbol{\mu}_t = \boldsymbol{\mu}_{t-1}$。用语句

```
state mu(d) type = rw;
```

即可实现 $\boldsymbol{\mu}$ 的定义，语句不带 cov()选项，默认误差项协方差矩阵为 0 矩阵。

考虑到 CAPM 模型(9-21)中的阿尔法系数和贝塔系数均值不为 0，在状态方程中添加常数项得出

$$\begin{cases} \mathrm{r\_t}_t = \alpha_t + \beta_t r\_m_t + \epsilon_t & \text{观测方程} \\ \begin{bmatrix} \alpha_t \\ \beta_t \end{bmatrix} = \begin{bmatrix} c_1 \\ c_2 \end{bmatrix} + \Phi \begin{bmatrix} \alpha_{t-1} \\ \beta_{t-1} \end{bmatrix} + \boldsymbol{\eta}_t & \text{状态方程} \end{cases} \tag{9-30}$$

设 $\boldsymbol{\gamma}_t = (\gamma_{1t}, \gamma_{2t})' = (\alpha_t - \mu_1, \beta_t - \mu_2)'$，(9-30)式变形为

$$\begin{cases} \mathrm{r\_t}_t = (\gamma_{1t} + \mu_1) + (\gamma_{2t} + \mu_2) r\_m_t + \epsilon_t & \text{观测方程} \\ \boldsymbol{\gamma}_t = \Phi \boldsymbol{\gamma}_{t-1} + \boldsymbol{\eta}_t & \text{状态方程 1} \\ \boldsymbol{\mu}_t = \boldsymbol{\mu}_{t-1} + \boldsymbol{e}_t & \text{状态方程 2} \end{cases} \tag{9-31}$$

程序 9-6 在程序 9-1 的基础上，用另一个 state 语句定义状态 mu 作为状态方程的常数项，将状态变量变换后出现的成分 s2 添加到观测方程中。

```
程序 9-6
proc ssm data = book.ssm1;
irregular e;
state s(2) cov(g) type = varma(p = 1);
state mu(2) type = rw;
v1 = 1;
component s1 = (v1 r_m) * s;
component s2 = (v1 r_m) * mu;
model r_t = s1 s2 e;
run;
```

输出结果中“固定效应状态估计”列出 mu 估计结果(见图 9-5)。

状态	元素索引	估计	标准误差	t 值	Pr > |t|
mu	1	-0.000389	0.000379	-1.03	0.3051
mu	2	0.852337	0.042904	19.87	<.0001

图 9-5　固定状态效应估计

结果显示，时变系数 α_t 的均值接近 0，β_t 的均值则显著不为 0。

(3) 外生变量的引入

允许状态方程中加入外生变量是 SAS/ETS15.1 版本的新增功能，通过在 state 语句中添加选项 W(value1)=(value list)实现。

为直观解释外生变量的引入方式，以 2 维 VAR(1)状态方程为例，将状态方程表示为

$$\begin{bmatrix}\alpha_{1,t}\\ \alpha_{2,t}\end{bmatrix}=\Phi\begin{bmatrix}\alpha_{1,t-1}\\ \alpha_{2,t-1}\end{bmatrix}+\begin{bmatrix}w_{1t}^{(1)} & w_{2t}^{(1)}\\ w_{1t}^{(2)} & w_{2t}^{(2)}\end{bmatrix}\begin{bmatrix}\gamma_1\\ \gamma_2\end{bmatrix}+\boldsymbol{\eta}_t \tag{9-32}$$

共有四个外生变量 $w_{i,t}^{(j)}$，i，$j=1$，2。$w_{1t}^{(1)}$，$w_{2t}^{(1)}$ 进入 $\alpha_{1,t}$ 的模型中，$w_{1t}^{(2)}$，$w_{2t}^{(2)}$ 进入 $\alpha_{2,t}$ 的模型中。通过对矩阵 W 的元素施加约束，可以灵活设定外生变量对不同状态变量的影响。W(G)=(w1 w2 … wk×g)：W 为一般矩阵，w1、w2、…、wk×g 是外生变量。如果 W 的某一行中的外生变量个数 m 小于 g，则用赋值语句定义 g－m 个取值 0 的变量补齐 W 的行。

W(D)=(w1 w2 … wk)：W 为对角矩阵，w1、w2、…、wk 是外生变量。这样设定 W，表明影响状态向量每个分量的外生变量只有一个，影响各个分量的外生变量可以互不相同。

W(I)=(w)：W 为对角矩阵，且对角线元素相同，均为外生变量 w。这样设定 W，表明影响状态向量每个分量的外生变量只有一个，影响各个分量的外生变量相同。

数据集 ssm2 中变量 r、r_b、r_t 和 r_k 分别为上证指数、白云山、同仁堂和康恩贝股票日收益率序列。程序 9－7 建立 r_t 的变系数 CAPM 模型，并在状态方程中引入外生变量 r_b 和 r_k。

程序 9－7

```
proc ssm data = ssm2;
irregular e;
state s(2) cov(g) type = varma(p = 1) w(d) = (r_b r_k);
v1 = 1;
component s1 = (v1 r) * s;
model r_t = s1 e;
run;
```

w 矩阵设定为对角形式，表明影响状态向量第一个分量(阿尔法系数)的变量为r_b，影响第二个分量(贝塔系数)的变量为 r_k。输出结果“状态方程回归向量的估计”(见图 9－6)。

状态	元素索引	估计	标准误差	t 值	Pr > |t|
s	1	0.423	0.0209	20.22	<.0001
s	2	-1.328	1.1384	-1.17	0.2434

图 9－6　状态方程回归向量的估计

“元素索引”给出的是状态分量编号。结果显示，白云山的日收益会增加同仁堂的阿尔法系数，康恩贝日收益会减少同仁堂的贝塔系数。

通过将状态向量分块为多个子状态向量，可以用不同的 state 语句对各个子状态向量设定各自的状态方程，就像程序 9-6 那样，将常数项的状态向量 mu 和 VAR(1) 的状态向量 s 分别设定。状态方程可以没有误差项，只需要在 state 语句中不带 cov 选项即可。这些极大地增加了状态模型设定的灵活性。

此外，通过 type=选项可以设定更为复杂的状态方程。例如 type=LL 设定局部线性趋势，type=CYCLE 设定周期成分，type=SEASON 设定季节成分等。细节可参考 SAS 帮助。

2. 观测方程设定

观测方程设定通过 model 语句实现，语句格式为

```
model y = x1 x2 ... xm;
```

功能是设定观测方程左边的应变量（Response）y 和方程右边的各种成分 x1～xm，各种成分相加形成观测方程的右边。

应变量 y 必须是输入数据集中的数值型变量，方程右边的成分包括用 COMPONENT 语句定义的状态变量表达式、输入数据集中的数值型变量（回归因子）、用编程语句定义的变量以及用 IRREGULAR 语句定义的模型误差项。

（1）COMPONENT 语句

语句 state 定义状态向量、各个分量以及由此形成的表达式，不能直接作为 model 语句观测方程右边的成分，需要事先用 component 进行定义。有三种语句格式：

① 格式 1

```
component name = (v1 v2 … vk) * s;
component name = (n1 n2 … nk) * s;
```

功能：用 k 个变量或者数值形成的向量和状态向量的内积，定义名字为 name 的成分变量。变量列表或者数值列表中给出的变量个数或者数值个数 k 必须和状态向量 s 的维数相等，变量列表中不能出现常数，常数列表中也不能出现变量。变量列表中的变量必须是已经存在的变量，既可以是输入数据集变量，又可以是编程语句定义的变量。当用状态向量分量的线性组合定义成分时，组合系数既有变量又有常量，则先用赋值语句将常数定义为变量。同样，如果组合中不出现某个状态向量分量，则对应的组合系数（变量或者数值）取做 0 即可。语句

```
component c1 = (x1 x2) * s;
component c2 = (0 1) * s;
```

将成分变量 c1 和 c2 定义为二维状态向量 s 的分量线性组合。

② 格式 2

```
component name = s[p];
```

功能：将状态向量的第 p 个分量定义为成分变量,成分变量名为 name。

③ 格式 3

```
component name = (w) * s[p];
```

功能：将状态向量的第 p 个分量与 w 相乘定义为成分变量 name。w 可以是变量,也可以是数值。

语句

```
component c3 = s[1];
component c4 = x * s[2];
```

是正确的语句格式,但 component c4＝x * s;是不正确的格式,即使 s 是一维向量。

component 可缩写为 comp。

程序 9-7 中先用赋值语句将数值 1 定义成变量 v1,然后用(v1 r)和二维状态向量做内积定义成分 s1,s1 作为成分出现在 model 语句设定的观测方程右侧。

(2) IRREGULAR 语句

语句 irregular 定义一个白噪声序列,以便作为 model 语句定义观测方程时的误差项。语句格式为

```
irregular name</variance = w>
```

功能：定义名为 name 的白噪声序列变量。选项 variance＝w 将白噪声方差设定为变量或者常数。w 可以是变量,也可以是常数,为常数时可以取 0。没有 variance＝选项,白噪声方差作为自由参数从数据中估计,输出结果中“模型参数估计”的“成分”栏中以白噪声变量名出现,其后的“类型”标注为“不规则”,参见程序 9-1 的输出结果。

语句 irregular 只定义一维白噪声,如需多个白噪声,则用多个 irregular 语句定义,不同语句定义的白噪声独立。

如果观测方程为多维模型,则需要用多个 model 语句定义,一个 model 语句只定义一个观测方程,不同 model 语句定义的观测方程用不同的误差项。

为了程序的可读性,同一个观测方程成分中只能有一个同一状态向量形成的表达式,如需多个,用 component 语句将其和定义为一个成分。

当观测方程维数较高时,可以用 state 语句和选项 type＝wn 定义的白噪声向量的各分量作为观测方程的误差项成分,只是需要加上选项 cov(d)以保证分量白噪声

的独立性。

以二维观测方程为例说明多维观测模型的线性高斯状态空间模型设定。为了降低交通事故造成的伤害，英国在 1983 年 2 月实施了《安全带法》(Seat-belt Law)，要求前排乘客使用安全带。为了考察《安全带法》是否能减轻交通事故伤害程度，建立两个模型。数据集 seatbelt 中变量 f－KSI 和 r－KSI 分别是一个季度内每月交通事故中前排和后排乘客死亡或者重伤人数对数的季度均值。数据为从 1969 年开始到 1984 年 16 年的 64 个季度样本。

程序 9－8 用 proc sgplot 画出了两个序列的时序图（如图 9－7 所示）。

```
程序 9-8
ods graphics on/noborder;
ods html image_dpi = 400;
proc sgplot data = seatbelt noborder nowall;
series x = date y = f_ksi
        /markersmarkerattrs = (symbol = starfilled size = 4);
series x = date y = r_ksi
        /markers markerattrs = (symbol = square size = 4);
run;
```

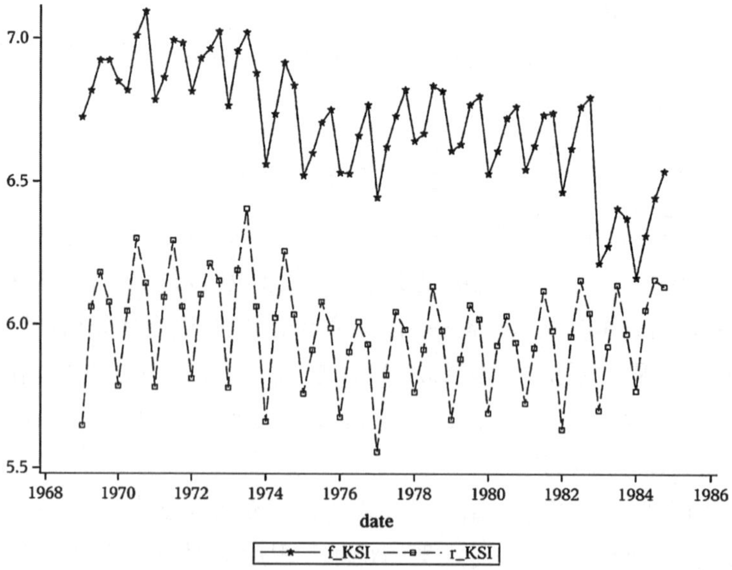

图 9－7　f_KSI 和 r_KSI 时序图

从图 9－7 中看出，两个序列均无明显的趋势，变化呈现出随机游走的特征，但有很强的季节性且协同变化。为捕捉《安全带法》对交通事故死亡和重伤人数的影响，定义时间虚拟变量 D_t ，1983 年 1 月之后取值 1，之前取值 0。建立如下线性高斯状态空间模型

$$f\_KSI = \mu_{1,t} + s_{1t} + \delta_1 D_t + \epsilon_{1,t}$$
$$r\_KSI = \mu_{2,t} + s_{2t} + \delta_2 D_t + \epsilon_{2,t}$$
$$\begin{bmatrix} \mu_{1,t} \\ \mu_{2,t} \end{bmatrix} = \begin{bmatrix} \mu_{1,t-1} \\ \mu_{2,t-2} \end{bmatrix} + \begin{bmatrix} \eta_{1,t} \\ \eta_{2,t} \end{bmatrix} \tag{9-33}$$

其中 $\boldsymbol{\mu}_t = (\mu_{1,t}, \mu_{2,t})'$ 为二维状态向量，服从随机游走过程。s_{1t}，s_{2t} 为季节变量，用于捕捉 f－KSI 和 r－KSI 中可能存在的季节性。ϵ_{it}，ϵ_{2t} 为模型误差项。程序 9－9 建立 f－KSI 和 r－KSI 的线性高斯状态空间模型。

```
程序 9-9
proc ssm data = seatbelt;
D = (date>='1jan1983'd);
irregular e1;
irregular e2;
state mu(2) type = rw cov(g);
component rw1 = mu[1];
component rw2 = mu[2];
state s(2) type = season(length = 4);
component s1 = s[1];
component s2 = s[2];
model f_KSI = D rw1 s1 e1;
model r_KSI = D rw2 s2 e2;
run;
```

赋值语句定义虚拟变量 D，两个 irregular 语句定义两个观测方程的误差项 e1 和 e2；第一个 state 语句定义二维随机游走 rw 作为状态向量，两个 component 语句将 rw 的两个分量定义为变量 rw1 和 rw2，作为后面两个 model 语句的成分；第二个 state 语句用 type＝season 定义状态向量 s 作为季节变量，选项(length＝4)表明周期间隔为 4 个季度，接下来两个 component 语句将 s 的两个分量定义为变量 s1 和 s2，作为后面两个 model 语句的成分；两个 model 语句分别定义变量 f－KSI 和 r－KSI 的观测方程。

输出结果(见图 9－8)中“回归参数估计”给出观测方程中回归变量 D 的回归系数估计结果，从中看出虚拟变量 D 对 f_KSI 的影响显著，且回归系数为负值，表明《安全带法》实施后交通事故中前排乘客死亡和重伤数量有显著减少；虚拟变量 D 对 r_KSI 的影响不显著，表明《安全带法》实施前后交通事故中后排乘客死亡和重伤数量没有明显变化。由于《安全带法》只对前排乘客有法律效应，因此估计结果充分说明《安全带法》对交通事故死亡和重伤人数的影响。

响应变量	回归变量	估计	标准误差	t 值	Pr > |t|
f_KSI	D	-0.34879	0.0612	-5.70	<.0001
r_KSI	D	-0.00552	0.0579	-0.10	0.9240

图 9-8　回归参数估计

需要注意的是，如果 model 语句设定的观测方程中不包含回归变量（Regressor），则输出结果中不出现“回归参数估计”栏目。

“模型参数估计”给出参数的估计结果，包括随机游走状态向量误差项的方差协方差矩阵平方根的元素 Rootcov[i,j]、观测方差误差项方差（见图 9-9）。

成分	类型	参数	估计	标准误差	t 值
mu	扰动协方差	RootCov[1, 1]	0.055064	0.007951	6.93
mu	扰动协方差	RootCov[2, 1]	0.044448	0.007536	5.90
mu	扰动协方差	RootCov[2, 2]	0.014533	0.005239	2.77
e1	不规则	方差	0.000322	0.000319	1.01
e2	不规则	方差	0.001311	0.000395	3.32

图 9-9　模型参数估计

随机游走状态向量的自回归系数矩阵为单位矩阵，不包含未知参数，季节状态向量模型中不包含未知参数。

状态向量 mu 模型误差项的协方差矩阵的行列式值为 $(0.055\times 0.014\,5)^2\approx 0$，协方差矩阵不满秩。程序 9-10 在程序 9-9 的第一个 state 语句中添加选项 cov(rank=1)，将状态向量 mu 模型误差项的协方差矩阵的秩约束为 1，并且 state 语句定义白噪声 wn，以 wn 的分量作为观测方程的误差项，不再用 irregular 语句定义误差项，由于虚拟变量 D 对 r_KSI 的影响不显著，因此其观测方程中不再包含变量 D。

程序 9-10

```
proc ssm data = seatbelt;
D = (date> = '1jan1983'd);
state e(2) type = wn cov(d);
component e1 = e[1];
component e2 = e[2];
state mu(2) type = rw cov(g);
component rw1 = mu[1];
```

```
component rw2 = mu[2];
state s(2) type = season(length = 4);
component s1 = s[1];
component s2 = s[2];
model f_KSI = D rw1 s1 e1;
model r_KSI = rw2 s2 e2;
run;
```

3. 参数命名

简单的状态空间模型设定中，模型参数大多为自动参数，不需要单独命名，在输出结果中以特定的标识显示。要设定更为复杂的模型，或者对模型参数取值范围进行约束，需要参数命名语句 parms。

语句 parms 命名模型参数，设定参数初值和上下界。语句格式为

```
parms v1< = n1> v2< = n2> ... vk< = nk></options>;
```

其功能是定义参数 v1、v2、…、vk，参数初值通过 v=n 来设定，不设定参数初值则初值取默认值。斜杠后 options 设定参数取值范围，格式有以下两种：

(1) 格式 1：设定每个参数上下界

lower=(L1 L2 … Lk)：将参数 v1、v2、…、vk 的下界分别设为 L1、L2、…、Lk；

upper=(U1 U2 … Uk)：将参数 v1、v2、…、vk 的上界分别设为 U1、U2、…、Uk。

(2) 格式 2：为所有参数设定共同上下界

lower=(L)：将参数 v1、v2、…、vk 的下界均设为 L；

upper=(U)：将参数 v1、v2、…、vk 的上界均设为 U。

用 parms 语句设定的参数称为命名参数(Named Parameters)，其他未命名参数是自动参数。

程序 9－11 将程序 9－9 中 irregular 语句设定的误差项的方差设定为参数 sigma1 和 sigma2，并将其下界设定为 10^{-6}。

```
程序 9 - 11
proc ssm data = seatbelt;
D = (date> = '1jan1983'd);
parms sigma1 sigma2/lower = (1.e-6);
irregular e1 variance = sigma1;
irregular e2 variance = sigma2;
state mu(2) type = rw cov(g);
component rw1 = mu[1];
```

```
component rw2 = mu[2];
state s(2) type = season(length = 4);
component s1 = s[1];
component s2 = s[2];
model f_KSI = D rw1 s1 e1;
model r_KSI = rw2 s2 e2;
run;
```

参数	估计	标准误差	t 值
sigma1	0.000314	0.000318	0.99
sigma2	0.001332	0.000386	3.45

图 9-10 命名参数的估计

输出结果中"命名参数的估计"给出了 sigma1 和 sigma2 的估计结果(见图 9-10)。

4. 编程语句

设置复杂的状态空间模型,往往需要借助编程语句才能实现。例如,当模型中某一类参数很多时,要逐个定义需用多个 parms 语句,此时可采用 array 语句将参数定义为数组,再用循环语句设定数组元素的属性。

过程 proc ssm 可以使用 DATA 步几乎所有语句,只有用于滞后操作和差分操作的函数 lag()和 diff()不能使用。这里对使用较多的 array 语句和 do-end 循环进行讲解。

(1) array 语句

语句格式、使用方法和功能与 DATA 步相同,用处包括将多个变量定义为数组以方便引用、定义数组作为协方差矩阵在状态方程设定选项 T()=、cov()=中代替变量列表或者常数列表等。

程序 9-12 用 array 语句定义数组 q,作为状态误差协方差矩阵代替程序 9-5 中选项 cov(g)=(q1—q4)中变量列表。

```
程序 9-12
proc ssm data = book.ssm1;
irregular e;
parms rq11 rq12 rq22;
array q{2,2};
q[1,1] = rq11 ** 2;
q[1,2] = rq11 * rq12;
q[2,1] = q[1,2];
q[2,2] = rq22 ** 2;
parms phi1 phi2/lower = (0.01) upper = (0.99);
```

```
state s(2) T(d) = (phi1 phi2) cov(g) = (q);
v1 = 1;
component s1 = (v1 r_m) * s;
model r_t = s1 e;
run;
```

(2) do - end 循环

语句格式、使用方法和功能与 DATA 步相同，常用来对数组中变量进行赋值操作。例如，将动态面板数据模型表示为状态空间模型的形式后，状态方程误差项协方差矩阵具有如下形式

$$Q = \begin{pmatrix} \sigma_0^2 + \sigma_1^2 & \sigma_1^2 & \cdots & \sigma_1^2 \\ \sigma_1^2 & \sigma_0^2 + \sigma_1^2 & \cdots & \sigma_1^2 \\ \vdots & \vdots & \cdots & \vdots \\ \sigma_1^2 & \sigma_1^2 & \cdots & \sigma_0^2 + \sigma_1^2 \end{pmatrix}_{N \times N} \tag{9-34}$$

程序 9 - 13 用 array 语句定义矩阵 Q 并用 do - end 循环定义矩阵元素。

```
程序 9 - 13
parms sigma0 sigma1/lower = 1.e - 8;
array Q{N,N};
do i = 1 to N;
   do j = 1 to N;
   if (i = j) then Q[i,j] = sigma0 + sigma1;
   else Q[i,j] = sigma1;
   end;
end;
```

9.2.2　模型估计

线性高斯状态空间模型采用极大似然估计方法估计模型参数，不包含外生变量 X_t（回归因子）和 W_t（设计矩阵），模型的对数似然函数由（9 - 18）式给出，由（9 - 19）式给出的卡尔曼递归算法计算对数似然函数值，对数似然函数极大化得出模型参数估计值，极大化采用数值解法。包含外生变量的模型似然函数较为复杂，分为散射似然（Diffuse Likelihood）、边际似然（Marginal Likelihood）和轮廓似然（Profile Likelihood），可参考 SAS 帮助。

似然函数选择和对数似然函数极大化方法选择通过 proc ssm 语句选项实现。

1. 似然函数选择

proc ssm 语句选项 like=value 用于似然函数类型选择。like=diffuse 选择散射似然函数,like=marginal 选择边际似然函数。默认散射和轮廓似然。

2. 对数似然函数极大化方法选择

proc ssm 语句选项 optimizer(可简写为 opt)用于对数似然函数极大化方法选择。格式为

```
optimizer(<technique = vaule> <maxiter = n>)。
```

technique=value 设定极大化方法,vaule 取值为 activeset、dbldog、interiorpoint、newrap、quanew 和 trureg,对应 6 种不同的优化算法。默认算法为 trureg(信赖域)算法。technique 可简写为 tech。

maxiter=n 用于设定数值算法的迭代(Iteration)次数,n 为正整数,默认值为 50。

9.2.3 模型诊断

估计后输出多项指标以评判模型拟合效果。在“模型参数估计”栏之后给出对数似然极大化算法的收敛情况,“在 n 次迭代后收敛的似然优化算法”表明优化算法收敛,如果出现“在 50 次迭代后似然优化算法不收敛”之类的提示,表明在默认最大迭代次数后优化算法不收敛,对应的估计结果不可靠。

之后输出的“似然计算汇总”给出了各种对数似然值和正规化残差平方和,接着输出信息准则,包括 AIC、AICC 等 5 种信息准则值。

接着输出的“加法离群值汇总”给出了观测方程可能存在的异常值点。所谓“加法离群值”是指模型中的各个成分是相加关系,异常值也按相加形式而不是相乘形式检测,检测出异常值后,也可以通过在观测方程加入时间虚拟变量的方式加以捕捉。

可以在 state 语句添加选项 checkbreak,检测状态方程的结构变点。细节可参考 SAS 帮助。

最后输出的“‘y’的标准化残差”,从观测变量 y 自相关性刻画情况对模型进行评价。如果标准化残差时序图接近白噪声,就表明模型设定合理,否则设定不合理。标准化残差是指将观测方程估计的残差序列除以其误差标准误后的残差序列。

9.2.4 模型预测

由于状态空间模型卡尔曼滤波和平滑算法很适合处理缺失值,因此将响应变量 y 的未来值置为缺失,采用卡尔曼滤波和平滑算法进行填补,即可实现预测。

数据集 nile 中变量 level 是尼罗河 1869 年到 1968 年 100 年的水位记录,其中 1921 年数据缺失。为用状态空间模型对未来 5 年的数据进行预测,程序 9 - 14 用

DATA 步在 nile 数据集添加 5 条记录，level 值为缺失，生成数据集 nile_f。用 proc sgplot 画出 level 时序图(如图 9－11 所示)。

程序 9－14

```
data Nile_f(drop = i);
set nile nobs = k;
output;
if _n_ = k then
do i = 1 to 5;
year = intnx( 'year','1jan1969'd, i - 1);
level = .;
output;
end;
run;
ods graphics on/noborder;
ods html image_dpi = 400;
proc sgplot noborder nowall;
series x = year y = level/markers
        markerattrs = (symbol = square size = 4);
run;
```

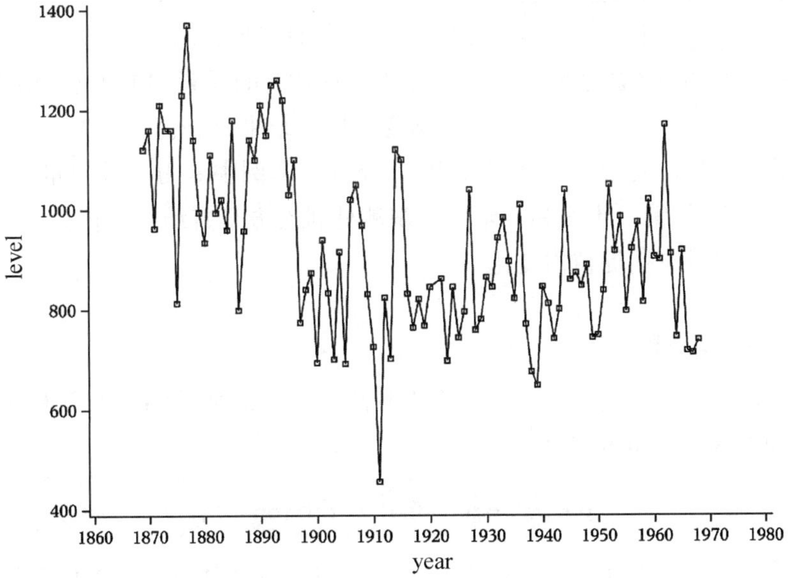

图 9－11　尼罗河水位时序图

从图 9 - 11 中看出 1899 年水位开始下降，1911 年水位有一个异常降低。为此定义虚拟变量 D1 来刻画 1899 年后的水位下降，定义虚拟变量 D2 来捕捉 1891 年的异常值。用随机游走成分 rw 和白噪声误差项作为 level 的成分。程序 9 - 15 对 level 建立状态空间模型，在 model 语句添加选项 print=smooth，在输出结果中显示缺失值的滤波估计，在 proc smm 语句中添加选项 optimizer=(technique=dbldog)用双折现算法进行对数似然函数的极大化，在 state 语句中添加选项 checkbreak 检测状态模型是否存在结构变化。

```
程序 9 - 15
proc ssm data = nile_f ;
d1 = (year>='1jan1899'd);
d2 = (year='1jan1911'd);
state s(1) type = rw cov(g) checkbreak;
component rw = s[1];
irregular e;
model level =  d1 d2 rw e/print = smooth;
run;
```

输出结果中“level 全样本缺失值预测”给出所有缺失值的卡尔曼平滑估计，所谓“全样本预测”是指采用所有样本进行的平滑估计。如果 model 语句选项为 print = filter，则输出为“level 的预测”，表明使用到 $t-1$ 为止的样本对 t 处的 level 值估计，即滤波估计。

观测	元素索引	Z 值	Pr > |z|
29	1	-3.09	0.0020
28	1	-2.46	0.0138

图 9 - 12 “s”的元素中断汇总

输出结果中“s 的元素中断汇总”给出了状态 s 的模型变点检验结果(见图 9 - 12)。

元素是指分量，“元素索引”标明是哪个分量。本例中 s 为一维向量，只有一个分量。程序结果显示，第二十八和二十九个观测处状态方程有结构变化。可以在状态方程中引入虚拟变量来捕捉结构变化。

9.2.5 保存结果

用 output 语句及其选项，可以将模型中各种成分的估计结果及其相关信息输出到 SAS 数据集中。语句格式为

```
output out = dset <options>;
```

输出数据集名字为 dset。没有选项 options 时，输出数据集包含如下变量：

(1) 名为 obs 的观测序号变量。

(2) 模型应变量。如果是多维模型,输出所有应变量序列。

(3) 与应变量有关的变量序列,包括(*表示应变量名):

① Forecast_*:应变量的一步(样本内)预测(One - step - ahead Predicted Values),即卡尔曼滤波值,以及应变量的多步预报值(Multistep Forecasts);

② Residual_*:应变量实际值和预报值的差,即残差;

③ Lower(Upper)_*:应变量预测值致信区间下限(上限);

④ StErr_Smoothed_*:应变量卡尔曼平滑估计值;

⑤ AO_*:观测方程中应变量以加法方式出现的离群值。

(4) 与 component 语句定义的成分有关的变量序列,包括(*表示成分名):

① Forecast_*:成分的一步预测,即卡尔曼滤波值,以及多步预报;

② StErr_*:成分预测值的标准误;

③ Smoothed_*:成分的卡尔曼平滑估计值;

④ StErr_Smoothed_*:成分平滑估值标准误;

⑤ Smoothed_Lower(Upper)_*:成分平滑估计值的致信区间下限(上限)。

程序 9 - 2 中 output 语句用 out=g 定义输出数据集 g,除包含应变量 r_t、应变量预测值 Forecast_r_t、残差 Residual_r_t 等变量序列外,还包括两个 componet 语句定义的成分 alpha 和 beta 的预测值 Forecast_alpha 和 Forecast_beta、平滑值 Smoothed_alpha 和 Smoothed_beta 及其标准误和置信区间上下限等序列。

添加选项 pdv,输出数据集中将包含 parms 语句定义的参数的估计结果、编程赋值语句定义的变量估计结果等信息。程序 9 - 16 在程序 9 - 15 中添加语句 output out=s pdv;。

程序 9 - 16

```
proc ssm data = nile_f ;
d1 = (year> = '1jan1899'd);
d2 = (year = '1jan1911'd);
state s(1) type = rw cov(g) checkbreak;
component rw = s[1];
irregular e;
model level =  d1 d2 rw e;
output out = s pdv;
run;
```

输出数据集 s 包含了尼罗河水位 level 的预测值和平滑值 Forecast_leve 和 Smoothed_lelve,包括 1968 年后 5 年的预测值和平滑值。由于是样本外预测,1968 年后 5 年的平滑值和预测值相同。尽管 output 语句中有 pdv 选项,但 proc ssm 中没有

parms 语句和赋值语句，输出数据集 s 中没有参数估计结果和赋值语句定义变量序列。

9.3 状态空间模型应用

状态空间模型的应用很广泛，本节通过三种应用讲解模型设定的灵活性。

9.3.1 ARMA 模型的状态空间模型估计

作为两种时间序列建模方法，ARMA 模型和状态空间模型可以相互转换。这里以 ARMA(2,1)模型为例，介绍将 ARMA 模型转换为状态空间模型来估计的方法。这里介绍 Harvey 方法(蔡瑞胸，2012)。设时间序列 y_t服从 ARMA(2,1)模型

$$y_t = \phi_0 + \phi_1 y_{t-1} + \phi_2 y_{t-2} - \theta_1 a_{t-1} + a_t,\ a_t \sim i.i.N(0,\ \sigma^2),\ t=1,\ 2,\ \cdots,\ T \tag{9-35}$$

设状态向量为 $s_t=(s_{1,\,t},\ s_{2,\,t})'$，ARMA(2, 1)模型(9-35)式可以写成状态空间模型

$$\begin{aligned} y_t &= \phi_0 + (1,\ 0)\begin{pmatrix} s_{1,\,t} \\ s_{2,\,t} \end{pmatrix} && \text{测量方程} \\ \begin{pmatrix} s_{1,\,t} \\ s_{2,\,t} \end{pmatrix} &= \begin{pmatrix} \phi_1 & 1 \\ \phi_2 & 0 \end{pmatrix}\begin{pmatrix} s_{1,\,t-1} \\ s_{2,\,t-1} \end{pmatrix} + \begin{pmatrix} 1 \\ -\theta_1 \end{pmatrix} a_t && \text{状态方程} \end{aligned} \tag{9-36}$$

测量方程为 $y_t=\phi_0+s_{1,\,t}$，没有误差项，model 语句不包含误差项成分。设定观测方程误差项成分。状态方程误差项方差矩阵 Q 为

$$Q = Var\left[\begin{pmatrix} 1 \\ -\theta_1 \end{pmatrix} a_t\right] = \begin{pmatrix} 1 & -\theta_1 \\ -\theta_1 & \theta_1^2 \end{pmatrix}\sigma_a^2 \tag{9-37}$$

为了参数识别，设 $\sigma_a^2=1$。状态方程中的自相关系数矩阵和误差协方差矩阵都有特殊的结构，需要用选项 T()=和 cov(g)=选项定义为命名参数的函数。

程序 9-17 对数据集 bys_r 中的序列 r 建立 ARMA(2,1)对应的状态空间模型。

```
程序 9-17
proc ssm data = bys_r;
parms phi1 phi2/lower = ( - 0.99) upper = (0.99);
parms theta1;
array mat{2,2};
```

```
mat[1,1] = phi1;mat[1,2] = 1;
mat[2,1] = phi2;mat[2,2] = 0;
array maq{2,2};
maq[1,1] = 1;maq[1,2] = - theta1;
maq[2,1] = - theta1;maq[2,2] = theta1 ** 2;
state s(2) t(g) = (mat) cov(g) = (maq);
component com = (1 0) * s;
c = 1;
model r = c com;
run;
```

parms 语句将 phi1 和 phi2 的取值限制在(−1,1)内以保证状态方程平稳性,第一个 array 语句和随后的四个赋值语句将状态自回归系数矩阵定义为数组 mat,第二个 array 语句和随后的四个赋值语句将状态误差协方差矩阵定义为数组 maq。赋值语句 c=1;定义回归常数项对应的回归变量 c。模型参数估计结果见图 9-13。

参数	估计	标准误差	t 值
phi1	0.9502	2.12	0.45
phi2	0.0498	2.12	0.02
theta1	0.2807	2.03	0.14

图 9-13　命名参数的估计

9.3.2　动态面板数据模型的状态空间模型估计

动态面板数据模型可以写成状态空间模型的形式,用状态方程来刻画应变量的一阶滞后自相关性,将回归自变量和个体效应虚拟变量放入状态方程的设计矩阵 W 之内。

这里以 SAS 在线帮助的例子讲解具体的数据预处理和模型设定。数据集 cigar 包含了 1963—1992 年美国 10 个区域的 30 年香烟销售数据,lsales、lprice、lndi 和 lpimin 分别表示对数销售量、对数价格、对数可支配收入和相邻区域的最低对数销售价格。建立香烟销量 lsales 的动态面板数据模型

$$\begin{aligned} lsales_{t,i} &= \rho lsales_{t-1,i} + \mu_i + \zeta_t + \beta_1 lprice_{t,i} + \beta_2 lndi_{t,i} + \beta_3 lpimin_{t,i} + \epsilon_{t,i} \\ &= \rho lsales_{t-1,i} + \mu_i + \zeta_t + \epsilon_{t,i} \end{aligned} \tag{9-38}$$

其中 μ_i 为不可观测的个体(这里为区域)异质性变量,ζ_t 为不可观测的时间(这里为年份)异质性变量。为简单,设年份异质性 ζ_t 为独立同分布序列,与误差项 $\epsilon_{t,i}$ 独立。定义十维的状态向量 $\boldsymbol{\alpha}_t = (\alpha_{t,1}, \alpha_{t,2}, \cdots, \alpha_{t,10})'$,并将观测方程定义为 $lsales_{t,i} = \alpha_{t,i}$,$i = 1, 2, \cdots, 10$,用状态方程的一阶向量自回归模型作为观测变量 lsales 的动态模型,并将解释变量 lprice、lndi、lpimin 和虚拟变量表示

的个体异质性共同形成状态方程右边的设计矩阵 W。将(9－38)式写为状态空间模型的形式为

$$\begin{bmatrix} lsales_{t,1} \\ lsales_{t,2} \\ \cdots \\ lsales_{t,10} \end{bmatrix} = \begin{bmatrix} \alpha_{t,1} \\ \alpha_{t,2} \\ \cdots \\ \alpha_{t,10} \end{bmatrix} \quad \text{测量方程}$$

$$\begin{bmatrix} \alpha_{t,1} \\ \alpha_{t,2} \\ \cdots \\ \alpha_{t,10} \end{bmatrix} = \begin{bmatrix} \rho & 0 & 0 & \cdots & 0 \\ 0 & \rho & 0 & \cdots & 0 \\ \cdots & \cdots & \cdots & \cdots & \cdots \\ 0 & 0 & 0 & \cdots & \rho \end{bmatrix} \begin{bmatrix} \alpha_{t-1,1} \\ \alpha_{t-1,2} \\ \cdots \\ \alpha_{t-1,10} \end{bmatrix} \quad \text{状态方程}$$

$$+ \begin{bmatrix} \mathbf{x}'_{t,1} & 1 & 0 & \cdots & 0 \\ \mathbf{x}'_{t,2} & 0 & 1 & \cdots & 0 \\ \cdots & \cdots & \cdots & \cdots & \cdots \\ \mathbf{x}'_{t,10} & 0 & 0 & \cdots & 1 \end{bmatrix} \begin{bmatrix} \beta \\ \mu_1 \\ \mu_2 \\ \vdots \\ \mu_{10} \end{bmatrix} + \begin{bmatrix} \zeta_t + \epsilon_{t,1} \\ \zeta_t + \epsilon_{t,2} \\ \vdots \\ \zeta_t + \epsilon_{t,10} \end{bmatrix} \qquad (9-39)$$

其中 $\mathbf{x}'_{t,i} = (lprice_{t,i}, lndi_{t,i}, \beta_3 lpimin_{t,i})'$ 是 3 列行向量。

为更清楚地看出模型结果，将第一年 $t=63$ 对应的 10 个观测方程和对应的状态方程写出为

$$\begin{aligned} lsales_{63,1} &= (1, 0, 0, \cdots, 0) * \boldsymbol{\alpha}_{63} \\ lsales_{63,2} &= (0, 1, 0, \cdots, 0) * \boldsymbol{\alpha}_{63} \\ &\cdots \\ lsales_{63,10} &= (0, 0, 0, \cdots, 1) * \boldsymbol{\alpha}_{63} \end{aligned} \quad \text{测量方程}$$

$$\begin{bmatrix} \alpha_{63,1} \\ \alpha_{63,2} \\ \cdots \\ \alpha_{63,10} \end{bmatrix} = \begin{bmatrix} \rho & 0 & 0 & \cdots & 0 \\ 0 & \rho & 0 & \cdots & 0 \\ \cdots & \cdots & \cdots & \cdots & \cdots \\ 0 & 0 & 0 & \cdots & \rho \end{bmatrix} \begin{bmatrix} \alpha_{62,1} \\ \alpha_{62,2} \\ \cdots \\ \alpha_{62,10} \end{bmatrix} \quad \text{状态方程} \qquad (9-40)$$

$$+ \begin{bmatrix} \mathbf{x}'_{63,1} & 1 & 0 & \cdots & 0 \\ \mathbf{x}'_{63,2} & 0 & 1 & \cdots & 0 \\ \cdots & \cdots & \cdots & \cdots & \cdots \\ \mathbf{x}'_{63,10} & 0 & 0 & \cdots & 1 \end{bmatrix} \begin{bmatrix} \beta \\ \mu_1 \\ \mu_2 \\ \vdots \\ \mu_{10} \end{bmatrix} + \begin{bmatrix} \zeta_{63} + \epsilon_{63,1} \\ \zeta_{63} + \epsilon_{63,2} \\ \vdots \\ \zeta_{63} + \epsilon_{63,10} \end{bmatrix}$$

观测方程逐个定义，每个观测方程需要一个十维向量和状态向量做内积得到。矩阵 Wt 是 $10\times(3+10)$，前三列分别由 $lprice_{t,i}$, $lndi_{t,i}$, $\beta_3 lpimin_{t,i}$, $t=1, 2, \cdots$,

10 构成。

为此需要对原始数据进行整理。原始数据 cigar 中面板数据是先按同一区域摆放 30 年数据，如图 9－14 所示。

	state	year	lprice	lpimin	lsales	lndi
1	1	63	4.5375766754	4.4461054802	4.5422306061	7.3513536453
2	1	64	4.5656914711	4.4853692055	4.5580787659	7.4289708138
3	1	65	4.5496912003	4.5190243721	4.5900564194	7.5009946823
4	1	66	4.5769991875	4.5114021301	4.5685062408	7.5575566292
5	1	67	4.5497713089	4.4843883514	4.5591263771	7.6126070023
6	1	68	4.6278982162	4.5212888718	4.4818720818	7.6973419189
7	1	69	4.6024417877	4.4928216934	4.5009202957	7.7737350464
8	1	70	4.6255788803	4.4818954468	4.4975848198	7.859814167
9	1	71	4.6580672264	4.4818162918	4.5580787659	7.9321165085
10	1	72	4.6170611382	4.4939446449	4.6161103249	8.0179033279

图 9－14　同一区域 30 年数据

将 cigar 按 year 排序，把数据整理成如图 9－15 所示。

state	year	lnprice	lpimin	lsales	lndi
1	63	4.5375766754	4.4461054802	4.5422306061	7.3513536453
2	63	4.358048439	4.399037838	4.8283138275	7.5728859901
3	63	4.4800071716	4.4345445633	4.6386051178	7.3000226021
4	63	4.4149746895	4.358048439	4.9558272362	7.9288010597
5	63	4.4725718498	4.4499297142	5.0511374474	7.9771723747
6	63	4.4725718498	4.4725718498	5.1107821465	7.7237668037
7	63	4.3369064331	4.390973568	5.5069561005	7.9132380486
8	63	4.4537391663	4.4762964249	4.9236240387	7.5911989212
9	63	4.4762964249	4.4461054802	4.6849050522	7.4639019966
10	63	4.516374588	4.399037838	4.5747108459	7.5698318481
1	64	4.5656914711	4.4853692055	4.5580787659	7.4289708138
2	64	4.3492369652	4.4098615646	4.7957906723	7.6321668625
3	64	4.4780697823	4.4176740646	4.6308379173	7.3840389252
4	64	4.4098615646	4.3492369652	4.9294252396	7.9979758263
5	64	4.4962191582	4.463309288	4.9663348198	8.0404930115
6	64	4.4707169533	4.5210871696	5.1410784721	7.7516217232
7	64	4.3450613022	4.3980269432	5.4608612061	7.9703965187
8	64	4.562330246	4.4853692055	4.8323059082	7.6605463028
9	64	4.4853692055	4.4483275414	4.6784205437	7.5315108299
10	64	4.5521774292	4.4369425774	4.5009202957	7.6116476059

图 9－15　cigar 按 year 排序数据

然后导出为 txt 文件 cigar.txt，再用 DATA 步读取。

```
程序 9 - 18
data temp;
infile 'd:\mydata\cigar.txt' firstobs = 2 delimiter = '09'x;
input u1 - u60;
run;
```

数据集 temp 具有如下结构：30 行 60 个变量，变量 u1～u6 是第一个区域对应的变量，u～u12 是第二个区域对应的变量……30 行对应 30 年(见图 9 - 16)。

	u1	u2	u3	u4	u5	u6	u7	u8	u9	u10
1	1	63	4.5375767	4.4461055	4.5422306	7.3513536	2	63	4.3580484	4.3990378
2	1	64	4.5656915	4.4853692	4.5580788	7.4289708	2	64	4.349237	4.4098616
3	1	65	4.5496912	4.5190244	4.5900564	7.5009947	2	65	4.3415356	4.3859868
4	1	66	4.5769992	4.5114021	4.5685062	7.5575566	2	66	4.5147862	4.3656902
5	1	67	4.5497713	4.4843884	4.5591264	7.612607	2	67	4.4707828	4.3547106
6	1	68	4.6278982	4.5212889	4.4818721	7.6973419	2	68	4.4991708	4.5306201
7	1	69	4.6024418	4.4928217	4.5009203	7.773735	2	69	4.5886865	4.5079508
8	1	70	4.6255789	4.4818954	4.4975848	7.8598142	2	70	4.5603671	4.4906034
9	1	71	4.6580672	4.4818163	4.5580788	7.9321165	2	71	4.5545263	4.5039163
10	1	72	4.6170611	4.4939446	4.6161103	8.0179033	2	72	4.50986	4.4885826
11	1	73	4.5519786	4.4309239	4.6337576	8.1278696	2	73	4.4677701	4.4092431
12	1	74	4.4707689	4.4305272	4.6839814	8.2211742	2	74	4.3759227	4.3395553
13	1	75	4.4614973	4.3810968	4.7158165	8.3158092	2	75	4.484828	4.3211985
14	1	76	4.4838662	4.4011741	4.7553129	8.4088888	2	76	4.4577336	4.3343344
15	1	77	4.4148965	4.3886056	4.7630281	8.4969635	2	77	4.3865542	4.300849
16	1	78	4.4368606	4.4092598	4.8121843	8.6035538	2	78	4.4092598	4.3296833

图 9 - 16　数据集 temp

最后以 temp 为基础，用 DATA 步程序 9 - 19 把数据摆放为 proc ssm 需要的数据集 cigar_ssm。

```
程序 9 - 19
data cigar_ssm(keep = year region lsales w1 - w130);
set temp;
array ivar{10,6} u1 - u60;
array wmat{10,13} w1 - w130;
do i = 1 to 10;
   region = ivar[i,1];
   lsales = ivar[i,3];
   do j = 1 to 10;
      do k = 1 to 13;
         wmat[j,k] = 0;
         if k = j + 3 then wmat[j,k] = 1;
         if k = 1 then wmat[j,k] = ivar[j,4];
         if k = 2 then  wmat[j,k] = ivar[j,5];
         if k = 3 then wmat[j,k] = ivar[j,6];
      end;
   end;
    output;
end;
```

数据集 cigar_ssm 具有如下数据结构(见图 9 - 17)。

	w1	w2	w3	w4	w5	w6	w7	w8	w9	w10	w11	w12	w13	w14
1	4.4461055	4.5422306	7.3514	1	0	0	0	0	0	0	0	0	0	4.39904
2	4.4461055	4.5422306	7.3514	1	0	0	0	0	0	0	0	0	0	4.39904
3	4.4461055	4.5422306	7.3514	1	0	0	0	0	0	0	0	0	0	4.39904
4	4.4461055	4.5422306	7.3514	1	0	0	0	0	0	0	0	0	0	4.39904
5	4.4461055	4.5422306	7.3514	1	0	0	0	0	0	0	0	0	0	4.39904
6	4.4461055	4.5422306	7.3514	1	0	0	0	0	0	0	0	0	0	4.39904
7	4.4461055	4.5422306	7.3514	1	0	0	0	0	0	0	0	0	0	4.39904
8	4.4461055	4.5422306	7.3514	1	0	0	0	0	0	0	0	0	0	4.39904
9	4.4461055	4.5422306	7.3514	1	0	0	0	0	0	0	0	0	0	4.39904
10	4.4461055	4.5422306	7.3514	1	0	0	0	0	0	0	0	0	0	4.39904
11	4.4853692	4.5580788	7.429	1	0	0	0	0	0	0	0	0	0	4.40986
12	4.4853692	4.5580788	7.429	1	0	0	0	0	0	0	0	0	0	4.40986
13	4.4853692	4.5580788	7.429	1	0	0	0	0	0	0	0	0	0	4.40986
14	4.4853692	4.5580788	7.429	1	0	0	0	0	0	0	0	0	0	4.40986
15	4.4853692	4.5580788	7.429	1	0	0	0	0	0	0	0	0	0	4.40986
16	4.4853692	4.5580788	7.429	1	0	0	0	0	0	0	0	0	0	4.40986
17	4.4853692	4.5580788	7.429	1	0	0	0	0	0	0	0	0	0	4.40986
18	4.4853692	4.5580788	7.429	1	0	0	0	0	0	0	0	0	0	4.40986
19	4.4853692	4.5580788	7.429	1	0	0	0	0	0	0	0	0	0	4.40986
20	4.4853692	4.5580788	7.429	1	0	0	0	0	0	0	0	0	0	4.40986
21	4.5190244	4.5900564	7.501	1	0	0	0	0	0	0	0	0	0	4.38599

图 9 - 17　数据集 cigar_ssm

注意：每个区域对应的 W 矩阵式是相同的，这样才能理解程序中 i 循环中的(j,k)循环。

程序 9 - 20 建立 lsales 的状态空间模型。

```
程序 9 - 20
proc ssm data = cigar_ssm opt(tech = dbldog maxiter = 75);
parms rho/lower = - 0.999 upper = 0.999;
parms sigma0 sigma1/lower = 1.e - 8;
array regionArray{10} region1 - region10;
do i = 1 to 10;
regionArray[i] = (region = i);
end;
array cov{10,10};
do i = 1 to 10;
   do j = 1 to 10;
   if (i = j) then cov[i,j] = sigma0 + sigma1;
   else cov[i,j] = sigma1;
   end;
end;
state panelstate(10) T(I) = (rho) w(g) = (w1 - w130) cov(g) = (cov);
comp dynpanel = (regionArray) * panelstate;
```

```
  model lsales = dynpanel;
run;
```

第一个 array 语句定义 10 区域虚拟变量 region1～region10，接下来的 Do - End 循环为虚拟变量赋值；第二个 array 语句和其后的 Do - End 循环定义十维状态变量误差项协方差矩阵 cov(见程序 9 - 13)；state 语句定义十维状态向量，T(i)＝(rho)选项将自回归系数矩阵定义为对角元素均为 rho 的对角矩阵，w(g)＝(w1－w130)定义由解释变量和个体异质性虚拟变量构成的设计矩阵，cov(g)＝(cov)定义状态方程误差协方差矩阵；comp 语句定义成分 dynpanel；model 语句定义观测方程，观测方程没有误差项。

输出结果中"状态方程中回归向量的估计"给出状态方程回归系数的估计，前面 3 个是 lprice、lndi 和 lpimin 变量的回归系数，后面 10 个是区域异质性变量的回归系数(见图 9 - 18)。

状态	元素索引	估计	标准误差	t 值	Pr > |t|
panelstate	1	0.72558	0.03014	24.07	<.0001
panelstate	2	-0.27745	0.02556	-10.85	<.0001
panelstate	3	0.00523	0.00553	0.95	0.3439
panelstate	4	2.67724	0.23023	11.63	<.0001
panelstate	5	2.65759	0.23101	11.50	<.0001

图 9 - 18　状态方程回归向量的估计

"命名参数的估计"给出了 rho、sigma0 和 sigma1 的估计结果(见图 9 - 19)。

参数	估计	标准误差	t 值
rho	-0.028970	0.000598	-48.46
sigma0	0.000664	0.013307	0.05
sigma1	0.002483	0.013348	0.19

图 9 - 19　命名参数的估计

结果表明 lsales 存在显著的负一阶自相关，年份异质性变量 ζ_t 的方差 sigma1 的估计值为0.002 5，t 检验统计值为 0.19，可以认为 ζ_t 的方差为 0，由此得出 $\zeta_t=0$，即不存在年份异质性。

将 ARMA 模型和动态面板模型表示为状态空间模型，都是将观测变量(应变量)与状态变量相等，通过状态方程的自回归结构间接刻画观测变量的自相关性和动态规律。此时的观测方程为恒等式，没有误差项。类似的方法可以将带 ARMA 误差项的时间序列变量回归模型表示为状态空间模型（蔡瑞胸，2012）。

9.3.3　动态因子模型

状态空间模型广泛应用于动态因子模型建模。本节以 Nelson－Siegel 动态利率期限结构（也称为收益率曲线）模型为例进行讲解。

利率期限结构是指不同到期时间的无风险零息债券到期收益率与期限之间的函数关系，对应的图形称为收益率曲线。以国债为例，每天银行间市场上交易的不同期限国债品种多达 40 个以上，直接对其建立向量自回归模型会导致维数过高、参数过多而无法进行。实际上，处在同一经济环境下的国债，其收益率变动的影响因素大多是相同的，动态变化具有很强的相似型。图 9－20 是到期期限为 0.25、0.5、0.75、1、1.5、2、3、4、5、6、7、8、9、10、12、14、16、18、20、25、30 年的国债 2006 年 3 月到 2013 年 11 月的月收益率时序图。①

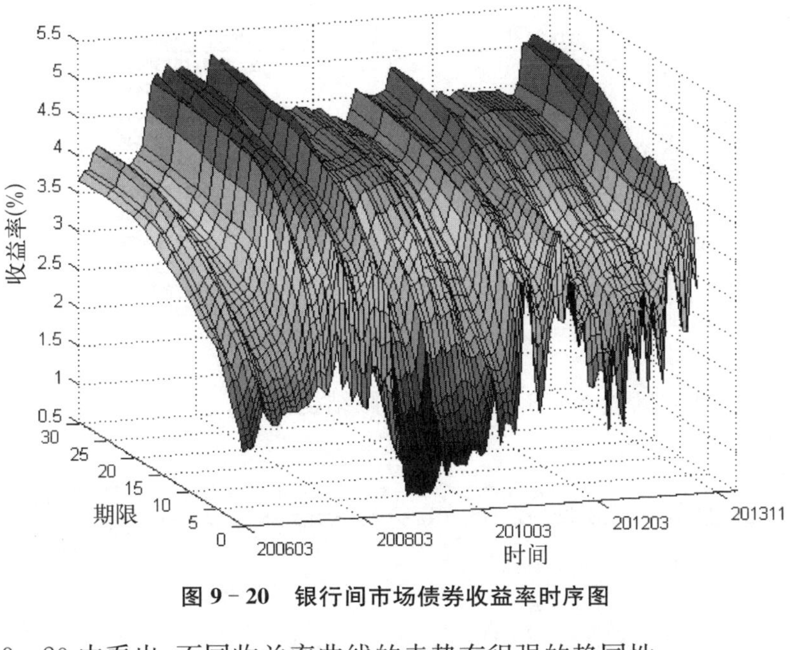

图 9－20　银行间市场债券收益率时序图

从图 9－20 中看出，不同收益率曲线的走势有很强的趋同性。

将不同期限的国债收益率用少数因子表示以降低模型维数是常用做法，其中以 Nelson－Siegel 模型（以下简称 N－S 模型）最为常见。N－S 模型将 t 时刻的收益率 $y_t(\tau)$ 表示为水平 L(Level)、斜率 S(Slope) 和曲度 C(Curvature) 三个因子的因子模

---

① 沈根祥，陈映洲．双斜率因子动态 Nelson－Siegel 利率期限结构模型及其应用[J]．中国管理科学，2015(10).

型，且将因子载荷(Factor Loading)约束为特殊形式以减少模型参数，称为三因子 N-S 动态利率期限结构模型，即

$$y_t(\tau)=L_T+\frac{1-e^{-\lambda\tau}}{\lambda\tau}S_t+\left[\frac{1-e^{-\lambda\tau}}{\lambda\tau}-e^{-\lambda\tau}\right]C_t+\epsilon_t(\tau)$$

$$\begin{bmatrix}L_t-\mu_L\\S_t-\mu_S\\C_t-\mu_C\end{bmatrix}=\Phi\begin{bmatrix}L_{t-1}-\mu_L\\S_{t-1}-\mu_S\\C_{t-1}-\mu_C\end{bmatrix}+\begin{bmatrix}\eta_{L,t}\\\eta_{S,t}\\\mu_{C,t}\end{bmatrix},\ \tau=m_1,\ m_2,\ \cdots,\ m_N \tag{9-41}$$

观测方程中回归系数只有一个参数 λ，误差项 $\epsilon_t(\tau)$ 方差为 $\sigma^2(\tau)$，$\tau=1,\ 2,\ \cdots,\ N$，状态方程自回归系数矩阵 Φ 和误差项协方差矩阵 Q 均为 3×3 方程，有 $9\times2=18$ 个参数。兼顾参数精简和模型灵活性，将状态方程自回归系数矩阵 Φ 约束为对角矩阵，对误差项协方差矩阵不做约束。

数据集 yield22 为整理后的数据，变量 y 为 22 种不同期限的到期收益率数据，m 为以月为单位的到期期限，type 为债券种类编号。数据构成为(前 10 条)(见图 9-21)。

	date	type	m	y
1	2001-08-31	1	6	2.6170135445
2	2001-08-31	2	12	2.6170135445
3	2001-08-31	3	18	2.6170135445
4	2001-08-31	4	24	2.6170135445
5	2001-08-31	5	30	2.7691386772
6	2001-08-31	6	36	2.9341312512
7	2001-08-31	7	42	3.0519830897
8	2001-08-31	8	48	3.1403719686
9	2001-08-31	9	54	3.2091188744
10	2001-08-31	10	60	3.161090029

图 9-21　数据集 yield22

程序 9-21 建立国债 N-S 动态利率期限结构模型。

```
程序 9-21
proc ssm data = yield22 opt(tech = dbldog maxiter = 300);
id date interval = month;
parms lmd/lower = 1.e - 4;
parms phi1 - phi3/lower = - 0.99 upper = 0.99;
parms sigma1 - sigma22/lower = 1.e - 4;
/* Part Ⅰ: set 22 error term in measurement eq. */
array s_array(22) sigma1 - sigma22;
do i = 1 to 22;
if (type = i) then sigma  =  s_array[i];
end;
```

```
irregular wn variance = sigma;
/* Part Ⅱ: set factor loadings */
Z1 = 1.0;
tmp = exp( - lmd * m);
Z2 = (1 - tmp)/(lmd * m);
Z3 = ( 1 - tmp - lmd * m * tmp)/(lmd * m);
/* Part Ⅲ: set state */
state gamma(3) T(d) = (phi1 phi2 phi3) cov(g);
state mu(3) type = rw;
/* Part Ⅳ: set measurement eq. */
comp gammaComp = (Z1 - Z3) * gamma;
comp muComp = (Z1 - Z3) * mu;
model y = muComp gammaComp wn;
/* Part Ⅴ: set components for output */
comp gamma1 = gamma[1];
comp gamma2 = gamma[2];
comp gamma3 = gamma[3];
output out = dnsFor pdv;
run;
```

ID语句用于指定时间刻度变量 date 和两个样本的时间跨度(Interval)为月度(Month)。第一个 parms 语句定义参数 λ，下限为 10^{-4}；第二个 parms 语句定义状态方程自回归系数矩阵对角线参数 ϕ_1、ϕ_2、ϕ_3，取值范围限定为$(-1, 1)$以保证模型平稳性；第三个 parms 语句定义对应不同期限收益率 $y_t(\tau)$ 观测方程误差项方差 $\sigma^2(\tau)$，$t=1, 2, \cdots, 22$。接下来的 array 语句和 Do - End 循环语句定义误差项方差 sigma，然后 irregular 语句定义误差项。从这里看出，尽管有 22 个不同的期限变量 $y_t(\tau)$，但观测方程被看成一维模型，只是不同观测对应的误差项不一样。一个 model 语句定义的观测方程也能说明这一点。

程序第Ⅱ部分定义因子 L、S 和 C 的因子载荷。第Ⅲ部分定义状态方程。第一个状态方程为三维 VAR(1)模型，自回归系数矩阵为对角阵，对角线元素为 phi1、phi2 和 phi3(不能缩略列示)。第二个状态方程定义三维常数向量 $\mu=(\mu_1,\mu_2,\mu_3)'$，把状态方程中常数项通过模型变换添加在观测方程中，以满足状态方程不能有常数项的要求，即

$$y_t(\tau)=(\gamma_{1,t}+\mu_L)+\frac{1-e^{-\lambda\tau}}{\lambda\tau}(\gamma_{2,t}+\mu_S)+\left[\frac{1-e^{-\lambda\tau}}{\lambda\tau}-e^{-\lambda\tau}\right](\gamma_{3,t}+\mu_C)+\epsilon_t(\tau)$$

$$\begin{bmatrix}\gamma_{1,t}\\ \gamma_{2,t}\\ \gamma_{3,t}\end{bmatrix}=\begin{bmatrix}L_t-\mu_L\\ S_t-\mu_S\\ C_t-\mu_C\end{bmatrix}\Rightarrow\begin{bmatrix}L_t\\ S_t\\ C_t\end{bmatrix}=\begin{bmatrix}\gamma_{1,t}+\mu_L\\ \gamma_{2,t}+\mu_S\\ \gamma_{3,t}+\mu_C\end{bmatrix}$$

$$\begin{bmatrix}\mu_{L,t}\\ \mu_{S,t}\\ \mu_{C,t}\end{bmatrix}=\begin{bmatrix}\mu_{L,t-1}\\ \mu_{S,t-1}\\ \mu_{C,t-1}\end{bmatrix}+\begin{bmatrix}0\\ 0\\ 0\end{bmatrix} \tag{9-42}$$

第Ⅳ部分定义观测方程，第一个 component 语句定义状态 gamma 和因子载荷形成的线性组合，第二个 component 语句定义由于状态零均值化变换增加的常数项。

第Ⅴ部分定义供 output 输出的变量(成分)，3 个 component 语句将 gamma 的 3 个分量定义为变量，以便在输出数据集中输出水平、斜率和曲度因子的卡尔曼滤波和平滑值序列，以评估模型估计效果。

输出结果显示，似然函数极大化算法在 281 次迭代后收敛。“状态固定效应估计”给出了常数状态 mu 的估计结果；“命名参数估计结果”给出了 λ、ϕ_1、ϕ_2、ϕ_3 和 22 个观测方程误差项方程的估计值(见图 9－22)。

参数	估计	标准误差	t 值
lmd	0.01643	0.000973	16.88
phi1	0.91688	0.025456	36.02
phi2	0.92683	0.024295	38.15
phi3	0.93793	0.020854	44.98
sigma1	0.13553	0.020007	6.77

图 9－22　命名参数的估计

ϕ_1、ϕ_2、ϕ_3 的估计值都在 0.9 以上，表明债券收益率存在很强的一阶自相关。“模型参数估计”给出的是状态方程误差项(扰动项)方差估计结果，以矩阵平方根(乔勒斯基分解)形式给出(见图 9－23)。

成分	类型	参数	估计	标准误差	t 值
gamma	扰动协方差	RootCov[1, 1]	0.600	0.0927	6.47
gamma	扰动协方差	RootCov[2, 1]	-0.466	0.0858	-5.43
gamma	扰动协方差	RootCov[2, 2]	0.287	0.0214	13.41
gamma	扰动协方差	RootCov[3, 1]	-1.405	0.1906	-7.37
gamma	扰动协方差	RootCov[3, 2]	-0.318	0.0508	-6.26
gamma	扰动协方差	RootCov[3, 3]	0.421	0.0293	14.37

图 9－23　模型参数估计

最后输出的是“y 的标准化残差”，虚线为 3 个标准差的置信区间上下限。残差很接近白噪声，表明模型充分提取了数据中的信息。为节省空间，这里不再列出图形。

习题

1. 数据集 sh_bys_zgsh_r 中的变量 r_sh、r_b 和 r_z 分别是上证指数、白云山和招商银行的日收益序列。以 r_z 为观测(应)变量，r_sh 为观测方程回归变量，建立时变系数回归 CAPM 模型。

(1) 将状态方程设定为 VAR(1)类型，自回归系数矩阵不做约束，误差协方差矩阵对角。

(2) 将状态方程设定为 VAR(1)类型，自回归系数矩阵对角，误差协方差矩阵不做约束。

(3) 将状态方程设定为 VAR(1)类型，自回归系数矩阵和误差协方差矩阵均为对角。

(4) 将状态方程设定为 VAR(1)类型，自回归系数矩阵和误差协方差矩阵均不做约束。

(5) 比较(1)～(4)设定的模型的估计结果，你能得出什么结论？

(6) 从(2)中模型估计结果“加法离群值汇总”中，确定观测方程异常值的观测序号对应的时间，在测量方程中添加异常值虚拟变量。

(7) 在(2)中设定模型 state 语句中添加选项 checkbreak，检测状态变量的结构断点，并在确定断点位置后在状态方程中添加断点虚拟变量。

(8) 在 state 语句中用选项 type=rw 且不带选项 cov()将状态变量设定为常数，估计模型。用估计结果中的“似然计算汇总”给出的轮廓对数似然值和(2)的估计结果的轮廓对数似然值，构造似然比检验，对“回归系数为常数”的原假设进行检验。

(9) 用带 out=选项的 output 语句将(2)中模型估计结果保存为 SAS 数据集，用 proc sgplot 画出时变斜率系数的平滑估计和滤波估计的序列图。

2. 时间序列变量回归模型可以表示为状态空间模型。设变量 y_t，x_t 的回归模型为

$$y_t = \beta_0 + \beta_1 x_t + \epsilon_t,\ \epsilon_t \sim i.i.N(0,\ \sigma^2)$$

将 β_1 设为常数状态变量

$$s_t = s_{t-1} + \eta_t,\ \eta_t \sim N(0,\ 0)$$

回归的状态空间模型具有如下形式

$$\begin{aligned} y_t &= \beta_0 + s_t x_t + \epsilon_t \\ s_t &= s_{t-1} + \eta_t \end{aligned}$$

(1) 以数据集 sh_trt_r 中变量 r_trt 为因变量，r_m 为自变量构造回归模型，将其转换为状态空间模型进行估计。

(2) 用 proc autoreg 模型估计模型参数，与状态空间模型估计结果进行比较。

3. 将习题 2 中模型误差项的独立同分布假设放松为一阶自回归，即

$$\begin{aligned} y_t &= \beta_0 + \beta_1 x_t + \epsilon_t \\ \epsilon_t &= \phi\, \epsilon_{t-1} + v_t,\ v_t \sim (0,\ \sigma^2) \end{aligned}$$

定义两个状态变量，一个是常数状态变量 s，另一个是误差项状态变量 e，把回归模型写成状态空间模型的形式

$$y_t = c + s_t x_t + e_t$$

$$s_t = s_{t-1} + \eta_t, \eta_t \sim N(0, 0)$$

$$e_t = \phi e_{t-1} + v_t, v_t \sim N(0, \sigma^2)$$

(1) 以数据集 sh_trt_r 中变量 r_trt 为因变量，r_m 为自变量构造回归模型，模型误差项服从一阶自回归。将其转换为状态空间模型进行估计。

(2) 用 proc autoreg 估计模型，与状态空间模型估计结果进行比较。

4. 用数据集 cigar 中变量建立变面板数据模型

$$lsales_{i,t} = \mu + \beta_1 lprice_{i,t} + \beta_2 lndi_{i,t} + \beta_3 lpimin_{i,t} + \gamma_i + \eta_t + \epsilon_{i,t}$$

lprice、lndi 和 lpimin 分别表示对数销售量、对数价格、对数可支配收入和相邻区域的最低对数销售价格，γ_i 和 η_t 分别为个体(区域)效应和时间(年份)效应，ϵ_{it} 为模型误差项，满足独立同分布假设。用 proc ssm 设定和估计个体(区域)和时间(年份)双向固定效应模型。

5. 为更好地捕捉收益率曲线短端的特征，在 N-S 三因子模型基础上增加一个斜率因子，得出四因子模型动态 N-S 模型

$$y_t(\tau) = L_T + \frac{1-e^{-\lambda_1 \tau}}{\lambda_1 \tau} S_{1,t} + \frac{1-e^{-\lambda_1 \tau}}{\lambda_1 \tau} S_{2,t} + \left[\frac{1-e^{-\lambda_1 \tau}}{\lambda_1 \tau} - e^{-\lambda_1 \tau}\right] C_t + \epsilon_t(\tau)$$

(1) 写出四因子动态 N-S 模型的状态空间模型表示。

(2) 用 yield22 的数据估计四因子动态 N-S 模型，其中参数 λ_1 和 λ_2 的值给定，$\lambda_1 = 0.2$、$\lambda_2 = 2.79$。

第 10 章　矩阵编程语言 IML

SAS/IML 是一种交互式矩阵编程语言(Interactive Matrix Language),通过启动过程 proc iml 进入编程环境。IML 以数值矩阵为基本操作对象,提供大量的矩阵运算工具,具有强大矩阵运算功能,特别适合统计分析和数值计算。IML 中的矩阵和 SAS 数据集可以自由转换,不用 DATA 步即可方便地处理数据。IML 可以调用 R 语言函数,将 R 语言强大的统计分析功能和 SAS/IML 灵活的矩阵操作功能有机结合。

本章基于 SAS/IML15.1 对 IML 编程语言进行讲解。为更清楚地显示运行结果,在 SAS 主界面菜单操作:工具→选项→参数选择→结果,在弹出的对话框中勾选"创建 HTML",并在"样式"后面的下拉列表中选择"Journal1a"。

在程序编辑器窗口提交 proc iml 语句进入 IML 编程环境,编辑器标题栏显示"proc iml 正在运行"。proc iml 为交互式运行方式,选中程序段并提交即可运行,不需要 run;语句。提交 quit 语句退出 IML 编程环境。除非必要,本章给出的程序代码不再包含进入 IML 环境的语句 proc iml。

10.1　矩阵创建

矩阵是 IML 最基本的数据结构和处理单元。IML 中矩阵是一个二维数组,分为数值型和字符型。数值型矩阵的元素必须是数值型数据,以双精度格式存储。字符型矩阵的元素必须是字符型数据,宽度相同。矩阵的元素可以是缺失值。矩阵的命名规则与 SAS 数据集和 SAS 变量的命名规则相同。矩阵的维数由行数和列数确定,一个 n×p 矩阵由 np 个元素形成的 n 行和 p 列构成,1×p 矩阵称为行向量(Row Vector),n×1 矩阵称为列向量(Column Vector),1×1 矩阵称为标量(Scalar)。

可以采用多种方法创建矩阵。

10.1.1　元素列示

通过列示矩阵元素创建(定义)矩阵。如果是 1×1 的标量矩阵,则用赋值方式直接定义。例如程序 10-1 定义数值型矩阵 x 和字符型矩阵 name,语句 print 将矩阵 x

和 name 的内容输出到屏幕和结果窗口。

```
程序 10 - 1
proc iml;
x = 1;
name = 'zhaolei';
print x name;
```

如果是多行多列的矩阵，则在花括号内列示元素，不同行之间用逗号分隔，同一行不同元素用空格分隔。程序 10 - 2 定义 3×2 数值矩阵 y 和 3×1 字符矩阵 name。

```
程序 10 - 2
y = {1 2,3 4,5 6};
name = {'zhansan','lisi','wangwu'};
print y name;
```

运行结果见图 10 - 1。

y		name
1	2	zhansan
3	4	lisi
5	6	wangwu

图 10 - 1　矩阵 y 和 name

采用元素列示法定义矩阵时，可以采用重复因子(Repeating Factor)节省输入。重复次数用方括号括住形成重复因子，放在需要重复的元素前面。例如

```
b = {[2]1 2,3 [2]4,[2]5 6};
print b;
```

的运行结果见图 10 - 2。

b		
1	1	2
3	4	4
5	5	6

图 10 - 2　矩阵 b

需要注意，采用元素列示定义矩阵时，矩阵元素不能是变量名。例如程序

```
x = 1;b = 2;c = 3;
```

```
x = {a b c};
print x;
```

的运行结果见图 10-3。

x
A B C

图 10-3　矩阵 x

图 10-3 表明矩阵 x 的元素不是数字 1、2 和 3，而是字符'A''B'和'C'。

10.1.2　矩阵生成函数

IML 中有丰富的矩阵生成函数，这里介绍最为常用的几个。

1. J 函数

J 函数生成给定阶数的矩阵，所有元素都等于给定的值。函数格式为

```
J(n<,p<,value>>)
```

自变量中，n 为矩阵行数，p 为列数，value 为元素的值。p 为可选项，缺省值为行数 n；value 为可选项，缺省值为 1。程序 10-3 生成并打印矩阵 mtr1、mtr2 和 mtr3。

```
程序 10-3
proc iml;
x = 5;
mtr1 = j(3);
mtr2 = j(3,x);
mtr3 = j(x,1,0);
print mtr1 mtr2 mtr3;
```

其运行结果见图 10-4。

mtr1			mtr2					mtr3
1	1	1	1	1	1	1	1	0
1	1	1	1	1	1	1	1	0
1	1	1	1	1	1	1	1	0
								0
								0

图 10-4　矩阵 mtr1～mtr3

可以看出，函数自变量既可以是常数，也可以是变量。

2. I 函数

I 函数生成给定阶数的单位矩阵(identity matrix)。函数格式为

```
I(n)
```

自变量 n 为矩阵阶数，可以是常数，也可以是变量。例如程序

```
I3 = I(3);
print I3;
```

定义并打印三阶单位矩阵 I3，运行结果见图 10-5。

I3		
1	0	0
0	1	0
0	0	1

图 10-5 三阶单位矩阵

3. 生成索引向量

用索引算符(Index Operator)"："可以生成索引行向量。其格式为

```
value1: value2
```

算符将 value1 作为行向量第一个元素，将 value1 移动一个单位作为第二个元素，以此类推，直到最接近 value2 的值作为最后一个元素。value1 和 value2 可以是字符，如果字符有数值后缀，则按照后缀递延生成向量元素，如果是两个字母(Letters)，则用两个之间的字母作为向量元素。例如程序

```
r = 1:5;
s = 10:6;
t = 'abc1':'abc5';
w = 'D':'A'
print r,s,t,w;
```

定义矩阵 r、s、t 和 w，输出结果见图 10-6。

r				
1	2	3	4	5

s				
10	9	8	7	6

t				
abc1	abc2	abc3	abc4	abc5

w			
D	C	B	A

图 10-6　索引算符生成的矩阵

索引算符生成向量元素时，向量元素值的间隔（也称步长）为 1（单位）或者 -1（单位）。借助函数 do 可以生成元素值间隔为任意实数的索引行向量。do 函数格式为

```
do(v1,v2,d)
```

三个自变量必须是数值型数值，既可以是常数，又可以是变量。v1 为向量第一元素，v2 为最后一个元素的上界，d 为相邻元素的取值间隔，可以是正数，也可以是负数。例如程序

```
u = do( - 2,2,0.5);
print u;
```

定义并打印矩阵（行向量）u（见图 10-7）。

u								
-2	-1.5	-1	-0.5	0	0.5	1	1.5	2

图 10-7　函数 do 生成的矩阵

将一个区间（例如函数定义域）进行等分时，do 函数十分方便。

4. Block 函数

函数 block 用多个矩阵作为分块矩阵的对角线矩阵形成块对角矩阵（Block - Diagonal Matrix）。函数格式为

```
block(m1<,m2,…,m15)
```

自变量 m1、m2、…、m15 为矩阵。最多可以用 15 个矩阵形成块对角矩阵。程序 10-4 用元素列示法定义矩阵 a、b 和 c，然后用 block 函数形成块对角矩阵。

```
程序 10 - 4
proc iml;
a = 1;
b = {2 2,3 3};
c = {[3]4,[3]5};
d = block(a,b,c);
print d;
```

其运行结果见图 10 - 8。

d					
1	0	0	0	0	0
0	2	2	0	0	0
0	3	3	0	0	0
0	0	0	4	4	4
0	0	0	5	5	5

图 10 - 8　Block 函数生成矩阵

通过矩阵运算和操作，能够更为灵活地创建矩阵。

10.2　矩阵运算和操作

矩阵运算和操作在数据整理和分析中最为常用，丰富的运算和操作为数据整理和分析提供了强大的工具。

10.2.1　矩阵运算

矩阵运算符将运算对象连接构成矩阵表达式实现矩阵运算。按作用方式将运算符分为三类：前缀运算符(Prefix Operators)、二元运算符(Binary Operators)和后缀运算符(Postfix Operators)。前缀运算符位于矩阵之前，例如对矩阵取负值的运算符"—"；二元运算符位于矩阵之间，例如矩阵相乘的运算符"＊"和矩阵次方运算符"＊＊"；后缀运算符位于矩阵之后，例如转置运算符"\`"。表 10 - 1 列出运算符及其功能。

表 10 - 1　　矩 阵 运 算 符

算符	类型	功　　能	举　　　　例
—	前缀	矩阵取负号	—A
＋	二元	矩阵相加	特例：A+1，将 A 的各个元素加 1

续表

<table>
<tr><th>算符</th><th>类型</th><th>功　能</th><th>举　例</th></tr>
<tr><td>—</td><td>二元</td><td>矩阵相减</td><td>特例：A—1，将 A 的各个元素减 1</td></tr>
<tr><td>:</td><td>二元</td><td>创建指标向量</td><td>I=7:10 创建行向量 i=(7 8 9 10)</td></tr>
<tr><td>*</td><td>二元</td><td>矩阵相乘</td><td>A * B</td></tr>
<tr><td>#</td><td>二元</td><td>矩阵逐元素相乘</td><td>特例：A#3,将 A 的各个元素乘以 3</td></tr>
<tr><td>@</td><td>二元</td><td>矩阵直积</td><td>又称 Kroneck 积</td></tr>
<tr><td>**</td><td>二元</td><td>矩阵次方</td><td>A ** 2=A * A,A 为方阵</td></tr>
<tr><td>##</td><td>二元</td><td>逐元素次方</td><td>A##2 将 A 的每个元素平方;A##B 将 A 的每个元素按对应的 B 中元素取次方</td></tr>
<tr><td>/</td><td>二元</td><td>逐元素相除</td><td>特例：A/2 将 A 的各个元素除以 2,而 2/A 则是将 2 除以 A 的各个元素</td></tr>
<tr><td>||</td><td>二元</td><td>水平拼接</td><td>将具有相同行数的两个矩阵水平拼接为一个矩阵</td></tr>
<tr><td>//</td><td>二元</td><td>垂直拼接</td><td>将具有相同列数的两个矩阵垂直拼接为一个矩阵</td></tr>
<tr><td><></td><td>二元</td><td>逐元素比较取大</td><td>逐元素比较两个矩阵,结果矩阵对应元素为其中大的</td></tr>
<tr><td>><</td><td>二元</td><td>逐元素比较取小</td><td>逐元素比较两个矩阵,结果矩阵对应元素为其中小的</td></tr>
<tr><td>&</td><td>二元</td><td>逐元素全非 0</td><td>逐元素检查两个矩阵,如果对应元素全非 0,结果矩阵元素为 1,否则为 0。特例：A&1,A&0</td></tr>
<tr><td>|</td><td>二元</td><td>逐元素有非 0</td><td>逐元素检查两个矩阵,如果对应元素至少一个非 0,结果矩阵元素为 1,否则为 0。特例：A|1,A|0</td></tr>
<tr><td>ˆ</td><td>前缀</td><td>逐元素检查是否 0</td><td>逐元素检查矩阵,如果对应元素为 0,结果矩阵元素为 1,否则为 0</td></tr>
<tr><td><</td><td>二元</td><td>逐元素比较大小</td><td>逐元素比较两个矩阵,比较关系式成立,则结果矩阵元素为 1,否则为 0。特例：A>2</td></tr>
<tr><td>></td><td>二元</td><td>逐元素比较大小</td><td>逐元素比较两个矩阵,比较关系式成立,则结果矩阵元素为 1,否则为 0。特例：A<2</td></tr>
<tr><td>=</td><td>二元</td><td>逐元素比较相等</td><td>逐元素比较两个矩阵,比较关系式成立,则结果矩阵元素为 1,否则为 0。特例：A=2</td></tr>
<tr><td><=</td><td>二元</td><td>逐元素比较大小</td><td>逐元素比较两个矩阵,比较关系式成立,则结果矩阵元素为 1,否则为 0。特例：A<=2</td></tr>
<tr><td>>=</td><td>二元</td><td>逐元素比较大小</td><td>逐元素比较两个矩阵,比较关系式成立,则结果矩阵元素为 1,否则为 0。特例：A>=2</td></tr>
<tr><td>ˆ=</td><td>二元</td><td>逐元素比较不等</td><td>逐元素比较两个矩阵,比较关系式成立,则结果矩阵元素为 1,否则为 0。特例：A ˆ=0</td></tr>
<tr><td>`</td><td>后缀</td><td>取转置(transpose)</td><td>A`</td></tr>
<tr><td>[ ]</td><td>后缀</td><td>下标算符</td><td>见本书章节 10.2.2</td></tr>
</table>

对表 10－1 中的运算符做如下补充说明：

1. 矩阵与一个常数运算

逐元素（Element － wise）运算中，矩阵与一个常数运算时，采用所谓的广播（Broadcasting）功能：先将常数复制为与矩阵相同阶数的矩阵，然后进行运算。如程序 10－5 所示：

```
程序 10－5
proc iml;
a = {1 2,3 4,5 6};
b = 3/a;
print a b;
```

运算“/”为逐元素相除，首先将 1×1 矩阵 3 广播为和 a 具有相同阶数的矩阵，然后与 a 逐元素相除，即

$$3/\begin{bmatrix}1 & 2\\3 & 4\\5 & 6\end{bmatrix} \Rightarrow \begin{bmatrix}3 & 3\\3 & 3\\3 & 3\end{bmatrix} / \begin{bmatrix}1 & 2\\3 & 4\\5 & 6\end{bmatrix} = \begin{bmatrix}3/1 & 3/2\\3/3 & 3/4\\3/5 & 3/6\end{bmatrix}$$

运行结果见图 10－9。

b	
3	1.5
1	0.75
0.6	0.5

图 10－9　矩阵 b

2. 矩阵与一个向量运算

逐元素运算中，矩阵与一个向量运算时，广播功能先将向量复制为与矩阵相同阶数的矩阵，然后进行运算。矩阵阶数和向量阶数必须匹配，广播功能才能起作用：n×p 矩阵和 n×1 矩阵（列向量）或者 1×p 矩阵（行向量）进行运算，运算规则为（OP 表示运算符）

$$A_{n\times p}\ \text{OP}\ \mathbf{a}_{n\times 1} \Rightarrow A_{n\times p}\ \text{OP}\ (\mathbf{a}_{n\times 1},\ \mathbf{a}_{n\times 1},\ \cdots,\ \mathbf{a}_{n\times 1})$$

$$A_{n\times p}\ \text{OP}\ \mathbf{b}_{1\times p} \Rightarrow A_{n\times p}\ \text{OP}\ \begin{pmatrix}\mathbf{b}_{1\times p}\\ \mathbf{b}_{1\times p}\\ \vdots\\ \mathbf{b}_{1\times p}\end{pmatrix}$$

即：n×p 矩阵和 n 维列向量运算时，将矩阵的每一行所有元素和列向量的对应行元素进行运算；n×p 矩阵和 p 维行向量运算时，将矩阵的每一列所有元素和列向量

的对应列元素进行运算。例如

```
a = {1 2,3 4,5 6};
b = {3 5};
c = a#b;
print a b c;
```

运算"#"为逐元素相乘，首先将 1×2 矩阵 b 广播为和 a 具有相同阶数的矩阵，然后与 a 逐元素相乘。即

$$\begin{bmatrix}1 & 2\\3 & 4\\5 & 6\end{bmatrix}\#[3\quad 5]=\begin{bmatrix}1 & 2\\3 & 4\\5 & 6\end{bmatrix}\#\begin{bmatrix}3 & 5\\3 & 5\\3 & 5\end{bmatrix}=\begin{bmatrix}3 & 10\\9 & 20\\15 & 30\end{bmatrix}$$

相当于将矩阵 a 的各列乘以行向量 b 的各列，运行结果见图 10 - 10。

a		b		c	
1	2	3	5	3	10
3	4			9	20
5	6			15	30

图 10 - 10　矩阵 a、b 和 c

3. 矩阵拼接

IML 提供两种矩阵拼接算符，"||"将两个具有相同行数的矩阵左右拼接为"更宽"的矩阵，"//"将两个具有相同列数的矩阵上下拼接为"更高"的矩阵。程序

```
a = {1 1 1,7 7 7};
b = {0 0 0,8 8 8};
c = a||b;
d = a//b;
print a b c d;
```

运行结果见图 10 - 11。

c						d		
1	1	1	0	0	0	1	1	1
7	7	7	8	8	8	7	7	7
						0	0	0
						8	8	8

图 10 - 11　矩阵拼接

10.2.2 矩阵下标和降维

下标算符由一对方括号"[]"构成，是一种后缀算符，置于矩阵之后，用于矩阵元素的挑选(Refer to)和矩阵降维(Reduction)。

1. 元素挑选

在下标中给出所选元素的位置或者位置范围，即可实现元素挑选。具体格式为：

(1) 格式 1：A[i,j]——挑选第 i 行第 j 列位置上的元素；

(2) 格式 2：A[i,]——挑选第 i 行的元素形成行向量；

(3) 格式 3：A[,j]——挑选第 j 列的元素形成列向量；

(4) 格式 4：A[i]——挑选第 i 个元素，元素位置规则为行优先(Row-major Order)；①

(5) 格式 5：A[a,b]——按行向量 a、b 给出的行列数挑选元素，形成子矩阵；

(6) 格式 6：A[a,]——按行向量 a 给出的行数挑选元素，形成子矩阵；

(7) 格式 7：A[,b]——按行向量 b 给出的列数挑选元素，形成子矩阵。

程序 10-6 用指标算符生成向量，以此挑选矩阵 a 的多列或多行形成子矩阵。

```
程序 10-6
proc iml;
a={1 1 1,7 7 7};
b={0 0 0,8 8 8};
c=a[1,2:3];
d=b[1:2,];
print c d;
```

运行结果见图 10-12。

c		d		
1	1	0	0	0
		8	8	8

图 10-12 矩阵元素挑选

用赋值语句可以修改矩阵选定位置上的元素。例如，C[2,1]=6 将矩阵 C 第二行、第一列位置的元素修改为 6。程序 10-7 将矩阵 t 的所有取负值元素修改为 0。

```
程序 10-7
proc iml;
t={3 2 -1,6 -4 3,2 2 2};
```

① 先数第一行，数完后再数第二行。例如 $A_{3\times2}$[5] 挑选的是第二行第二列位置上的元素。

```
i = loc(t<0);
t[i] = 0;
print i t;
```

比较运算 t<0 的结果矩阵是以 0,1 为元素的矩阵,函数 loc 得到矩阵(t<0)中非 0 元素位置[①],即 t 中负值元素的位置,以此形成向量 i,t[i]=0 将 t 中对应 i 中数值位置的元素改为 0 值。运行结果见图 10－13。

i	t		
3 5	3	2	0
	6	0	3
	2	2	2

图 10－13　修改矩阵元素值

2. 矩阵降维

在下标算符内放入缩减算符(Reduction Operator),对矩阵指定的部分进行统计运算,得出维数更低的矩阵。表 10－2 列出缩减算符及其功能。

表 10－2　缩减算符及其功能

算符	+	#	##	<>	><	<:>	>:<	:
功能	相加	相乘	平方和	最大	最小	最大值位置	最小值位置	均值

算符的运算对象由其所在位置确定：放在行(列)标位置表示跨行(列)运算,不分行列则对所有元素运算。例如 A[,+]表示对矩阵 A 跨列求和,即求每行的和！结果为列向量;A[##]求所有元素平方和。程序 10－8 对矩阵 A 的不同部分进行多种缩减运算。

```
程序 10 - 8
proc iml;
A = {0 1 2,5 4 3,7 6 8};
B = A[{2 3}, + ];
C = A[ + ,<>];
D = A[<>, + ];
E = A[,><][ + ,];
F = A[>:<];
```

① loc(A)返回矩阵 A 中非零元素的位置并以此形成向量。

```
G = A[<:>,];
H = A[:];
print b c d e f g h;
```

运行结果见图 10 - 14。

B	C	D	E	F	G			H
12	13	21	9	1	3	3	3	4
21								

图 10 - 14　矩阵 A 缩减运算结果

B=A[{**2 3**},+]对 A 的第二、三行进行跨列求和，得出二维列向量 B；F=A[>:<]计算矩阵 A 最小元素的位置，G=A[>:<,]计算矩阵 A 跨行最大值(即列最大值)的位置(所在列的行数)，得出行向量 G。类似方法理解其他运算。

10.2.3　矩阵函数

IML 提供了丰富的矩阵函数，用于矩阵运算和操作。这里挑选常用的函数进行示例，详细内容可参考 SAS 帮助。

1. 数学函数

数学函数的自变量是矩阵。绝对值函数 abs()、指数函数 exp()、对数函数 log()、取整函数 int()和平方根函数 sqrt()对自变量矩阵的每个元素取相应的函数值。例如

```
a = {0 1 2, -5 4 3};
b = abs(a);
c = exp(a);
print b c;
```

运行结果见图 10 - 15。

b			c		
0	1	2	1	2.7182818	7.3890561
5	4	3	0.0067379	54.59815	20.085537

图 10 - 15　矩阵 b 和 c

Base/SAS 中的绝大多数函数适用于矩阵，函数的返回值是对自变量矩阵每个元素取函数值后形成的矩阵。这里以概率函数 CDF()、分位数函数 Quantile()和随机数生成函数 Rand()为例进行说明。函数的格式和定义参考第 3 章。程序 10 - 9 计算矩阵 A 的每个元素对应的正态分布函数值返回矩阵 prob，计算矩阵 b 每个元素对应

的指数分布分位数返回矩阵 quant。

```
程序 10-9
proc iml;
a = {-2 -1.95 -1.5, -1 -0.5 0,0.5 1 1.95};
prob = cdf('normal',a);
print prob;
b = {0.3 0.5, 0.7 0.8,0.85 0.9};
quant = quantile('exponential',b,1);
print quant;
```

运行结果见图 10-16。

prob		
0.0227501	0.0255881	0.0668072
0.1586553	0.3085375	0.5
0.6914625	0.8413447	0.9744119

quant	
0.3566749	0.6931472
1.2039728	1.6094379
1.89712	2.3025851

图 10-16　矩阵 prob 和 quant

随机数生成是随机模拟中必要的操作。Base/SAS 中函数 rand()可用于矩阵，但 SAS/IML 推出了效率更高的矩阵随机数生成子程序(Subroutine) randgen()。格式为

```
randgen(A,'dis'<,parm1> <,parm2> <,parm3>)
```

A 为预先定义过的矩阵，dis 为概率分布名称，parm1～parm3 为分布参数。函数返回值为矩阵 A，矩阵 A 的元素是从给定概率分布中产生的随机数。

程序 10-10 从期望为 3、方差为 4 的正态分布中抽取随机数形成 100 维列向量 a，从分子自由度为 5、分母自由度为 15 的 F 分布中抽取随机数形成 1 000×50 的矩阵。

```
程序 10-10
proc iml;
a = j(100,1,0);
```

```
call randgen(a,'NORMAL',3,2);
b = j(1000,50,0);
call randgen(b,'F',5,15);
print b;
```

运行结果见图 10－17(这里列出矩阵 a 的前 5 行,矩阵 b 的前 5 行前 5 列)。

a
4.4074937
2.8441529
1.1652641
4.8020112
4.3803715

	COL1	COL2	COL3	COL4	COL5
ROW1	1.7661614	0.2285158	0.7488628	0.9626315	0.4820375
ROW2	0.1875848	1.1483828	0.7815275	0.7355147	2.3591868
ROW3	1.5899998	12.908447	1.0469623	1.1168202	2.3431674
ROW4	0.5760609	0.7033056	0.9057401	4.2441768	0.3272304
ROW5	0.7788012	0.4723507	1.8074838	0.2088607	0.4054283

图 10－17　矩阵 a 和 b(部分)

2. 线性代数函数

IML 提供丰富的线性代数函数用于矩阵运算,包括(但不限于)矩阵行列式函数、逆矩阵函数、特征值和特征向量函数、迹函数、乔勒斯基分解(矩阵平方根)函数以及矩阵奇异值分解函数等。

(1) 行列式函数 **det**()

返回方阵的行列式值,自变量为方阵。例如

```
a = {1 1.5, -3 6};
b = det(a);
```

变量矩阵 b=10.5。

(2) 逆矩阵函数 **inv**()

返回自变量矩阵的逆矩阵,自变量为方阵。例如

```
a = {1 1.5, -3 6};
c = inv(a);
print c;
```

运行结果见图 10－18。

c	
0.5714286	-0.142857
0.2857143	0.0952381

图 10－18　矩阵 c

(3) 逆矩阵更新函数 **invupdt()**

数值计算中常需要如下逆矩阵更新公式(Sherman - Moorison - Woodbury 公式)

$$(A+w\boldsymbol{x}\boldsymbol{x}')^{-1}=A^{-1}-\frac{w}{1+w\boldsymbol{x}'A^{-1}\boldsymbol{x}}A^{-1}\boldsymbol{x}\boldsymbol{x}'A^{-1} \tag{10-1}$$

$A_{n\times n}$ 是方阵,$\boldsymbol{x}_{n\times 1}$ 为列向量,w 为数值。(10-1)式给出了从 A^{-1} 到 $(A+w\boldsymbol{x}\boldsymbol{x}')^{-1}$ 的更新公式,如果 A^{-1} 已知,则可以通过公式计算 $(A+w\boldsymbol{x}\boldsymbol{x}')^{-1}$ 而不必要直接求逆。

函数 invupdt()的一般格式为

```
invupdt(M,x<,w>)
```

可逆矩阵 M、列向量 x 和常数 w 对应(10-1)式中的 A^{-1}、$\boldsymbol{x}$ 和 w,函数返回值对应 $(A+w\boldsymbol{x}\boldsymbol{x}')^{-1}$。 w 为可选项,缺省值为 1。

可将逆矩阵更新函数用于线性回归模型回归系数 OLS 估计公式,评价添加或者去掉某个观测后对参数估计的影响。以一元回归模型为例,

$$y_i=\beta_0+\beta_1 x_i+\epsilon_i,\ i=1,\ 2,\ \cdots,\ N \tag{10-2}$$

回归系数 OLS 估计公式为

$$\hat{\beta}=\begin{pmatrix}\hat{\beta}_0\\ \hat{\beta}_1\end{pmatrix}=(X'X)^{-1}X'y \tag{10-3}$$

其中

$$X=\begin{pmatrix}1 & x_1\\ 1 & x_2\\ \vdots & \vdots\\ 1 & x_N\end{pmatrix},y=\begin{pmatrix}y_1\\ y_2\\ \vdots\\ y_N\end{pmatrix} \tag{10-4}$$

增加一个样本,得出

$$X^{(1)}=\begin{pmatrix}1 & x_1\\ 1 & x_2\\ \vdots & \vdots\\ 1 & x_N\\ 1 & x_{N+1}\end{pmatrix}\triangleq\begin{pmatrix}X\\ (x^d)'\end{pmatrix},\ y^{(1)}=\begin{pmatrix}y_1\\ y_2\\ \vdots\\ y_N\\ y_{N+1}\end{pmatrix}=\begin{pmatrix}y\\ y_{N+1}\end{pmatrix}$$

$$\Rightarrow X^{(1)\prime}X^{(1)}=(X'\quad x^d)\begin{pmatrix}X\\ x^d\end{pmatrix}=(X'X+x^d(x^d)') \tag{10-5}$$

其中 $(x^d)'=(1, x_{N+1})$。对应的回归系数估计为

$$\hat{\beta}^{(1)}=\begin{pmatrix}\hat{\beta}_0^{(1)}\\ \hat{\beta}_1^{(1)}\end{pmatrix}=(X^{(1)\prime}X^{(1)})^{-1}X^{(1)\prime}y^{(1)}=(X'X+x^d(x^d)')^{-1}X^{(1)\prime}y^{(1)} \tag{10-6}$$

采用逆矩阵更新公式可以在 $(X'X)^{-1}$ 的基础上计算 $[X'X+x^d(x^d)']^{-1}$。如果是去掉某个观测重新回归，则是在 $(X'X)^{-1}$ 的基础上计算 $[X'X-x^d(x^d)']^{-1}$，只需要取 w=−1 即可。

程序 10－11 演示去掉一个观测对一元线性回归模型回归系数 OLS 估计的影响。

```
程序 10-11
proc iml;
x={0,1,1,1,2,2,3,4,4};
y={1,1,2,6,2,3,3,3,4};
nr=nrow(x);/* compute the number of columns of x*/
X=j(nr,1,1)||x;
M=inv(X`*X);
beta=M*X`*y;
resid=y-X*beta;/* comput residul*/
print "original fit",beta resid;
v=X[4,];/* the fourth obervation*/
/* Update the matrix M after removing the 4th obs*/
M=invupdt(M,v,-1);
/* get the X and y after removing the 4th obs*/
kobs=(1:3)||(5:nr);
X=X[kobs,];
y=y[kobs,];
/* compute new beta and residual*/
beta=M*X`*y;
resid=y-X*beta;
print "After deleting Obs. 4", beta resid;
```

其中函数 nrow(A)返回矩阵 A 的行数。运行结果见图 10－19。

从结果看出，去掉第四个观测对估计结果影响很大。

original fit		After deleting Obs. 4	
beta	resid	beta	resid
2.0277778	-1.027778	1	2.22E-16
0.375	-1.402778	0.6470588	-0.647059
	-0.402778		0.3529412
	3.5972222		-0.294118
	-0.777778		0.7058824
	0.2222222		0.0588235
	-0.152778		-0.588235
	-0.527778		0.4117647
	0.4722222		

图 10－19　去掉一个观测的影响

(4) 特征值和特征根子程序 **eigen()**

计算方阵的特征根和特征向量，格式为

```
eigen(eva,eve,A);
```

A 为方阵自变量，eva 为 A 的特征值形成的矩阵。如果 A 对称，特征根为实数，则 eva 为特征根形成的列向量；如果 A 非对称，则 eva 为两列矩阵，第一列为特征虚根的实部形成的向量，第二列为虚部形成的向量，每一行对应一个特征虚根。eve 为以 A 的特征向量为列形成的矩阵。如果 A 对称，特征值从大到小排列，则特征根在矩阵 eve 中列的位置按其特征值的先后位置确定；如果 A 非对称，则共轭特征根对应的特征向量出现在相邻位置。

(5) 迹函数 **trace()**

返回值为方阵自变量对角线元素的和。

程序 10－12 计算矩阵 A 的特征值、特征向量和迹。

```
程序 10-12
proc iml;
a = {2 3 7,7 9 2,4 6 1};
call eigen(eva,eve,a);
tra = trace(a);
print eva eve tra;
```

运行结果见图 10－20。

eva	eve			tra
14.408727	0	0.4500185	0.8175902	0	12
-1.204364	1.1208038	0.7573733	-0.521347	-0.090524	
-1.204364	-1.120804	0.4731481	-0.150831	0.1697041	

图 10 - 20　A 的特征值、特征向量和迹

第一个特征值为实数，虚部为 0，第二、三个特征根为共轭虚根，eve 是对应的特征向量。可以看出，有特征虚根时，实部大于 0 的虚根先出现。

（6）平方根函数 **root()**

函数 root(A)返回正定矩阵 A 的乔勒斯基分解中的 U 矩阵，即 A=U′U，U 为与 A 同阶的上三角矩阵(Upper Triangular)。多元统计中常用乔勒斯基分解进行随机向量的标准化。设 n 维随机向量 y 的协方差矩阵 Σ 不是单位矩阵。设 Σ 的乔勒斯基分解维 $\Sigma = U'U$，对 y 做线性变换

$$x = (U')^{-1} y \Rightarrow Var(x) = (U')^{-1} \Sigma U^{-1} = I \tag{10-7}$$

x 的协方差矩阵为单位矩阵。

程序 10 - 13 对矩阵 a 进行乔勒斯基分解，得出矩阵 u。

```
程序 10 - 13
proc iml;
A = {25 0 5,
0 4 6,
5 6 59};
u = root(A);
print u;
```

运行结果见图 10 - 21。

u		
5	0	1
0	2	3
0	0	7

图 10 - 21　矩阵 A 的乔勒斯基分解

（7）奇异值分解子程序 **SVD()**

计算出矩阵的奇异值分解，格式为

```
SVD(U,Q,V,A)
```

A 为要进行分解的 m×n 阶矩阵，U、Q 和 V 为分解结果中的因子矩阵。矩阵 $A_{m\times n}$ 的奇异值分解是指

$$A_{m\times n}=UQV' \tag{10-8}$$

U 和 V 均为列向量正交矩阵。如果 m>n，则 U 为 m×n 矩阵，满足 $U'U=I_n$，V 为 n×n 正交矩阵，Q 为 n×n 对角矩阵。Q 对角线元素是矩阵 $A'A$ 特征值的平方根（称为 A 的奇异值），U 的列是 $A'A$ 的特征向量，V 的列是 AA' 的特征向量。如果 n>m，则将公式两边转置即可。

程序 10-14 对矩阵 a 进行奇异值分解，得出矩阵 u、q 和 v。

```
程序 10-14
proc iml;
a = {22 10 2 3 7,
   14 7 10 0 8,
-1 13 -1 -11 3,
-3 -2 13 -2 4,
9 8 1 -2 4,
9 1 -7 5 -1,
2 -6 6 5 1,
4 5 0 -2 2};
call svd(u,q,v,a);
print u q v;
```

运行结果见图 10-22。

u					q
0.7071068	0.1581139	-0.176777	0.4981043	0.257839	35.327043
0.5303301	0.1581139	0.3535534	-0.545477	-0.477979	20
0.1767767	-0.790569	0.1767767	-0.286069	0.4445901	19.595918
0	0.1581139	0.7071068	0.2390923	0.1279577	1.427E-15
0.3535534	-0.158114	0	0.1581104	-0.020197	1.41E-15
0.1767767	0.1581139	-0.53033	-0.418761	0.1382903	
0	0.4743416	0.1767767	-0.337524	0.6722471	
0.1767767	-0.158114	0	0.0326231	-0.139904	

		v		
0.8006408	0.3162278	-0.288675	-0.419095	0
0.4803845	-0.632456	0	0.4405091	0.4185481
0.1601282	0.3162278	0.8660254	-0.052005	0.3487901
0	0.6324555	-0.288675	0.6760591	0.244153
0.3202563	0	0.2886751	0.4129773	-0.802217

图 10-22　矩阵 a 的奇异值分解

(8) 方程组求解函数 **solve**()

函数的格式为

```
solve(A,B)
```

A 为 n×n 可逆方阵,B 为 n×p 矩阵,函数返回值为方程组 Ax=B 的解(列向量) x。程序

```
A ={0 0 1 0 1,
1 0 0 1 0,
0 1 1 0 1,
1 0 0 0 1,
0 1 0 1 0};
b={9,4,10,8,2};
x=solve(A,b);
print x;
```

解方程组 Ax=b,运行结果见图 10-23。

x
3
1
4
1
5

图 10-23　方程组的解

3. 统计函数

(1) 将列看作变量样本

将矩阵的列看作变量的样本值,计算各列的统计量和列之间的统计量,函数自变量为矩阵。常见的有 Mean()、Var()、Kurtosis()、Skewness()、Corr()、Cov()等,分别计算矩阵各列的均值、方差、峰度、偏度和各列间的相关系数、协方差等。列的统计量计算结果为行向量,列间的相关系数和协方差计算结果为矩阵。程序 10-15 用函数 Cov()和 Kurtosis()计算矩阵 x 各列之间的协方差矩阵 cov 和各列的超额峰度向量 kur。

```
程序 10-15
proc iml;
x={5 1 10,
   6 2 3,
   6 8 5,
```

```
   6 7 9,
   7 2 13};
cov = cov(x);
kur = kurtosis(x);
print cov,kur;
```

运行结果见图 10－24。

cov		
0.5	0.25	0.75
0.25	10.5	-3.75
0.75	-3.75	16

kur		
2	-2.897959	-1.417969

图 10－24　协方差和峰度

（2）对所有元素的统计

函数自变量为矩阵，所有元素参与计算，不再分行列，函数返回值为一个数值，包含的函数有 Max()、Min()、Sum()、Ssq()、Prod()、Cusum()和 Cuprod，对应的功能为计算矩阵自变量所有元素的最大值、最小值、求和、平方和、乘积、累积和(Cumulative Sum)以及累积乘积(Cumulative Product)等。cusum()和 cuprod()对矩阵元素的操作顺序是以行为主的顺序，计算结果的摆放按自变量矩阵的方式形成矩阵。程序

```
a = cusum({1 2 4 5});
b = cusum({1 2, 4 5});
c = ssq({1 2, 4 5,3 7});
print a,b,c;
```

运行结果见图 10－25。

a				b		c
1	3	7	12	1	3	104
				7	12	

图 10－25　累积和及平方和

4. 查询函数

查询(Inquiry)函数的自变量为矩阵，返回值为矩阵或者矩阵元素的信息。常用的查询函数包括：

（1）ncol(A)：返回矩阵 A 的列数；

（2）nrow(A)：返回矩阵 A 的行数；

(3) loc(A)：返回矩阵 A 中非零元素的位置，返回值为行向量；

(4) all(A)：判断矩阵 A 中元素是否全部为非零，如果是则返回值 1，如果有 0 值或者缺失值则返回值 0；

(5) any(A)：判断矩阵 A 中元素是否有非零值，如果是则返回值 1，如果全部为 0 值或者缺失值则返回值 0。

程序 10－16 用函数 J()和 nrow()生成和矩阵 A 具有相同列数的向量 v，用函数 loc()确定 A 和 B 不相等的元素位置，生成行向量 neq。

```
程序 10-16
proc iml;
a={-1 1 0,
   2 -2 3,
   -6 8 5,
   6 7 3,
   7 2 3};
b={-1 1 2,
   2 -2 3,
   -6 8 5,
   6 7 3,
   7 2 1};
v=j(1,ncol(a));
neq=loc(a-b);
print v,neq;
```

运行结果见图 10－26。

v		
1	1	1

neq	
3	15

图 10－26　运行结果

10.3　SAS 数据集操作

可以将 SAS 数据集读入为 IML 环境中的矩阵，采用丰富的矩阵操作符和矩阵函数处理数据，还可以直接在 IML 环境中对 SAS 数据集进行操作。

10.3.1　将 SAS 数据集读入 IML

将 SAS 数据集读入 IML 分为两步：第一步打开数据集，第二步列示数据集观测。

1. 打开数据集

语句 use 打开 SAS 数据集，添加从句(Clause)var 和 where 挑选可供读取的变量和观测。语句格式为

```
use ndset <var operand> <where(expr)>;
```

其功能是打开数据集 ndset 供读取，ndset 为数据集名。从句选项功能为：

(1) var operand：限制读取的变量范围。operand 用于列出数据集变量，这里列出三种形式：

① 元素列示定义的矩阵，元素为引号引起来的变量名字符；

② 事先定义的字符矩阵，矩阵的元素为字符变量名；

③ 关键词 _all_、_char_和_num_，对应所有变量、所有字符型变量和所有数值型变量。

没有 var 从句时，默认所有数据集变量。

(2) where(expr)：设定读取的观测范围。expr 为数据集变量形成的 where 表达式。参考章节 3.1.2。

2. 列示数据集数据

语句 list 可以列示打开的数据集数据，通过观测范围(Range)选项、var 从句和 where 从句确定列示的变量和观测。语句格式为

```
list <range> <var operand> <where(expr)>;
```

range：确定读取观测范围的关键词，共有 5 种：

① all：所有观测

② current：当前观测；

③ next<k>：下一条观测或者下 k 条观测；

④ after：当前观测后的所有观测；

⑤ point value：value 指定的观测，value 为数值型矩阵，可以是常数和变量。

如果没有 range 选项，则默认当前观测。

var 从句与 where 从句的格式和功能与 use 语句中的一样。

程序 10－17 列出数据集 sashelp.class 中变量 name、sex、age 的第三、六、九条观测。

```
程序 10－17
proc iml;
```

```
p = {3,6,9};
varnames = {name,sex,age};
use sashelp.class;
list point p var varnames;
```

从句 var 后给出事先定义的矩阵 varname 来确定列示的变量，point 关键词给出事先定义的矩阵 p 来确定列示的观测。运行结果见图 10－27。

OBS	Name	Sex	Age
3	芭芭拉	女	13
6	詹姆斯	男	12
9	杰弗瑞	男	13

图 10－27　数据集数据列示

3. 读取观测到 IML 矩阵

语句 read 读取数据集观测到 IML 环境，形成矩阵。语句格式为

```
read <range> <var operand> <where(expr)> <into Mname>;
```

关键词 range、从句 var 和 where 的使用与 list 语句中相同。into Mname 将选定的变量和观测读入 IML 形成矩阵 Mname。没有这个选项时，read 语句将选定的每个变量读入 IML 形成矩阵(向量)，矩阵的名字为变量名。需要注意，IML 矩阵只能包含相同数据类型的变量(列)，因此采用 into 从句时要保证所选变量为同种数据类型。

注： use 语句和 read 语句中用于确定变量和观测范围的 var 从句、where 从句和 range 选项也可以用到其他数据集操作语句，如 edit、find 语句等。

程序 10－18 用 use 语句打开数据集 sashelp.class，用 read 语句读取数据(见图 10－28)。

```
程序 10-18
proc iml;
use sashelp.class var {'name','sex','weight','height'}
          where(sex='女');
read all var{'weight','height'} into figure;
read;
print sex,figure weight height;
```

Sex
女

figure		Weight	Height
84	56.5	84	56.5
98	65.3		
102.5	62.8		
84.5	59.8		
112.5	62.5		
50.5	51.3		
90	64.3		
77	56.3		
112	66.5		

图 10－28　将数据读入矩阵

语句 use 用 var 从句和 where 从句对变量和观测进行挑选，第一个 read 语句将数值型变量 weight 和 hight 的所有观测作为整体读入矩阵 figure，第二个 read 语句将数据集所有变量的当前观测读入同名的向量。

10.3.2　编辑数据集

在 IML 环境内可以直接对 SAS 数据集进行编辑，使得 IML 语言具有 DATA 步的数据整理功能。

为了不影响原数据集，用 DATA 步生成数据集 class 供编辑。

```
data class;
set sashelp.class;
run;
```

1. 编辑语句 **edit**

数据集编辑涉及数据的读取和写入，要用 edit 语句置数据集于可读写状态。语句格式为

```
edit ndata <var operand> <where(expr)>;
```

var 从句和 where 从句的使用与 use 语句中相同。

2. 查询语句 **find**

查询指定范围内满足条件的观测，将对应的观测序号读入矩阵。语句格式为

```
find <range> <where(expr)> into Mname;
```

range 关键词指定查询范围，where 从句确定查询条件，into 从句将查询结果读为矩阵 Mname。

3. 替换语句 replace

用 IML 中变量的当前值替换 SAS 数据集中变量的观测值。语句格式为

```
replace <range> <var operand> <where(expr)>;
```

用变量当前值替换数据集变量值，关键词 range、var 从句和 where 从句确定替换的观测范围、变量和观测需要满足的条件。

程序 10－19 将 class 数据集中名为亨利的学生信息进行修改，将其年龄增加 1 岁。

```
程序 10-19
proc iml;
edit class;
find all where(name='亨利') into obs;
list point obs;
read point obs var{age};
age=age+1;
replace point obs var{age};
list point obs;
```

运行结果见图 10－29。

OBS	Name	Sex	Age	Height	Weight
5	亨利	男	14.0000	63.5000	102.5000

OBS	Name	Sex	Age	Height	Weight
5	亨利	男	15.0000	63.5000	102.5000

图 10－29　修改数据集观测值

4. 删除标记语句 delete 和删除语句 purge

delete 对满足条件的观测做删除标记（Marks），语句格式为

```
delete <range> <where(expr)>
```

关键词 range 确定要删除的观测范围，where 从句设定要删除观测满足的条件。

purge 语句删除被 delete 语句做过标记的观测，重新编排数据集序列号。由于重新写入所有观测，因此语句的执行较为耗时。

程序 10－20 查询姓名为约翰的观测，将其观测序号读入矩阵 obs，用 delete 语句和 point 从句对该观测做删除标记，最后执行 purge 语句删除该观测。

```
程序 10－20
proc iml；
edit class；
find all where(name ='约翰') into obs；
delete point obs；
purge；
```

10.3.3　用矩阵创建数据集

create 语句和 append 语句用 IML 内的矩阵创建 SAS 数据集，create 语句创建数据集，append 语句将数据写入数据集。

1. 创建数据集

语句 create 分两种情况创建数据集：用矩阵创建和用变量创建。

（1）用矩阵创建

语句格式为

```
create dsname from Mname <Colname = Cln Rowname = Rwn>；
```

dsname 为数据集名，Mname 为矩阵名，Colname＝选项设定生成数据集的变量（列）名，缺省时数据集变量名为 col1、col2……选项 Rowname＝在数据集中添加一个字符变量作为数据集行的识别，RWn 为矩阵名。由于数值型矩阵不能包含字符型数据，因此要从数值型矩阵产生数据集并在数据集中添加一个字符变量，需要用到 Rowname＝选项。

程序 10－21 将数据集 class 中变量读入 IML，用矩阵逐元素相除运算计算身高和体重比值矩阵 HWratio，再以此创建数据集 ratio。

```
程序 10－21
proc iml；
use class；
read all var{name height weight}；
hwratio = height/weight；
create book.ratio from hwratio[colname ='HWR' rowname = name]；
append from hwratio[rowname = name]；
close book.ratio；
```

程序 10－21 表明，create 语句要和 append 语句配合使用：create 语句有选项 Rowname=是，append 语句必须有相同的选项。此外，需要用 close 语句关闭数据集后才可以在逻辑库中打开生成的数据集。

（2）用变量创建

用矩阵创建数据集受到矩阵只能包含同种类型数据的限制，即使用选项 Rowname=可以添加一个字符变量，但仍然不够方便。create 语句配合 var 从句可以用多个变量创建数据集。语句格式为

```
create dsname var operand;
```

程序 10－22 用变量 name、height、weight 和 hwratio 创建数据集。

```
程序 10-22
proc iml;
use class;
read all var{name height weight};
hwratio = height/weight;
create ratio var{name height weight hwratio};
append;
close ratio;
```

2. 数据写入

create 语句只创建了数据集框架，数据集内没有观测，append 语句向数据集内写入观测值。语句格式与 create 的两种格式对应

```
append dsname from Mname <Rowname = Rwn>;
append <var operand>;
```

采用 var 从句时，append 语句中的 var 从句可以省略。程序 10－21 和程序 10－22演示了 append 语句的使用方法。

将 SAS 数据集读为 IML 的矩阵，可以用矩阵语言进行数据处理，处理的结果又可以写为 SAS 数据集，结合 DATA 步和 PROC 步，极大地扩展了数据处理和分析功能。

10.3.4　数据集排序

语句 sort 可以直接对 SAS 数据集排序，与过程 proc sort 具有类似的功能。语句格式为

```
sort data = dsname1 <out = dsname2> by <decending> vars;
```

data＝选项设定要排序的数据集，out＝设定排序后数据集，省略时覆盖原数据集，by 给出 by 变量，decending 设定按 by 变量值递减排序，默认递增排序。

程序 10－23 对数据集 sashelp.class 按 sex 排序，排序后保存为 class。

```
程序 10 - 23
proc iml;
sort data = sashelp.class out = class by sex;
run;
```

需要注意，sort 语句并没有将排序数据集读入 IML。用 DATA 步的 set 语句和 by 语句打开排序后的数据集，会产生 DATA 步临时变量 first.vn 和 last.vn，要在 IML 内使用这些临时变量，需要首先在 DATA 步把临时变量定义为数据集变量加以保存，然后将数据集变量读入 IML 矩阵才能使用。

10.4　编程语句

SAS/IML 编程语句不仅包含控制语句，用于控制程序执行流程，如选择语句、循环语句、跳转语句和终结语句等，而且包含用于定义函数和子程序的语句。大多数控制语句与 DATA 步中对应的语句具有相同或者相似的格式和功能。

10.4.1　选择语句

IML 中的选择语句有 IF－THEN 语句和 IF－THEN－ELSE 语句，格式为

```
if expr then 语句 1;
else 语句 2;
```

其中 expr 为(矩阵)表达式。

选择语句的功能和使用方法与 DATA 步相同。程序

```
a = {17 22,13 10};
if max(a)<20 then p = 1;
else p = 0;
print p;
```

根据矩阵 a 的元素最大值是否小于 20 定义矩阵 p 的值。

与 DATA 步不同，if 语句中作为条件的表达式是矩阵表达式，运算结果也是矩阵。表达式矩阵的所有元素都是非零和非缺失值时，才认为条件成立。这等价于将矩

阵表达式用其 all 函数返回值代替。例如语句

```
if x<y then p = 1;
if all(x<y) then p = 1;
```

等价。

IML 中没有类似 DATA 步中的多项选择语句 select - when。

10.4.2　Do - End 语句块

将多个语句用 Do - End 作为边界形成语句组，当作一个语句执行，称为 Do 组。Do 组扩展了 IF - THEN - ELSE 的功能，使得选择路径后能够执行多个语句。Do 组的格式和功能与 DATA 步中一样。程序

```
if x<y then
   do;
    z1 = abs(x + y);
    z2 = abs(x - y);
   end;
else
   do;
     z1 = abs(x - y);
     z2 = abs(x + y);
   end;
```

在 if - then 后放置 Do 组，在 else 后放置 Do 组，使得选择路径后能够执行两个语句。

10.4.3　循环语句

一组语句反复执行时，需要用循环语句控制和实现。同 DATA 步中一样，IML 中的循环语句具有 DO - END 循环的形式，且大多与 DATA 步对应语句具有相同的格式和功能，见章节 3.4.2。这里仅对与 DATA 步中循环语句的不同之处进行说明。

1. 指定次数循环

语句格式为

```
Do 指标变量 = 初值 To 终值 <by 步长>;
SAS 语句;
End;
```

指标变量的初值和终值是矩阵表达式，但表达式值（运算结果）必须是标量

(Scalar)。IML 中没有内置循环,不需要 DATA 步那样处处小心内置循环和 Do-End 循环的关系。

程序 10-24 将矩阵 a 的 0 元素替换为缺失值,负值元素的符号改为正。

```
程序 10-24
proc iml;
a={-1 2 4,
   0 -2 8,
   3 5 9,
   0 -4 7};
do i=1 to ncol(a)*nrow(a);
  if a[i]=0 then a[i]=.;
  if a[i]<0 then a[i]=-a[i];
end;
print a;
```

运行结果见图 10-30。

a		
1	2	4
.	2	8
3	5	9
.	4	7

图 10-30　矩阵 a

2. 指定条件循环

指定条件循环分为 Do While-End 循环和 Do Until-End 循环,语句格式与使用方法与 DATA 中相同,参见章节 3.4.2。IML 环境中,循环条件中的表达式是矩阵表达式,是否成立(取真值)要按矩阵判断规则。程序 10-25 将矩阵 a 的所有元素置为 0。

```
程序 10-25
proc iml;
a={1 2 4,
   0 2 8,
   3 5 9,
   0 4 7};
do until(a=0);
```

```
    do i=1 to ncol(a) * nrow(a);
        if a[i]^=0 then a[i]=a[i]-1;
    end;
end;
```

使 Do - End 循环“短路”和“跳出”的语句 Continue 和 Leave 的格式和使用方法与 DATA 步中相同。

程序 10 - 26 采用数值方法计算积分 $\int_0^1 e^{-x^2/2}dx$。用函数 do()对积分区间(0, 1)进行划分并得到分点向量 grid，其中变量 delta 为两个相邻分点的距离(分割细度)。

```
程序 10-26
proc iml;
delta=0.1;
integ=0;
integ1=1;
do i=1 to 100 until(abs(integ-integ1)<1e-6);
integ1=integ;
grid=do(0,1,delta);
integ=sum((exp(-(grid##2)/2))#delta);
delta=delta/5;
end;
print integ integ1;
```

为提高计算精度，每次循环将分割细度增加 5 倍，循环到前后两次积分值之差小于 10^{-5}结束，最大循环次数为 100。运行结果见图 10 - 31。

integ	integ1
0.8556254	0.8556295

图 10 - 31　运行结果

与 DATA 步中不同，IML 中没有指定内容的 Do - End 循环。

10.5　函数定义和引用

函数是模块的一种，模块(Module)是用户定义的一系列语句形成的语句块，具有特定功能。IML 中的模块分为函数和子程序，只有一个返回值的模块称为函数。函数一经定义，可在程序的任何地方使用。

10.5.1　定义函数

函数是以 start 语句开始，finish 语句结束的程序块。具体格式为

```
start name(args) <global(vars)>;
statements;
return(f);
finishi name;
```

name 为函数名，args 为自变量列表，自变量之间用逗号隔开，f 为函数返回值。

程序 10－27 定义函数 plus，将其应用于赋值语句定义矩阵 z1 和 z2。

```
程序 10－27
proc iml;
start plus(x,y);
f=x+y;
return(f);
finish plus;
a={1 2,3 4};
b=5;
z1=plus(a,b);
z2=plus(3,4);
print z1 z2;
```

运行结果见图 10－32。

z1		z2
6	7	7
8	9	

图 10－32　运行结果

10.5.2　函数符号表

符号(Symbol)是矩阵的名称。例如，x 和 y 是已定义的矩阵，则名称“x”和“y”就是符号。矩阵一旦定义，其符号就存放在符号表(Symbol Table)中。符号表分为全局符号表(Global Symbol Table)和局部符号表(Local Symbol Talbe)，不在任何模

块内定义的矩阵对应的符号存放在全局符号表中，在模块内定义的矩阵对应的符号存放在该模块的局部符号表中。函数符号表由函数局部符号表和 global 从句组成。

1. 函数局部符号表

函数是具有自变量且返回值唯一的模块，每个函数都有自己的局部符号表。全局符号表中的符号"x"和局部符号表中的同名符号"x"对应不同的矩阵。类似地，不同局部符号表中相同的符号对应不同的矩阵。

```
程序 10 - 28
proc iml;
a = 10;b = 20;c = 30;
start fun3(x,y);
  c = 2#30 + y;
  print c;
  return (c);
finish fun3;
z = fun3(a,b);
print a b c z;
```

程序 10 - 28 定义函数 fun3()，函数之外变量 c 的符号在全局符号表中，func3() 内的 c 的符号在 fun3 的局部符号表中，其值不会影响函数之外变量 c 的值。第一个 print 语句打印的是函数内变量 c 的值，第二个 print 语句打印的是函数之外变量 c 的值，运行结果见图 10 - 33。

c
80

a	b	c	z
10	20	30	80

图 10 - 33　运行结果

两个 print 语句打印出变量 c 的值分别是 80 和 30。

2. global 从句

要在函数之内使用全局符号表中的矩阵名称，需要在 start 语句中添加 global 从句。语句格式为

```
start name(args) global(vars);
```

vars 为变量名列表,变量名之间用逗号分隔。global 使得 vars 中列出的全局符号表中变量(符号)和函数局部符号表中的同名变量发生关联,在函数内直接对全局符号表的变量进行操作。

程序 10－29 在程序 10－28 语句 start 添加 global 从句,将变量 c 指定为全局变量。

```
程序 10-29
proc iml;
a = 10;b = 20;c = 30;
start fun3(x,y) global(c);
  c = 2#30 + y;
  print c;
  return (c);
finish fun3;
z = fun3(a,b);
print a b c z;
```

运行结果见图 10－34。

c
80

a	b	c	z
10	20	80	80

图 10－34　运行结果

函数内变量 c 和函数外变量 c 取值相同,表明函数内赋值语句 c＝2＃30＋y 对全局符号表中的变量 c 进行了操作。

10.5.3　函数调用

一旦定义,函数便可以引用。

1. 函数自变量

引用函数时需要给出自变量,自变量可以是常数、变量和表达式。自变量为变量时,将自变量取值传递给函数,自变量为表达式时,首先对表达式进行运算,将运算结果保存在临时变量中,再将临时变量值传递给函数。例如,矩阵下标运算形成的表达式作为自变量时,由下标变量生成的子矩阵存放在临时变量中。

程序 10－30 定义函数 square 对矩阵逐元素平方。

```
程序 10 - 30
proc iml;
start square(a);
 b=a##2;
 return(b);
finish square;
y={3 4,5 6};
reset printall;
do i=1 to 4;
 z=square(y[i]);
end;
print z;
```

语句 reset printall 用来打印变量的中间结果。Do - End 的第一次循环的中间结果见图 10 - 35。

```
i 1 row 1 col (numeric)

1

_TEM1001 1 row 1 col (numeric)

3

b 1 row 1 col (numeric)

9

z 1 row 1 col (numeric)

9
```

图 10 - 35　运行结果

指标变量取值 1，y[1]存入临时变量_TEM1001，值为 3，函数中变量 b 的值为 9，用函数赋值后的变量 z 的值为 9。

2. 函数调用函数

在一个函数内调用另一个函数时，调用函数内的所有变量都可以传递给被调用函数。例如程序 10 - 31。

```
程序 10 - 31
proc iml;
start f1(a,b);
  c = a + b;
  d = a - b;
  e = f2(c,d);
  return(e);
finish f1;
start f2(x,y);
  x = x # y;
  return(x);
finish f2;
z = f1({1 2},{3 4});
print z;
```

中，函数 f1 中的变量 c 和 d 可以直接传递给函数 f2()作为自变量，f2()对自变量进行运算 c=c#d，改变了自变量的值，会引起 f1 内变量 c 的值改变。程序运行结果见图 10 - 36。

c		d	
-8	-12	-2	-2

z	
-8	-12

图 10 - 36　运行结果

可以将函数 f1()内的变量看作 f2()的“相对全局变量”。

10.6　数据整理

将 SAS 数据集读为 IML 矩阵，借助丰富的矩阵运算和操作，能更灵活地整理数据，是对 DATA 的有效补充。

10.6.1　数据查询

程序 4 - 70 借助同一 DATA 步中多个 set 语句多次读取数据集观测进行查询，对 sashelp.class 中每位学生进行操作，计算班级中年龄大于该生的人数。程序 10 - 32 将 class 读入 IML 矩阵，用矩阵操作进行查询。

```
程序 10-32
proc iml;
use sashelp.class;
read all var{age,name};
n=nrow(age);
result=j(n,1,0);
do i=1 to n;
result[i]=sum(age[i]<age);
end;
create m1 from result;
append from result;
data age;
merge sashelp.class m1;
run;
```

计算出统计量结果 result 后，将 result 创建为数据集 m1 与 sashelp.class 合并。

如果要计算名单中排在该生之后年龄大于该生的学生人数，只需将语句替换为

```
do i=1 to n-1;
result[i]=sum(age[i]<age[i+1:n]);
end;
```

即可。

10.6.2 移动窗口统计

程序 6-36 和 6-37 用过程 proc expand 计算上证指数的 5 日中心移动平均均值、5 日中心化移动中位数。程序 10-33 用 IML 完成同样的统计计算。

```
程序 10-33
proc iml;
use book.shd1519;
read all var{tdate clp} into shd;
n=nrow(shd);
mean5=j(n,1,0);
med5=j(n,1,0);
do i=3 to n-3;
mean5[i]=mean(shd[i-2:i+2,2]);
```

```
med5[i] = mean(shd[i-2:i+2,2]);
end;
```

将数据集变量 tdate 和 clp 读为 IML 矩阵 shd 后，用矩阵下标算符截取需要的数据形成子矩阵，再用矩阵统计函数计算统计量。

10.7　非线性优化

非线性优化(Nonlinear Optimization)是采用数值算法(Numeric Algorithm)寻找目标函数极值点以及相关计算的方法，常用于无解析解参数估计及其统计推断。

IML 提供若干个非线性优化子程序(Subroutine)，对应不同优化算法。例如 NLPNRA 子程序采用牛顿-拉弗森(Newton - Raphson)算法，NLPDD 采用双折线(Double Dogleg)算法等。可以在子程序中对函数自变量施加界约束、线性和非线性等式约束以及线性和非线性不等式约束。

非线性优化的一般步骤是，先根据问题定义目标函数，然后调用非线性优化子程序，在子程序自变量中设定优化的细节，例如对目标函数自变量进行约束、设定最大搜寻次数等，运行后得出极值点。

10.7.1　非线性优化子程序格式

非线性优化子程序的一般格式为

```
NLP* (rc,xr,"fun",x0<,options>)
```

NLP＊表示子程序名。自变量中 fun 为目标函数名，要用双引号引起，xr 为行向量摆放的目标函数极值点返回值，rc 为标量，是优化过程结果的原因，rc>0 表明优化标准满足，优化成功，rc<0 表明优化不成功，极值点返回值 xr 不可靠。可选项 options 则根据不同的子程序而不同，例如确定是极大化目标函数还是极小化目标函数的选项，自变量约束条件设定等。

例子 10 - 1：数据集 sh_trt_r 中变量 r_m 和 r_trt 分别是上证综指和同仁堂股票日收益率。将 r_trt 对 r_m 进行回归

$$r\_trt_t = \beta_0 + \beta_1 r\_m_t + \epsilon_t,\ t = 1,\ 2,\ \cdots,\ T \tag{10-9}$$

最小二乘估计极小化目标

$$(\hat{\beta}_0,\ \hat{\beta}_1)_{OLS} = \arg\min_{\beta_0,\ \beta_1} \sum_{t=1}^{T} (r\_trt_t - \beta_0 - \beta_1 r\_m_t)^2 \tag{10-10}$$

程序 10－34 求出参数估计值 $\hat{\beta}_0$，$\hat{\beta}_1$。

程序 10－34

```
proc iml;
use book.sh_trt_r;
read all var{r_trt,r_m};
t = nrow(r_m);
start ssr(beta) global(r_trt,r_m,t);
      f = (r_trt - beta[1]#j(t,1,1) - beta[2]#r_m)[##];
      return(f);
finish ssr;
x0 = {0 0};
call nlpnra(rc,rx,"ssr",x0);
print rc,rx;
```

首先将回归变量 r_trt 和 r_m 读入 IML 中，计算变量观测个数 t。定义残差平方和 ssr 为目标函数，由于要用到函数外的变量，因此用 global 语句将函数内用到的变量 r_trt、r_m 和 t 定义为全局变量。在调用优化子程序 nlpnar 之前，需要给出初始值 x0。运行结果见图 10－37。

rc
3

rx	
-0.000392	0.8382564

图 10－37　运行结果

rx 为参数估计结果，rc＝3＞0 表明优化过程达到了指定的收敛标准，优化成功结束。rc 是返回代码(Return Code)，rc＝3 表明 ABSFTOL(绝对值 F 收敛公差)满足收敛条件。

需要注意：(1) 非线性优化子程序中的函数只能有一个自变量，自变量为行向量，可以由多个参数组成；(2) 参数初始值应该以行向量形式给出，与函数自变量行向量形式对应；(3) 极值点的返回值也以行向量形式摆放；(4) 子程序默认极小化目标函数，如极大化目标函数，要用选项 opt 指定。

10.7.2　优化子程序自变量

非线性优化子程序的自变量中，除了四个必选项之外，还有丰富的可选项。所有

子程序都有的可选项及其在自变量中的次序为

```
NLP*(rc,xr,"fun",x0<,opt><,blc><,tc><,ptit>)
```

除此之外，不同的子程序具有其特有的选项。表 10－3 给出 8 种非线性优化子程序及其特有选项。

表 10－3　　非线性优化子程序

优化算法	子程序名称	特有选项
共轭梯度法	NLPCG	<,"grd">
双折线法	NLPDD	<,"grd">
N－M 单纯形法	NLPNMS	<,"nlc">
牛顿-拉弗森法	NLPNRA	<,"grd"><,"es">
牛顿-拉弗森脊法	NLPNRR	<,"grd"><,"hes">
(对偶)拟牛顿法	NLPQN	<,"grd"><,"nlc"><,"jacnlc">
二次优化法	NLPQUA	<,lin>
信赖域法	NLPTR	<,"grd"><,"hes">

这里对常用的必选项和可选项的含义及用法进行介绍：

(1) rc：返回代码(Return Code)标识优化程序终止的原因，取－10 到－1 和 1 到 10 的整数，取正值表明成功找到极值点，程序正常终止，取负值则表明不能成功找到极值点而终止。

rc 取 1 到 10 时表明达到不同的收敛标准而终止，收敛标准大体分为两类，第一类以函数值不再随极值点迭代发生变化，称为 F 收敛(F Convergence)，第二类是函数在极值点处的梯度(导数)接近 0，称为 G 收敛(G Convergence)。例如 rc＝6 表明满足 GTOL(G Tolerance)准则，即极值点处偏导数的最大值小于给定的标准。

rc 取－1 到－10 表明优化程序不收敛的原因。例如 rc＝－1、－2、－3 分别表示目标函数在初始点不能取值[例如 log(x)在负值处不能取值]、导数不能在初始点取值以及目标函数在迭代过程中不能取值，rc＝－5、－7、－8 分别表示优化过程不能改进目标函数取值、优化过程越出可行区域、算法不能成功返回可行区域以及迭代次数或者函数调用次数超出预先设定的值。

(2) opt：设定优化过程的细节，包括极大化还是极小化目标函数、极值点更新技术等。opt 为向量，每个分量的取值代表特定的细节设定。例如，第一个分量 opt[1]取值 0 则极小化目标函数，取值 1 则极大化目标函数，第二个分量 opt[2]的值设定打印优化过程细节，可取 0 到 5 共 6 个整数，取值 0 则不打印，取值 1 打印开始和结束的汇总信息以及迭代过程信息，取值 4 打印每次迭代后的参数向量等。opt 向量最长有 11 个分量，要对某个分量进行设定,需要将从第一个分量到该分量的所有分量进行设定。通常在调用优化程序前事先用赋值语句定义 opt 向量,例如 opt={0 2 0 1}调用优化函数时用变量 opt 作为相应位置上的自变量,将优化细节设定为极小化目标函数、打印参数初值和终值、不对海塞矩阵(Hessian Matrix)进行调整以及自动启动 Powell - Beale 方法。

opt 共有 11 个分量,如果某个分量前有不需要设定的分量,则需要以缺失值填补空位。例如 opt={0 2 . . 1}。

(3) blc：给出参数约束矩阵,设定参数的上界和下界。

(4) tc：设定优化程序的终止条件,即收敛需要达到的标准。

(5)"grd"：给出计算目标函数梯度向量的模块名称。

(6)"hes"：给出计算目标函数海塞矩阵的模块名称。

(7)"nlc"：给出计算参数等式约束和不等式约束的模块,用来设定参数的非线性约束。

非线性优化函数中自变量的位置是固定的,某选项之前的一些选项不出现在自变量中时,仍需要用逗号隔开的方式进行占位。例如语句

```
call nlpqn(rc,rx,"f",x0,opt,con,,,,"grad");
```

调用子程序 nlpqn 的自变量列表中,"grad"之前的选项 blc、tc 和 ptit 没有出现,但仍需要用逗号分隔进行占位。

可选自变量可以用语句关键词的方式设定,例如

```
call nlpqn(rc,rx,"f",x0,opt,con) grd = "grad";
```

和语句

```
call nlpqn(rc,rx,"f",x0,opt,con,,,,"grad");
```

等价。

鉴于参数约束在优化中较为常用,本节对其进行较为详细的介绍,其他选项的详细内容可参考 SAS 帮助——SAS/IML:Nonlinear Optimization examples。

10.7.3 参数约束设定

参数约束分为界约束和关系约束,关系约束又分为线性约束和非线性约束,包括等式约束和不等式约束。优化子程序中的参数约束表达方式分为两种：矩阵表达和模块表达,矩阵表达用于界约束和线性约束,模块表达用于非线性约束。

1. 界约束和线性约束设定

界约束和线性约束用约束条件中的系数形成的矩阵表示,将矩阵作为优化函数自变量 blc 位置上的自变量,或者以关键词 blc=的方式在 call 语句中给出。

下面以具体的例子说明矩阵的构造。设参数约束条件为

$$
\begin{aligned}
2 \leqslant \alpha_1 \leqslant 100 \\
\alpha_2 \leqslant 40 \\
0 \leqslant \alpha_4 \\
4\alpha_1 + 3\alpha_2 - \alpha_3 \qquad \leqslant 30 \\
\alpha_2 \qquad + 6\alpha_4 \geqslant 17 \\
\alpha_1 \ + 3\alpha_2 \qquad = 8
\end{aligned}
$$

约束涉及的参数为 4 个，3 个参数有界约束，线性约束为 3 个。

约束矩阵的前两行为界约束的上界和下界，第一行为上界，第二行为下界，没有约束的上下界处以缺失值填补，由此形成矩阵的前 4 列。为了和线性约束形成的行对齐，增补两列，元素以缺失值填充。约束矩阵前两列为

```
{   2    .   .  0  .  .  ,
  100   40   .  .  .  .  }
```

每个线性约束的系数形成矩阵的一行，前 4 列为参数前的系数，不出现的参数系数以缺失值填补，第五列为表示约束类型的整数，0、1 和−1 分别表示等于、大于等于和小于等于，第六列表示约束式右侧的值。线性约束形成矩阵后 3 行，最终的约束矩阵为

```
{   2    .    .   0    .    .,
  100   40    .   .    .    .,
    4    3   -1   .   -1   30,
    .    1    .   6    1   17,
    1    3    .   .    0    8  }
```

例子 10-1(续)：建立具有 GARCH(1,1)结构的 r_trt 对 r_m 回归模型

$$
\begin{gathered}
r\_trt_t = \beta_0 + \beta_1 r\_m_t + \epsilon_t,\ \epsilon_t \mid \mathscr{F}_t \sim N(0,\ \sigma_t^2) \\
\sigma_t^2 = c + \phi\sigma_t^2 + \alpha\ \epsilon_{t-1}^2,\ t = 1,\ 2,\ \cdots,\ T \\
0 < c,\ 0 < \phi,\ 0 < \alpha,\ \phi + \alpha < 1
\end{gathered} \tag{10-11}
$$

样本对数似然函数为

$$
l(X,\ Y \mid \beta_0,\ \beta_1,\ c,\ \phi,\ \alpha) \propto -\frac{1}{2}\sum_{t=1}^{T}\left[\ln(\sigma_t^2) + \frac{(r\_trt_t - \beta_0 - \beta_1 r\_m_t)^2}{\sigma_t^2}\right]
$$

$$
\begin{gathered}
\sigma_{t+1}^2 = c + \phi\sigma_t^2 + \alpha\ \epsilon_t^2 \\
\epsilon_t = r\_trt_t - \beta_0 - \beta_1 r\_m_t \\
\sigma_1^2 = c/(1 - \phi - \alpha)
\end{gathered} \tag{10-12}
$$

X，Y 表示解释变量和被解释变量样本。参数极大似然估计通过极大化对数似然函数得到。

程序 10 - 35 用极大似然方法估计模型参数。

```
程序 10 - 35
proc iml;
use book.sh_trt_r;
read all var{r_trt,r_m};
t = nrow(r_m);
sigma2 = j(t,1,1);
start ssr(x) global(r_trt,r_m,t,sigma2);
     resid2 = (r_trt - x[1] # j(t,1,1) - x[2] # r_m) # # 2;
     sigma2[1] = x[3]/(1 - x[4] - x[5]);
     do i = 2 to t;
     sigma2[i] = x[3] + x[4] * sigma2[i - 1] + x[5] * resid2[i - 1];
     end;
     f = sum(log(sigma2<>1e - 6) + resid2/sigma2);
     return(f);
finish ssr;
cn = {. . 0 0 0 . .,
    . . 0.9 0.9 . . .,
    . . . 1 1  -1 1};
x0 = {0 0 0.001 0.5 0.1};
call nlpnra(rc,rx,"ssr",x0,,cn);
print rc,rx;
```

程序首先构造目标函数 ssr(x)，即

$$\text{ssr(x)} = \sum_{t=1}^{T}\left[\ln(\sigma_t^2) + \frac{(r\_trt_t - \beta_0 - \beta_1 r\_m_t)^2}{\sigma_t^2}\right] \tag{10-13}$$

参数 β_0，β_1，c，ϕ，α 构成目标函数自变量向量 x。然后设定参数约束矩阵 cn，给出初始值 x0 后调用优化子程序 nlpnar，在 blc 自变量位置放置 cn。运行结果见图 10 - 38。

rc
5

rx				
0.0002121	0.6767716	0.000013	0.836509	0.163491

图 10 - 38　运行结果

rc=5 表明优化过程满足相对 F 准则后收敛(Relative F Convergence)。

2. 非线性约束设定

所有的非线性约束都要标准化为如下两种形式

$$c_i(x)=0 \quad i=1,\ 2,\ \cdots,\ n \tag{10-14}$$

$$c_i(x)\geqslant 0,\ i=n+1,\ \cdots,\ nc \tag{10-15}$$

其中 n 为等式约束个数,nc 为约束总个数。非线性约束要事先将约束式左边的 $c_i(x)$ 定义为函数,并在自变量 opt 中指明等式约束个数 n 和约束总个数 nc。只有优化子程序 nlpnms 和 nlpqn 能够处理带非线性约束的优化问题,其自变量 opt 向量的第十个分量设定约束总个数,第十一个分量设定等式约束个数。

例子 10-2: 求解优化问题

$$\begin{aligned}(x_1^*,\ x_2^*) &= \text{argmin}(x_1 x_2)\\ s.b.\quad & x_1^2+x_2^2\leqslant 1\end{aligned} \tag{10-16}$$

把约束标准化为

$$1-x_1^2-x_2^2\geqslant 0 \tag{10-17}$$

程序 10-36 采用 nlpnms 求解非线性约束下函数最小值点。

```
程序 10-36
proc iml;
start f(x);
  f = x[1] * x[2];
  return(f);
finish f;
start c(x);
  c = 1 - x[##];
  return(c);
finish c;
x0 = j(1,2,1);
optn = j(1,11,.);optn[10] = 1;optn[11] = 0;
call nlpnms(rc,rx,"f",x0,optn) nlc = "c";
print rc,rx;
```

optn 定义为十一维行向量,前 9 个分量取缺失值占位,第十个分量取值 1,表明约束总数为 1,第十一个分量取 0,等式约束个数为 0。运行结果见图 10-39。

rc
4

rx	
0.7070932	-0.70712

图 10-39　运行结果

10.7.4　对数似然函数海塞矩阵计算

极大似然估计中常需要计算参数估计的标准差以构造参数显著性 t 检验统计量。根据极大似然估计的性质，参数估计渐近服从正态分布

$$\hat{\boldsymbol{\theta}} \sim_{(a)} \boldsymbol{N}[\boldsymbol{\theta}_0,\ (-H)^{-1}] \tag{10-18}$$

H 为似然函数对参数向量的海塞矩阵(Hessian Matrix)。参数估计的方差等于负海塞矩阵逆矩阵对角线上对应的元素。

IML 给出了采用数值方法计算目标函数关于参数的梯度向量(一阶导数)和海塞矩阵(二阶导数)的子程序 nlpfdd。调用格式为

```
call nlpfdd(f,g,h,"fun",x,);
```

fun 为目标函数名，x 为行向量形式的函数定义域内的点，f、g、h 为返回值，分别为 fun 在 x 处的值、梯度(行向量)、海塞矩阵。

程序 10-37 对程序 10-35 进行修改，计算模型参数估计的 t 检验统计量值 t_stat。

```
程序 10-37
proc iml;
use book.sh_trt_r;
read all var{r_trt,r_m};
t = nrow(r_m);
sigma2 = j(t,1,1);
start loglik(x) global(r_trt,r_m,t,sigma2);
    resid2 = (r_trt - x[1]#j(t,1,1) - x[2]#r_m)##2;
    sigma2[1] = x[3]/(1 - x[4] - x[5]);
    do i = 2 to t;
    sigma2[i] = x[3] + x[4] * sigma2[i-1] + x[5] * resid2[i-1];
    end;
    f = -0.5 * sum(log(sigma2<>1e-6) + resid2/sigma2);
```

```
    return(f);
finish loglik;
optn = 1;
cn = {. . 0 0 0 . .,
. . 0.9 0.9 . . .,
    . . . 1 1 -1 1};
x0 = {0 0 0.001 0.5 0.1};
call nlpnra(rc,rx,"loglik",x0,,cn) opt = optn;
call nlpfdd(f,g,hes,"loglik",rx);
cov = inv( - hes);
stde = sqrt(vecdiag(cov));
t_stat = rx/t(stde);
print rx,t_stat;
```

目标函数 loglik 定义为对数似然函数，略掉不影响极大值点和导数求导的常数项。优化程序对目标函数进行极大化，通过关键词 opt=来设定。函数 vecdiag()取矩阵的对角线元素形成列向量，函数 t()对自变量矩阵转置。程序运行结果见图 10-40。

rx				
0.0002121	0.6767716	0.000013	0.836509	0.163491

t_stat				
0.532054	4.2936456	1.7403437	458810.33	324950.57

图 10-40　运行结果

10.8　R 函数调用

作为一种统计计算和作图语言，R 软件具有丰富的函数和软件包。从 SAS9.22 开始，IML 具有 R 函数调用功能，从 IML 环境中调用 R 的内置(Built-in)函数和自定义(User-defined)函数，极大地拓展了 IML 的数据分析和展示功能。

10.8.1　软件设置

从 IML 环境中调用 R 函数，需要在同一台电脑安装 R 软件。R 软件的版本需要和 SAS 版本匹配，R3.6.3 可以被 SAS9.4M6/IML 成功调用，过高的 R 版本在调用时会提示出错。

R 软件安装成功后，还需要对 SAS 进行设置才能调用。编辑 SAS 的设置文件，在其中添加一行- RLANG 保存即可。以 SAS 安装在 C：盘根目录为例，沿路径 C：\SAShome\SASFoundation\9.4\nls 进入后的各个目录（文件夹）对应不同语言版本，打开后（以 zh 文件夹为例）找到文件 sasv9，用记事本打开进行编辑，在最后添加一行 - RLANG保存（见图 10 - 41）。

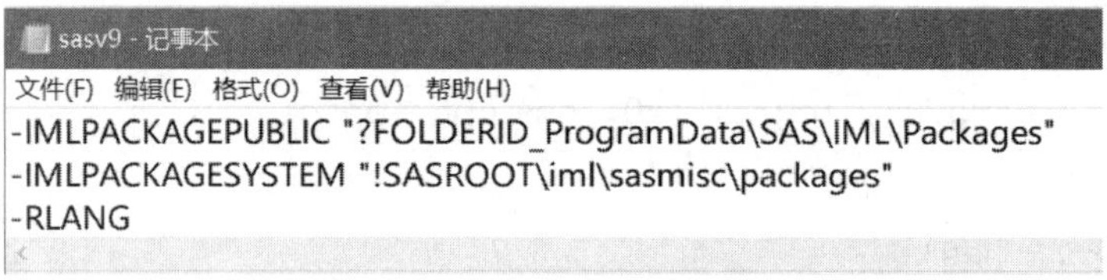
sasv9 - 记事本
文件(F) 编辑(E) 格式(O) 查看(V) 帮助(H)
-IMLPACKAGEPUBLIC "?FOLDERID_ProgramData\SAS\IML\Packages"
-IMLPACKAGESYSTEM "!SASROOT\iml\sasmisc\packages"
-RLANG

图 10 - 41　R 语言调用设置

为稳妥起见，可将 nls 下每个目录的 sasv9 都做修改并保存。

启动 SAS，在编辑器窗口输入并执行过程

```
proc options option = RLANG;
run;
```

日志窗口出现“RLANG　　允许 SAS 执行 R 语言”，表明软件设置成功。

10.8.2　R 语句的封装和提交

IML 用语句 submit/R 和 endsubmit 为边界，将 R 语句封装为语句块（Statements Block）。具体格式为

```
submit/R;
R 语句
endsubmit;
```

封装的 R 语句块称为 submit/R 语句块（Submit Block），整体提交后，语句块内语句被提交给 R 软件执行。

程序 10 - 38 在 IML 内调用 R 函数，定义和计算矩阵乘积，并和 IML 计算结果相比较。

```
程序 10 - 38
proc iml;
x = 1:3;
m = {1 2 3,4 5 6,7 8 9};
q = m * t(x);
```

```
print q;
submit/R;
  rx<-matrix(1:3,nrow=1)#向量
  rm<-matrix(1:9,nrow=3,byrow=TRUE)#矩阵
  rq<-rm %*% t(rx)
   print(rq);
endsubmit;
```

IML 定义行向量 x 用了指标算符：，定义矩阵 m 用了元素列示法，R 用函数 matrix 定义矩阵 rx 和 rm。IML 矩阵乘法算符为 *，R 矩阵乘法算符为%*%。R 语句区分大小写，不需要以分号结束，注释放在#号之后。程序运行结果见图 10-42。

q
14
32
50

```
      [,1]
[1,]   14
[2,]   32
[3,]   50
```

图 10-42　运行结果

submit/R 语句块内的 print(rq)被提交给 R 执行，其输出结果为 R 软件的形式。

submit/R 语句块只有提交后才能在 R 环境内执行，语句块内不能像 R 环境内那样交互执行。例如，提交程序

```
proc iml;
submit/R;
 rx<-matrix(1:3,nrow=1)
 rx
print(rx)
```

后既不显示矩阵 rx，又不打印矩阵 rx，只有在和 endsubimt 语句一同提交后才会有执行。

在 IML 环境中，R 软件在第一个 submit/R 语句提交后启动，直至退出 IML 环境。这表明可在 IML 内提交多个 submit/R 语句块唤醒(Invoke)R 软件，且上一次唤醒定义的变量在下一次唤醒中仍然有效。需要注意的是 R 环境内定义的变量在 IML 环境内无效。

程序 10-39 第一个 submit/R 语句块内定义变量(矩阵)rm，IML 语句 print rm 执行时提示变量 rm 没有被定义(ERROR: Matrix rm has not been set to a value)，第二个 submit/R 语句块用 R 语句 print(rm)打印第一个 submit/R 语句块定义的变量 rm。

```
程序 10-39
proc iml;
submit/R;
  rm<-matrix(1:9,nrow=3,byrow=TRUE)
  endsubmit;
print rm;
  submit/R;
  print(rm)
  endsubmit;
```

10.8.3　数据转换

R 语言和 IML 的数据格式不一致，要让 R 处理 IML 矩阵或者 IML 处理 R 矩阵，需要进行数据转换。

1. 从 SAS/IML 到 R

IML 子程序 ExportDataSetToR 和 ExportMatrixToR 将 SAS 数据集和 IML 矩阵转换为 R 语言中的数据框(Datafram)和矩阵，调用格式为

```
call ExportDataSetToR("SASds","Rdf");
call ExportMatrixToR("IMLm","Rm");
```

SASds 为 SAS 数据集名，Rdf 为 R 数据框名，IMLm 为 IML 矩阵名，Rm 为 R 矩阵名。

程序 10-40 将 SAShelp.class 和 iml 矩阵 a 转换为 R 数据框 df 和矩阵 a。

```
程序 10-40
proc iml;
call ExportDataSetToR("sashelp.class","df");
a={1 2 3 4};
call ExportMatrixToR("a","a");
submit/R;
class(df);
class(a);
endsubmit;
```

R 函数 class()显示 df 为数据框,a 为矩阵(见图 10－43)。

```
[1] "data.frame"
[1] "matrix"
```

图 10－43　运行结果

2. 从 R 到 SAS/IML

IML 子程序 ExportDataSetFromR 和 ExportMatrixFromR 将 R 数据框和 R 矩阵转换为 SAS 数据集和 IML 矩阵,调用格式为

```
call ExportDataFromR("Rdf","SASds");
call ExportMatrixFromR("Rm","IMLm");
```

Rdf 为 R 数据框名,SASds 为 SAS 数据集名,Rm 为 R 矩阵名,IMLm 为 IML 矩阵名。

3. 数据类型、缺失值和日期时间

在两种数据格式的转换中,需要注意 SAS 数据和 R 数据在数据类型、缺失值表达以及日期时间表达上的差异。

(1) 数据类型

R 中的数值型数据(Numeric Data)既可以是整型(Integer),也可以是双精度型(Double－precision),转换为 SAS 数据后,统一为双精度型数据。

R 中的逻辑数据(Logical Data)的取值为 TRUE 和 FALSE,转换为 SAS 数据中的数值型数据,TRUE 转换为 1,FALSE 转换为 0。

R 中的复数型数据(Complex Data)和 raw 类型数据不能转为 SAS 数据。

(2) 无限大数据和缺失数据

R 和 SAS 中无限大数据及缺失数据表示方法不同,R 中正无限大、负无限大和缺失值表示为 Inf、－Inf 和 NA,不定值(Undefined Value)如 0/0 表示为 NaN,转换为 SAS 数据后表示为.I、.M、.和.。SAS 中正无限大、负无限大表示为.I、.M,其他类型的缺失值和不定值均表示为.,转换为 R 后分别表示为 Inf、－Inf 和 NA。

(3) 日期时间数据

SAS 中通过对数值型变量设定输入格式(Format)表示日期时间,R 中通过数据类别(Class)表示日期时间变量。数据转换遵从如下原则:

① SAS 数据集变量转换为 R 变量:如果数据集变量的输入格式为日期格式(例如 date*w*.*d*),转换后的 R 变量为“Date”类;如果数据集变量的输入格式为日期时间格式(例如 datetime*w*.*d*、time*w*.*d*),则转换后的 R 变量为“POSIX”类和“POSIXt”类。

② R 变量转换为 SAS 数据集变量:R 中的“Date”类变量转换为 SAS 数据集格式为 Date9.的日期变量;“POSIXt”类变量转换为 SAS 数据集格式为 datetime19.的日期时间变量。

10.8.4　用 R 分析数据

借助 R 语言丰富的函数和用户开发的软件包(Package),能够采用最新的模型和技术对金融数据进行分析。要应用某个软件包需要事先在 R 语言中安装。

在 IML 中应用 R 函数和软件包一般分三步,首先将 SAS 数据集或者 IML 矩阵转换为 R 数据框或者矩阵,然后通过 submit/R 语句块调用 R 函数或者软件包,第三步将分析结果转换为 SAS 数据集或者 IML 矩阵。

MTS 是蔡瑞胸(Ruey S. Tsay)开发的多元时间序列分析 R 软件包,目前版本为 1.03。例子 3 在 IML 中调用 MTS 软件包及其函数建立程序 8 - 14 中的 DCC 模型。

例子 10 - 3: 用 R 软件包 MTS 函数 dccPre 和 dccFit 建立多元波动 DCC 模型。

先将数据集 book.sh_bys_zsyh 转换为 R 数据框 sh_bys_zsyh 并显示前 6 条记录。

```
proc iml;
call ExportDataSetToR("book.sh_bys_zsyh_r","sh_bys_zsyh");
submit/R;
head(sh_bys_zsyh)
endsubmit;
```

函数 head()运行结果见图 10 - 44。

	tdate	r_sh	r_b	r_z
1	2016-01-05	-0.002597219	-0.001096692	-0.002897713
2	2016-01-06	0.022297169	0.019200010	0.004632319
3	2016-01-07	-0.073054160	-0.083787301	-0.037673672
4	2016-01-08	0.019460608	0.029221610	0.008363251
5	2016-01-11	-0.054731373	-0.084568533	-0.046888345
6	2016-01-12	0.002039884	0.025647650	-0.003747662

图 10 - 44　运行结果

数据框 sh_bys_zsyh 的第一至四列分别为上证指数、白云山股票和招商银行股票日收益率。提取数据框数据并调用 R/MTS 函数 dccpre 估计单个序列 GARCH(1,1)模型,函数选项 p=1 将均值模型设定为 VAR(1)。

```
submit/R;
require(MTS)
rtn = sh_bys_zsyh[,2:4]
m1 = dccPre(rtn,include.mean = T,p = 1);
names(m1);
endsubmit;
```

dccPre 运行结果见图 10 - 45。

```
Constant term:
Estimates:  -9.522876e-06 0.0001227689 0.000735
Std.Error:   0.0003450435 0.000623649 0.00048624
AR coefficient matrix
AR( 1 )-matrix
        [,1]    [,2]   [,3]
[1,] -0.0551 -0.0423 0.0661
[2,] -0.0402 -0.1074 0.0650
[3,] -0.0736 -0.0383 0.0768
standard error
       [,1]   [,2]   [,3]
[1,] 0.0417 0.0197 0.0258
[2,] 0.0754 0.0356 0.0466
[3,] 0.0588 0.0277 0.0363

Residuals cov-mtx:
             [,1]         [,2]         [,3]
[1,] 0.0001369440 0.0001394652 0.0001129680
[2,] 0.0001394652 0.0004473792 0.0001090957
[3,] 0.0001129680 0.0001090957 0.0002719556

det(SSE) =  7.470314e-12
AIC =  -25.60455
BIC =  -25.5653
HQ  =  -25.58974
Component:  1
Estimates:  2e-06 0.101632 0.894975
se.coef  :  1e-06 0.015662 0.013626
t-value  :  2.542776 6.489033 65.68227
Component:  2
Estimates:  8e-06 0.039214 0.941524
se.coef  :  3e-06 0.010099 0.015641
t-value  :  2.496853 3.882802 60.19672
Component:  3
Estimates:  4e-06 0.049585 0.93513
se.coef  :  2e-06 0.012852 0.018526
t-value  :  1.975621 3.858061 50.47773
```

图 10－45　运行结果

第一部分为均值 VAR(1)模型参数估计结果，包括常数项向量(Constant Term)和自回归系数矩阵[AR(1)－matrix]。第二部分为误差项协方差矩阵估计(Residuals Cov－mtx)。第三部分为模型拟合效果指数，包括各种信息准则值。第四部分为每个分量序列的一元 GARCH(1,1)模型(Component)参数估计结果，每个 component 下面给出的三维行向量的三个分量分别是常数项、ARCH 系数和 GARCH 系数。

函数 names(m1)显示对象 m1 中内容，运行结果见图 10－46。

```
[1] "marVol"  "sresi"   "est"    "se.coef"
```

图 10－46　m1 中内容

sresid 为用 GARCH 模型计算的标准差对残差调整后的标准化残差(Standardized Residual)。

从 m1 中提取 sresi 序列并调用函数 dccFit 对其建立 dcc 模型。dccFit 的选项 type=确定 dcc 模型的类型，默认是 Tse－Tsui，为便于和程序 8－14 的结果比较，用 type="Engle"选择 Engle 的 dcc 模型。

```
submit/R;
rtn1 = m1 $sresi
m2 = dccFit(rtn1,type = "Engle")
endsubmit;
```

运行结果见图 10 - 47。

```
Estimates:  0.9276001 0.0467353 5.01
st.errors:  0.01636965 0.009199795 0.3250931
t-values:   56.66586 5.080037 15.41097
```

图 10 - 47　运行结果

Estimate 给出的前两个数值依次为参数 θ_2、θ_1 的估计值。估计结果与程序 8 - 14 用 proc varmax 估计结果不尽一致。

以上操作表明，上一个 submit/R 语句块产生的变量在 R 语言环境中仍然有效，下一个 submit/R 语句块提交进入 R 环境后仍可使用。将多次进入和退出 R 环境的 submit/R - endsubmit 去掉，得出程序 10 - 41。

```
程序 10 - 41
proc iml;
call ExportDataSetToR("book.sh_bys_zsyh_r","sh_bys_zsyh");
submit/R;
head(sh_bys_zsyh)
require(MTS)
rtn = sh_bys_zsyh[,2:4]
m1 = dccPre(rtn,include.mean = T,p = 1);
names(m1)
rtn1 = m1 $sresi
m2 = dccFit(rtn1,type = "Engle")
names(m2)
endsubmit;
```

多元波动建模中，近年来出现了很多新的方法和技术，例如正交 GARCH 模型、动态正交模型和主波动成分模型等(蔡瑞胸，2016)。采用方法提出者开发的 R 软件包可以方便地建立对应的多元波动模型。这里对正交 GARCH 模型软件包 gogarch 进行介绍。

例子 10 - 4： 用 R 软件包 gogarch 建立多元波动正交 GARCH 模型。

以 3 只股票收益形成的三维向量时间序列为例。为简单假定股票日收益率为白噪声，服从条件正态分布

$$\boldsymbol{r}_t \mid \mathscr{F}_{t-1} \sim N(\mathbf{0},\ \Sigma_t) \qquad (10-19)$$

为减少 Σ_t 动态模型中的参数，Van der 和 Weide 提出广义正交 GARCH 模型 Go -GARCH(Generalized Orthogonal GARCH)，基本想法是用独立成分分析(ICA：Independent Component Analysis)方法对 Σ_t 进行如下分解

$$\Sigma_t = MV_tM' \qquad (10-20)$$

V_t 为对角矩阵，是变换后向量 $\boldsymbol{b}_t = M^{-1}\boldsymbol{r}_t$ 的条件协方差矩阵。正交变换意味着变

换后 $\boldsymbol{b}_t$ 的各个分量正交，只需要对每个分量建立一元 GARCH 模型即可。为保证矩阵 M 的唯一性，设 $\boldsymbol{r}_t$ 的无条件协方差矩阵的谱分解为 $Cov(\boldsymbol{r}_t) = P\Lambda P'$，则存在正交阵 U 使得 $P\Lambda^{1/2}U = M$，而正交矩阵 U 再用一系列旋转矩阵的乘积表示，以此来估计矩阵 M。

R 软件包 gogarchΣ_t 进行正交分解，估计出矩阵 M 后得出变换变量 $\boldsymbol{b}_t = M^{-1}\boldsymbol{r}_t$，对每个分量建立一元 GARCH 模型，估计出 $\boldsymbol{V}_t$ 并通过 $\Sigma_t = MV_tM'$ 得出 $\boldsymbol{r}_t$ 条件协方差矩阵 Σ_t 的估计。

在例子 10 - 3 的基础上，对上证指数、白云山股票和招商银行股票日收益率建立 Go - GARCH 模型。

首先调用 R 函数 scale 将三个收益率序列 0 均值化

```
submit/R;
rtn = sh_bys_zsyh[,2:4]
crtn = scale(rtn,center = T,scale = T)
endsubmit;
```

载入 gogarch 包（须事先安装），调用函数 gogarch 建立 Go - GARCH 模型，变换后变量的分量模型建立 GARCH(1,1)，正交分解采用 ica 方法。

```
submit/R;
require(gogarch)
m1 = gogarch(crtn,~garch(1,1),estby = "ica")
m1
endsubmit;
```

估计结果定义为对象 m1 并显示 m1，运行结果见图 10 - 48。

```
****************
*** GO-GARCH ***
****************

Components estimated by: fast ICA
Dimension of data matrix: (1159 x 3).
Formula for component GARCH models: ~ garch(1, 1)

Orthogonal Matrix U:
           [,1]       [,2]       [,3]
[1,]  0.4872036 -0.8012180 -0.3473937
[2,] -0.6793708 -0.0977884 -0.7272501
[3,] -0.5487148 -0.5903280  0.5919670

Linear Map Z:
           [,1]       [,2]       [,3]
[1,]  0.0862316 -0.9333145 -0.3473115
[2,] -0.5738052 -0.3938849 -0.7174535
[3,] -0.4573100 -0.8093538  0.3673572

Estimated GARCH coefficients:
        omega     alpha1     beta1
y1 0.16038512 0.23139276 0.5460852
y2 0.04171292 0.07898534 0.9022211
y3 0.02304400 0.05941980 0.9130100

Convergence codes of component GARCH models:
y1 y2 y3
 1  1  1
```

图 10 - 48　运行结果

首先给出正交矩阵 U（Orthogonal Matrix U）的估计结果，然后是矩阵 M（Linear Map Z）的估计结果，最后给出三个 GARCH(1,1) 模型参数估计结果。

10.8.5 用 R 画图

R 语言丰富的作图功能，对 IML 作图形成有益补充。通过调用 R 作图函数实现作图，调用方法与章节 10.8.5 中调用数据分析软件的方法相同。

程序 10-42 调用 R 时序作图函数 plot 画出数据框 sh_bys_zsyh 第二至四列的时序图，以第一列的日期为横轴，以上证收益率为横轴、招商银行股票日收益率为纵轴的折线图。

```
程序 10-42
proc iml;
call ExportDataSetToR("book.sh_bys_zsyh_r","sh_bys_zsyh");
submit/R;
date = sh_bys_zsyh[,1]
r_sh = sh_bys_zsyh[,2]
r_bys = sh_bys_zsyh[,3]
r_zsyh = sh_bys_zsyh[,4]
par(mfcol = c(2,2))
plot(date,r_sh,type = "l")
plot(date,r_bys,type = "l")
plot(date,r_zsyh,type = "l")
plot(r_sh,r_bys,type = "l")
endsubmit;
```

语句 par(mfcol=c(2,2)) 设置在一个页面放置 4 张图，2 行 2 列。plot 语句选项 type="l" 设定时序图为拆线图。

激活 R 并执行作图函数后，弹出的 R 图形输出窗口显示图形。运行结果见图 10-49。

IML 环境内还可以直接调用 DATA 步和过程步，增强了 IML 数据处理和分析的能力，自 SAS/IML14.2 开始，IML 还增加了混合类型表（Mixed-Type Table）和列表（List）两种数据结果，弥补了较低版本中只有矩阵一种数据结果的不足。SAS/IML 可以直接对外部数据进行存取而不必要转换为 SAS 数据集。限于篇幅，本书不对有关内容进行讲解，可参考 SAS 帮助（帮助→SAS 帮助和文档→SAS 产品→SAS/IML→SAS/IML 15.1 User's Guid）。

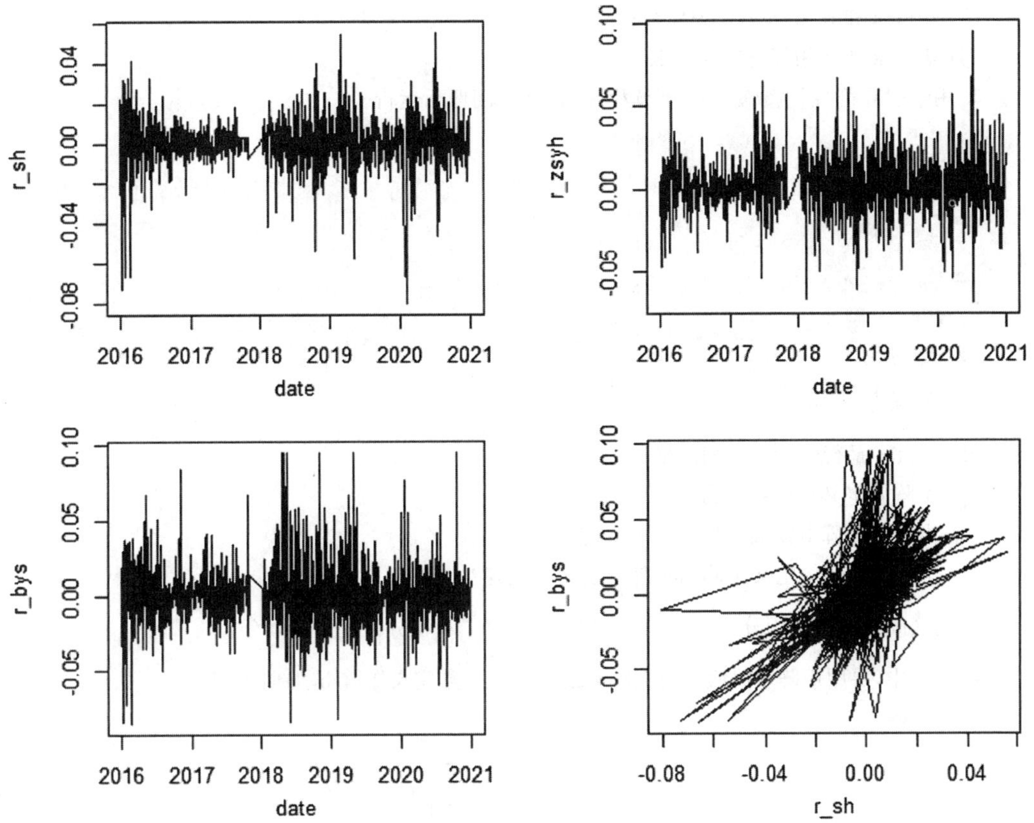

图 10-49　R 作图运行结果

习题

1. 阅读程序段

```
proc iml;
a=2;b={a,2};
c={1 2,3 4};
d={0.5 0.3};
e={0.1 0.2};
f=a*b;g=a*c;
h=c#d;j=d#c;
k=c#d`;m=c*d`;
```

(1) 定义矩阵 b 的赋值语句是否正确？为什么？

(2) 定义矩阵 f 的语句是否有错误？为什么？

(3) 定义矩阵 g 时，1×1 矩阵 a 和 2×2 矩阵 c 能够相乘吗？

(4) 矩阵 h 和 j 相等吗？为什么？

(5) 矩阵k和m相等吗？为什么？

(6) 矩阵k和h相等吗？为什么？

2. 用索引算符“:”生成矩阵。阅读程序段，回答问题后运行。

```
proc iml;
a=1.2:3.2;
b='A':'F';
c='沈1':'沈10';
d='A1':'F3';
e='沈':'周';
print a,b,c,d;
```

(1) 矩阵a是行向量还是列向量？

(2) 矩阵d定义正确吗？为什么？

(3) 为什么矩阵b定义正确而矩阵e定义不正确？

(4) 为什么矩阵c定义正确而矩阵e定义不正确？

3. 用区间分隔计算积分 $\int_{-\infty}^{\infty} e^{-x^2/2}dx$，用do()算子对积分区间进行划分。

4. 题1中，要用矩阵a取值作为矩阵b的第一个元素定义矩阵b，如何实现？

5. 设矩阵

$$A=\begin{pmatrix}1 & 3.2 & 5\\ 0 & 0.4 & -0.8\end{pmatrix}$$

(1) 有哪些方法可以将矩阵A中绝对值小于1的元素替换为0？写出程序代码。

(2) 矩阵下标降维算符中，<:>、>:<与<>、><的区别是什么？写出将矩阵A的最小值替换为2的语句。写出将A第二列最大元素替换为4的语句。

(3) 用下标降维算符##和矩阵逐元素次方算符##和求和函数sum计算A所有元素平方和。两种计算方法得出的结果相同吗？

6. 研究添加一个观测值对回归系数的影响。以程序10-11为基础，先用x、y的前八个观测求出回归系数OLS估计，再利用逆矩阵更新函数invupdt()，研究添加第九个观测后回归系数OLS估计结果的变化。

7. 用元素列示法生成矩阵

$$A=\begin{pmatrix}1 & 3.2 & 5\\ 0 & 0.4 & -0.8\\ 1 & 5 & 0.7\end{pmatrix}$$

(1) 计算A的行列式值、特征值和迹，验证特征值乘积等于行列式值、特征值和迹。

(2) 求出A的逆矩阵。

(3) 生成与矩阵A相同阶数、元素全为0.5的矩阵。

8. 数据集SAShelp.baseball是1986年美国全国棒球运动员数据。

(1) 将数据集中变量name、team、nhits和nhome导入为IML变量，要求队员名字以“B”开头、nhits大于100并且nhome大于15；

（2）能将 name、team、nhits 和 nhome 导入为 IML 形成一个矩阵吗？能将 name、team 导入 IML 形成一个矩阵吗？如果能写出语句。

（3）use 语句和 edit 语句的区别是什么？用 edit、find、read 和 replace 语句将 sashelp.baseball 中球员名字以“P”开头的球员的 nruns 的值加 1。

9. 用循环程序生成行向量 a=(1.1 2.2 3.3 … 100.1 101.101)，将其创建为 SAS 数据集。

10. IML 中用 sort 语句对 SAS 数据集排序，需要先将数据集读入 IML 吗？如果要在 IML 中使用排序数据集标识 by 组的变量 first.vn 和 last.vn，应如何操作？

11. IML 中的选择语句与 DATA 步中选择语句有什么不同？

12. IML 中的 Do - End 循环语句与 DATA 中的 Do - End 循环语句有什么不同？

13. 什么是符号表？符号表中的符号和对应的矩阵是同一个东西吗？为什么要建立符号表？

14. 阅读程序

```
proc iml;
a = 10;b = 30;c = 40;
start f(x) global(b);
  c = x * b;d = x * a;
  return(c);
finish f;
e = f(a);
```

（1）运行时为什么提示矩阵 a 没有定义[a　0 row 0 col (type ?, size 0)]?

（2）修改程序错误并运行。程序运行后矩阵 a、b 和 c 的值是多少？请解释结果。

15. 将程序 10 - 26 计算积分语句写成函数，并调用函数计算积分 $\int_0^1 e^{-x^2/2}dx$。

16. 将数据集 bteam 和 ideal 读入 IML，用 IML 程序完成程序 4 - 73 的查询，将结果输出为 SAS 数据集。

17. 用数据集 sh_trt_r 中变量 r_trt 和 r_m 建立具有 GARCH(1,1)结构的 r_trt 对 r_m 的回归模型，误差项服从 t 分布(参考例子 10 - 1 和程序 10 - 35)。

（1）将对数似然函数定义为函数。

（2）定义参数约束矩阵。

（3）定义 opt 向量，设定非线性优化是求极大值点。

（4）调用非线性优化子程序 nlpnra 和 nlpdd 分别优化对数似然函数，比较结果是否相同。

（5）调用子程序 nlpfdd 计算参数估计的标准误，并计算 t-检验统计量值。

18. R 语言函数 adfTest()用于一元时间序列的单位根检验，函数 arima()用于一元时间序列 ARMA 模型建模。

（1）将数据集 sashelp.stocks 中 IBM 的股票数据转换为 R 数据框。

（2）对收盘价 close 及其一阶差分进行单位根检验。

（3）对 close 的一阶差分序列建立 ARMA(4,2)模型。

（4）将模型参数估计结果和程序 7 - 4 的结果进行比较。

19. 用 R 函数 hist 做频率直方图

（1）将数据集 sashelp.class 转换为 R 数据框 class。

(2) 将 class 的第三、四和五列提取为 R 变量 age、weight 和 height。

(3) 用 par[mfclo=(2,2)]设定一个页面放置 2 张图，按 2 行 2 列摆放。

(4) 用 hist 函数画出 age、weight 和 height 的频率直方图。

参考文献

[1] 蔡瑞胸(Ruey S. Tsay).金融时间序列分析(第3版)[M].王远林,王辉,潘家柱,译. 北京:人民邮电出版社,2012.

[2] 蔡瑞胸(Ruey S. Tsay).多元时间序列分析及金融应用[M].张茂军,李洪成,南江霞,译. 北京:机械工业出版社,2017.

[3] 谷鸿秋.SAS编程演义[M].北京:清华大学出版社,2017.

[4] 巫银良.SAS技术内幕[M].北京:清华大学出版社,2018.

[5] 姚志勇.SAS编程与数据挖掘商业案例[M].北京:机械工业出版社,2017.

[6] 朱世武. SAS编程技术教程(第2版)[M].北京:清华大学出版社,2013.

[7] Burlew M. combining and modifying SAS data sets: Examples(second edition). [M]. Cary, NC, USA: SAS Institute Inc., 2009.

[8] Burlew M. Reading external data files using SAS: Examples handbook. [M]. Cary, NC, USA: SAS Institute Inc., 2002.

[9] Dorfman P., Henderson. D. Data management solutions using SAS Hash table operation: A business intelligence case study. [M]. Cary, NC, USA: SAS Institute Inc., 2018.

[10] Durbin J., Koopman. S. J. Time series analysis by state space methods (2nd edition) [M]. [S. L.]: Oxford University Press, 2012.

[11] Harvey A. C. Forecasting, structural time series and Kalman filter. [M]. [S.L.]: Cambridge University Press, 1989.

[12] Morgen P. The essential guide to SAS dates and times (2nd edition) [M]. Cary, NC, USA: SAS Institute Inc., 2014.